Christopher
Many

W0048881

HINTER DEM HORIZONT RECHTS

Vier Jahre mit dem
Motorrad von Europa
nach Australien

Aus dem Englischen
von Dr. Karl Darée

Delius Klasing Verlag

Inhalt

Preludio ... 6
Reisewarnung ... 10
Bevor ich es vergesse ... 13

Europa ... 15
Sipario (Puck, 16.9.2012) ... 16
Sortita (Österreich, 15.10.2012) ... 17
Lontano (Liechtenstein, 20.10.2012) ... 24
Intermezzo 1 (Overlandia: Sicherheit unterwegs) ... 30
Con Accuratezza (Schweiz, 3.11.2012) ... 33
Vivamente (Italien, 8.12.2012) ... 42
Intermezzo 2 (Overlandia: Wirtschaft) ... 54
Con Forza (Kroatien, 20.2.2013) ... 63
Bellicoso (Bosnien und Herzegowina, 1.4.2013) ... 72
Intermezzo 3 (Overlandia: Geschichte) ... 84
Tremolo (Montenegro, Kosovo, Mazedonien, 1.5.2013) ... 89
Adagissimo (Albanien, 1.6.2013) ... 98
Ad Libitum (Griechenland, 1.7.2013) ... 103
Intermezzo 4 (Overlandia: Kommunikation) ... 113

Vorderasien ... 119
Fresco (Türkei, 1.9.2013) ... 120
Strascicante (Georgien, 1.10.2013) ... 135
Intermezzo 5 (Overlandia: Politisches) ... 153
Festivamente (Ein kaukasischer Winter, 31.12.2013) ... 159
Acceso (Aserbaidschan, 1.3.2014) ... 168
Lusingando (Kasachstan, 1.4.2014) ... 184
Estinto (Karakalpakstan, 1.5.2014) ... 197
Intermezzo 6 (Overlandia: Umwelt) ... 215
Risoluto (Usbekistan, 14.5.2014) ... 219
Martellato (Tadschikistan, 1.6.2014) ... 228

Arioso (Berg-Badachschan, 15.6.2014) ... 241
Intermezzo 7 (Overlandia: Zeitreise) ... 256
Pastorale (Kirgisistan, 15.7.2014) ... 270

China und Fernostasien ... 285
Intermezzo 8 (Overlandia: An- und Weiterreise) ... 286
Con Slancio (China, 15.10.2014) ... 298
Amabile (Laos, 15.1.2015) ... 357
Dolente (Kambodscha, 20.4.2015) ... 377
Intermezzo 9 (Overlandia: Warum man noch heute aufbrechen sollte) ... 397
Piacevole (Thailand, 1.8.2015) ... 407
Armonioso (Malaysia, 1.3.2016) ... 419
Fuocoso (Indonesien, 31.8.2016) ... 440
Finale (Auf nach Australien, 1.9.2016) ... 459

Epiludio ... 470
Die freie Republik Overlandia ... 471
Nun wird's ernst! ... 482
Schritt eins – Fahrzeugarten ... 482
Schritt zwei – Fahrzeugtyp ... 490
Schritt drei – sich häuslich einrichten ... 494
Schritt vier – die Reisekasse ... 501
Ein bisschen Spaß muss sein – Top Ten Murphys Motorradgesetze ... 512

Danksagung ... 514

Über diese Ausgabe ... 518

Preludio

$A_{(Kugel)} = 4\pi r^2$

Formel zur Berechnung einer Kugeloberfläche, Archimedes, Proposition 33

Die Erde hat demnach eine Oberfläche von rund 510 000 000 km².

Eigentlich wollte ich 1997 nur zu einer einmaligen, relativ kurzen Weltfahrt aufbrechen. Daraus sind inzwischen jedoch drei Weltreisen mit einer Dauer von insgesamt 19 Jahren geworden. Von 1997 bis 2000 bin ich mit Puck, meiner treuen Yamaha Ténéré, von Europa nach Neuseeland gefahren. Anschließend habe ich die Erde in 3000 Tagen mit Matilda, einem Land-Rover-Oldtimer, umrundet. Nun, seit 2012, sitze ich wieder im Motorradsattel. Tja, was soll ich dazu sagen? Das Vagabundenleben macht halt Spaß!

19 Jahre auf Achse ... da könnten einige meinen, ich hätte schon alles gesehen. Wer das jedoch denkt, liegt falsch. Nicht nur, weil es so viele Länder auf der Erde gibt oder der Begriff »alles« doch eine erhebliche Menge beinhaltet, sondern weil ich auch die Orte, die ich in der Vergangenheit besucht habe, vielleicht nicht immer vollends »gesehen« habe. Leider ist jeder, vom normalen Motorradreisenden bis zum mächtigsten Regierungschef der Welt, ich möchte fast sagen »besonders unsere Politiker«, manchmal komplett blind für das, was sich genau vor seinen Augen abspielt.

Bisweilen entscheidet man sich ganz absichtlich dafür, einige Dinge nicht wahrzunehmen. Wer beispielsweise Phnom Penh in Kambodscha besucht, will nicht zwangsläufig all die Westler im Rentenalter mit den unvorstellbar jungen, halb nackten einheimischen Mädchen auf ihrem Schoß sehen, die vor den Pubs ein Bier nach dem anderen in sich hineinkippen. Manchmal ist unsere Blindheit aber auch unbeabsichtigt. Ehrlich, vor meinem ersten Kaffee am Morgen bin ich dermaßen komatös, dass ich noch nicht mal Pucks Schlüssel finden würde, wenn er zwei Zentimeter vor meiner Nase herumbaumelte. Doch so oder so: Eine beschränkte Wahrnehmung, ob bewusst oder unbewusst, hat Konsequenzen. Und damit meine ich nicht, dass Sie, wenn Sie Ihre Augen schließen, Gefahr laufen, in einen Baum zu krachen, wenn Sie dabei gerade auf einem Motorrad sitzen sollten.

Nein, das Problem ist, dass wir uns letztlich alle nur auf unsere eigenen Beobachtungen verlassen können, wenn wir die Welt sowie globale Angelegenheiten besser verstehen wollen. Jeder anderen Sichtweise, ob sie nun aus den Medien, von Regierungen oder aus unserem häufig übermäßig »politisch korrekten« Kulturkreis stammt, kann man nie völlig vertrauen. Die Erkenntnis, dass wir dem, was uns andere erzählen, kritisch gegenüberstehen sollten, habe ich schon als Leitfaden in mein letztes Buch eingeflochten. Wir müssen uns unbedingt eine EIGENE, subjektive Meinung bilden!

Reisende wie vielleicht Sie und ich haben es dabei in vielerlei Hinsicht einfacher: Unsere Meinungen beruhen auf direkten Erfahrungen in den entlegensten Winkeln dieser Erde, nicht auf Hörensagen oder den Medien. Und doch – stellen die bloße Neugier auf fremde Kulturen und der feste Wille zu lernen eine genügend tragfähige Basis dar, auf der man die eigenen Erfahrungen weiter interpretieren kann? Braucht es nicht mehr? Ich wette, dass dem so ist. Wenn wir nicht ständig überaus wachsam sind, verpassen wir allzu leicht nicht nur Verstörendes, sondern auch manche Wunder, und verhalten uns wie die Berufspendler, die achtlos an Joshua Bell vorbeigingen. Kennen Sie die Geschichte? Im Jahr 2007, als ich gerade mit meinem Land Rover Matilda auf dem amerikanischen Kontinent herumreiste, führte eine Zeitung in Washington, D.C. ein Experiment durch. Der Grundgedanke war, zu untersuchen, wie Menschen auf etwas herausragend Schönes reagieren würden, wenn es ihnen an einem absolut gewöhnlichen Ort begegnete. Zu diesem Zweck wurde ein Auftritt von Joshua Bell organisiert, der als einer der besten zeitgenössischen Geigenvirtuosen bekannt ist. Dieses Mal trat Joshua allerdings nicht in einem Konzertsaal auf, wo ein Karte mehrere Hundert Euro kostet, sondern als Straßenmusikant verkleidet in einer U-Bahn-Station. Er spielte dort fast eine Dreiviertelstunde lang einige der schönsten je komponierten Musikstücke auf einer Stradivari aus dem Jahr 1713 – und dennoch hielt kaum jemand inne, um ihm zuzuhören. Von den 1097 Personen, die an Joshua vorbeikamen, warfen nur 27 ein paar Münzen in seinen Geigenkasten, und gerade einmal sieben nahmen sich die Zeit, kurz stehen zu bleiben. Alle Übrigen würdigten den Geigenspieler keines Blicks, und als er zu spielen aufhörte, erklang kein Applaus. Die weitaus meisten hatten überhaupt nicht bemerkt, dass an diesem Tag etwas Wunderbares geschehen war, ja, sie hatten nicht einmal eine Erinnerung daran, dass in der U-Bahn überhaupt ein Geiger gewesen war.

Es gibt etliche Parallelen zwischen dem Verhalten einiger Vagabunden – mich eingeschlossen – und den Menschen in Washingtons U-Bahn. Genauso, wie die Pendler vielleicht keine Zeit zum Zuhören hatten, weil sie befürchteten, ihre Züge zu verpassen, rasen einige Reisende mit Warpgeschwindigkeit und verpassen dabei die vielen kleinen täglichen Wunder direkt am Straßenrand. Sollten wir nicht alle unser Lebenstempo etwas drosseln? Und so, wie die Pendler womöglich dermaßen tief in Gedanken an Arbeit, Verantwortung und Probleme versunken waren, dass sie die Musik nicht wahrnehmen konnten, so konzentrieren sich zahlreiche Overlander zu sehr darauf, das zu Besichtigende in einem bestimmten Land abzuhaken, dass sie es versäumen, auf alles, was NICHT auf ihrem Reiseplan steht, zu achten. Es kann auch sein, dass die Pendler den Geiger nicht würdigten, weil sie nicht in der Lage waren, sich vorzustellen, dass ein Weltklassemusiker in einer U-Bahn-Station spielen könnte. Derartiges passiert auch Reisenden, wenn sie ein noch unbekanntes Land mit einer vorgefassten Meinung besuchen. Ihre Wahrnehmung wird dann unter Umständen so beeinflusst, dass sie lediglich das Erwartete sehen und alle anderen Details außer Acht lassen.

Erfände ein Mensch das »interaktive Buch«, in dem sich Leser und Autor unmittelbar miteinander unterhalten könnten, so bin ich mir sicher, dass wir des Langen und Breiten diskutieren würden, warum wir oft mit Scheuklappen durch die Welt laufen. Noch gibt es diese Technologie leider nicht, und unsere Kommunikation wird sehr einseitig sein. Jammerschade eigentlich, denn ich bin davon überzeugt, dass jeder von uns eine einzigartige Sammlung von Gedanken, Reiseerfahrungen und Lebensgeschichten zu erzählen hat, womit wir auf die obige Frage und viele weitere vielleicht Antworten finden könnten. Zusammen ergäbe sich daraus – wäre alles gedruckt und veröffentlicht – ein schwindelerregend dickes Buch! Betrachten Sie bitte das Folgende als meinen kleinen Beitrag zu diesem Wälzer: einen Bericht über vier Jahre Fahrt von Deutschland nach Australien und über meine Beobachtungen, wenn ich angehalten, mich umgesehen und zugehört habe – ich habe mir die größte Mühe gegeben, meine Umgebung bewusst wahrzunehmen.

Reisewarnung

Die meisten von Ihnen, liebe Leser, sind vermutlich Reisende oder interessieren sich doch zumindest fürs Reisen. Ich mache dabei keinen Unterschied zwischen denen, die drei Wochen Urlaub im Jahr machen, und denen, die Jahrzehnte rund um die Welt unterwegs sind. Uns alle eint der Wunsch, das zu entdecken, was hinter jenem rätselhaften und sich immerfort entziehenden Horizont liegt. Um unsere Neugier zu befriedigen, müssen wir Nebenwirkungen hinnehmen, die sich aus dem Verlassen unserer »eigenen vier Wände« ergeben. Draußen werden uns Abenteuer erwarten, emotionale Höhen und Tiefen und gelegentlich auch philosophische Rätsel. Am Ende aber werden wir – abgesehen vom Genuss einer hoffentlich rundum gelungenen großen Fahrt – ein tieferes Verständnis für diese unsere Welt erlangen.

Doch nicht nur das Reisen selbst kann aus der gewohnten Komfortzone herausführen, auch einige Bücher über das Reisen können das. Das, welches Sie gerade in der Hand halten, gehört vielleicht dazu. Falls Sie ein großer Freund politisch korrekter Bilder der Welt sind, könnten einige Passagen darin verstörend wirken. Keine Angst, eine kugelsichere Weste brauchen Sie nicht, wenn Sie für einen virtuellen Ausritt auf dem Sozius meines Motorrads Platz nehmen, ein Helm reicht völlig aus. Ich beschreibe so ehrlich wie nur möglich, was ich sehe, ohne zu beschönigen und meine Worte extra für sensible Seelen aufzubereiten. Es handelt sich hierbei eben nicht um einen Reisebericht der Art *In 80 Tagen um die Welt* und auch nicht um das Tagebuch, das ein Adrenalinjunkie auf zwei Rädern über seine Abenteuer geführt hat. Genauso wenig ist dies ein Führer mit detaillierten Angaben zu Grenzformalitäten oder Empfehlungen für einen Barbesuch in Bangkok. Es war nie meine

Absicht, für die Reihe *Lonely Planet* zu schreiben oder ein Handbuch über die Wartung von Motorrädern zu verfassen. Wenn Sie solche Literatur bevorzugen, sind meine *Hinter-dem-Horizont*-Bücher – ob nun links oder rechts – vielleicht nicht ganz das, was Sie erwarten. Das schließt nicht aus, dass Sie trotzdem Freude daran haben.

Einige abenteuerliche Geschichten finden sich natürlich doch, denn jede Fernreise hält solche Erlebnisse parat, und davon mag ich auch erzählen. Neben der eigentlichen Reiseschilderung werden Sie hin und wieder Intermezzi entdecken, kurze Zwischenspiele, in denen ich genauer auf einige Overlanderthemen eingehe. Die vierteilige Overlandtüre hingegen ist eine Reisemelodie, die – inspiriert von Joshua Bell – von der Konzertkomponistin Irene van Duijvenvoorde und mir geschaffen worden ist. Wer genau hinhört, kann vielleicht sogar erkennen, wie ich die Motorradgänge schalte, in Kurven fahre oder nach China einreise. Und schließlich gibt es ein Epiludio, wo ich zusätzlich einige praktische Reisetipps zusammengestellt habe, die sich insbesondere an diejenigen Leser richten, die vorhaben, selbst zu einer großen Fahrt aufzubrechen. Falls Sie zu diesen gehören, kann es leicht sein, dass Sie auf den Geschmack kommen und schließlich irgendwann einmal auf Jahre oder gar Jahrzehnte des Reisens zurückblicken. Das kann tatsächlich leichter passieren, als Sie vielleicht denken ... wirklich, ich spreche da aus eigener Erfahrung.

Wie bei jedem Langzeitreisenden hat sich auch meine Sicht der Welt nach so langer Zeit auf Achse verändert, und meine Erfahrungen und Schlussfolgerungen widersprechen bisweilen dem, was uns die Massenmedien und unsere Regierungen glauben lassen möchten. Was meine Erfahrungen angeht, werde ich mich auf keine Diskussion einlassen, denn ich war Augenzeuge der in diesem Buch geschilderten Ereignisse. Deren Interpretation steht jedoch durchaus zur Debatte. Sollte Ihre persönliche Meinung, die Sie sich selbst durch Erfahrungen aus erster Hand gebildet haben, von meiner abweichen, so gestehe ich ihr die gleiche Gültigkeit zu. Es ist nicht wichtig, wer recht hat und wer nicht (Meinungen sind definitionsgemäß immer subjektiv); wichtig ist, dass wir unvoreingenommen aussprechen, was wir für die Wahrheit halten. Der friedliche Dialog, nicht der Druck durch Einschüchterung oder Gewalt, wird zu einem zutreffenderen Urteil über viele Geschehnisse und zur Lösung vieler weltweiter Probleme führen. Das freilich ist wieder lediglich eine Meinung, auch wenn ich von Herzen wünschte, sie wäre eine Tatsache.

Bevor ich es vergesse …

Bücher sind immer nur Momentaufnahmen. Dieses beschreibt die Welt, wie ich sie zwischen 2012 und 2016 erlebt habe, und ich habe keine Ahnung, wann »gerade« für Sie ist. Zwischen meiner Reise und dem heutigen Tag sind Monate, Jahre oder vielleicht auch Jahrzehnte vergangen. In dieser Zeit werden sich einige Dinge auf der Welt drastisch verändert haben, andere hingegen nur geringfügig und wieder andere vielleicht auch gar nicht. Aber all das, liebe Leser, werden Sie selbst herausfinden und dann – hoffentlich – darüber schreiben.

Wagen wir uns also nun zusammen in die weite Welt hinaus, um ihre gewaltige Flut an Tönen, Klängen und Bildern zu erleben. Manchmal ist diese Symphonie der Erde harmonisch, manchmal voll Missklang, aber immer berauschend.

Veni, vidi, scripsi … et cantavi!

Finnland
Norwegen
Schweden
Estland
Russland
Lettland
Dänemark
Litauen
Weißrussland
Berlin
Polen
Deutschland
Tschechische Republik
Ukraine
Slowenien
Slowakische Republik
Liechten-
stein
München
Wien
Kroatien
Bosnien und Herzegowina
Österreich
Ungarn
Bern
Schweiz
Ljubljana
Zagreb
Rumänien
Italien
Kosovo
Sarajevo
Serbien
San Marino
Schwarzes Meer
Mazedonien
Montenegro
Bulgarien
Rom
Podgorica
Skopje
Tirana
Griechenland
Ankara
Türkei
Albanien
Athen
Mittelmeer
Tunesien
Algerien
Libyen
Ägypten

Europa

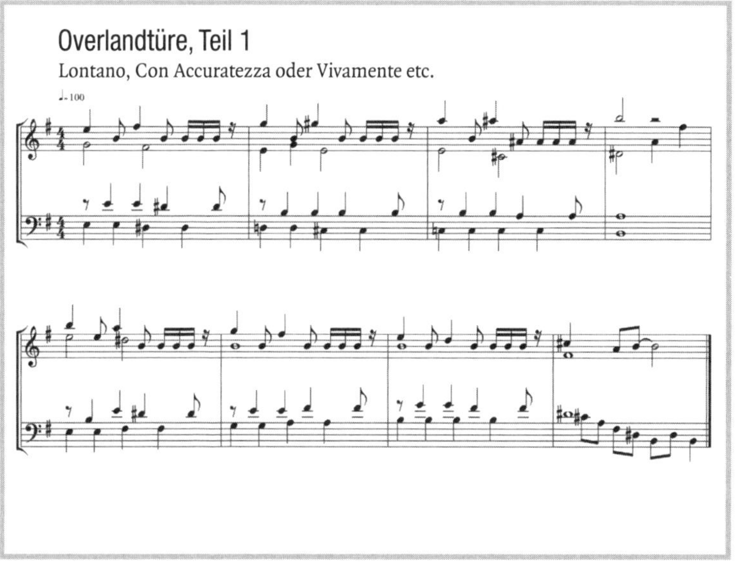
Overlandtüre, Teil 1
Lontano, Con Accuratezza oder Vivamente etc.

Sipario

Vorhang auf

Puck, 16.9.2012

Ich wühle mich durch den wüsten Haufen von einst für bewahrenswert erachteten Dingen, den ich in der Garage meiner Eltern aufgetürmt habe, und siehe, da kommt ein fast vergessenes Stück ans Tageslicht, meine Yamaha, halb zerlegt und von Staub und Spinnweben bedeckt.

»Puck, alter Knabe!!!«, rufe ich und gebe dem verbeulten Tank einen Klaps, wobei etliche Spinnen die Flucht ergreifen. Nicht ohne Mühe schiebe ich mein altes Motorrad ins Freie. Die Morgensonne glänzt, ohne viel an seinem Aussehen ändern zu können. Die Reifen sind platt, Schrauben und Bolzen fehlen, und der Rahmen zeigt Rostspuren. Kaum zu glauben, dass mich dieses Wunder japanischer Ingenieurskunst einst durch Asien bis nach Australien und Neuseeland getragen hat. Ich gehe ein paarmal um Puck herum, greife dann an den Lenker und schwinge mich in den Sattel. Die Federn und Stoßdämpfer tun es nicht mehr, aber der Sitz fühlt sich gut an. Drei Jahre darauf haben meinen persönlichen Hinterbackenabdruck hinterlassen. Ich schließe die Augen und stelle mir vor, wie mir der Fahrtwind durch die Haare streicht, während ich über eine Piste im australischen Outback brettere. Habe ich da nicht gerade etwas gehört, Puck? Puck?

Ich beuge mich nach vorn Richtung Motor, so weit es der Sattel zulässt. Leise, hinter den gebrochenen Zündkerzen hervor, höre ich ein bittendes Stimmchen: »Nimm mich mit auf die Reise!«

Sortita

Effektvolle Eintrittsarie

Österreich, 15.10.2012

Einen Tag, nachdem der österreichische Fallschirmspringer Felix Baumgartner aus 39 Kilometer Höhe senkrecht vom Himmel nach unten geplumpst ist und dabei den Weltrekord für den höchsten Sprung gebrochen hat, schaffen wir ungefähr dieselbe Strecke – wenn auch eher in der Waagerechten. Während ich auf einer alpinen Panoramastraße mit meinem Motorrad dahingleite, blicke ich kurz himmelwärts und frage mich, wie sich das anfühlt, wenn man im freien Fall die Schallmauer durchbricht. Felix hat, allein aufgrund der Schwerkraft, Mach 1,24 oder über 1300 Stundenkilometer auf seinem Sprung aus der Stratosphäre erreicht. Laura und ich tuckern dagegen mit gemütlichen 50 Stundenkilometern (oder Mach 0,04) dahin, angetrieben durch unsere Einzylindermotoren, durch Reiselust und Neugier.

Bei der zurückgelegten Strecke enden allerdings die Parallelen zwischen unseren Unternehmungen. Ich habe keinerlei Ehrgeiz, Rekorde zu brechen; stattdessen hoffe ich, dass wir unsere kleine Weltreise überstehen, ohne uns irgendetwas zu brechen. Am Ziel angelangt, möchte ich nur, dass alle meine Knochen heil sind. Felix wollte das vermutlich auch. Vielleicht haben wir doch mehr Gemeinsamkeiten, als ich dachte.

»Chris! Hörst du mich?«, ruft Laura über ihr Helmmikro. Sie ist auf ihrer BMW zehn Längen hinter mir.

»So einigermaßen. Was gibt's?«, schreie ich zurück. Das Ding wird durch die Sprache aktiviert und funktioniert nicht ganz so, wie ich mir das vorgestellt habe. Ich muss höllisch aufpassen, um Lauras Worte vom Knacken und Rauschen im Hintergrund zu unterscheiden. Manchmal ist das ein heimlicher Segen, denn meine Partnerin hat die Angewohnheit, während der Fahrt zu singen, und ihr Repertoire besteht nur aus drei Liedern.

»Meinst du, dass Felix Baumgartner Angst hatte, als er in einer solchen Höhe aus seiner Ballonkapsel gehüpft ist?«

»Nein. Ich glaube nicht, dass er vor der Höhe Angst hatte. Nur vor dem Boden. Terry Pratchett hat einmal gesagt: ›Der Himmel ist recht harmlos ... es ist der Boden, der dich umbringen kann.‹ Weil wir gerade davon reden ... pass bitte auf, jetzt kommen ein paar Haarnadelkurven!«

Ich habe reichlich Erfahrung auf zwei Rädern, aber Laura ist noch Anfängerin. Vor dieser Reise war ihr größtes »Motorrad« eine kleine Vespa. In meinen Augen ist sie ebenso tapfer – und verrückt – wie Felix.

Ich fahre durch die Serpentinen des Arlbergpasses, gehe in Schräglage und beschleunige am Ausgang der Kurven. Ich fühle die Sonne im Gesicht, den Wind, der mir die Nase kitzelt, und manchmal eine Mücke, die mir ins Auge fliegt. Anders als im Auto ist man der Natur und den Elementen offen ausgesetzt, nicht abgeschirmt durch eine Windschutzscheibe und zwei Tonnen Stahl. Es ist jetzt zwölf Jahre her, dass ich zuletzt auf meiner Yamaha gefahren bin, und ich grinse über beide Ohren. Das habe ich wirklich vermisst. Viele meiner Freunde glauben, dass eine Weltreise mit dem Motorrad ein »Abenteuer« sei, aber ich kann das nicht verstehen. Mein Nebennierenmark, das jetzt Adrenalin ausschütten sollte, macht Mittagsschläfchen. Ich freue mich einfach, wieder unterwegs zu sein, nicht mehr und nicht weniger.

Vor gut 30 Tagen haben Laura und ich Deutschland verlassen, seither rund 1000 Kilometer zurückgelegt, und jetzt genießen wir einen Gebirgsurlaub im schönen Österreich. Was wir machen, unterscheidet sich nicht wesentlich vom alljährlichen Skiurlaub meiner Eltern in Kufstein, mit der einzigen Ausnahme, dass wir nicht die Absicht haben, in absehbarer Zeit zurückzukehren. Zwangsläufig beginnt jede Fernreise mit einem Nachbarland, das – zumindest in Europa – in der Regel nicht vom Krieg heimgesucht wird oder durch weibliche Anophelesmücken verseucht ist. Eine Grenze nach der anderen, eine ununterbrochene Folge von Urlauben, ein, zwei Monate in jedem Land – und irgendwann sollten wir Australien erreichen. Hoffe ich jedenfalls.

Der vielleicht größte Unterschied zwischen Felix Baumgartner und uns ist der, dass sein von Red Bull finanziertes Projekt ein paar Millionen gekostet und Jahre der Vorbereitung erfordert hat, und das für eine Reise von nur zehn Minuten Dauer. Unser Trip hingegen wird nicht gesponsort. Wir müssen lediglich zusehen, dass wir mit unseren mageren Honoraren als Autoren, das heißt mit ungefähr 500 Euro pro Monat, auskommen. Es hat uns auch nicht viel Zeit gekostet, unsere Campingausrüstung zusammenzustellen, ein paar Straßenkarten zu kaufen und auf eine Reise von wenigstens vier Jahren Dauer zu gehen.

Laura schließt zu mir auf, als wir oben auf der Passhöhe haltmachen, nahe bei St. Christoph, einem kleinen Skidorf mit grandiosem Alpenpanorama.

»Hast du gesehen? Ich habe gerade meinen ersten Pass bewältigt!«, ruft sie begeistert.

Im Gegensatz zu mir findet Laura Motorradfahren sehr abenteuerlich. Ich kann das gut nachvollziehen, wenn ich an meine ersten Erfahrungen auf zwei Rädern zurückdenke. All diese kleinen Gefahren der Straße, die mir jetzt belanglos vorkommen, hatten mir einst Ausbrüche von kaltem Schweiß beschert: dunkle Tunnels, überholende Lastwagen, Schlaglöcher, Eisenbahnschienen, Berufsverkehr, Seitenwind, Regen, Schnee und Eis. Als Frau hat Laura einige zusätzliche Handicaps: Sie wiegt nur ein Viertel ihrer BMW, und mit den Füßen kann sie kaum den Boden berühren. Obwohl ich den Sitz, die Federung und die Vordergabel so tief eingestellt habe wie nur möglich, fällt sie immer wieder um, wenn sie vor einer Ampel anhalten muss.

»Verdammte, kurze Italienerbeine!«, ruft sie. »Ich will deutsche Beine oder zumindest Plateausohlen!«

Wie ich meine Freundin kenne, wird sie aber bald Profi sein, spätestens dann, wenn wir in Kroatien ankommen. Um Laura umzuwerfen, braucht es viel mehr als nur ein Motorrad: In meinen Augen stellt sie, neben dem Elektromagnetismus, der starken und schwachen Kernkraft und der Schwerkraft, die hypothetische fünfte Fundamentalkraft der Natur dar. Wäre dem nicht so, wie hätte sie mich in den letzten vier Jahren ertragen können? Ich bin – wie soll ich sagen – nicht der einfachste Partner für eine Beziehung.

»Chris, was hast du da Schwarzes im Mund kleben?«

Ich schaue in meinen Rückspiegel und grinse. Es scheint ein Insekt zu sein, das nach der Kollision mit meinen Zähnen ziemlich traurig aussieht. Gut, dass ich tierisches Eiweiß vertrage. Könnte ein Vegetarier je ein rechter Biker sein?

Ich begegnete Laura zuerst in Malawi und verliebte mich in sie. Sie arbeitete damals als Touristenführerin und pendelte mit zwei Dutzend Passagieren, hinten in einem MAN-Truck zusammengepfercht, zwischen Johannesburg und Nairobi. Jede Fahrt, sei es nord- oder südwärts, dauerte exakt sechs Wochen. Ich genoss derweilen meine eigene Safari, aber in weit gemütlicherem Tempo. Für die gleiche Strecke zwischen Südafrika und Kenia brauchte ich 26 Monate. Ich hatte allerdings auch keinen feinen MAN-Truck, sondern war stolzer Besitzer eines klapprigen Land Rovers, der alle paar Tage schlapp machte. Unsere Wege haben sich 2008 gekreuzt, und seither sind wir unzertrennlich. Laura gab ihren Job bei dem Reiseveranstalter auf, und mit vereinten Kräften bewältigten wir die restliche

Strecke nach Deutschland, und so, hoffe ich, wird es auf der gegenwärtigen Fahrt und für den Rest unseres Lebens bleiben.

Gegen Abend entdecke ich einen idealen Platz zum Zelten. Wir haben, was die Schlafplätze angeht, eine routinemäßige Zusammenarbeit entwickelt. Kurz vor Sonnenuntergang drossle ich das Tempo und beginne, Ausschau zu halten. Fällt mir ein vielversprechender Acker, ein waldiger Winkel oder ein befahrbarer Pfad ins Auge, so halte ich an und mache mich an die Erkundung. Genügt der Platz meinen Ansprüchen, zeige ich Laura den erhobenen Daumen, und sie folgt mir ins Gebüsch. Heute Nacht wählen wir einen Weg, der zu einem Grasfleck neben einem rauschenden Gebirgsfluss führt. Es gibt sogar eine kleine Feuerstelle, eine Hinterlassenschaft unbekannter Reisender, die hier zuvor schon geschlafen haben.

Die österreichischen Alpen sind erste Wahl für Reisende, die, wie wir, wild zelten – egal wie die Gesetzeslage hier bezüglich des freien Campens in der Natur aussieht. In einigen Teilen Europas wird die jahrhundertealte Tradition des Jedermannsrechts hochgehalten, eine Regelung, die es dem müden Wanderer erlaubt, auf jedem öffentlichen und unbebauten Land ein, zwei Nächte zu zelten, wenn er die Umwelt weder schädigt noch zerstört und er einen angemessenen Abstand zur Wohnbebauung hält. In ganz Skandinavien (mit Ausnahme Dänemarks) ist dieses Recht sogar gesetzlich verankert. Aber auch in anderen Ländern gibt es eine Ausnahmeregelung: Wer zum Fahren zu müde ist, soll ruhen, um weder sich noch andere Verkehrsteilnehmer zu gefährden. »Ruhen« wird normalerweise so definiert, dass man eine Auszeit von maximal zehn Stunden nehmen darf. Ehrlich gesagt musste ich mich in Europa nie auf diese Regelung berufen. In all den Jahren, die ich wild gezeltet habe, hat noch nie ein Polizist von mir verlangt, dass ich weiterziehen soll.

Laura und ich, wir haben beide unsere eigenen Pflichten, wenn wir uns auf die Nacht vorbereiten. Sie kocht Kaffee, während ich mich mit »Zen in der Kunst des Zeltaufbaus« beschäftige. Sie packt die Schlafsäcke aus, und ich checke unsere Motorräder, ob da irgendwelche Zeichen von Verschleiß nach der Fahrt zu sehen sind. Wenn es geht, sammele ich im Wald Feuerholz, und Laura bereitet das Abendessen: Eine Fünf-Minuten-Terrine, falls wir müde sind; ansonsten zaubert sie aus den Resten des letzten Einkaufs ein fantastisches Drei-Gänge-Menü. Diese kleinen Arbeiten betrachten wir nicht als lästig, im Gegenteil, das Packen, Auspacken und Wiedereinpacken gehört fest zu unserem Tagesablauf und unterscheidet sich nicht von den Routinearbeiten eines Hausbesitzers wie Tischdecken oder Bettenmachen.

Sicher gibt es da ausgefallene und persönliche Dinge, die ans Licht kommen, wenn wir das Gepäck von unseren Motorrädern abladen. Laura ist ohne Zweifel eine Frau … ich nicht. Die Boxen an ihrer 1996er BMW F 650 enthalten kuriose Sachen wie ein Veloursluftbett, eine elektrische Zahnbürste und einen Epilierer, ein Foltergerät, das ich einmal, und nur einmal, ausprobiert habe – aus Neugierde und um Lauras Bemühen um feminine Erscheinung würdigen zu können. Nie wieder.

»Laura, hast du ein paar Schrauben und Muttern in deinem Werkzeugkasten? Dein Gepäckträger ist lose.«

Sie gibt mir eine Plastikdose mit »Body Shop«-Etikett auf dem Deckel, der ein penetranter Maracujageruch anhaftet. »Irgendwo musste ich die Teile unterbringen. Riechen die Schrauben nicht fein?«

Ich brummle und schraube den Gepäckträger fest. Jetzt hat Laura die einzige BMW der Welt mit Passionsfruchtduft. Sie hat ihre Maschine übrigens Pixie getauft, nach diesen feenhaften Wesen der keltischen Sage, von denen es heißt, dass sie gutartig seien, manchmal aber auch schelmisch, ein bisschen wie Pumuckl. Passt gut.

Mein Motorrad ist eine Yamaha XTZ 660 Ténéré, Baujahr 1996 und heißt Puck, wie die aus Shakespeares Sommernachtstraum bekannte Kreatur. Wenn man so will, ist ein Puck im Wesentlichen das männliche Gegenstück einer Pixie. Puck und ich waren schon viel zusammen, und wir sind aneinander gewöhnt. Mit ihm habe ich zwischen 1997 und 2000 meine erste Weltreise unternommen, und ich hoffe stark, er wird das Kunststück noch einmal schaffen. Ich könnte es mir nicht leisten, ein anderes Motorrad zu kaufen, und ich will das auch gar nicht. Man wirft einen Freund nicht zum Alteisen, nur weil er in die Jahre gekommen ist. Gut 70 % meines Stauraums werden von Werkzeug und Ersatzteilen eingenommen. Dazu kommen unser Zelt, mein Schlafsack, unser Benzinkocher, zwei schwarze T-Shirts, die ich abwechselnd trage, und irgendwo sollte ich auch eine Zahnbürste hineingestopft haben.

Die Sterne funkeln hell heute Nacht. Ich lehne mich in meinem zusammenklappbaren Stuhl zurück und suche den Himmel nach den bekannten Sternbildern ab. Hie und da zeichnet eine Sternschnuppe eine schnell vergängliche Spur über das Firmament. Ich überlege kurz, ob ich mir etwas wünschen soll, stelle aber fest, dass ich wunschlos bin. Ich bin, wo ich gern bin, bei wem ich gern bin, ich tue, was ich gern tue. Alles ist bestens.

Meine Gedanken werden mit einem Mal durch ein merkwürdiges Summen hinter einem nahen Baum unterbrochen. Ach so, das ist Laura mit ihrer elektrischen Zahnbürste, nichts Beunruhigendes. Vielleicht sollte ich es ihr gleichtun, wenn auch in Handarbeit. Ein, zwei Mücken hängen mir, meine ich, noch zwischen den Zähnen.

Lontano

Vorgetragen aus der Ferne

Liechtenstein, 20.10.2012

Schätzen Sie doch einmal, wie weit Sie sehen können, wenn Sie am Strand stehen und über das unbewegte Meer blicken. Ein paar Dutzend Kilometer oder mehr? Angenommen, Sie sind von durchschnittlicher Statur und Ihre Augen ungefähr 165 Zentimeter über dem Boden, so ist die Antwort auf die Frage nach der (rein geometrischen) Sichtweite vielleicht überraschend: nicht einmal 4600 Meter. Das ist der Horizont eines Menschen, ein Achttausendstel des Erdumfangs. Mich hat dieser bescheidene Fernblick immer geärgert. Aber was kann man dagegen tun?

Stehen Sie in zehn Meter Höhe auf dem Balkon, so vergrößert sich die Sichtweite auf 11,3 Kilometer, und die Besteigung des höchsten Bergs in Deutschland, der Zugspitze, lässt 195 Kilometer weit blicken.[1] Um herauszufinden, was hinter dem Horizont ist, gibt es kein anderes Mittel, als höchstpersönlich zu reisen und immer weiterzureisen, bis die Erdkugel umrundet ist. Ich sollte allerdings nicht vergessen, etwas zu erwähnen, das mir vor der Rückkehr von meiner vorhergehenden Reise noch nicht ganz klar war: Es ist gut und schön, in die Ferne zu schweifen, aber das bedeutet nicht, dass wir die Augen vor dem verschließen sollten, was uns vor den Füßen liegt.

Die meisten europäischen Fernreisenden kennen Lhasa besser als Luzern, oder sie durchwandern den Himalaya, aber betre-

[1] Für Sichthöhen, die sehr viel kleiner als der Erdradius sind, kann man folgende, genäherte Formel benutzen: Man multipliziere die Wurzel aus der Augenhöhe in Metern über dem Boden mit 3,57, um die Sichtweite in Kilometern zu erhalten.

ten kein einziges Mal das Gebiet der Hohen Tauern. Viele von ihnen betrachten Österreich und die Schweiz als bloße Sprungbretter für den Trip in die Ferne. Ich bin da keine Ausnahme. Ich habe zwölf Jahre in Nordamerika verbracht, vier zwischen Mexiko und Patagonien, vier in Afrika, drei in Asien und zwei in den pazifischen Ländern – aber ich hätte Schwierigkeiten, mehr über Liechtenstein, wo wir gerade angekommen sind, zu erzählen, als dass es einen Fürsten als Staatsoberhaupt hat. Schlimm! Und dabei nenne ich mich einen erfahrenen Reisenden. Da muss sich etwas ändern.

Zum Teil habe ich es Laura zu verdanken, dass ich auf meine Scheuklappen aufmerksam wurde. Laura ist gebürtige Italienerin, hat aber den größten Teil ihres Lebens in Australien verbracht. Deutschland und die Alpen waren für sie Neuland – und aus Sicht einer Bewohnerin Sydneys wahrlich jenseits des Horizonts. Sie wollte nach der letzten Weltreise auf jeden Fall meine »Heimat« kennenlernen und nicht gleich wieder in die weite Ferne schweifen. Daher nahm ich sie auf kleine Ausflüge zwischen Regensburg und Garmisch, Kufstein und Salzburg mit. Ich kannte diese Orte, für mich waren sie nichts Besonderes. Laura aber war tief beeindruckt und machte mich auf viele schöne Dinge aufmerksam, die ich bisher als selbstverständlich betrachtet hatte. Sie hatte recht: In Europa gibt es Sehenswürdigkeiten, die nicht weniger faszinierend sind als die in »exotischen« Zielen wie Timbuktu, Sansibar oder Lhasa – nur eben anders. Und wer Ausschau nach »exotischen« Menschen halten will, muss nur nach Österreich, in die Schweiz oder nach Bayern gehen. Da gibt es bekanntlich recht bizarr anmutendes Verhalten. Man stelle sich nur Lauras Reaktion vor, als ich sie mit folkloristischen Veranstaltungen wie Schuhplatteln, Steinheben oder Tabakschnupfen bekannt machte, sie in ein Dirndl steckte, ihr eine Schweinshaxe gab und ihr sagte, die solle sie mit einer Maß Bier hinunterspülen.

Wer mit einem Ausländer die eigene Umgebung bereist, lernt sein Zuhause als Tourist erst kennen und schätzen. Aus der Sicht eines Besuchers ist Zentraleuropa die bei Weitem vielfältigste Gegend auf dieser Welt. Wo sonst genügt es, ein paar Stunden zu fahren, um in einem völlig anderen Land aus dem Auto zu steigen? Österreich, zum Beispiel, grenzt an acht verschiedene Länder, die alle ihre eigene Geschichte und ihre einmaligen Bauten, Landschaften, Sprachen, Traditionen und Küchenspezialitäten bieten. In Australien jedoch kann man 1000 Kilometer weit fahren und kommt kaum aus New South Wales heraus. Ein Kreis mit demselben Radius um München herum beinhaltet hingegen 32 Länder.

Eines davon ist Liechtenstein. Wir haben seine virtuelle Grenze gestern überschritten. Virtuell, da seit dem Beitritt zum Schengenabkommen Grenzkontrollen der Vergangenheit angehören. Was man über die EU auch denken mag, für Reisende ist sie ein Segen! Vor uns, am Ufer des Rheins, liegt ein Land von nur 24 Kilometer Länge und sechs Kilometer Breite. Es gibt keinen Flughafen, nur ein Krankenhaus und vier Bahnhöfe. Die Einwohnerzahl liegt bei bescheidenen 36 000, und wenn man sich auf die Zehenspitzen stellt, kann man sie alle zugleich sehen. Aber Größe ist bekanntlich nicht alles. Wir besichtigen die Hauptstadt Vaduz und wenden uns dann dem einzigen Skigebiet Liechtensteins bei Malbun zu.

Eine bunte Alpenwiese mit Enzianen, Gänsekresse und etlichen dicken Murmeltieren wird zu unserem Zeltplatz. Die Szenerie erinnert an ein riesiges, natürliches Amphitheater mit den Bergen als Zuschauern und uns als Akteuren mitten auf der Bühne.

»Schauen wir einmal, wie die Aussicht von den oberen Rängen ist«, schlage ich vor. Es ist noch früh am Tag.

»Können wir die Motorräder hier allein stehen lassen?«, fragt Laura ein wenig besorgt.

»Na klar. Wir sind in Liechtenstein und nicht in Südafrika. Wegen Kriminalität brauchen wir uns hier nicht den Kopf zu zerbrechen.«

In der Tat steht das einzige Gefängnis des Landes die meiste Zeit leer, und die 87 Mann starke Polizei genügt vollauf, um die Bevölkerung, unsere Motorräder und nicht zuletzt die vielen Briefkastenfirmen zu schützen, die sich wegen der geringen Steuern im Land niedergelassen haben.

Wir erreichen einen Gratabsatz des Naafkopfs und werden durch eine Aussicht belohnt, die unsere Erwartung weit übertrifft. In der Ferne, wie auf himmelblaue Leinwand gemalt, erscheinen die prächtigen weißen Gipfel der Schweiz. Unten liegen inmitten grüner Weiden malerische Dörfer mit Kirchtürmen und roten Ziegeldächern. Ich möchte behaupten, dass die Alpen nicht weniger landschaftliche Schönheiten bieten als die Rocky Mountains, die Anden oder der Himalaya. Zudem braucht man hier – anders als auf fernen Kontinenten – keine Klettergenehmigung oder Eintrittskarte, um die Landschaft zu genießen. Die Berge stehen allen, Reich und Arm, frei zur Verfügung, gleich ob jemand ein Genusswanderer ist, ein professioneller Sportkletterer oder schlicht jemand, der vor einer Almhütte sitzt und über den Rand seines Bierkrugs zufrieden beobachtet, wie andere sich plagen und Ströme von Schweiß vergießen.

Die meisten Länder dieser Welt versehen die Natur mit Preisschildern, sodass ihr Genuss fast ausschließlich den Wohlhabenden vorbehalten bleibt. In Nepal, um nur eine Nation zu nennen, reichen die Gebühren für die Bergbesteigung derzeit von ein paar Hundert Euro für unbedeutende Gipfel bis zu atemberaubenden 10 000 Euro pro Person für den Mount Everest. Auf dem afrikanischen Kontinent summieren sich die unumgänglichen Kosten für eine Besteigung des

Kilimandscharo im günstigsten Fall auf 1000 Euro, für den Milford Track in Neuseeland muss man in der Hochsaison mindestens 220 Euro bezahlen, und in den USA wird für fast alle Nationalparks ein saftiges Eintrittsgeld verlangt. Im Vergleich dazu ist Europa ein Segen für alle, die die Fauna, die Flora und die Schönheiten der Landschaft lieben. Keine Wanderung und kein Gipfel kosten auch nur einen Cent.

Wir verlassen unseren Ausguck und kehren ins Tal zurück. Beide haben wir seit dem Morgen nichts gegessen, und unsere Mägen knurren. Laura stellt bei unseren Motorrädern, die selbstverständlich unberührt dastehen, den Kocher auf, während ich zum nahen Fluss hinunterschlendere, um Wasser zu holen. Wir haben es wirklich gut hier in Europa. Am Nass der alpinen Seen und Flüsse kann man sich erfrischen, es oft sogar trinken und in jedem Fall darin baden. Würde man das in Ostafrika versuchen, so könnte das mit Durchfall, Wurmbefall, Cholera oder Bilharziose enden, oder auch – wie das einer von Lauras Reiseleiterkolleginnen in Sambia widerfuhr – mit einer unangenehmen, sprich tödlichen Begegnung mit einem Flusspferd. Die europäische Tierwelt ist eher zahm, was nicht immer von Übel ist. Hier haben wir nichts Schlimmeres zu befürchten, als dass ein Igel über einen Zelthering stolpert.

Später, nachdem wir unseren Hunger gestillt haben, schlüpfen wir in unsere Schlafsäcke, spielen ein paar Runden Kniffel und hören BBC World Service aus dem Kurzwellenradio. Zweiteres ist vor dem Einschlafen nur selten eine gute Idee, denn die Nachrichten aus der Welt fördern in der Regel keinen geruhsamen Schlaf. Kriege, Bombardierungen und Massaker an Schulen betreffen fast alle Kontinente – nur über Liechtenstein sagt der Nachrichtensprecher kein Wort. Warum nur, es wäre doch zur Abwechslung schön, etwas wie »Wir berichten live aus Vaduz. Alles ist friedlich, seit nun 231 Jahren in Folge« zu hören. Liechtenstein hat nicht einmal Streitkräfte. Sie wurden 1868 aufgelöst, da man ihren Unterhalt als Geldverschwendung betrachtete. Die einzigen anderen Nationen, die meines Wissens keine Streitkräfte haben, sind – abgesehen von einigen Inselstaaten wie Nauru und Samoa – übrigens Costa Rica, Andorra und, mit starken Einschränkungen, der Vatikan.

Ich linse aus unserem Zelt und sage Puck und Pixie Gute Nacht. Sie stehen brav nebeneinander und unterhalten sich wahrscheinlich über all das, worüber Motorräder reden, wenn kein Mensch zuhört. Vielleicht geht es um Straßenzustand, Benzinduft oder eine sexy Ducati, die sie am Tag gesehen haben. Oder wäre es möglich, dass sie miteinander flirten, mit Schmetterlingen im Treibstofftank? Ich schalte meine Stirnlampe aus, schließe den Zelteingang und dämmere weg. Ich fürchte nicht, dass sich kongolesische Rebellen im Wald verstecken und auch nicht, dass ich auf eine angolanische Landmine treten könnte, wenn ich das Zelt für ein Mitternachtspinkeln verlasse.

Was soll ich sagen? Aristoteles betrachtete Schönheit als eine Eigenschaft der Formen und Proportionen, David Hume hielt sie für eine subjektive Meinung, und Santayana sagte, man könne sie als objektiviertes Wohlgefallen definieren. Doch was auch immer sie sein mag, ich widerspreche allen, die behaupten, dass sie nirgendwo in Europa zu finden wäre. Ihr mögt uns auslachen, dass Laura und ich eine Woche brauchen, um die 24 Kilometer Liechtensteins zu durchstreifen, aber glaubt uns: Wir wissen, was wir tun! Was hinter dem Horizont liegt, kann noch warten.

INTERMEZZO 1

Overlandia: Sicherheit unterwegs

Lauras Frage, ob unsere auf der Wiese zurückgelassenen Motorräder sicher seien, war durchaus verständlich. Diebstahl ist in der Tat ein Hauptproblem für Fernreisende. Manchmal, wie in unserem Fall, bilden Fahrzeug und Gepäck den gesamten irdischen Besitz des Overlanders.

Wer im Auto um die Welt reisen will, hat viele Möglichkeiten, das Fahrzeug vor Langfingern zu schützen. Besonders einfach ist es, das Lenkrad auf jeden Spaziergang mitzunehmen. In Matilda, meinem alten Land Rover, hatte ich zu diesem Zweck einen Schnellverschluss an der Lenksäule angebracht. In manchen dubiosen Orten warfen die Barkeeper seltsame Blicke auf mein Lenkrad, wenn ich es neben meinem Bierglas oder meinem Teller voll Empanadas ablegte. Das war aber besser, als dauernd in Sorge sein zu müssen, dass mein Heim geklaut werden könnte.

Geheime Schalter zwischen Batterie und Zündspule tun ihren Dienst, wenn sie nur gut versteckt sind. Einige Reisende sichern alles mit Schlössern, andere setzen auf ein Absperrventil in der Benzinleitung. Alarmsirenen sind außerhalb westlicher Länder keine gute Idee. In Neu-Delhi, zum Beispiel, ist Lärm keine Belästigung, sondern gehört zum täglichen Leben. Sollte ein Einheimischer auf der Motorhaube oder im Motorradsitz Platz nehmen – und das ist schon Minuten nach dem Verlassen des Fahrzeugs garantiert – und der Bewegungsmelder heult ohrenbetäubend los, so werden die Leute das unterhaltsam finden, nicht erschreckend. Kinder (und auch einige Erwachsene) spielen dann das beliebte indische Spiel »Wer kann den Alarm so lange in Gang halten, bis die Batterie schlappmacht?«.

Einige Südafrikaner haben genial-teuflische Methoden erdacht, um ihren fahrbaren Untersatz zu schützen. Alle sind höchst gesetzeswidrig und moralisch bedenklich, doch gelten in Johannesburg, der Carjacking-Welthauptstadt, wo brutaler Raub an der Tagesordnung ist, andere Regeln als in Vaduz. Einer meiner Freunde, dem innerhalb von zwölf Monaten fünf Mal ein Auto gestohlen wurde, hatte die Schnauze voll und legte eine mit einem Schuss Rattengift versetzte Flasche Whisky auf den Beifahrersitz. Einige Wochen später bemerkte er gleich nach dem Aufwachen, dass sein Toyota aus der Einfahrt verschwunden war. Er musste nicht weit gehen, um ihn zu finden: Der Dieb, der seinen Neuerwerb mit einem kräftigen Schluck aus der Flasche gefeiert hatte, war nicht einmal bis zur nächsten Kreuzung gekommen. Einer seiner Kumpel, dessen Frau an einer Ampel erschossen worden war, zeigte mir sein selbst gebasteltes Gegenmittel gegen Carjacking: ein einklappbares, mit einer Feder gespanntes Schwert in Knöchelhöhe unter der Fahrertür. Er wollte Rache und war entschlossen, jeden Straßenräuber einen Fuß kleiner zu machen. Weiter gibt es noch den Flammenwerfer, ein Metallrohr, das von einer Treibstoffflasche zur oberen Ecke des Seitenfensters verläuft, wo das Gemisch elektrisch gezündet wird. Ich glaube, ich sollte damit jetzt aufhören. Ich bin nicht in Afrika, sondern in Liechtenstein. Sicher verstecken einige Despoten und Diktatoren die ihren Ländern abgenommenen Schätze in den hiesigen

Banken. Zelte aufzuschlitzen und Motorräder zu stehlen, haben diese Typen aber nicht nötig.

Dennoch, während Laura gemütlich auf ihrer Matratze ruht, bin ich bei meiner Gewohnheit geblieben, in voller Ledermontur auf dem Boden zu schlafen und mich mit dem Schlafsack nur zuzudecken. Was einmal Routine ist, gibt man nicht leicht auf, auch wenn es manchmal überflüssig erscheint. Die Erinnerungen an ungebetene Besucher, die sich nachts meinem Zelt näherten, sind nicht verblasst, und ich fühle mich weniger verwundbar, wenn ich darauf vorbereitet bin, eventuelle Eindringlinge abzuwehren. Wenn man sich, aus dem Zelt schlüpfend, bewaffneten Rebellen oder einer Schlägertruppe gegenübersieht, macht man in Batman-Unterwäsche keine gute Figur. In einer schweren Lederkombi könnte andererseits sogar Woody Allen als Mad Max durchgehen.

Von den erwähnten Vorsichtsmaßnahmen abgesehen, gibt es wenig, was ein Reisender tun kann, um sein Fahrzeug zu schützen, insbesondere dann, wenn er Biker ist. Letztlich sind alle Sicherheitsmaßnahmen Placebos. Wer ernsthaft ein Motorrad stehlen will, kann es hinten auf einen Pick-up laden und davonbrausen. Besser als alle Sicherungen ist es, nicht zu sehr am Besitz zu hängen. So gern wir Puck und Pixie auch haben – sie sind ersetzbar.

Con Accuratezza

Mit Präzision

Schweiz, 3.11.2012

»Da kommt ein Tunnel«, bemerkt Laura ganz richtig und hält zehn Meter vor dem im Berg gähnenden Loch an. »Ich mag keine Tunnel.«

»Ist nur ein paar Hundert Meter lang. Schau, man kann fast schon das Licht an seinem Ende sehen!«, versuche ich sie zu beruhigen. »Augen zu und durch, das ist gleich geschafft.« Wenn ich es mir recht überlege, dann hätte ich mir diesen Rat vielleicht verkneifen sollen. Laura ist noch nie durch einen Tunnel gefahren und könnte ihn wörtlich nehmen. Bisher habe ich nicht den Mut aufgebracht, ihr zu sagen, dass es in der Schweiz mehr solcher Löcher gibt als in einem Emmentaler Käse. Sie wird sich daran gewöhnen müssen.

»Chris, du sagst, es sei gleich vorbei, ich solle nur die Augen zumachen und aufs Licht zuhalten, aber das macht mir keinen Mut. Das klingt eher so, als wolltest du mich umbringen.«

Dennoch, Laura schließt das Visier und fährt auf den menschenfressenden Rachen zu. Ich sehe lächelnd, wie sie im Berg verschwindet, und folge ihr dann.

Die meisten Pässe sind zu dieser Jahreszeit schon wegen Schnees gesperrt, und für die ganzjährig befahrbaren und oft kürzeren Autobahnverbindungen muss man eine kostspielige Vignette erwerben. Wir halten uns daher an die kleinen Straßen, auch wenn wir dann lange Umwege machen müssen, um alte Freunde zu besuchen.

Ich habe erwähnt, dass die Vorbereitungen für eine Weltreise rasch erledigt sind, aber das ist nur die halbe Wahrheit. Das Einpacken selbst geht wirklich schnell, wenn man bereits viele Rucksackreisen unternommen hat. Für uns spielen auch Formalitäten wie der Erwerb von Visa, was oftmals mehrere Wochen in Anspruch nehmen kann, kaum eine Rolle. Für diejenigen, die in weniger als zwölf Monaten die Erde umrunden wollen, mag es ratsam sein, alle Visa, die nicht unmittelbar an der Grenze erhältlich sind, im Voraus zu besorgen. Wir können das nicht, weil sie ungültig werden, bevor wir nach Jahren unser Ziel erreichen. Wir werden sie also unterwegs, jeweils ein, zwei Länder vorher, bei den betreffenden Botschaften beantragen. Nicht erwähnt habe ich aber, dass keine Zeit auf der Welt ausreicht, um uns von den Menschen zu verabschieden, die uns am Herzen liegen. Daher werden die Tage zu Wochen und schließlich zu einem Monat, während wir kreuz und quer durchs Land fahren, um Lebewohl zu sagen.

Selbst wenn ich von den Besuchen bei Freunden einmal absehe, könnte ich es hier leicht länger aushalten. Ich mag die Schweiz und die Schweizer trotz – oder vielleicht auch wegen – der kleinen Exzentrizitäten ihres Lands. Die Schweizer scheinen alles gern nach ihrem eigenen Geschmack zu tun, ohne sich um die Meinung anderer europäischer Nationen zu kümmern. Ich kann das nachvollziehen. Auch ich halte mich nicht an alle Konventionen, die uns die westliche Gesellschaft diktiert, und ich kann nicht einsehen, dass es falsch wäre, etwas anders zu sein. Im Gegenteil, wenn jemand daherkäme und zu mir sagte: »Hey, Chris, du bist ja so herrlich normal«, dann wäre ich schwer beleidigt.

In der Eurozone fällt die Schweiz absolut nicht in die Kategorie »normal«. Sie ist Mitglied der UN, aber nicht in der EU. Sie ist dem Schengenabkommen beigetreten, aber nicht der Europäischen Wirtschaftsgemeinschaft. Während die große Mehrheit der Deutschen aus der Kernenergie aussteigen will, stimmen die Schweizer in ihren Volksentscheiden gegen jede die Kernkraft ablehnende Initiative. Traditionell verfolgen die Schweizer eine Politik der Neutralität, doch zu Hause horten sie vielleicht mehr Waffen als die Paschtunen in Pakistan. Das hängt mit der Struktur ihrer Armee zusammen, die fast nur aus Wehrpflichtigen besteht. Statt den Wehrdienst in einem Stück abzuleisten, müssen die Schweizer Soldaten viele Jahre lang regelmäßig ihrer Schießpflicht nachkommen, um ihre Kenntnisse aufzufrischen. Die Armeewaffen bewahren sie in der Zwischenzeit zu Hause auf. Man muss sich daher nicht wundern, wenn sich in einem Schrank neben dem Fonduegeschirr ein Sturmgewehr 90 oder eine halb automatische Pistole 75 findet. Nicht umsonst gibt es den Spruch »Die Schweiz hat keine Armee, sie ist eine«. Verständlich, denke ich. Schließlich müssen die Schokoladenreserven geschützt werden.

Es mutet bizarr an, dass in der Schweiz, wo die Menschenrechtskommission der UN ihren Sitz hat und die Genfer Konventionen unterzeichnet wurden, erst 1990 das Frauenstimmrecht in allen Kantonen eingeführt wurde. In Pakistan gibt es ein allgemeines Wahlrecht seit 1947, in Syrien seit 1953 und in Libyen seit 1964. Hier, mitten in Europa, war Appenzell Innerrhoden der letzte Kanton, der das Handtuch warf und den Frauen gegen heftigen Widerstand den Zugang zu den Wahlurnen erlaubte. Diese obsolete Sicht der Dinge ist vielleicht weniger überraschend, wenn man sich vor Augen führt, wie in den Kantonen Appenzell und Glarus noch heute abgestimmt wird: Es werden, ohne Zuhilfenahme eines Wahlcomputers, die erhobenen Hände der Stimmbürger auf dem Landsgemeindeplatz gezählt. Archaische Sitten gibt es also nicht nur in Ländern des Nahen Ostens oder des afrikanischen Kontinents, wie viele Europäer gern glauben.

Unsere Freunde bemühen sich, uns die Finessen der Schweizer Politik, von der weitgehenden Souveränität der Kantone bis zur direkten Demokratie[2], zu erklären. Das sind Dinge, die mich sehr interessieren. Um als Reisender ein Land richtig einschätzen zu können, muss man meiner Meinung nach mehr tun, als seine Küche zu verkosten und die wichtigsten Sehenswürdigkeiten zu besichtigen. Jedes Land ist ein Gewebe, das aus vielen historischen, kulturellen und traditionellen Fäden zusammengewoben ist. Erst wenn man an ein paar losen Enden zieht, beginnt sich die Struktur zu entwirren. In Krisengebieten wie der Demokratischen Republik Kongo haben Grundkenntnisse der dortigen Politik sicher dazu beigetragen, dass ich heil davongekommen bin. In der Schweiz muss ich mir da kaum Sorgen machen. Wie auch in Liechtenstein hat es hier seit Jahrhunderten keinen Krieg mehr gegeben, und das, obwohl nur Männer die Politik bestimmen durften.

Mittlerweile hat es schon bis in die Täler hinab geschneit, nur ein paar Flocken, die rasch wieder geschmolzen sind. Wir ziehen unsere wärmsten Sachen an und steuern südwärts in Richtung Kanton Wallis, Zermatt und Matterhorn. Ich bin früher schon oft dort gewesen, als Teenager, der die Berge durchstreift und Gipfel gesammelt hat. Laura aber will das Matterhorn unbedingt mit eigenen Augen sehen, und die Wünsche einer Frau sind zu erfüllen, wie jeder Mann wissen sollte.

In Täsch müssen wir nach einem Stellplatz für unsere Motorräder suchen und in den Zug steigen, denn in Zermatt sind Fahrzeuge mit Verbrennungsmotoren nicht zugelassen. Die

---

[2] Das Vertrauen in eine volksnahe Demokratie gehört zum Selbstverständnis der Schweiz. Die Bürger können Referenden zu allen Themen abhalten, vom UN-Beitritt bis zu den Steuern im Land, sofern genügend Unterschriften für eine Volksabstimmung zusammenkommen. Die Wahl wird dann durch einfache Mehrheit entschieden. Ein Ergebnis dieser direkten Beteiligung des Volkes ist, dass einige Kantone weder Erbschafts- noch Schenkungssteuern erheben, soweit die Begünstigten direkte Verwandte sind. Ich höre hier den deutschen Leser leise weinen.

Bahn zur Station Mattertal fährt nur ein paar Minuten und kommt auf die Sekunde genau pünktlich an. Wir hatten nichts anderes erwartet. Die Schweizer sind stolz auf ihr höchst perfektioniertes Organisationstalent. Vieles im Land tickt mit der gleichen Präzision wie die weltberühmten Schweizer Uhren. Ein in der Schweiz verbreiteter Spruch lautet: »In anderen Ländern kann man die Uhrzeit ansagen, wir machen sie.« Man kann diesen Hang zur Genauigkeit vielleicht am ehesten mit der ungewöhnlichen Wortkombination »charmant pedantisch« beschreiben. Die Hupe des Postautos gibt vor scharfen Kurven auf Passstraßen einen reinen Cis-E-A-Akkord von sich, der aus Rossinis Oper *Wilhelm Tell* stammt, die Landesflagge ist quadratisch und nicht, wie sonst üblich, breiter als hoch, wodurch sie zwei zusätzliche Symmetrielinien gewinnt, und es gibt auch eine »Käseverordnung«, welche die Größe eines Normemmentalerlochs (zwischen ein und drei Zentimeter gleichmäßig verteilt) festlegt. Wenn ein Land die Zeit für Käselochvorschriften hat, kann das Leben dort wohl nicht schlecht sein.

Dennoch wissen Laura und ich oft nicht, was wir von dieser besessenen Ordentlichkeit halten sollen. Wir haben den größten Teil des Lebens in desorganisierten Ländern verbracht, wo Züge tagelange Verspätungen haben, die Zeit nach den Jahreszeiten geschätzt wird und ein Quadrat fünf Ecken und drei ungleich lange Seiten haben kann. Ich besitze nicht einmal eine Uhr. Meine letzte habe ich schon vor Jahrzehnten weggeworfen.

Am Bahnhof von Zermatt erwartet uns Cor, der selbst ein leidenschaftlicher Reisender ist und Ferienwohnungen vermietet sowie kostenlos sein Sofa zum Übernachten zur Verfügung stellt. Das Erste macht er, um Geld zu verdienen, das Zweite ist sein Hobby. Laura hat über eine Couchsurfing-Website mit ihm Kontakt aufgenommen. Das funktioniert so, dass einer, der ein Gästebett zu Hause hat, es im Internet gratis für Besucher anbietet. Wenn seine Gäste nett sind, kann der Sofaverleiher einige angenehme Tage mit ihnen verbringen.

»Ja, es kommt darauf an, und zwar für beide Beteiligten«, erklärt Cor, während wir zu seinem Haus hinaufsteigen. »Im Allgemeinen sind die Reisenden in Ordnung und die Gespräche mit ihnen interessant. Es wäre sonst nicht ganz einfach, Gleichgesinnte in Zermatt zu finden.«

Ich kann das mitempfinden. Nach einer längeren Tour kann es sein, dass man zurückkehrt und feststellen muss, dass man mit den daheimgebliebenen Freunden nicht mehr viel gemein hat. Es interessiert sie herzlich wenig, was der Reis in China kostet, während der Heimkehrer ihre Fotoalben mit Hochzeits- und Babybildern noch weniger spannend findet. Ich will hier nicht bestimmte Gesprächsthemen bewerten; wenn Lebenswege auseinandergehen, ist es normal, dass auch Gemeinsamkeiten schwinden. Ich schätze einfach mal, dass Cor sich einsam fühlt, nachdem er für einige Zeit sesshaft geworden ist. Couchsurfing ist, wenn man nicht selbst in die Ferne schweifen kann, ein ausgezeichnetes Mittel, um sich die Welt ins Haus zu holen. Für uns ist das Angebot ein Gottesgeschenk, denn Zermatt ist selbst für Schweizer Verhältnisse extrem teuer.

Im Haus zeigt uns Cor die Couch, den Atomschutzraum und den Balkon. Die Couch kann man zu einem vollwertigen Bett ausziehen. Das passt prima. Der Schutzraum ist ein vor Strahlung abgeschirmtes Gewölbe und weit weniger einladend. Nach der Bauordnung der Schweiz muss jeder Bürger Zugang zu einem Schutzraum haben. Viele davon sind in Privathäusern eingerichtet. Das Beste ist dann allerdings der Balkon. Von ihm aus blickt man über Zermatt hinweg auf das Wahrzeichen der Schweiz, das gigantische Toblerone-Dreieck des Matterhorns.

Ich habe es zuletzt vor 23 Jahren gesehen, als ich gerade 19 Jahre alt war. Verdammt lang her, fast ein Vierteljahrhundert! Wenn man sein Alter in Jahrhunderten angibt, fühlt man sich ganz schön betagt. Die Besteigung des Matterhorns war der große Traum meiner Jugendzeit, und ich erinnere mich daran, als sei es gestern gewesen: Morgens um halb vier sah ich die gewaltige Treppe des Hörnligrats und darauf eine lange Reihe von Lichtpünktchen, die wie eine Prozession von Glühwürmchen nach oben krochen. Das waren die Stirnlampen der Frühaufsteher, die gleich nach Mitternacht aufgebrochen waren. Wenig unterhalb der Solvayhütte ging die Sonne auf, brachte Licht und Wärme, aber auch Lawinengefahr. Hausgroße Eisbrocken donnerten die berüchtigte Nordwand hinunter und zertrümmerten alles auf ihrem Weg. Noch vor Mittag erreichte ich den schneebedeckten Gipfelgrat, der sich steil und exponiert aufschwingt zu den beiden durch einen schmalen Felsgrat verbundenen, 4478 Meter hohen Gipfeln und zum eisernen Gipfelkreuz. Ich kann mich noch gut erinnern, wie stolz ich war, in die Fußstapfen der sechs Alpinisten um Edward Whymper getreten zu sein, denen 1865 die Erstbesteigung geglückt war. Nach einer kurzen Rast begann ich den Abstieg – auf einer weniger direkten Route als jener von Whympers Gruppe, von der vier Bergsteiger tragischerweise gleich unter dem Gipfel in den Tod gestürzt sind.

Zurzeit habe ich nicht die Absicht, meinen Mut im Fels zu prüfen. Wenn ich etwas aus vielen Jahren sogenannter Abenteuer gelernt habe, dann das, dass man das Leben nicht ständig aufs Spiel setzen muss, um es auszukosten. Auch Ruhe und Beschaulichkeit können Genuss bieten. Umgeben von Breithorn, Dufourspitze und Lyskamm trinken wir auf einer Berghütte Kaffee, schlendern durchs Mattertal und malen uns aus, wie es damals war, als Heidi noch in der Gegend herumstreifte. Ich weiß, dass das Klischee Heidi vielen Schweizern Stirnrunzeln verursacht. Ich kann mir jedoch Personen vorstellen, die im gleichen Atemzug wie ihr Vaterland genannt werden und dabei weit weniger schmeichelhaft sind als ein Waisenmädchen, das sich in den Bergen um seine Ziegen und den Großvater kümmert – als Deutscher werde ich im Ausland manchmal voller Begeisterung auf Hitler angesprochen. Da ist es tröstlich zu sehen, dass Johanna Spyris Bild der Schweizer Landschaft nicht allzu weit von der heutigen Wirklichkeit entfernt ist, obwohl es eineinhalb Jahrhunderte her ist, dass sie ihre Kindergeschichten geschrieben hat.

Der Ort Zermatt selbst hat viel von seiner Romantik verloren. Einst ein ruhiges, kleines Dorf, ist er jetzt ein angesagtes Skigebiet, in dem die Zahl der Touristen die der Einheimischen um ein Vielfaches übersteigt. Die Hauptstraße besteht aus einer lückenlosen Folge von Andenkenläden, Hotels und Restaurants. Am letzten Abend lädt uns Cor zu einem Abschiedstrunk ein. Zermatt liegt in geisterhafter Stille, als wir auf der Suche nach einer Kneipe durch die Straßen schlendern, obwohl überall Menschen sind. Der Gemeinderat hat vor Kurzem die Definition von undiszipliniertem Verhalten um nächtliches Lärmen und Besäufnis auf öffentlichen Plätzen erweitert. Durchgesetzt wird die Verordnung durch eine sinnigerweise Sch-Polizei genannte Truppe (man denke bei Sch- an Schweigen), welche Übertretungen mit 300 Franken (etwa 250 Euro) Geldbuße belegen kann.

In dem Lokal, das wir besuchen, stimmt ein Musiker seine Gitarre und testet die Lautsprecher. Er ist Mitte zwanzig, sieht gammlig aus und trägt modische Baggy-Jeans, deren Schritt in den Kniekehlen hängt und deren Bund die halbe Unterhose zeigt, aber er spielt wie der Teufel. Bald wippen wir mit den Füßen im Takt seiner klassischen Rockballaden und Siebzigerjahre-Hits.

»Wie heißt er?«, schreie ich, die Musik übertönend, Cor ins Ohr.

»Das ist Spencer. Spencer Chaplin. Er kommt oft hierher«, brüllt Cor zurück.

»Chaplin? Wie Charlie Chaplin, der Stummfilmstar?«

»Der war Spencers Großvater!«

Habe ich gerade behauptet, die Romantik wäre im Mattertal Vergangenheit, so war das vielleicht nicht ganz richtig. Wir bestellen noch eine Runde, und ich gehe hinaus, um zu rauchen. Vor mir, unter dem Sternenhimmel, steht die Silhouette des Matterhorns, auf dessen Gipfel der Mond seinen zarten Schleier breitet. Was könnte romantischer sein als unter Bergen im Mondlicht den Enkel des Tramps »Have you ever seen the rain?« von Creedence Clearwater Revival singen zu hören?

Der Morgen kommt viel zu früh, denn er bedeutet das Ende unserer Tour durch die Schweiz. Wir holen unsere Motorräder wieder aus der Garage in Täsch und machen uns auf den Weg über die Alpen nach Italien. Der einzige noch offene Pass ist der Simplon, aber die Straße über ihn wäre besser für Schlittschuhe als für Motorradreifen geeignet. Ein Schneesturm braut sich über der Passhöhe zusammen.

»Gibt es keinen Tunnel?«, fragt Laura. »Da ist es immer so schön warm drinnen.« Im Laufe des letzten Monats hat sich ihre Meinung über Tunnel um 180° gedreht.

»Nur noch diese eine Hürde, Laura. Wenn wir drüber sind, feiern wir mit italienischem Rotwein. Wenn es Hannibal mit Elefanten geschafft hat, packst du es mit Pixie auch.« Es wird vermutet, dass der große karthagische Feldherr während des Zweiten Punischen Kriegs vor 2230 Jahren hier in der Nähe durchgezogen ist, mit 38 000 Infanteristen, 8000 Reitern und 37 Kriegselefanten. Damals war Hannibal 43 Jahre alt, nur ein Jahr älter als ich. Mein Mutmachen hat jedoch einen Haken, denn wenn ich mich recht an meine Geschichtsstunden erinnere, dann hat kaum ein Elefant die Überquerung der Alpen überlebt ...

Vivamente
Lebhaft

Italien, 8.12.2012

Hannibal der Zweite, der Kater Hannibal, ist aus dem Fenster im vierten Stock gesprungen. Ich weiß nicht warum. Hat ihn Felix Baumgartner dazu inspiriert, den Rekord im freien Fall für Katzen zu brechen, hat er versucht, es seinem karthagischen Namenspatron an Wagemut gleichzutun, oder war der Grund der, dass gewisse Deutungen des Maya-Kalenders den Weltuntergang für den nahen 21. Dezember vorhersagen? Wir hatten kaum eine Nacht in Loredanas Apartment in Genua verbracht, als ihr Kater buchstäblich ausgeflippt ist. Es ist kaum zu glauben, dass er seinen Sturz aufs Pflaster ohne schwere Verletzungen, nur mit einem verstauchten Fußgelenk und einer blutigen Nase, überlebt hat. Laura und ich fühlen uns verantwortlich.

»Ich habe gehört, dass Katzen keine Veränderungen in ihrer gewohnten Umgebung mögen«, sagt Laura entschuldigend zu ihrer Freundin.

Loredana zerstreut unsere Bedenken und streichelt ihren bandagierten Liebling, der schnurrend auf ihrem Schoß liegt: »Schau nur, wie stark Hannibal schielt. Wahrscheinlich hat er zwei Fensterbretter gesehen und ist auf das falsche gehüpft.«

Ich hoffe, dass sie recht hat. Wir wollen etliche von Lauras Freundinnen und Verwandten in Italien besuchen. Wenn deren Haustiere alle einen Selbstmordversuch unternähmen, sobald wir auftauchen, wären wir wahrscheinlich bald nirgends mehr willkommen.

Schon am Simplonpass hatte unsere Pechsträhne begonnen. Auf halber Höhe, noch auf der Schweizer Seite, wälzte sich ein Schneesturm über die Berge. Innerhalb von ein paar Minuten ging die Sichtweite auf null herunter und die Temperatur auf unter null. Zum ersten Mal während unserer Fahrt sehnte ich mich in die gemütliche Geborgenheit meines heizbaren Land Rovers zurück. Irgendwie schafften wir es, uns mit den Motorrädern bis auf die Passhöhe durchzupflügen. Bergabwärts wurde dann aus dem Schnee auf der Straße Matsch und aus dem von oben Regen. Die folgenden Wochen blieb es nass, und wir blieben es ebenso.

Uns ging es bloß ein bisschen schlecht, viele Bewohner der ligurischen Küste aber traf es weit härter. Italienische Städte scheinen mit den in dieser Jahreszeit üblichen Niederschlagsmengen einfach nicht fertigzuwerden. Jeden Winter, wenn der Himmel seine Schleusen öffnet, gibt es auf dem Boden mit schöner Regelmäßigkeit das totale Chaos. Ein Leichentuch von Hoffnungslosigkeit lag über Carrara, als wir uns den Weg durch die Reste der städtischen Infrastruktur bahnten. Letzte Nacht war hoch oben in den Marmorbergen ein Damm gebrochen und hatte einen großen Erdrutsch ausgelöst. Brücken wurden weggespült, Straßen unbefahrbar, und die Häuser verwandelten sich zu Inseln in einem Meer von Schlamm. Während wir unseren Hindernisparcours zwischen entwurzelten Bäumen und auf dem Dach liegenden Autos absolvierten, konnten wir beobachten, wie die zu Insulanern gewordenen Menschen ihren Hausrat auf dem Pflaster stapelten, um zu retten, was noch zu retten war.

»Fast jedes Jahr haben wir diese Katastrophe«, erklärte uns ein missmutiger Anwohner. »Die Dämme sind noch vor dem Krieg gebaut worden, und Berlusconi tut nichts, um sie instand halten zu lassen. Die Verwaltung weiß von den Rissen und den Undichtigkeiten. Für was zahle ich eigentlich Steuern?«

Seine Schelte war nur zu verständlich. Die Regierung Italiens gilt als korrupt (aber durchaus zur Selbstinszenierung geneigt) und nervtötend langsam bei der Durchführung von Reformen, die für die Belebung der Wirtschaft und die Verbesserung der Infrastruktur dringend nötig wären. Silvio Berlusconi ist dabei einer der reichsten Männer des Landes und verfügt über ein geschätztes Vermögen von sechs Milliarden Euro. Man dürfte erwarten, dass er und seine Partei ein wenig großzügiger und sensibler wären, was die Bedürfnisse der kleinen Leute anbelangt.

Die Zeichen der Vernachlässigung sind unübersehbar. Die Straßen von der Grenze nach Domodossola, Novara, Carrara und Genua sind in einem desolaten Zustand, und viele italienische Orte wirken im Vergleich mit den nördlichen Nachbarn – vor allem der makellosen Schweiz – schmutzig und verfallen. In den Außenbezirken der genannten Städte stehen, frierend in der Kälte, links und rechts der Hauptstraßen spärlich bekleidete Prostituierte, nicht nur ein paar, sondern Dutzende, vor allem afrikanischer Herkunft. Die meisten von ihnen kommen als Flüchtlinge aus Ländern, die wie Nigeria unter Krieg leiden; vielleicht wurde ihnen Asyl gewährt, aber sie erhalten weder eine Arbeitserlaubnis noch irgendeine Unterstützung vom Staat. An den Rand der Gesellschaft gedrängt, enden sie häufig als Obdachlose, auf dem Strich oder im Drogengeschäft. Manche räumen für einen Hungerlohn die Einkaufswagen in den Supermärkten auf oder verkaufen – im günstigsten Fall – gefälschte Gucci-Taschen in den Fußgängerzonen der Städte. In vielen europäischen Ländern erhalten Asylsuchende Unterkunft, Sprachkurse und eine Berufsausbildung, in Italien jedoch nicht. Was passiert dann mit ihnen, falls sie überhaupt die Fahrt über das Mittelmeer nach Lampedusa überleben, einen Asylantrag stellen und das Festland erreichen? Einem Bericht der UN zufolge gibt es in Italien bis zu 20 000 Prostituierte allein aus Nigeria. Was man auch immer über Zuwanderer denkt, hier ist sicher keine gute Lösung gefunden worden.

Während wir in Genua von einem Platz zum nächsten schlendern, ist auch Laura über das Erscheinungsbild ihres Heimatlandes bestürzt. »Der Staat scheint nichts außer Rattenfallen zu finanzieren«, klagt sie, und meint damit die schwarzen Behälter mit Giftködern an allen Straßenecken. »Und schau nur, der Müll! Wann wird der endlich eingesammelt? Kein Wunder, dass überall Ratten sind.«

Ich muss ihr recht geben; das Müllproblem springt ins Auge. Zu kleinen Matterhörnern aufgetürmte Müllbeutel säumen die Straßen, und durch die Löcher, die hungrige Katzen, Hunde oder Nager gerissen haben, fällt der Abfall in den Rinnstein. Anders als in Deutschland sind mit Deckeln versehene Tonnen für den Hausmüll in Italien eine Seltenheit, und in vielen Städten werden die Abfälle nicht regelmäßig eingesammelt. Ohne Zweifel ist die Architektur in diesem Land prächtig, und die antiken Bauwerke sind einmalig auf der Welt. Gleichzeitig sind andere Aspekte von Bella Italia nicht gerade »bella«. Eine Rolle spielt dabei sicher, dass uns das scheußliche Wetter aufs Gemüt geht; bei grauem Himmel und Regen sieht auch die großartigste Kathedrale düster und traurig aus.

Am nächsten Tag verabschieden wir uns von Loredana und Hannibal und brechen in Richtung Pisa auf. Die Stadt steht nicht unter Wasser, aber wir haben fast Bedenken, sie zu besuchen. Wenn der Schiefe Turm jemals umfällt, dann bestimmt genau in dem Moment, in dem wir ankommen. Zu unserer Verwunderung tut er das nicht. Sogar die Sonne hat sich endlich einmal entschlossen, zu scheinen. Zum ersten Mal seit Wochen schälen wir uns aus den vielen Lagen unserer Bekleidung und breiten sie zum Trocknen im Gras auf der Piazza del Duomo aus. Laura legt sich mit ausgebreiteten Armen dazu und genießt die lange vermisste Wärme. Ich folge, lege meinen Kopf auf ihre Schulter und lasse meinen Blick vom Dom über das Baptisterium zum Schiefen Turm schweifen. All das steht in die eine oder andere

Richtung geneigt. Was hat der Baumeister wohl gesagt, der vor über 800 Jahren urplötzlich bemerkt hat, dass seine Werke langsam in den weichen Boden einsinken? Ich schätze mal: »Ups.« Was könnte man sonst sagen?

Ein Bummel durch die Stadt hebt unsere Stimmung weiter. Ich wollte, ich könnte diese Meisterwerke der Architektur in allen Details würdigen, aber leider verstehe ich von der Kunst der Renaissance gerade so viel wie vom Kochen, und das ist herzlich wenig. Unabhängig vom Medium, in dem sie sich ausdrückt, spricht Schönheit am meisten die Menschen an, die ihre Sprache verstehen. Ich schwöre mir, meine Wissenslücken zu füllen – was das alte Italien betrifft, nicht die bei der Essenszubereitung. Laura kann ausgezeichnet kochen, und ich möchte ihr diesen Job nicht wegnehmen.

Da ist etwas, das meine Aufmerksamkeit fesselt: eine Sonnenuhr mit einer Inschrift darunter. Ich kann sie nur zum Teil entziffern, da sich meine Italienischkenntnisse auf Ähnlichkeiten mit dem mir halbwegs geläufigen Spanischen beschränken. Laura kommt mir zu Hilfe:

»Pensa che questo di' mai non raggiorna. Das heißt ungefähr: Denke daran, dass dieser Tag nie wiederkommt.«

Ein großer Wahlspruch für eine Sonnenuhr und auch fürs Leben! Man muss es nicht wie die Maya ins Extrem treiben und an ein reales Weltende glauben – wenn auch das nahende Armageddon die verbleibenden Lebensstunden höher schätzen lehrt. Aber zumindest dann, wenn das Dasein angenehm ist, sollte man es nach dem Motto »carpe diem« auskosten. Mir schien es immer so zu sein, dass ein »Leben in der Gegenwart« in schlechten Zeiten nicht erstrebenswert ist; die Hoffnung auf eine bessere Zukunft ist manchmal das einzige Mittel, um nicht verrückt zu werden. Ich umarme Laura, dann gehen wir Hand in Hand zu unseren Motorrädern zurück. Trotz der

»Niederlagen« der letzten Wochen – Laura hat sich bisher sieben Mal mit ihrem Motorrad hingelegt, ich ein Mal – haben wir schon viel Schönes gesehen: 77 Tage auf Weltreise, und jetzt fahren wir durch die herrliche Toskana!

»Pensa che questo di' mai non raggiorna« könnte man natürlich auch ganz anders verstehen. Waren die Steinmetze, die diese Inschrift eingemeißelt haben, vielleicht wild zeltende Reisende wie wir? Es ist im günstigsten Fall sehr mühsam, in Italien einen geeigneten Ort zum Aufstellen des Zelts zu finden.

»Denke daran, dass dieser Tag nie wiederkommt. Lass uns das zumindest inständig hoffen«, sagt Laura, als sie an einem Abend aus dem Zelt schaut, das wir unterhalb einer verlassenen Zementfabrik auf einer Abfallhalde aufgebaut haben. Im Radius von zwei Metern kann ich sieben Exkrementhäuflein unbekannter Herkunft zählen.

»Dalle stelle alle stalle – von den Sternen zu den Ställen«, seufzt meine Freundin, wenn sie an all die makellosen Zeltplätze nördlich der Alpen denkt.

Flüsse, Küsten und Aussichtspunkte sind für die einheimische Bevölkerung die bevorzugten Plätze zum Müllabladen. Am ehesten finden wir noch einen halbwegs verborgenen Platz landeinwärts; ein Acker hinter einem Olivenhain oder eine Grünfläche bei einer Kirchenruine können akzeptabel sein.

»Zelten Italiener eigentlich nie?«, frage ich.

»Du meinst, so wie wir? In einem Zelt? Eher nicht. Einige Italiener haben einen Wohnwagen, den sie nahe am Strand abgestellt haben. Sie besuchen jeden Sommer denselben Ort, vom Kleinkindalter bis zum Rentnerleben. Stessa spiaggia, stesso mare – derselbe Strand, dasselbe Meer. Die Wohnmobile stehen da Stoßstange an Stoßstange, so eng, wie auch die Badetücher in den Stabilimenti liegen. Allein rund um Rimini stecken an einem Augusttag 150 000 Sonnenschirme im Sand. Ich finde das ganz schön schräg. Ich bin an Palmenstrände in Australien gewöhnt. Die Stabilimenti sind dagegen ein Albtraum!«

Es ist Jahrzehnte her, dass Laura durch ihr Heimatland gereist ist, und ihr fällt daher sofort auf, wie viel sich mittlerweile verändert hat. In den Innenstädten gibt es Pizza-Verkaufsautomaten, und daneben kann man vielleicht eine Maschine finden, die 15 verschiedene Arten Kaffee zubereitet. Lauras Oma wäre entsetzt. Neueste Technik scheint sogar die dicksten Mauern des Mittelalters zu durchdringen. In der alten Festung Monteriggioni, die auf einem kleinen Hügel an der Via Francigena liegt, einem berühmten Pilgerpfad, der Canterbury mit Rom verbindet, hängt ein großes Schild am Haupteingang. Darauf steht: »Um den Besuchern diese Stätte besser zu erschließen, sollten sie die QR-Codes scannen. In drei Sprachen werden die interessantesten Punkte durch Text, Audio, Video und AR (Augmented Reality) erklärt. Besuchen Sie Ihren örtlichen App-Store oder Android Market.«

Ich verstehe nur Bahnhof. Fehlt mir etwas Lebensnotwendiges, weil ich weder Smartphone noch Android besitze? Öffnen QR-Codes erst die Augen für Schönheit? Vielleicht, ich weiß es nicht. Ich fühle mich auf einmal selbst sehr mittelalterlich.

Was mir ebenfalls nicht recht in den Kopf will, ist die italienische Sucht nach Religion, Reliquien und Heiligenverehrung. Padre Pio ist omnipräsent, sein Bild blickt uns hinter fast jeder Ladenkasse an. Reliquien sind nicht weniger oft anzutreffen: Wir haben es aufgegeben, die über die ganze Nation verstreuten heiligen Ersatzteile zu zählen. Gott sei Dank haben sie wenigstens keine interaktiven Audio-Apps wie die Mauern von Monteriggioni. Noch grüßt das mumifizierte Haupt der heiligen Katharina in Siena nicht mit »Hallo, ich bin tot. Sieh mich an«. Franziskus liegt in Assisi, und eine der bei der Beschneidung abgetrennten Vorhäute von Jesus Christus – es gibt weltweit angeblich recht viele – wurde in Calcata aufbewahrt. Sie soll 1983 aus der Kirche gestohlen worden sein. Seitdem fehlt von ihr jede Spur. Es gibt kaum eine Krypta, wo nicht tote Heilige in Glassärgen ausgestellt wären und auf Gläubige warten, die an ihren Altären eine Kerze anzünden. Für mich sind verfallende Leichname kein besonders hübscher Anblick, und deshalb bewundere ich lieber marmorne Statuen und die Gemälde von Donatello.

Es ist der 21. Dezember, aber die Welt geht nicht, wie von der Presse gebetsmühlenartig verbreitet, unter, sie kreist wie immer um die Sonne und wird das wahrscheinlich noch fünf Milliarden Jahre so machen. Müde, aber glücklich erreichen wir Sapri, wo wir bei einer von Lauras 14 Tanten den Jahreswechsel verbringen wollen. Auch wenn in den letzten Jahrzehnten die Geburtenrate dramatisch abgenommen hat, sind italienische Familien nach alter Tradition noch immer sehr groß. Die Zahl der Mitglieder steigt exponentiell an: Lauras Vater hatte zwölf Geschwister und einer seiner Brüder wiederum ein Dutzend Kinder. Das Merkwürdigste daran ist, wenigstens in meinen Augen, dass so viele Verwandte im selben Wohnblock leben. Lauras Zia Anna hat die Wohnung im dritten Stock, ihre Tochter wohnt mit ihrem Mann im zweiten und ein Onkel im ersten. Zwei andere Verwandte wohnen gegenüber, so nah, dass sie sich mit Zia Anna über die Straße hinweg unterhalten können, und selbst von den räumlich am weitesten entfernten Verwandten trennen sie nicht mehr als ein paar Straßen.

Zia Anna begrüßt uns mit: »Lauretta! Chris! Avete fame?«

»Avete fame?« oder, in der Einzahl, »Hai fame?«, heißt »Habt ihr Hunger?« bzw. »Hast du Hunger?«. Noch weiß ich nicht, wie sehr mich diese Frage in den nächsten drei Wochen verfolgen wird.

Fast das ganze Leben hier, so scheint es, dreht sich ums Essen oder, genauer gesagt, um Pasta in einer ihrer vielen Formen und Arten. Pasta asciutta, Pasta amatriciana, Pasta al forno, Pasta all'infinito; die Italiener können mit Nudeln unendlich viele feine Dinge zaubern. Mein Problem dabei ist, dass ich sie alle probieren muss, oft mehrere Varianten während einer Mahlzeit.

»Hai fame?«, ruft Zia Anna während des sonntäglichen Mittagessens. Erschreckt richte ich mich auf. Ich habe vergeblich versucht, die Unterhaltung der 15 Familienmitglieder am Tisch zu verstehen. Es ist fast unmöglich. Alle schreien zugleich in einer Lautstärke, die die einer landenden Concorde locker übertreffen würde. In diesem 15-fachen Hin und Her geht es nicht um eine Familienfehde oder um einen heftigen, politischen Streit. Sie reden nur übers Essen und darüber, was man am Abend kochen könnte.

»HAI FAME?«, fragt Zia Anna nochmals, weil ich mit der Antwort zu lang zögere, und diesmal übersteigt die Lautstärke die 100 Dezibel. Man muss sich nicht wundern, dass Italien berühmte Opernsänger hervorgebracht hat.

»No grazie, sono sazio (Nein danke, ich bin satt)«, ist meine ehrliche Antwort.

»Non gli piace? (Schmeckt es ihm nicht?)«, fragt Tante Anna Laura, die neben mir sitzt. Laura versucht, die Lage zu entspannen, indem sie in meinem Auftrag die Speisen in den höchsten Tönen lobt, eine Taktik, die selten verfängt. Als Ehrengast bin ich dringend gebeten, nein verpflichtet, zu essen, bis mir die Augen heraustreten.

»Chris, es ist das Beste, wenn du noch einen Teller voll nimmst. Und Anna schreit dich nicht an, weil sie verärgert ist oder weil es im Zimmer so geräuschvoll zugeht, sie meint nur, du verstündest ihr Italienisch umso besser, je lauter sie spricht.«

Aus dem Mittag wird Nachmittag, und die Gäste beginnen, sich zu verabschieden. Nicht nach Hause, sondern in getrennte

Zimmer für Männer und Frauen. Erstere sitzen vor dem Fernseher und sehen sich das sonntägliche Fußballspiel an, Zweitere schlurfen in ihren Fellhausschuhen in die Küche, um abzuspülen und unter den Blicken Padre Pios bei einem Espresso ein Schwätzchen zu halten. Verblüfft stelle ich fest, wie sich meine Freundin unter ihresgleichen innerhalb einer Minute von einer relativ ruhigen Australierin in eine heißblütige Italienerin verwandelt.

»Atmest du überhaupt noch?«, necke ich sie. »Du machst mehr als 300 Wörter pro Minute. Motorräder haben Drehzahlmesser, und einige Frauen sollten etwas Ähnliches haben, das die Wörter pro Minute zählt. Du wärst jetzt im roten Bereich.«

»Stimmt«, lacht sie. »Und übrigens, wir haben gerade beschlossen, was es zum Abendessen gibt. Wieder einmal Pasta.«

Zwischen der deutschen und der italienischen Psyche gibt es einen großen Unterschied, der darin besteht, dass Letztere dazu neigt, jede Änderung des täglichen Lebens zu verabscheuen. Diese Feststellung bestätigt sich immer mehr, je näher man der Spitze des italienischen Stiefels kommt. Der Gedanke an etwas Neues und anderes, das man ausprobieren könnte, hat nichts Prickelndes oder Aufregendes an sich. Ob Kochrezept, Urlaubsort, Job, Wohnort, soziales Umfeld oder die Frage, wie viele Löffel Zucker in den Kaffee gehören – wenn sich eine Routine einmal festgesetzt hat, dann bleibt sie unverändert bis zum Lebensende. Ich würde mich zu Tode langweilen. Viele Italiener aber halten die ewige Wiederkehr für angenehm und im Sinne des »Bella Vita« für unverzichtbar.

Die Gäste hüllen sich in dicke Mäntel, wickeln sich einen Schal um den Hals und setzen den Hut auf, wenn sie sich für den Gang zur Wohnungstür bereit machen. Morgen und vielleicht jeden Tag in diesem Jahrzehnt werden sie sich um Punkt 13:00 Uhr wieder treffen. Es kommt mir seltsam vor, dass man sich vollständig ankleiden muss, nur um einen Treppenabsatz hinauf- oder hinunterzugehen – doch das ist in dieser Gegend Italiens normal. Durchs Treppenhaus weht zweifelsohne ein Luftzug, und von diesem könnte jemand die gefürchtete Cervicale bekommen.

Italiener neigen zu Krankheiten, die in anderen Nationen unbekannt sind. Dabei ist die Cervicale, was sich am besten als eine Entzündung der Nackenwirbel übersetzen lässt, das verbreitetste Übel. Auch Augen, Ohren oder Bauch können einen Colpo d'aria, einen Luftzug, abbekommen, wenn man sich im Winter nicht entsprechend anzieht. Darüber hinaus gibt es das schlimme Leiden am Jahreszeitenwechsel, die höchst bedenklichen Leberschmerzen, die mysteriösen und berüchtigten üblen Dünste und noch viele andere Krankheiten, die Jung und Alt heimsuchen. Ich bin es gewöhnt, vor dem Betreten einer Wohnung die Stiefel auszuziehen, doch die Zia will davon nichts hören.

»Er bekommt die Cervicale«, behauptet sie und sieht mich an, als stünde ich schon mit einem Bein im Grab. In Italien ist das Ausziehen der Schuhe eine fast ebenso große Missetat wie nach zwölf Uhr Cappuccino zu trinken, mit feuchten Haaren ins Freie zu gehen oder nach dem Essen nicht wenigstens drei Stunden zu warten, bis man im Meer badet. Im Vergleich zu Nordeuropäern sind die Italiener Hypochonder.

Es gibt noch mehr Bräuche, die mir als recht speziell auffallen. Als die Tante in die Küche zurückkehrt, um mit den Vorbereitungen fürs Abendessen zu beginnen, setzt sie zuerst eine Duschhaube auf. Ich werfe Laura einen fragenden Blick zu.

»Das ist normal, Chris. Sie will nicht, dass ihre Haare einen Essensgeruch annehmen. Die Frisur ist in Italien sehr wichtig. Zia geht zweimal pro Woche zum Coiffeur ihres Vertrauens.«

Ich versuche, mir bildlich vorzustellen, wie ich mit einer Duschhaube bekrönt an unserem Campingkocher hantiere, und schenke mir den fünften Kaffee ein. Die italienischen Tassen sind wie Fingerhüte.

»Mir scheint, als hätte ich Italien nie verlassen«, fährt Laura fort. »Um mich sind dieselben Düfte, dieselben Möbel und dieselben Leute, nur älter natürlich. Die Kinder, die ich im Kinderwagen herumgeschoben habe, sind jetzt alle erwachsen. Aber sie leben immer noch bei ihrer Mutter, auch wenn sie schon Mitte 30 sind.«

Auf einmal schubst Zia Anna Laura sanft zur Seite und reicht mir lächelnd einen Teller Panettone: »Hai fame?«

Mitte Januar verlassen wir Sapri und machen uns auf den Weg nach Kroatien – beide vier Kilo schwerer. So herausgefüttert sollten wir den Rest des Winters gut überstehen.

INTERMEZZO 2

Overlandia: Wirtschaft

»Laura, was gibt's zum Abendessen?«

»Zweiminuteninstantnudeln, die mit dem künstlichen Hühnchenaroma meine ich.«

»Fein! Ich freue mich schon drauf – E621 ist meine Leibspeise!«

Später, die Lippen noch betäubt von der Überdosis Natriumglutamat, mache ich es mir in meinem Schlafsack bequem und lasse die Ereignisse der letzten vier Monate Revue passieren. Alles in allem haben wir es gut gehabt. Würde mich jemand im Rahmen einer Umfrage auffordern, meine Zufriedenheit auf einer Skala von eins bis zehn zu bewerten, wobei zehn dem rundum glücklichen Leben entspräche, so würde ich ohne lange zu überlegen mit »neun« antworten. Einen Punkt Abzug gäbe es wegen der Qualität des heutigen Abendessens, wegen meines nach zwei Wochen ohne Dusche juckenden Kopfs und wegen des herrschenden Wetters. Seit Tagen prasselt Schneeregen auf uns herab, und es ist kein Ende in Sicht.

»Wie wäre es mit einem Kaffee?«, fragt Laura kaum hörbar, da ihre Stimme durch den rundum geschlossenen Schlafsack gedämpft wird. Sie sieht aus wie ein Seehund auf dem Packeis, nur ihre Nase schaut durch ein kleines Atemloch heraus. Unter dem Schlafsack trägt sie mehrere Schichten Kleidung, um es halbwegs warm zu haben.

Laura ordnet sich momentan auf der von eins bis zehn reichenden Glücksindex-Skala weit unten ein. Als ich sie frage, wo sie auf dieser stehe, antwortet sie mit einem tonlosen »minus 40, so wie sich die Temperatur anfühlt«. Als Australo-Italienerin, die Sonne und Hitze gewöhnt ist, leidet sie weit stärker als ich, wenn die Temperatur unter null sinkt. Ihrem gestrigen Tagebucheintrag über San Marino gab sie den ominösen Titel *Dante Alighieri, die Göttliche Komödie und Lauras Inferno.* Unser bei der Erzeugung von Körperwärme unterschiedlich effizienter Stoffwechsel hat dazu geführt, dass unsere Pläne für die ferne Zukunft in einem Punkt auseinandergehen: Wir können uns nicht einigen, wo wir ein Haus bauen wollen, falls wir einmal sesshaft werden. Laura hat eine Hütte am Palmenstrand im Auge, ich neige mehr zu einer Alm nahe der Schneegrenze. Irgendwo dazwischen wird sich schon ein Kompromiss finden lassen.

Klar, wir sind an unserem Elend selbst schuld. Wer im Winter zu einer Motorradtour aufbricht, hat es kalt, auch an der Adria. Auf seiner Reise durchs Inferno bekam Dante zu sehen, welche Folgen die Wahl des Lebenswegs haben kann, und auch wir haben auf unserem Weg gewisse damit verbundene Umstände zu akzeptieren, zeitweilige miese Launen des heiligen Petrus mit eingeschlossen. Es hilft nichts: Da wir etliche Jahre unterwegs sein werden, müssen wir auch etliche Winter irgendwo abwettern.

So wie es jetzt aussieht, haben wir es zu tun mit kalten, gefühllosen Fingern, durchnässten Klamotten, bocksteifen Socken und Wasser in den Stiefeln. Alles aber ist relativ, ganz besonders die Leiden. Um Laura zu trösten, erzähle ich von meinen vergangenen winterlichen Motorradabenteuern im Norden Norwegens und in Kurdistan, wo das Thermometer tatsächlich auf unter minus 40 °C gefallen war.

»Jetzt friert es mich nur noch mehr! Erzähl lieber von siedend heißen Duschbädern, von Palmen, kristallklarem, warmem Wasser und erfrischenden Cocktails.«

Wenig später höre ich meine Freundin ruhig und tief im Schlaf atmen. Hoffentlich hat sie einen schönen Traum von einem sonnigen Meeresstrand. Unsere Schlafsäcke der Schweizer Armee sind von bester Qualität, und auch eine an die Tropen gewöhnte Seele wie Laura wird die heutige Nacht überleben. Schläfrig geworden durch ihr Atemgeräusch, schließe ich die Augen und lächle. Ist das Leben nicht wunderbar? Ja, ich mache aus den neun gleich wieder zehn Punkte.

Unser Lebensstil ist sicher nicht jedermanns Sache. Vorsichtig ausgedrückt ist er von elementarer Einfachheit, seit wir unseren Land Rover gegen zwei Motorräder getauscht haben. Matilda bot immerhin fast sechs Quadratmeter Wohnfläche, die drei Alukoffer an meinem Motorrad haben zusammen gerade 120 Liter Inhalt. Viele Chihuahuas haben größere Heime. Aber ich bin es seit meinem 18. Geburtstag gewohnt, mein Leben mit dem zu bestreiten, was der Stauraum eines Autos oder das Topcase eines Motorrads hergibt. Ich habe meine kleine »Daseinsnische« gefunden – einen Lebensentwurf, der es mir ermöglicht, meinen Weg mit geringen materiellen Mitteln selbst zu bestimmen sowie meine Individualität, zu der eben das Reisen um die Welt gehört, auszuleben. Das und die Tatsache, dass ich diesen Ort mit Laura teile, trägt wesentlich zu meinem Glück bei.

Ich besitze kein Haus, aber ich muss auch keine Hypotheken abzahlen. Auf meinem Konto ist fast nichts, aber ich habe auch keine Schulden. Ich verfüge über keine

Duschkabine, aber dafür quillt mein (nicht existenter) Briefkasten auch nicht vor Rechnungen für Wasser, Strom und die Heizung über. Ich habe so etwas wie einen Beruf, wenn man das von einem Autor denn sagen kann, denn ich betrachte den eher als Leidenschaft. Mein Einkommen reicht jedenfalls, um Benzin zu kaufen, Zweiminutennudeln und vielleicht auch ein bisschen mehr. Ich habe zu essen, bin frei und habe Freunde – was sollte ich mehr wollen?

Es ist mir klar, dass die Daseinsnischen, die andere zu ihrem Glück benötigen, meist erheblich komplexer und schwieriger zu erhalten sind. Auch sind sie stärker gefährdet. Die seit 2009 herrschende europäische Schuldenkrise und die unterschiedlichen Sparzwänge schlagen Breschen in die Wälle, die die privaten Winkel schützen. Für viele in der Eurozone – besonders hier in Italien – führt das zu Unmut. Leute, die jahrzehntelang gespart haben, um ihrer Familie einen Rückhalt zu sichern, verzweifeln nun über Arbeitslosigkeit und nicht bedienbare Darlehen. 2011 wurde mit 11 615 Pleiten italienischer Firmen ein Rekord erreicht.

»Unsere Regierung ist die neue Mafia«, scheint bei den Inhabern kleiner Geschäfte eine durchgehende Überzeugung zu sein. »Die da oben stopfen sich die Taschen mit unseren Steuern voll und haben keine Lust, das Geld zu investieren. Ich aber kann die Belastungen bald nicht mehr tragen!« Von den in ihrem Stolz verletzten Arbeitslosen, einige noch in den Dreißigern, hören wir: »Ohne Beziehungen ist es unmöglich, einen Job zu finden! Wer wird mich in meinem Alter denn einstellen? Will die Regierung, dass ich auf der Straße lebe und die Mülltonnen durchwühle?« Die stille Ironie dieser Situation liegt darin, dass sie gerade uns ihr Leid klagen – uns heimatlosen, aber zufriedenen Vagabunden mit durchnässten Motorradkombis und Löchern in den Socken.

Vertreter der italienischen Regierung verteidigen sich damit, dass die Bürger selbst nicht gerade wenig zu der lang andauernden, wirtschaftlichen Stagnation beigetragen haben. Seit Jahrzehnten sind Steuerhinterziehung und Schwarzarbeit für die Italiener alltäglich. Dadurch entgehen dem Staat Einnahmen in Höhe von fast 16 % des Bruttosozialprodukts! »Damit ist jetzt Schluss«, tönt es aus Regierungskreisen, und die Bürger in ihrer Verstimmung sind geneigt zu antworten: »Warum sollen wir keine Steuern hinterziehen, wenn wir doch wissen, dass die Regierung selbst korrupt ist?« Dass diese Art der Argumentation in einen perfekten Teufelskreis führt, ist offensichtlich.

Eine dritte Ursache, warum einige Europäer die Krise stärker spüren als andere, könnte mit den Konsumgewohnheiten zu tun haben. Diese werden in Italien fast ohne Rücksicht auf die Kosten aufrechterhalten, weil sie unverzichtbare Bestandteile der eigenen Lebensart sind. »Fare una bella figura« – der Wert, den man auf elegantes Aussehen und guten Ruf legt, wird sehr viel höher veranschlagt als in den meisten anderen Ländern. Man wird kaum einen Italiener mit einem schlecht sitzenden Anzug finden oder eine Italienerin mit einer Sonnenbrille made in China aus dem Ein-Euro-Shop. Obwohl der Konsum in den letzten Jahren allgemein zurückgegangen ist, wurden 2011 in Italien pro Kopf 1200 Euro allein für Kleidung und Schuhe ausgegeben – fast doppelt so viel wie in Deutschland. Auch wenn es nicht Gucci, Prada, Armani oder

Ferragamo ist, kaufen Italiener immer noch Qualitätsprodukte, gleich, ob sie sich das leisten können oder nicht.

Die Kleidung ist jedoch noch nicht alles. Ja, auch mit einem mittleren Einkommen sollte man eine Putzhilfe und ein Kindermädchen beschäftigen. Nein, Selbstbedienung an der Tankstelle ziemt sich nicht für respektable Italiener. Es ist stilvoller, sechs Cent mehr für den Liter an der Zapfsäule mit Bedienung zu zahlen, als sich vermeintlich die Hände schmutzig zu machen. Ja, eine Frau sollte in jedem Fall einmal pro Woche den Haarsalon aufsuchen. Und nein, sie sollte sich nicht zu Fuß dorthin begeben. Gehen ist unbedingt zu vermeiden, mit Ausnahme der sonntäglichen Passeggiata, wo man dahinpromeniert, um die modische Frisur und die neu erworbenen Modeaccessoires zu zeigen. Zählt man das alles zusammen, dann könnte man einen Zusammenhang mit der Tatsache entdecken, dass nur 62 % der Italiener ohne neue Schulden durch ein Haushaltsjahr kommen. Kleine Beträge summieren sich. Manches erinnert mich fatal an Beobachtungen, die ich früher in Indien gemacht habe. Dort hörte ich Leute über ihre Lebensbedingungen klagen, die sich mangels sanitärer Einrichtungen auf den umliegenden Äckern erleichterten. Eine richtige Toilette, so sagten sie, würde etwa 230 Euro kosten – und Sekunden später wurde die Unterhaltung durch das Klingeln des vergleichbar teuren Mobiltelefons unterbrochen. Heute haben 53 % der Inder ihr Handy oder Smartphone, weniger als die Hälfte der Bevölkerung aber hat Zugang zu einer Toilette.

Gewisse Schwierigkeiten habe ich immer, wenn ich in die täglichen Diskussionen der Italiener verwickelt werde, da die finanziellen Nöte für mich persönlich nicht sichtbar sind. Man verstehe mich nicht falsch. Ich wäre der Letzte, der das Leid anderer verharmlost, und die Erfahrungen der letzten Monate haben mir gezeigt, dass die sehr konkreten Probleme, mit denen die meisten Italiener konfrontiert sind, durchaus ernst zu nehmen sind. Einige hat die Verzweiflung über ihre wirtschaftliche Situation sogar bis in den Selbstmord getrieben. So schätzt der EURES-Service für den Arbeitsmarkt die Selbstmordrate auf zwei pro Tag innerhalb von Italien. Es muss bessere Lösungen geben. In meinen Augen dürfen weder Geldmangel noch ein Verlust des Arbeitsplatzes dazu führen, dass das Leben nicht mehr lebenswert ist.

Ich kann den Menschen in Italien oder in anderen Ländern auf keinen Fall raten, unsere Lebensweise zu kopieren. Für einige mag es richtig sein, allen Besitz zu verkaufen und unbeschwert durch materielle Güter um die Welt zu fahren, für die meisten anderen ist es nicht zu empfehlen. Die Gesellschaft würde auseinanderbrechen, wenn sich alle Erdenbewohner mit einem Mal entschlössen, auf dem Motorrad dem Horizont zuzustreben und Bücher darüber zu verfassen. Die Welt verkäme zu einer Riesenbibliothek unter einer Glocke aus Kohlendioxid.

Vielleicht sollte ich von Extremfällen berichten wie gerade, als ich die in ihrem Schlafsack frierende Laura mit der nordischen Kälte trösten wollte. Ich habe Länder bereist, die schwere Krisen durchmachten, wo Leichen zwischen zerbombten Gebäuden am Straßenrand lagen. Betrachtet man die Zustände auf der gesamten Welt, so erscheinen die europäischen Malaisen vergleichsweise harmlos. Stellen Sie sich vor, die weltweit sieben Milliarden Menschen würden durch die 100 Einwohner eines Dorfs repräsentiert. Etwa 15 davon wären stark unterernährt und müssten mit weniger als einem Euro am Tag auskommen, 30 würden in Verhältnissen leben, die denen eines Slums entsprechen, 22 hätten keinen elektrischen Strom, 13 keinen Zugang zu sauberem Trinkwasser und neun könnten diesen Satz nicht lesen, weil sie Analphabeten sind. Doch fürchte ich, dass Zahlenspiele, die unsere privilegierte Situation beweisen sollen, müßig sind. Der durchschnittliche Mann von der Straße würde vielleicht – trotz Arbeitsplatzverlust und Pleite – seine Definition von Krise revidieren, wenn er einige Monate in der Demokratischen Republik Kongo oder Nigeria verbringen müsste. Aber er ist nicht in Afrika, sondern in Italien und hat sein Leben lang hart gearbeitet, um ein gewisses Maß an Wohlstand zu erreichen. Opfer zu bringen und den Lebensstandard auf ein Minimum zu reduzieren, fällt da schwer.

Im Leben gibt es jedoch Höhen und Tiefen. Befremdlich daran ist nur, dass in Zeiten wirtschaftlichen Aufschwungs die meisten Leute glauben, es müsse immer so weitergehen. Das ist reines Wunschdenken. C. S. Lewis schrieb ein-mal, dass Sicherheit der ärgste Feind der Sterblichen sei – und damit könnte er recht haben. Sollte nicht mancher, wenn er noch einmal ganz von vorn anfangen muss, die Prioritäten künftig anders setzen und breiter streuen? Ich glaube, dass eine vorwiegend monetäre Ausrichtung des Lebens riskant ist. Es gibt viele alternative und nachhaltige Wertesysteme, an denen sich Menschen zu ihrem Wohlergehen orientieren können. Freilich ist eine Abwägung dessen, was Glück ist, immer höchst subjektiv, und doch deutet sich an, dass ein Gleichgewicht gesellschaftlicher, seelischer und wirtschaftlicher Faktoren viel zu diesem Glück beitragen könnte – als eine Art Sicherungsnetz, falls die Wirtschaft wieder einmal abstürzt.

Bei Gesprächen am Wegesrand aber kann ich keine solchen definitiven Antworten geben. Ich bin nicht in der Lage derer, denen die Krise ihre Träume zerstört hat; mich bekümmern momentan nur die typischen Probleme eines Motorradfahrers: Wann finde ich die nächste heiße Dusche, kann ich aus meinen nassen Kleidern schlüpfen, die Wunden lecken und mich aufwärmen? Morgen, vielleicht. Oder übermorgen. In der Nähe von Venedig, am Ende der Strada Statale 16, soll es einen preisgünstigen Campingplatz geben, der selbst jetzt im Winter geöffnet hat. Mit etwas Glück wird auch das Wetter besser. Jetzt aber ist es schon spät; Zeit, um Laura ins Land der Träume zu folgen.

Con Forza
Mit Kraft

Kroatien, 20.2.2013

Der Frühnebel lichtet sich. Steig in den Sattel, dreh den Zündschlüssel und starte die Maschine. Du rollst auf die Küstenstraße, links von dir windgepeitschte Berge, rechts das blaue Meer, weit draußen der offene Horizont. Dreh am Griff und gib Gas. Der Motor spricht an, brüllend röhrt er los. Du fliegst dahin, fühlst den Druck des Fahrtwinds, die Fliehkräfte in den Serpentinen. Dann kommt der erste Sonnenstrahl, du fährst nach Süden, mit Vollgas voraus. Du hast das Kommando, und du weißt, du bist ein Biker – was gibt es Besseres auf der Welt?

Was für den Kapitän des Schwertfischboots im Film *Der Sturm* galt, trifft ebenso auf den Motorradfahrer zu. Die Leidenschaft ist die gleiche, nur das Fahrzeug, das so viel Freiheit vermittelt, ist ein anderes. Laura fühlt wie ich. Wie vorhergesagt, hat sie sich mit dem Überschreiten der kroatischen Grenze zu einer Vollblutbikerin gewandelt. Das bewirken 6000 Kilometer auf zwei Rädern. Bis sie wie Evel Knievel über Canyons springt, wird es vielleicht noch ein wenig dauern. Und das ist auch besser so, wenn man bedenkt, das Evel sich während seiner Karriere 433 Knochenbrüche zugezogen hat. Aber zumindest hat sie keine Angst mehr und braucht auch keine Hilfe, wenn wir auf steilen Schotterpfaden hinunterfahren, um nach einem Übernachtungsplatz in einer versteckten Bucht zu suchen.

Das Schlimmste am Winter scheint vorüber zu sein. In den waldigen Bergen Sloweniens hat uns ein letztes Schneegestöber gestreift, aber hier an der dalmatinischen Küste geht es stetig aufwärts mit den Temperaturen. Wir hüpfen über ein Dutzend der insgesamt 1185 Inseln – von denen nur 48 bewohnt sind –, von der istrischen Halbinsel südwärts bis zur Festungsstadt Dubrovnik. Womit wir aber zu kämpfen haben, das sind plötzlich einsetzende, heftige Winde.

»Horch, kommt da ein Zug?«, fragt mich Laura eines Abends, als wir schon im Zelt liegen. Ich zögere mit der Antwort, da meine Gedanken um Lauras aktuellen Zaubertrick kreisen. Wie um Himmels willen schaffte sie es, ihren BH unter sieben Schichten Kleidung und einem Schlafsack abzulegen, ohne sich auszuziehen? Ehe ich noch antworten kann, wird unser Zelt wie ein Pfannkuchen flach gedrückt. Nur unser vereintes Körpergewicht hindert es am Davonfliegen. Ich muss schreien, um mich verständlich zu machen. »Die Luken dicht! Das ist die Bora!«

Bora, Schirokko, Maestral – die Bewohner der kroatischen Küste haben anscheinend ebenso viele Wörter für Winde wie die Inuit für Schnee. Der aus Nordwesten kommende Maestral ist ein milder, von der See aufs Land wehender Wind, der von den Seglern freudig begrüßt wird, beim Schirokko handelt es sich um einen feuchtwarmen Sturm aus Südost, der in seinem Regen oft Saharasand mit sich führt. Die Bora aber ist gefürchtet. Die Segelyachten unerfahrener Skipper kentern, und mancher Lastwagenfahrer fragt sich, wie ihm geschieht, wenn ein plötzlicher Windstoß sein Fahrzeug umwirft. In Böen erreicht die Bora in seltenen Einzelfällen Geschwindigkeiten bis zu 250 Stundenkilometern. Sie ist im Normalfall ein winterlicher Fallwind, der von den Bergen im Norden herabweht. Auf der Insel Pag haben uns die Bewohner erzählt, dass Fische von der Bora aus dem Wasser geschleudert und auf dem Land abgeladen wurden!

»Wie lange dauert die Bora üblicherweise?«, fragt Laura, während sie gegen die flatternde Zeltplane kämpft.

»Ein paar Tage. Doch es ist auch schon vorgekommen, dass der Sturm zwei Wochen angehalten hat. Haben wir genug zu essen?« Auf keinen Fall kann ich bei diesem Wetter mit dem Motorrad zum Einkaufen fahren. Auch sperrt Kroatien während einer Bora vorsichtshalber viele Straßen, Autobahnen und Brücken. Gut für uns: Wir haben gestern eingekauft und so genügend Vorräte. Wenn es nicht reichen sollte, kann ich immer noch den Zelteingang öffnen und versuchen, einen mit dem Sturm fliegenden Thunfisch zu fangen.

Ich möchte mich bei Umweltaktivisten nicht unbeliebt machen, muss aber doch sagen, dass die Devise »Eins mit der Natur sein« wahrscheinlich nicht von jemand stammt, der wirklich hautnah mit der Natur in Kontakt gelebt hat. Jeder, der lange draußen ist, und dazu zählt auch der Fernreisende auf dem Motorrad, wird sagen, dass die Menschen vor allem bestrebt sind, Schutzwälle gegen sie zu errichten, anstatt sich mit ihr zu verbrüdern. Das Leben in der Wildnis ist ein beständiger Kampf. Um zu überleben, muss man Nahrung, Trinkwasser, Unterschlupf und Wärme finden und sich – zumindest in einigen Ländern – hungrige Raubtiere vom Leib halten. Zwar kann man prächtige Sonnenuntergänge erleben und dem Gesang der Vögel lauschen, aber zugleich sollte man der Vorsehung für Supermärkte, wasserdichte Stoffe und Schlafsäcke aus Kunstfaser danken. Warum nur geben so wenige Menschen zu, dass es ihr sehnlichster Wunsch ist, »eins mit dem Kunststoff« zu sein und in ihm geborgen die Natur genießen zu können? Gut, dieser Wahlspruch klingt vielleicht weniger edel.

Wir machen das Beste aus unserer Lage und vertreiben uns die Zeit wie Bergsteiger, die während eines Schneesturms im Basislager festsitzen. Wir erzählen uns Geschichten und Anekdoten aus unserem Leben. Manchmal singen wir Lieder, in denen das Wort »Wind« vorkommen muss. Wenn uns dazu nichts mehr einfällt, ändern wir den Text ein wenig, sodass er wieder zur Situation passt. »I can't stand the rain against my window« von Tina Turner wird so ohne Probleme zu »I can't stand the wind against my tent flap« umgedichtet.

So plötzlich die Bora begonnen hat, hört sie knapp 40 Stunden später auch wieder auf. Gebeutelt und durchgerüttelt kriechen wir aus unserem Zelt. Draußen begrüßen uns klarer, blauer Himmel und eine Herde Schafe, die rund um unsere Motorräder eifrig grast. Ihr Herr, ein älterer Schafhirt, der mit seinem Hund in einiger Entfernung steht, winkt und humpelt dann langsam auf uns zu.

»Dobro jutro«, wünschen wir ihm. Guten Morgen. »Wie es scheint, haben Sie den Sturm gut überstanden. Ich hoffe, dass er Ihnen keines der Lämmer fortgeweht hat.«

Der Mann mit seinem Gesicht wie eine Dörrpflaume lächelt, deutet dann entschuldigend auf seine Ohren und zuckt mit den Schultern. Er ist völlig taub. Dennoch kann er den Sinn unserer Worte erraten.

»Bura«, antwortet er mit Kennermiene und nasaler Stimme und macht mit den Armen Gesten, die einen windgeschüttelten Baum andeuten. »Kako ste?«

»Hvala, dobro. A vi?«, antworte ich und zeige mit dem Daumen nach oben. Wird dieses Handzeichen auch in Kroatien verstanden? Ich hoffe es.

Nachdem wir uns gegenseitig versichert haben, dass alles in Ordnung ist, reichen wir uns die Hände. Dann geht der Hirte weg. Es bleiben eine Hundepfütze an meinem Vorderrad und die Erinnerung an eine kurze, aber freundliche, zufällige Begegnung – eine von Tausenden wie auf jeder weiten Reise. Sie vermitteln selten tiefe Erkenntnis, wohl aber ein warmes und menschliches Gefühl von Gemeinsamkeit und erneuern die Einsicht, dass unser Planet – zum größten Teil – kein schlechter Aufenthaltsort ist.

Allmählich werde ich selbst zu etwas Ähnlichem wie einer runzligen Dörrpflaume. Morgen beginnt meine 44. Runde im Boxring, und Laura findet das aufregender als ich. Wir packen unsere Siebensachen zusammen, und Pixie übernimmt die Führung.

»Warte nur, ich werde den perfekten Platz für deine Geburtstagsfeier finden«, verspricht Laura. Das sollte nicht allzu schwierig werden; nicht ohne Grund kommen jedes Jahr Millionen Besucher nach Kroatien. Im Sommer allerdings. Jetzt, Mitte Februar, haben wir den größten Teil des Landes für uns allein. Wohin wir auch blicken, überall ist unberührte, weitgehend intakte Natur, ideal, um Herz, Gemüt und Seele neu ins Gleichgewicht zu bringen. Malerische Kiesbuchten, viele nur vom Meer her zugänglich, verbergen sich unter senkrechten Klippen. Inseln erheben sich in der Ferne aus türkisblauem Wasser, blank geputzt vom stetigen Wind und weiß gebleicht unter einer glühenden Sonne. Wenn man den zahlreichen tief eingeschnittenen Schluchten ins Landesinnere folgt und dabei Flüsse voll mit Forellen quert, wird man von hellgrünen Pinienwäldern begrüßt, welche Luchsen, Wildschweinen, Füchsen, einigen Wölfen und sogar 400 Braunbären eine Heimat bieten.

Als Laura ein Dutzend Delfine entdeckt, die einen Steinwurf vom Ufer entfernt aus dem Meer springen, bremst sie spontan. Ein Pfad führt zu einem FKK-Strand hinunter, der zurzeit verlassen ist. Kein Wunder; so gern ich eine Runde mit den Delfinen schwimmen möchte, wäre doch ein dicker Neoprenanzug das Mindeste, was ich dafür anziehen müsste. Stattdessen versuche ich mein Glück beim Fischen, von einigen Felsblöcken aus, an denen sich klatschend die Wellen brechen.

»Wir werden kein Flipper-Sushi zu deinem Geburtstag haben«, schilt mich Laura im Scherz. Im Ernst, sie muss nicht besorgt sein, denn seit meinen ersten Versuchen in Italien ist mir noch kein einziger Mittelmeerfisch an die Angel gegangen.

Fischen an der Adria ist anders als in Kanada oder in Argentinien, wo man die Lachse fast mit der Hand fangen kann.

Am nächsten Morgen gibt es etwas Besseres als Delfinbrötchen. Laura hat mir ein komplettes Menü gebrutzelt, mit Eiern, Speck und kroatischen Cevapcici, verfeinert mit Gorgonzola. Das große Finale ist dann ein Stapel Pfannkuchen mit Kerzen darauf.

»Pfannkuchen sind richtige Kuchen, oder? Alles Gute zum ersten Geburtstag auf der Reise!«

Ich schließe die Augen für einen Wunsch, dass wir nämlich noch im Alter von 93 lustig auf Rollstühlen mit Land-Rover-Motoren um die Welt fahren. Dann atme ich tief ein und blase die Kerzen aus.

Was soll ich sagen? Ich werde älter, ohne Zweifel. In Deutschland haben Autos, die vor mehr als 30 Jahren gebaut wurden, spezielle H-Kennzeichen für Oldtimer. Auf mich übertragen, hätte ich schon längst als Antiquität klassifiziert werden müssen. Ich weiß noch, was eine Tonbandkassette und ein Bleistift miteinander zu tun haben. Sie nicht? Gratulation. Dann sind Sie noch jung. Und auch an die Jahre B. C. (before computers) kann ich mich deutlich erinnern. Das waren glorreiche Zeiten, als Motorräder noch Motorräder waren und keine Laptops auf Rädern. Doch mag meine Farbe auch abblättern, die wichtigen Bauteile tun noch brav ihren Dienst. Sicher, wenn es in den Gelenken quietscht, könnte ich ein wenig WD-40-Öl gebrauchen, aber im Großen und Ganzen schnurrt meine Maschine bestens. Das Alter ist, bisher zumindest, eher ein abstrakt gedachtes und keines, das sich durch Schmerzen bemerkbar macht.

Nebenbei, ein Alter von 40 plus zu erreichen, hat nach meiner Überzeugung einige deutliche Vorteile. Man hat schon einen ganzen Schrank voll Erinnerungen und Erlebnissen und stöbert in Gedanken gern darin – hoffentlich jedenfalls. Als ich noch Anfang 20 war, ging es vor allem darum, Unsicherheiten abzulegen, mir über meine wahren Wünsche klar zu werden und zu entscheiden, was das Beste für mich ist – und das heißt in meinem Fall ein Vagantenleben. Mit 30 musste ich mich mit den Problemen auseinandersetzen, die sich aus dieser Wahl ergaben, und eventuell kleine Kurskorrekturen vornehmen. Mit 40 darf ich mich jetzt etwas entspannen, denn ich habe nicht im Konjunktiv und Konditionalis gelebt, nach dem Motto »Wenn ich könnte, würde ich schon mögen«, sondern meine Träume verwirklicht.

Auch Puck hat sich wacker geschlagen, wenn ich bedenke, was er schon alles durchgemacht hat. Es ist nicht der Jahrestag seiner Herstellung, und dennoch bekommt er ein Geschenk, das er nur widerstrebend annimmt. Eine freundliche Kroatin hatte Laura ein Blümchen geschenkt, ein Alpenveilchen, aber leider gab es an Pixie nichts, wo man es hätte befestigen können.

»Dein Bierdosenhalter am Lenker gäbe einen perfekten Übertopf ab, meinst du nicht?«, sagt Laura verstohlen lächelnd. Am liebsten hätte ich abgelehnt – rosa Blümchen passen nun wirklich weder zu mir noch zu Puck. Mattschwarz gestrichen, sieht er zu wild für irgendwelche hübschen Accessoires aus. Während meiner ersten großen Reise hat er, bei einer Begegnung mit einem zum Selbstmord aufgelegten iranischen Kamel, alle Verzierungen aus Plastik verloren und sich in ein Naked Bike verwandelt. Im Lauf der Jahre habe ich dann die verschiedensten Dinge an- oder abmontiert: Sturzbügel, Halter für Reservereifen und 20-Liter-Benzinkanister, Klammern zum Befestigen meiner Kletterausrüstung und meines Eispickels, ein Radio mit Kassettendeck und Lautsprechern, um auf den endlosen Strecken durch Australiens Nullarbor-Ebene Musik hören zu können – Reisemaschinen entwickeln sich wie das

Leben auf der Erde. Das ist ein fortschreitender Darwinismus, der sich den Bedürfnissen des Reisenden auf seiner Fahrt durch die unterschiedlichsten Umgebungen anpasst. In der Vergangenheit habe ich es mit einigem Zubehör vielleicht übertrieben. Als mir ein befreundeter Schuster in Isfahan einen iranischen Militärsattel als Andenken mitgab, machte ich damit, was mir das einzig Vernünftige schien: Ich montierte die Originalsitzbank ab und ersetzte sie durch den Reitsattel. Leider war ich damals, was Pferde betrifft, noch ein reines Greenhorn. In einer prächtigen Demonstration meiner Unwissenheit befestigte ich ihn verkehrt herum. Während der nächsten zwölf Monate wunderte ich mich, warum die Einheimischen in allen Ländern, durch die ich fuhr, mein Motorrad mit so seltsamen Blicken musterten. Eine Britin, eine große Pferdeliebhaberin, die mir in Nepal begegnete, stellte schließlich die entscheidende Frage: »Entschuldigung, aber warum fahren Sie rückwärts in einem Pferdesattel sitzend mit dem Motorrad um die Welt?«

Nach dieser Begebenheit ist mein sogenanntes Image wohl für alle Zeiten ruiniert. Also nehme ich auch Lauras Alpenveilchen und gieße etwas Wasser in meinen zum Übertopf umfunktionierten Bierdosenhalter. Das Blümchen ist schön, das muss ich zugeben, und solange wir nicht vor einer Rockerbar der Hells Angels halten, sollte nichts weiter passieren. Um jedoch das beschädigte virile Image meines Motorrads ein wenig aufzupolieren, beschließe ich, das Pflänzchen Thor zu nennen.

Wieder vergeht ein Monat, der Frühling lässt sein blaues Band über Dalmatien flattern, und nach meinem Gefühl könnten wir ewig das Land durchqueren, wieder zum Anfang zurückkehren und die Runde noch einmal fahren. Es ist nicht so, dass wir zurzeit viel täten. Wir lassen uns treiben, nehmen etwas wie Ferien von unserer Reise. Wie sagte doch einst Lin Yutang? »Wenn du einen völlig sinnfreien Nachmittag in nutzloser

Weise verplempern kannst, dann hast du zu leben gelernt.« Es wirkt sehr entspannend, seine täglichen Aktivitäten darauf zu beschränken, sich eine Bank auf einem Dorfplatz zu suchen, Meeresfrüchte zu genießen und von Knoblauch- und Olivenöldüften umhüllt das vorbeiziehende Leben zu beobachten. In der Atmosphäre Kroatiens gelingt es selbst hyperaktiven Individuen, völlig abzuschalten.

Bald sind wir nicht mehr die einzigen Touristen auf der Straße. Sobald kurz vor Ostern die ersten Kreuzfahrtschiffe im Hafen von Dubrovnik anlegen, füllt sich die alte Stadt geschwind mit Tausenden von Tagesausflüglern. Die ohnehin engen Gassen zwischen den mittelalterlichen Mauern werden fast unpassierbar, da die ortsansässigen Händler ihre Verkaufsstände für T-Shirts aufbauen. Auf den die Küstenstädte verbindenden Straßen herrscht ebenfalls Chaos. Ein weißes Wohnmobil hinter dem anderen rollt von Nordeuropa in Richtung Kroatien.

»In der Schweiz schneit es noch immer«, erzählt uns der Fahrer eines Hymermobils. »15 Stunden hat es uns gekostet, um hierher zu kommen. Und wie lange habt ihr gebraucht?«

Wir blicken uns an und rufen dann unisono: »206 Tage.«

Allmählich wird es Zeit weiterzufahren, bevor ich auch noch meinen 53. Geburtstag hier verbringe. Aus dem Handgelenk lasse ich einen Abschiedsstein über das Meer in Richtung Australien hüpfen, dann steigen wir auf unsere Motorräder und fahren ins Hügelland.

Bellicoso
Kriegerisch

Bosnien und Herzegowina, 1.4.2013

Oben auf den Hügeln hinter Dubrovnik liegt ein kleiner Grenzposten zum Nachbarland Bosnien und Herzegowina. Wir spüren sofort, dass wir dort eine angenehme Zeit verbringen werden, bieten uns die Grenzbeamten in ihrem Büro doch gleich zwei Flaschen bosnisches Bier an, noch bevor sie unsere Pässe stempeln. Das nenne ich Gastfreundschaft. Da wir aber verantwortungsbewusste Fahrer sind, lehnen wir höflich ab und bekommen zum Ersatz zwei Gläser Limonade.

Unsere Unterkunft für die nächsten zwei Wochen liegt nur ein paar Schritte hinter der Grenze. Laura hat ein Zimmer reserviert, dessen Preis erstaunlich gut zu unserem Budget passt. Die möblierte Vierzimmerwohnung mit Küche, Bad, Wohnzimmer und zwei Schlafräumen kostet nur sechs Euro pro Person und Nacht. Freilich ist das hier nicht Sarajevo, sondern Ivanica, eine winzige Landgemeinde mit einer einzigen Teerstraße, zwei Restaurants und einem Tante-Šejla-Laden, wo es Brot und Burek gibt.

Die Eigentümerin der Wohnung ist eine 73-jährige bosnisch-kroatische Oma, die hier zusammen mit einer Kuh, zwei Ziegen, zwei Hunden und einer unbestimmbaren Zahl von Katzen lebt. Sie selbst wohnt im Erdgeschoss, wo sie uns schon erwartet.

»Dobro jutro! Da li ste gladni? (Guten Morgen! Seid ihr hungrig?)«, fragt sie, führt uns in ihre Küche, lässt uns am Tisch Platz nehmen und serviert bosnischen Kaffee, der ähnlich zubereitet wird wie die bekanntere türkische Art. Wir sind in einiger Verlegenheit, was die Kommunikation betrifft. Unser bosnischer

Wortschatz umfasst neun Wörter mehr als der englische unserer Oma, der sich auf »Hello« beschränkt. Damit sich der Raum nicht mit unheilvollem Schweigen füllt, tun wir das einzig Mögliche: Wir ignorieren die Sprachbarriere und reden in unseren jeweiligen Muttersprachen, ohne Rücksicht darauf, ob wir verstanden werden. Mit einem Mal aber fallen Oma meine nackten Füße ins Auge – ich hatte meine lehmigen Stiefel ausgezogen, um keinen schlechten ersten Eindruck zu machen.

»Da Bog Sačuvaj! (Um Gottes willen!)«, ruft sie, greift sich an den Kopf und eilt, mir ein paar Hausschuhe zu holen. Das Virus der berüchtigten italienischen Cervicale hat sich offensichtlich bis Bosnien ausgebreitet.

Am nächsten Tag hat Laura eine gute Idee. Sie nimmt ihren Laptop, und mit diesem bewaffnet steigen wir die Treppe zu Oma hinunter. Die rührt in einem randvollen großen Topf etwas, das penetrant nach meinen ungewaschenen Socken riecht. Es ist Sarma, eine schmackhafte Spezialität der Gegend, bestehend aus Hackfleisch, das in Kohlblätter eingerollt wird.

»Oma, haben Sie je den Google-Übersetzer benutzt? Sollen wir es probieren?«

Das klappt wirklich prima, und zuletzt können wir sogar Details über unsere Lebensgeschichten austauschen. Schließlich wechselt das Thema zu Omas Tieren. Laura tippt »Ich liebe Katzen« in den Übersetzer, und als Oma antwortet, erscheint die Antwort: »Ich habe fünf. Hätten Sie gern eine zum Abendessen?« Um uns zu vergewissern, dass wir recht verstanden haben, fragt Laura: »Sie meinen zum Essen?« Nach ein paar Anschlägen auf der Tastatur können wir lesen: »Ja, ich habe gehört, dass Italiener gern Katzen essen.«

Entweder hat Oma einen Sinn für schwarzen Humor, oder es handelt sich um ein Paradebeispiel für ein kulturelles Missverständnis. Falls beides nicht zutrifft, ist der Übersetzungsdienst von Google in Erklärungsnot.

Kulturbedingte Missverständnisse sind wohl zum Teil für die Kriege im früheren Jugoslawien verantwortlich, die zuletzt zum Zerfall des Staats in einzelne, souveräne Republiken geführt haben, zu denen auch Bosnien und Herzegowina zählt. Zwischen Slowenien und Mazedonien ist die gesamte Region eine bunte Mischung verschiedener Völker, die alle ihre eigene Sprache und eigene Bräuche haben. Bosnien und Herzegowina wird von Kroaten, Serben und Bosniern bewohnt, die größtenteils katholisch, orthodox bzw. muslimisch sind. Gern würde ich mehr über die Konflikte erfahren, die vor 18 Jahren beendet wurden, und unsere Oma wäre sicher eine gute Informationsquelle, doch leider hat mein Vertrauen in Google sehr gelitten. Glücklicherweise sprechen die meisten Bewohner des Balkans einige europäische Sprachen, vor allem Deutsch und Englisch.

Im Verlauf der einzelnen, aber miteinander zusammenhängenden Konflikte im früheren Jugoslawien wurden 140 000 Menschen getötet und Millionen aus ihrer Heimat vertrieben. Anders als Kroatien, das es schaffte, sich zu sanieren und Touristenziele wie Dubrovnik zu neuem Leben zu erwecken, reichte für Bosnien und Herzegowina die finanzielle Unterstützung nicht zur Renovierung des Lands. Bei Kriegsende im Jahr 1995 waren 60 % der Häuser, 50 % der Schulen und ein Drittel aller Krankenhäuser zerstört oder beschädigt. Die meisten Gebäude in Ivanica sind von Einschusslöchern übersät und manche bloß noch ausgebrannte Ruinen.

Langsam schließen wir mit den Dorfbewohnern Bekanntschaft und entdecken erstaunt, wie bereitwillig und gern sie ihre Erfahrungen aus den Kriegstagen mitteilen. Alle haben ihre Geschichte zu erzählen, vom Einbeinigen, der auf eine Landmine getreten ist, bis zu dem Exsoldaten mit dem irren Blick, der wie Salvatore in Umberto Ecos *Der Name der Rose* redet und Sätze in verschiedenen Sprachen aneinander flicht. Manchmal gehen diese Geschichten bei der Frage nach den Schuldigen am Krieg auseinander; das hängt davon ab, wen man gerade fragt. Übereinstimmend aber berichten alle von Schrecken und Leid und davon, dass alles sehr kompliziert war. Die Wahrheit, wenn es denn eine einheitliche Wahrheit gibt, lässt sich wohl nur aus der Summe aller Zeugenberichte herausdestillieren.

Für Oma hingegen scheint kein Problem unlösbar. Als wir an einem Nachmittag von einem Spaziergang in den Hügeln zurückkehren, ist unser Zimmer mit kleinen Heiligenbildern geschmückt. Sie kleben allenthalben, über der Tür, im Bad und an den Fenstern. Der größte Haufen von Heiligen hängt über unserem Bett. Was haben wir nur angestellt, dass unser Zimmer so geweiht werden musste? Wir klopfen ratlos an Omas Tür, um zu fragen.

»Ihr habt erzählt, dass ihr keine Kinder habt! Die Heiligen wirken Wunder, und ihr werdet in Ivanica noch eine Menge Babys haben«, sagt sie lächelnd. »Und dann bleibt ihr alle da und leistet mir Gesellschaft.«

Wir können uns nicht zurückhalten und lachen lauthals. O du meine Güte. Ich hoffe nur, sie hat nicht recht. Ich schaffe es kaum, unser Bierhalterpflänzchen am Leben zu halten, wie könnte ich da mit Kindern auf der Reise zurechtkommen?

Nicht dass wir gegen das Kinderkriegen an sich wären, es rangiert nur auf unserer Prioritätenliste ziemlich weit unten. Laura gibt meinem Leben einen Inhalt und ich dem ihren. Sollten wir uns je dazu entschließen, Eltern zu werden, so könnten wir uns ein Leben ohne Nachwuchs sicher nur noch schwer vorstellen. Es muss bezaubernd sein, Kinder dem Element der Zeit auszusetzen und ihre ersten Schritte zu beobachten. Vielleicht würde man in ihnen auch Teile seines Selbst heranreifen sehen – aber man vermisst nicht, was man nie erfahren hat, und wir müssen zugeben, dass unsere Neugier auf solche Erfahrungen gering ist. Wir wünschen uns nicht, dass unsere Welt völlig umgekrempelt wird, was aber unvermeidlich passiert, sobald Kinder als Unbekannte in die Formel der Lebensplanung eingehen. Wir lieben die große Freiheit, die wir miteinander teilen. Sicher, man kann auch mit Kindern verreisen. Viele Overlander tun das, wenngleich meist nur bis zur Einschulung oder wenige Jahre darüber hinaus. In keinem Fall aber sollte dann die Reise in Unruhegebiete gehen, wo das Leben der Kleinen in Gefahr wäre. Wenn wir Kinder hätten, wäre uns ein großer Teil der Welt verschlossen, und auf manche Tätigkeiten und Hobbys, die uns großes Vergnügen bereiten, müssten wir verzichten. Offroad-Motorradabenteuer mit einem Kleinkind? Höhenbergsteigen? Ausflüge nach Somaliland oder in den Kongo? Lieber nicht. Vor allem aber schmelzen weder Laura noch ich dahin, wenn wir Kleinkinder in den Armen ihrer Mütter sehen, und wir nehmen das als Zeichen, dass die Elternrolle vielleicht nicht auf uns zugeschnitten ist.

Merkwürdig, aber eine totale Kernschmelze tritt ein, wenn es um Tiere geht. Wenn auch das Eingreifen der Heiligen bei uns nicht gewirkt hat, bei Omas Tierfarm ist es anders. An drei Tagen in Folge werden zwei Zicklein, ein Wurf Kätzchen und fünf Hündchen geboren. Oma bietet uns an, die Welpen mit auf die Reise zu nehmen.

»Schaut, die passen doch leicht alle zusammen in einen von euren Motorradkoffern.«

Sie kann sich gar nicht vorstellen, wie schwer es für uns ist, abzulehnen. Einer unserer größten Träume ist es, eines Tags irgendwo eine kleine Hütte zu haben und uns mit einer Hunde-Arche-Noah zu umgeben: zwei von jeder Rasse auf der Welt und dazu etliche Mischlinge. Jetzt aber ist nicht die Zeit, eine solche Sammlung anzulegen. Technisch wäre es möglich; ich habe einen guten Freund in Peru, der schon den ganzen südamerikanischen Kontinent mit einer großen Hundehütte hinten auf seinem Motorrad umrundet hat. Dummerweise aber fahren wir in Richtung Australien, wo es äußerst schwierig ist, Tiere einzuführen. Das Gesetz würde sechs Monate Quarantäne verlangen, ein Zwanzigstel eines Hundelebens. Auf Menschen übertragen entspricht dies einer Verurteilung zu vier Jahren Einzelhaft. Man stelle sich vor, Touristen würden für eine solche Dauer eingesperrt, sobald sie aus einem Quantas-Flugzeug aussteigen! So geben wir denn jedem der Hündchen einen Stups auf die Nase, taufen sie der Reihe nach Puck, Pixie, Matilda, Chris und Laura und verabschieden uns dann von Oma.

»Seid vorsichtig beim Zelten«, rät sie uns noch. »Es gibt überall in Bosnien und Herzegowina eine Menge Landminen, die der Krieg hinterlassen hat.«

Entlang der früheren Fronten sind noch 200 000 scharfe Sprengkörper vergraben, oft liegen sie aber auch, von starken Regenfällen weggeschwemmt, an einem ganz anderen als ihrem ursprünglichen Ort. Und es braucht keine 200 000, um einen Motorradreisenden, der wild zeltet, zu zerstückeln, einer genügt. Zwischen Ivanica, den Wasserfällen von Kravice und der Stadt Mostar wählen wir unsere Plätze mit Vorsicht und stellen unser Zelt lieber auf einer Traktorspur als mitten im Wald auf. Es spielt keine Rolle, dass diese Minen vor fast zwei Jahrzehnten gelegt wurden; in Belgien findet der Munitionsräumdienst der Armee noch heute fast täglich scharfe Sprengkörper aus dem Ersten Weltkrieg. Minen haben kein Verfallsdatum.

In Blagaj, einem muslimisch-bosnischen Dorf, verhilft uns der Mann vom Zeltplatz zu wertvollen Einsichten in die Lage der Region. Nach dem Krieg war er für viele Jahre bei einer Organisation zur Minenräumung beschäftigt.

»Das war eine quälend langsame Arbeit«, erklärt er uns. »Wenn man bei diesem Job keinen Nervenzusammenbruch riskieren wollte, schaffte man nicht viel mehr als 30 Quadratmeter am Tag. Aber die Bezahlung war gut, und wir bekamen richtigen Kaffee, nicht so wie im Krieg, wo wir Kaffee aus gerösteten Linsen brauten. Dafür, mit einem Stock im Boden herumzustochern, verdiente ich etwa 200 Euro im Monat. Nach dem Plan der Regierung sollen die Minen bis 2019 beseitigt sein, aber das kann man vergessen. Es wird viel länger dauern.«

Ich frage, wie die Minen aussehen, und reiche ihm meine Zigarettenschachtel. Ich glaube wahrzunehmen, dass seine Hände immer noch zittern.

»Nicht auffällig. Die PMA-2 hat ungefähr die Größe einer Thunfischdose – die reißt meistens nur ein, zwei Gliedmaßen ab. Die PROM-1 ist größer und springt einen Meter in die Höhe, bevor sie explodiert. Die ist tödlich. Es gibt Minen aus Kunststoff und solche aus Metall; am besten berührt man nichts, was man nicht genau kennt. Die Hollywood-Landmine, die erst losgeht, wenn man von ihr heruntersteigt, ist ein Märchen. Man hört kein warnendes Klicken, nach dem man vorsichtig die Schuhsohle abschneiden und mit Steinen beschweren kann, bevor man unversehrt weiterzieht. Minen werden durch Belastung oder durch Stolperdrähte ausgelöst. Es gibt keine Vorwarnung, man spaziert friedlich dahin, und im nächsten Moment kracht es.«

Er zieht an seiner Zigarette und erzählt, dass seit dem Kriegsende in Bosnien und Herzegowina über 5000 Menschen, viele davon Kinder, durch liegen gebliebene Sprengkörper verletzt oder getötet worden sind.

Ich lasse meinen Blick schweifen, vom kristallklaren Fluss Buna über die malerischen Hügel und dann nach Nordwesten. In dieser Richtung, nur 720 Kilometer entfernt, liegt München. Ich war in manchen früheren Kriegsgebieten und habe Minenfelder in Angola, in Somaliland und an der afghanischen Grenze gesehen. Das waren Orte weit weg von zu Hause. Dieses schöne Land aber liegt fast vor unserer Haustür. Ich habe Schwierigkeiten, damit klarzukommen.

Ich frage ihn: »Bitte sagen Sie mir, warum in aller Welt so viel Unheil geschehen musste? War die politische Unabhängigkeit das wert?«

»Es ist sehr kompliziert«, antwortet der Zeltplatzbetreiber. »Ich müsste mit dem Ersten Weltkrieg anfangen, um die Spannungen zwischen Serben, Kroaten, Bosniern und den anderen Volksgruppen zu erklären.«

»Aber der Erste Weltkrieg liegt fast 100 Jahre zurück!«

»Ja, aber Sie müssen wissen, dass auf dem Balkan 100 Jahre keine Zeit sind.«

Etwas anderes, womit ich nur schwer klarkomme, ist die Frage, warum sich einige Länder noch immer weigern, die Ottawa-Konvention zu unterzeichnen – einen Vertrag, der den Gebrauch, die Herstellung und auch die Weitergabe von Antipersonenminen verbietet. Zu diesen zählt – als einziges Land der NATO und der westlichen Welt – die USA. Die Regierung Obama verfügt immer noch über geschätzte zehn Millionen Landminen »für künftige Einsätze«, wie einer ihrer Sprecher dies ausdrückte. Wie zu erwarten, gehört Obama auch nicht zu den Unterzeichnern einer gleich wichtigen Konvention, die vor drei Jahren in Kraft trat: dem Verbot von Streubomben. Diese ähneln oft bunt gefärbten Ostereiern, die plötzlich explodieren, wenn Kinder damit spielen. Der Anteil der Blindgänger ist erschreckend hoch: je nach Bauart zwischen 5 und 40 %. Vom Pentagon verlautet, dass die USA Streubomben als »humane Waffen« betrachten. Als UN-Generalsekretär Ban Ki-moon von der »weltweiten, kollektiven Abscheu vor diesen widerlichen Waffen« sprach, hat er, vermute ich einmal, die USA nicht zum Kollektiv gerechnet. Welchen Grund sollte Obama auch haben, einen solchen Vertrag zu unterzeichnen? 78 Länder der Erde leiden unter der Gefahr, die von Blindgängern ausgeht, in US-amerikanischem Boden aber finden sich weder Reste von Streubomben noch Landminen.

Wir entschließen uns zu einem Ausflug ins historische Stadtzentrum von Mostar. Diese bezaubernde Stadt, in einem von Weinbergen gesäumten Tal gelegen, war einst berühmt für die von den Ottomanen beeinflusste Baukunst, für ihr multikulturelles Flair und natürlich für das Wahrzeichen der Gegend, die Stari Most, die Alte Brücke, in ihrer Originalversion. Leider gibt es diese nicht mehr. Bosnisch-kroatische Truppen haben das 427 Jahre alte Bauwerk und die Stadt zusammengeschossen. An seiner Stelle steht nun die Stari-Most-Brücke in der Updateversion 2.0 und sieht ihrer Vorgängerin erstaunlich ähnlich. Sie im 21. Jahrhundert nachzubauen, dauerte fast ebenso lange wie damals im 16. Sie sieht hübsch aus, aber für mich ist sie doch nicht mehr das Wahre.

Eine andere Sehenswürdigkeit, die aus der Stadt verschwunden ist, stellt das Bruce-Lee-Denkmal dar. Wir müssen einen Polizisten um Rat fragen.

»Bruce? Der ist vor acht Jahren abmontiert worden und lagert jetzt in Zagreb.«

Dennoch überreden wir ihn, uns zu dem Ort zu führen, wo einst die stolze Bronzestatue in einer Karate-Dachi-Stellung gestanden und die Stadt verteidigt hat. Finanziert hat sie der deutsche Steuerzahler, aber ich schätze, dass die Materialkosten bescheiden waren. Bruce Lee war nur 1,70 Meter groß.

Es mag ungewöhnlich erscheinen, dass für eine Stadt in Bosnien und Herzegowina ein asiatischer Kultheld als »Idol« gewählt wurde, aber dafür gab es gute Gründe. Der Krieg tobte zwischen muslimischen, katholischen und orthodoxen Bevölkerungsschichten, sodass es, um keine der Parteien zu reizen, klug erschien, eine Berühmtheit mit einem anderen Glauben zu suchen, die obendrein von sehr weit weg stammte. Bruce sollte die Einigung des Volks ohne Rücksicht auf Ideologien symbolisieren und außerdem an den Kampf gegen Unrecht,

Korruption und Verbrechen erinnern. Ich selbst hätte mich in diesem kriegsgebeutelten Land eher für eine Büste des Dalai Lama entschieden als für das Standbild eines Kämpfers, der seinen Gegner mit einem Fußtritt köpfen kann. Aber mich hat man wieder einmal nicht gefragt.

»Da ist es, oder besser, war es«, sagt der uns begleitende Polizist vor einem kleinen, mit Graffiti bedeckten Steinsockel.

»Was ist geschehen?«, frage ich.

»Das Problem war die erhobene Hand von Bruce. Mostar ist noch heute eine geteilte Stadt. Im Osten leben vor allem bosnische Kroaten, während im Westen die muslimischen Bosnier überwiegen. Um keine der beiden Parteien zu provozieren, stellte man die Figur so auf, dass die Hand nach Norden wies. Wahrscheinlich hat man sich dabei um ein paar Zehntelgrad verrechnet, sodass sich eines der Stadtviertel angegriffen fühlte. Also hat man das Standbild verunstaltet. Ende der Geschichte.«

»Glauben Sie, dass Bosnier und bosnische Kroaten jemals in einem Land friedlich miteinander leben können?«

»Unwahrscheinlich. Jede Gruppe stellt sich als unschuldig dar. Aber in einem Krieg ist niemand frei von Schuld. Es könnte für kommende Generationen eine gewisse Hoffnung geben, wenn nicht auch unser Schulsystem die Ethnien trennen würde. Momentan gehen bosnische Kinder in bosnische Schulen, Kroaten in kroatische und die Serben in serbische. Je nachdem, von welcher Seite man indoktriniert wird, wächst man mit ganz verschiedenen Geschichtsbildern auf. Das ist es, was sich in unserem Land zuallererst ändern müsste.«

Aus dem Blickwinkel des Reisenden, der das Land durchquert und nur die Touristenziele aufsucht, mag alles wie eitel Sonnenschein wirken. Wenn man den Einheimischen nicht zu viele Fragen stellt, könnte man denken, dass die einzelnen Volksgruppen harmonisch Seite an Seite leben. Fragt man aber die

Leute nach ihren wahren Gefühlen gegenüber anderen Ethnien, so wird man lange auf ein einziges gutes Wort warten müssen. In mancher Hinsicht erinnert mich die Lage an das Afrika südlich der Sahara, wo so viele Probleme dadurch entstehen, dass sich die meisten Einheimischen in erster Linie mit ihrem Stamm identifizieren, aber nicht mit dem Land, in dem sie leben, und schon gar nicht mit der Menschheit als solcher.

Wir schwingen uns in die Sättel, umrunden die Dinarischen Alpen und fahren nach Foča an der Grenze zu Montenegro. Dies wird unser letzter Halt in Bosnien sein, und ich werde wieder einmal versuchen, etwas zu finden, das es vielleicht nicht gibt: ein Mahnmal an der Sporthalle »Partizan« oder an den beiden Schulen, die während des Kriegs als Vergewaltigungslager berüchtigt waren.

Zwischen 1992 und 1995 wurden ungefähr 50 000 Frauen aus dem einstigen Jugoslawien Opfer von Folter, Versklavung und systematischen Vergewaltigungen. Wie überall in Bosnien und Herzegowina führten die bosnisch-serbischen Truppen in Foča ethnische Säuberungen durch, um die nicht serbische Bevölkerung zu vertreiben. Vergewaltigungen waren Teil dieser Strategie. Bosnische Frauen wurden geschwängert und bis zur Geburt gefangen gehalten, um für serbischen Nachwuchs zu sorgen, da die Kinder üblicherweise zur Ethnie des Vaters gerechnet werden. Die Rechnung ging auf. Vor dem Krieg waren die Bürger zur Hälfte orthodoxe Serben, zur anderen muslimische Bosnier. Danach war nur noch eine Handvoll Bosnier übrig. Alle Spuren des muslimischen Lebens wurden beseitigt, die Moscheen abgerissen und die Stadt in Srbinje, Serbenstadt, umbenannt.

Inzwischen hat Foča wieder seinen alten Namen angenommen und einige der Moscheen sind erneut aufgebaut worden. Leider müssen wir auf der Fahrt durch die Stadt feststellen, dass manche davon beschmiert wurden. Im Zentrum steht ein riesiges Mahnmal zum Gedenken an die gefallenen serbischen Soldaten, aber nichts erinnert an die Opfer der Massenvergewaltigungen. Vielleicht direkt an den Stätten des Grauens? Fehlanzeige, heute ist Foča auf Tourismus und Wildwasserfahrten auf den Flüssen Tara und Drina fokussiert und versucht tunlichst, die Vergangenheit zu verdrängen oder gar zu leugnen.

Wir fühlen uns heute nicht zu Abenteuersport aufgelegt. Wir bestellen einen letzten bosnischen Kaffee und fahren in die Taraschlucht hinunter, ohne uns noch einmal umzusehen.

INTERMEZZO 3

Overlandia: Geschichte

Ein Mädchen schreit, bevor es das Bewusstsein verliert. Zwei Männer vergewaltigen sie abwechselnd in aller Öffentlichkeit, der 28. und der 29. Peiniger an diesem Tag. Im Fluss treiben aufgedunsene Leichen stromabwärts. Vielen der Körper wurden Nasen, Lippen und Ohren abgeschnitten, manche sind an den Genitalien verstümmelt. Eine Frau sitzt da und beobachtet alles starren Blicks; auf ihrem Schoß wiegt sie den Körper eines Kinds ohne Kopf. Eltern, die von brutalen Sadisten an Stühle gefesselt wurden, müssen mit ansehen, wie ihre Kinder gefoltert und umgebracht werden. Eine Dorfbewohnerin, die der Massenvergewaltigung entgehen will, erhängt sich an den Dachsparren ihres Hauses. Ihre Schwester versucht zu fliehen, doch sie kommt nicht weit. Schreie und Schüsse hallen durch die Nacht.

Das ist nicht Ruanda, 6000 Kilometer entfernt und auf einem anderen Kontinent, aber die Zeit, 1994, ist dieselbe.

Draußen vor dem Lagerhaus wird einer Gruppe von 700 Männern, die man von Frauen und Kindern getrennt hat, befohlen, ihre wenigen Habseligkeiten auf einen großen Haufen zu werfen. Um sie zu beruhigen, wird ihnen versprochen, ihnen kein Leid zuzufügen, wenn sie den Anweisungen folgen. Dann werden sie auf Lastwagen verladen und zu einem Feld in einiger Entfernung gefahren. Am Ziel angekommen, müssen sie die Schuhe ausziehen und sich nebeneinander aufstellen. Dann werden ihnen die Hände gefesselt und die Augen verbunden. Anschließend werden sie mit Maschinengewehren niedergemäht. Nicht alle sterben in der ersten Salve. Diejenigen, die dem Erschießungskommando entgehen, werden von einer Planierraupe zusammen mit den Leichen bei lebendigem Leib in einen Graben geschoben und verschüttet.

Das ist nicht der Holocaust im Zweiten Weltkrieg, aber der Ort des Geschehens ist ein ähnlicher.

Fast drei Stunden liegen zwischen den ersten und den letzten im zwölf Kilometer langen Zug der aus ihren Dörfern Vertriebenen. Nach vielen Wochen Marsch mit nichts zu essen als dem, was sich zufällig auf dem Weg findet, sind sie nun alle erschöpft und ausgezehrt. Nur mit Unterwäsche bekleidet, humpeln sie auf blutenden, mit Lappen umwickelten Füßen dahin. Sie gleichen Gespenstern und haben doch das bessere Los gezogen. Von denen, die zurückblieben, sind jetzt viele tot. Es war sicherer, alles hinter sich zu lassen.

Das ist nicht der Irak und nicht Afghanistan während des sogenannten Kriegs gegen den Terror, auch nicht der gegenwärtige Bürgerkrieg in Syrien. Nein, das ist Europa vor kaum 20 Jahren, nicht weiter als eine Tagesreise mit dem Auto von München entfernt. Ethnische Säuberung, widerrechtliche Gefangennahme, das Töten von Kriegsgefangenen, Mord, Versklavung, Folter und sexuelle Gewalt gegenüber Zivilisten, die Verfolgung von Intellektuellen, Deportationen und der Granatenbeschuss von Wohnvierteln – all dies wurde in den 1990er-Jahren von Bewohnern unseres Kontinents geplant und ausgeführt. Das betrifft meine und vielleicht auch Ihre Generation. Die Orte des Grauens mögen sogar zu Ihren bevorzugten

Urlaubszielen gezählt haben, zu dem Land, das einst Jugoslawien genannt wurde. Man muss nicht ans andere Ende der Welt fahren oder weit in der Zeit zurückgehen, um Spuren von Völkermord und abscheulichen Kriegsverbrechen zu finden. Auch hier ist Ruanda.

Die meisten Gräueltaten in Bosnien und Herzegowina wurden von bosnisch-serbischen Truppen an der muslimisch-bosnischen Bevölkerung verübt, an Orten unsäglicher Massaker wie in Srebrenica.[3] Dennoch wäre es falsch, nur auf sie mit dem Finger zu deuten. Während des Kampfs haben sich auch Kroaten und Montenegriner gegenüber Bosniern und Serben der Deportation, des Mords und der Folter schuldig gemacht. Man kann im Jugoslawienkonflikt nicht für eine Seite Stellung beziehen. Soldaten, Polizisten und paramilitärische Verbände fast aller Parteien – und manchmal sogar einfache Dorfbewohner – waren in Verbrechen gegen Menschenrechte und Menschenwürde verwickelt.

Selbst die NATO ist keineswegs unschuldig. Bei den Luftangriffen gegen die bosnischen Serben und während des Kosovokriegs wurden fast 1000 Zivilisten getötet und viermal so viele verwundet. Für die Toten ist es jedenfalls kein Trost, dass die Bombardierungen zur Beendigung des Kriegs beigetragen haben. Nicht vergessen sollte man

---

[3] 1995 wurden innerhalb von fünf Tagen 8372 Zivilisten jeglichen Alters hingerichtet, obwohl das Gebiet durch den UN-Sicherheitsrat als Schutzzone ausgewiesen worden war. Der Internationale Strafgerichtshof für das ehemalige Jugoslawien in Den Haag stufte das Verbrechen als Völkermord ein. Dennoch wurden, abgesehen von den Hauptschuldigen, nur wenige Täter angeklagt, insbesondere angesichts der Tatsache, dass mehr als 25 000 Personen an dem Massenmord direkt oder indirekt beteiligt waren. Viele Verantwortliche bekleiden heute hohe Regierungsämter.

auch, dass sich Angehörige von UN, NATO und der privaten amerikanischen Sicherheitsfirma DynCorp während ihrer Stationierung im Land am bosnischen Sexgeschäft beteiligt haben. Sie waren Kunden und Mitwirkende bei Menschenhandel, Versklavung, Vergewaltigung und Folter von Frauen und Mädchen ab zwölf Jahren, aber dank der von den UN gewährten diplomatischen Immunität vor Strafverfolgung geschützt. DynCorp wurde vom amerikanischen Außenministerium mit milliardenschweren Aufträgen in Afghanistan und im Irak belohnt.

Zunächst hatte ich geglaubt, der Krieg und die Zersplitterung Jugoslawiens in die Republiken Kroatien, Bosnien und Herzegowina, Serbien, Montenegro, Mazedonien, Slowenien und Kosovo sei das Ergebnis lang andauernder Spannungen zwischen den bunt gemischten Volksgruppen gewesen. Das aber wäre eine unzulässige Vereinfachung, denn während der letzten 1000 Jahre haben sie die meiste Zeit – entweder als Bewohner unabhängiger Königreiche oder in Unionen mit anderen Ländern – friedlich nebeneinander gelebt. Waren dann die Lebensbedingungen so elend, dass zu ihrer Veränderung ein grausamer Krieg riskiert werden musste? Wir hören von der Unzufriedenheit mit dem Regime in Belgrad, der ehemaligen Hauptstadt Jugoslawiens, und vom damaligen Wunsch nach größerer regionaler Selbstständigkeit. Einige unserer Gesprächspartner meinen, dass die Zersplitterung des Staats durch die nationalistischen Reden von rivalisierenden Politikern beschleunigt wurde. Auch der Waffenhandel anderer Nationen mit den Separatisten könnte eine Rolle gespielt haben, ebenso das amerikanische Gesetz von 1991 (Foreign Operations Appropriations Act). Dieses verbot jegliche finanzielle Hilfe der USA an Jugoslawien, es sei denn, die sechs Teilrepubliken würden ihre Unabhängigkeit erklären und demokratische Reformen durchführen.

Vielleicht sind die Motive allesamt weniger wichtig, und ich habe mir und meinen Gesprächspartnern die falschen Fragen gestellt. Schließlich gibt es seit undenklichen Zeiten auf dieser Welt Konflikte, und stets ging es um das, was die Krieg führenden Parteien als gerechtfertigt betrachtet haben, gleich, ob die Kriegsgründe Außenstehenden nun läppisch oder bedeutsam erscheinen mochten. Bei all diesen Entwicklungen besteht die Tendenz, dass Nationen eher zerfallen als sich mit Nachbarn zusammenzuschließen. 1900 gab es auf der Welt nur 57 Länder.[4] 2015 sind es nach UN-Zählung mit dem Kosovo insgesamt 195. Wird die Teilung in ethnisch homogenere Gebiete einen lange anhaltenden Frieden auf dem Balkan garantieren? Es würde mich überraschen, wenn dem so wäre. Wie viel Vertrauen muss wiederhergestellt werden, bis die zahllosen vertriebenen und gefolterten Menschen sich mit den damaligen Aggressoren versöhnen können!

Nein, alles zurück! Ich beginne mich zu fragen, wie Kriege ausgefochten werden, nicht warum. Wie kann das Massaker von Srebrenica »gerechtfertigt« werden? Welche Erklärung gibt es für die Vergewaltigungslager? Die eigentliche Frage ist, ob ein destruktiver, sich in Gräueltaten äußernder Trieb zur menschlichen Natur gehört und ob daran nichts, absolut nichts, jemals geändert werden kann.

---

[4] Manche sagen auch 53, andere wiederum 49. Der Völkerbund als Vorgänger der UN existierte um 1900 noch nicht. Es gab somit keine allgemein anerkannte Organisation, die Kriterien dafür aufstellte, was ein Staat ist.

Tremolo
Zitternd

Montenegro, Kosovo, Mazedonien, 1.5.2013

Ich sitze in meinem Campingstuhl, einem der wenigen Luxusobjekte, die wir uns auf der Reise gestattet haben, und sehe zu, wie Laura im Fluss badet.

»Komm rein«, ruft sie, »es ist kalt, aber schön! Und du kannst auch ein Bad gebrauchen!«

»Nee. Genieß es ruhig. Ich sonne mich lieber. Schau nur, wie braun ich schon geworden bin«, antworte ich.

»Das ist keine Sonnenbräune, das ist Motorradschmiere!«

Natürlich hat sie recht, ich sollte mich waschen. Aber gerade fühle ich mich in meiner Haut so wohl. Bei meinem Land Rover musste ich mir jeden zweiten Tag den Kopf über Mechanikerprobleme zerbrechen, um überhaupt weiterzukommen. Unsere Motorräder sind im Vergleich dazu viel zuverlässiger. Fast vermisse ich die allmorgendliche Orgie mit Öl, Lithiumfett und Benzingeruch. Aber heute zumindest sehen meine Hände nicht so aus, als wäre ich gerade aus dem Nagelstudio gekommen. Ein Anblick, den ich noch ein klein wenig länger genießen will.

Heute früh habe ich Lauras Vergaser auseinandergenommen – genau gesagt den von Pixie, da Frauen meines Wissens keine Vergaser haben – und dabei die defekten Düsendichtungen durch O-Ringe für Pucks Kette ersetzt. Wie gewohnt und in voller Übereinstimmung mit Murphys Gesetz sind die mitgeführten Ersatzteile nie diejenigen, die man für eine Reparatur braucht. Die O-Ringe aber passen, und so brauche ich keine Angst mehr haben, dass es rumst, wenn meine Freundin auf dem Motorrad eine Zigarette raucht. Fernreisende müssen mit dem improvisieren, was gerade zur Hand ist: Ein Kaugummi kann für einige Zeit einen lecken Tank flicken, Colabüchsen dienen zur Reparatur des Auspuffs, und ganz erstaunlich ist, welche Wunder Draht und Klebeband zu wirken vermögen.

Auch wenn es um die Küche geht, gibt es einige Buschtricks. Falls Ihnen der Brennstoff für den Campingkocher ausgegangen ist, können Sie Ihr Essen immer noch am Motorradkrümmer zubereiten. Dazu wickeln Sie wenige Stunden vor dem abendlichen Stop eine Wurst, ein Stück Hähnchenbrust oder ein Fischfilet in Alufolie und befestigen das Paket mit etwas Draht strategisch günstig am heißesten Teil des Auspuffs. Oft genügen schon einige Dutzend Kilometer Fahrt für ein perfektes BBBQ (Bike-Barbecue). Da läuft Ihnen auf der letzten Etappe vor dem Zeltplatz gleich das Wasser im Mund zusammen, wenn Ihre Yamaha den Duft von gebratenem Hähnchen verströmt. Nie aber sollten Sie Essbares nahe der Kette oder beim Lufteinlass anbringen und auch keine Schokobananen in den Auspuff stopfen. Sie könnten herausschießen und nachfolgende Biker verletzen.

Ich fahre in die Höhe. »Laura! Schlange!«

Während sie dabei ist, sich die Haare zu waschen, schwimmt in der starken Strömung eine Schlange von einem Meter Länge dicht an ihrem Kopf vorbei. Ich kann die Art nicht bestimmen; das Tierchen ist verschwunden, ohne sich förmlich vorgestellt zu haben.

»Was? Ich versteh dich nicht! Ich hab Shampoo in den Ohren!«

»Macht nichts. Ich erzähl's dir später!« Wenn ich es mir genau überlege, ist es vielleicht kein guter Einfall, Laura ganz genau zu schildern, wie sie gerade beinahe zur schlangenhaarigen Medusa geworden wäre. Doch nur wenige Schlangen auf dem Balkan sind tödlich giftig, und so nehme ich an, dass die im Fluss dahingleitende nur eine der harmlosen Zornnattern gewesen ist, die wir seit unserer Ankunft fast täglich gesehen haben. Meistens allerdings auf dem Asphalt, von den Autos so platt gemacht wie Bandwürmer. Es gibt aber auch Wiesenottern (*Vipera ursinii*), Kreuzottern (*Vipera berus*) und Horn- oder Sandvipern (*Vipera ammodytes*), und auf die muss man aufpassen. Ihr Gift zerstört Blut und Gewebe und führt unter Umständen zum Tod.

Im Allgemeinen aber sind es nicht die wilden Tiere, sondern die lieben Mitmenschen, vor denen man sich auf einer Weltreise in Acht nehmen muss. Spät heute Nacht haben wir im Radio auf BBC-Kurzwelle von Schweizer Radfahrern gehört, die auf dem Weg zum Taj Mahal in Indien brutal überfallen wurden. Wir wissen beide, dass die Wahrscheinlichkeit, als Tourist Opfer eines Verbrechens zu werden, sich in Montenegro kaum von der in Deutschland oder Australien unterscheidet – aber dennoch legt sich Laura ihr »Bear Grylls Ultimate Survival Knife« stets neben das Kopfkissen. Ich habe es ihr zum Geburtstag geschenkt, nachdem wir uns einige Episoden von *Ausgesetzt in der Wildnis* angesehen hatten, in denen Bear Saft vom Elefantendung trank und in einem Schlafsack schlief, den er sich aus einem Kamelkadaver geschnitten hatte. Dies sind, nebenbei bemerkt, fragwürdige Maßnahmen, zu denen ich glücklicherweise noch nie greifen musste, um durchzukommen. Ich meine, die Kunst des Überlebens besteht vor allem darin, nicht in Situationen zu geraten, in denen man sich mit einem Zahnstocher gegen 20 Rebellen verteidigen muss. Unter der großen Schar der Abenteurer schätze ich nicht die am höchsten, welche alles ins Extrem treiben. Die haben meist eine recht geringe Lebenserwartung. Die besten Bergsteiger, Entdeckungsreisenden und Motorradfahrer sind immer noch die, die ohne große Leiden und üble Knochenbrüche lebend zurückkommen.

Gegen Mittag entfalten wir die alte Landkarte meines Vaters. Sie ist aus dem Jahr 1981 und folglich nicht gerade aktuell. Es stört mich jedoch nicht, wenn die neuen Staatsgrenzen fehlen und viele Brücken und Straßen nicht eingezeichnet sind. Wenn man genug Zeit hat, macht das Verirren den halben Reisespaß aus, denn die interessantesten Lebenswege sind doch die mit eingebauten Umwegen.

Im Lauf der letzten Wochen haben wir uns richtiggehend in Montenegro verliebt. Hier gibt es alles, was mein Herz begehrt: mächtige Berge im Gebiet des Durmitor, zerklüftetes Gelände für den Offroadfan und jede Menge hübsche Schlangen. Im Landesinneren verbergen sich ein Urwald mit uralten Rotbuchen, Bergahornen und Eschen – einer der letzten seiner Art in Europa – und die Tara genannte Schlucht, die sich vor den berühmtesten Nationalparks der Welt nicht zu verstecken braucht. Ihre Wände sind stellenweise bis 1300 Meter hoch, und das ist nur ein kleines bisschen weniger als die durchschnittliche Tiefe des Grand Canyon. Auch reißt eine herzhafte Mahlzeit in einem Restaurant kein Loch in den Geldbeutel. Für fünf Euro bekommt man mehr Grašak, einen Eintopf aus Erbsen und Rindfleisch, als ein Mensch essen kann – kein Vergleich zu Liechtenstein und der Schweiz, wo ein Steak mit Kartoffeln als Sonderangebot gilt, wenn es nur 50 Euro kostet.

Bemerkenswert finde ich, dass sich niemand aufregt, wenn zugleich mit dem Geläute der orthodoxen Kirche die sunnitische Moschee daneben zum Gebet ruft. Die muslimische Minderheit ist nach Auskunft ihrer Repräsentanten mit der Religionspolitik der liberalen Regierung zufrieden. Moscheen, Medresen und Minarette werden errichtet, Muslime dürfen für das Freitagsgebet der Arbeit fernbleiben, Kopftücher in den Schulen sind erlaubt und in öffentlichen Einrichtungen wird Halal-Essen angeboten. Solche kleinen Dinge können sehr viel zu einem angenehmen Klima in der Gesellschaft beitragen. Für die Mehrheit der Bevölkerung sind diese Zugeständnisse meiner Meinung nach keine nennenswerte Belästigung, wenn man sie gegen die wirklichen Probleme – Staatsschulden, leere Pensionskassen und Arbeitslosigkeit – abwägt. Ob Deutschland von Montenegro nicht ein, zwei Dinge bezüglich der Integrationspolitik lernen könnte?

In den zwei Jahren, die ich vor unserer Reise in Bayern verbracht habe, gab es ein Thema, das immer wieder seine hässliche Fratze zeigte, nämlich die Angst vor einer Islamisierung. Einige leer stehende Kirchen wurden in Moscheen umgewandelt und mancherorts wurden für die 2,4 Millionen Einwanderer und die 1,9 Millionen Deutschen, die sich zum Islam bekennen, auch neue Moscheen gebaut. Und während die Gemeinde wächst, wachsen auch die Spannungen, und es erheben sich Kontroversen. Deutsche Politiker haben unablässig genau jene Probleme diskutiert, die Montenegro anscheinend gelöst hat. Ist es verfassungskonform, Burkas und Niqabs zu erlauben? Wie liberal sollte die Regierung das Recht auf freie Ausübung einer Religion auslegen? Ich habe ganz normale Deutsche oft von ihren Aversionen gegen Muslime reden gehört, von ihnen erfahren, dass Minarette das Stadtbild verschandeln und dass das laute Läuten von Kirchenglocken dazugehört, nicht aber das Adhan des Muezzins. Dabei muss ich einräumen, dass dieses Argument eine gewisse Stichhaltigkeit aufweist. Denn das Adhan ist mehr als ein Zusammenrufen: Es beinhaltet das Bekenntnis zum Islam, was manche Christen – ob sie nun Arabisch verstehen oder nicht – als aggressiv empfinden könnten.

»Du wirst schon sehen! In 20 Jahren verbieten sie in Bayern das Bier, wenn dieser Unsinn mit Multikulti weitergeht!«, hat so mancher Bekannte gesagt, und das in einer Lautstärke, die jene der meisten Muezzine übertrifft. Ich habe diese Leute damit zu beruhigen versucht, dass es in der Türkei gutes Bier wie das Efes-Pils gibt. Das aber wollen sie nicht hören. »Die sollen sich integrieren oder abhauen! Bayern gehört den Bayern. Wenn du Moscheelautsprecher hören willst, dann verschwinde in Richtung Istanbul!«

Einzuwenden, dass viele dieser Muslime deutsche Pässe haben und somit von Rechts wegen Bayern sind, hätte nichts genützt. Denn laut einer seit 2002 durchgeführten Langzeitstudie der Universität Bielefeld sind 50 % der Deutschen »erheblich« oder »fanatisch« fremdenfeindlich, und da werden rationale Diskussionen dann leider oft schwierig. Letztlich geht es bei der ganzen Debatte über die Islamisierung aber auch nicht um bestimmte Aspekte der muslimischen Kultur und ihren Einfluss auf die gesellschaftliche Tradition in Deutschland. Im Vordergrund steht die deutsche Metathesiophobie – die Angst vor Veränderungen. Etwas anderes wäre es freilich, wenn die deutsche Regierung das Wochenende um einen freien Freitag verlängerte und die muslimischen Feiertage für alle Deutschen bei vollem Lohnausgleich übernähme.[5] Darüber würden sich nur die Wenigsten beklagen.

Als Reisender habe ich eine andere Sichtweise, bei der mir all diese Dinge recht unwichtig erscheinen. Ich wohne nicht in Deutschland, sondern reise durch Länder, wo ich nachts in meinem Zelt den fernen Ruf des Muezzins vernehme. Ich mag das irgendwie. Es vermittelt mir ein »exotisches« Gefühl. Mir sind Wechsel und Multikulturalismus ein Bedürfnis, aber ich verstehe auch, wie schwierig es sein kann, sich in eine fremde Kultur zu integrieren. So sehr ich mich in meinen vielen Jahren in Asien und Afrika auch anzupassen bemühte, war ich doch immer weit davon entfernt, als »Einheimischer« akzeptiert zu werden. Manchmal sind Kulturen so verschieden, dass sie keine akzeptable Synthese entwickeln können. Immer aber können sie auf der Basis gegenseitigen Respekts friedlich koexistieren.

---

[5] Einige Kindergärten in Deutschland erlauben den christlichen Kindern mittlerweile, das islamische Zuckerfest am Ende des Ramadan mitzufeiern, ebenso dürfen die muslimischen Ostern aktiv miterleben. Man braucht wohl nicht erwähnen, dass die türkischen Süßigkeiten und die Schokoladenosterhasen von allen, gleich welcher Religion, freudig begrüßt werden.

Ich fände es nur schön, wenn sich eine solche Evolution nicht über Jahrhunderte hinziehen müsste.

Kosovo. Es wundert mich immer wieder, wie verschieden Länder sein können, auch wenn sie geografisch Nachbarn sind. Die zweitjüngste Nation dieser Welt trägt unseligerweise ein Stigma, das ihr von den westlichen Medien verpasst wurde und das viele potenzielle Urlauber abschreckt. Derzeit vergeht keine Woche, ohne dass über den Streit zwischen Serbien und dem Kosovo berichtet wird und die KFOR-Soldaten im Fernsehen durch Priština patrouillieren. Es ist zwar richtig, dass Serbien die Unabhängigkeit des Kosovo nicht anerkennt, doch in Wahrheit herrscht weithin Frieden, und viel eher trifft man die Angehörigen der KFOR-Friedenstruppe offen in Restaurants, Bars oder Einkaufszentren als Deckung suchend in den Schützengräben.

Man darf nicht vergessen, dass es sich trotz allem um ein besetztes Land handelt. Das Kosovo ist in einen italienischen, deutschen, britischen, französischen und amerikanischen Sektor unterteilt, ähnlich wie einst Berlin. Anders aber als in Ländern wie Afghanistan, dem Irak oder Palästina sind die Besatzer hier sehr beliebt – wahrscheinlich, weil es sich bei ihnen nicht um Aggressoren handelt. Die KFOR ist tatsächlich nur da, um den Frieden so lange zu bewahren, bis Serbien den Status quo anerkennt und die überwiegend serbische Bevölkerung im Norden einen Kompromiss mit den Bewohnern des Südens eingeht. Darüber hinaus sind die Soldaten die besten Kunden der Gastronomie und des Handels. Auch Laura und ich sind offenkundig willkommen. Wo wir auch fahren oder anhalten, winken die Leute, drücken uns die Hände und bieten uns an, in ihrem Garten zu zelten. Die Einheimischen hier kennen das Gefühl, unter freiem Himmel zu schlafen, sehr gut. 700 000 von ihnen waren einst Flüchtlinge und mussten sich zwangsweise an ein Leben in Zelten gewöhnen.

Was wird, wenn die KFOR-Truppen schließlich das Land verlassen, ist eine der größten Sorgen der Bevölkerung. Abgesehen von den Überweisungen der Auslandskosovaren, den Geldern für den Wiederaufbau nach dem Krieg und der von der KFOR belebten Wirtschaft hat das Kosovo herzlich wenig Einnahmequellen. Man könnte glauben, dass die Kosovaren das bedacht hätten, als sie sich von Serbien lossagten. Früher war Kosovo die ärmlichste Region Jugoslawiens. Wenn niemand einen genialen Plan entwickelt, könnte es wieder zu einem der heruntergekommensten Hinterhöfe Europas werden. Eine Möglichkeit wäre der Kohlebergbau, Heroin eine andere. Es soll das beste der Welt sein.

In der Nähe der Wasserfälle des Weißen Drin, die von den Žljeb-Bergen herabstürzen, lädt uns ein Wirt in seinem Restaurant auf einen dreifachen Raki ein. Er spricht fließend Deutsch, wie viele hier im Land.

»Ich bin geflohen, um dem Militärdienst zu entgehen, und habe jahrelang in Hamburg gelebt. Ich war damals erst 18 und hatte absolut keine Lust, mich umbringen zu lassen. Ich wäre nach Kroatien an die Front geschickt worden. Warum sollte ich Kroaten erschießen? Von denen hat mir keiner je etwas getan.«

Ich habe volle Sympathie für seinen Standpunkt in Sachen Moral. Das Kosovo hat sich als liebenswertes Land erwiesen, sowohl in den von Serben als auch in den von Albanern dominierten Regionen. Sollte aber der erste Eindruck einer Nation oder eines Individuums negativ sein, so ist es nicht falsch, sich den Grundsatz »In dubio pro reo« etliche Mal durch den Kopf gehen zu lassen. Ein Monat zusätzlicher Aufenthalt, das gemeinsame Kippen von einem Dutzend starker Schnäpse mit einem ungeliebten Typen – und der zweite Eindruck könnte positiv ausfallen. Falls nicht, dann sollte man dem Lex-mercatoria-Prinzip »Leben und leben lassen« folgen und weiterreisen. Nur unter ganz speziellen Umständen ist es notwendig, jemanden umzubringen.

1

1 Zwischen 1997 und 2000 fuhr ich mit Puck, meiner Yamaha Ténéré, um die Welt. Hier koche ich gerade Abendessen im australischen Outback. Was waren wir, mein Motorrad und ich, damals noch jung!

2 Besteht Puck das Wagnis noch einmal? Dieses Mal begleitet mich meine Partnerin Laura.

3 Unsere erste Etappe führt nach Italien, Lauras Heimatland.

2

3

4

5

4 Weit zu reisen ist schön und gut, aber das heißt nicht, dass es vor unserer Haustür nichts zu sehen gäbe. Italien bietet großartige Bauwerke, besonders in Ligurien, wo Italia wahrhaft bella ist.

5 Größe ist nicht alles. Die Minination San Marino beweist es: Welch unglaubliche Ausblicke auf einer Fläche von nur 61 Quadratkilometern!

6 Kroatien. Du fährst auf die Küstenstraße, links von dir windgepeitschte Berge, rechts das blaue Meer, weit draußen der offene Horizont. Ist es nicht ein Hochgenuss, so auf dem Motorrad dahinzurollen?

7 Auch wenn es viele nicht glauben – in ganz Europa ist es kein Problem, ein unberührtes Fleckchen Erde zu finden, auf dem man kostenlos sein Zelt aufschlagen kann. Man muss nur wissen, wo. Heute kampieren wir auf einer grünen Wiese an der dalmatinischen Küste.

6

7

8

9

10

8 Mostar in Bosnien und Herzegowina.

9 Wir lieben Hunde, und je größer, desto besser! In Montenegro haben wir mit einem jungen Šarplaninac Freundschaft geschlossen.

10 Mein Alpenveilchen Thor. Sollte nicht jeder Motorradfahrer seinen Lenker mit einem Blumentopf schmücken?

11 Aus unserem Zelt sagen wir Puck und Pixie Gute Nacht.

12 Die Kirche St. Nikolaus, halb versunken im Mavrovosee in Mazedonien.

11

12

13

13 Athen, Griechenlands Hauptstadt. Die europäische Schuldenkrise und die damit verbundenen Sparmaßnahmen haben das Land verändert. Es herrscht Verzweiflung über Arbeitslosigkeit, Konkurse und Kreditausfälle.

14 Doch auch in der Türkei ist nicht alles im Lot. Landesweit gibt es Proteste gegen die Politik von Ministerpräsident Erdogan. Seine konservativ-islamische Partei hat nach und nach viele demokratische Freiheiten beschnitten. In Silivri erleben wir eine Demonstration von 50 000 Menschen mit.

14

15

16

15 Im geschäftigen Istanbul wird jeder Spaziergang zu einer Wanderung durch die Jahrhunderte. Hier ist das westliche Ende der muslimischen Welt, die Brücke zwischen Orient und Okzident, und hier gibt es das beste Baklava der Welt.

16 Die Polizei feuert mit Tränengaspatronen, also setzt Laura eine Gasmaske auf, um live von den Ereignissen bei einem Protest berichten zu können.

17

18

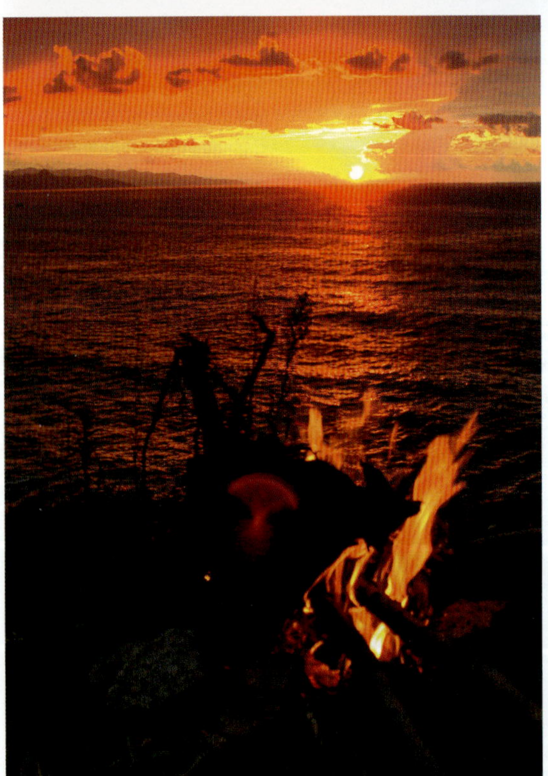

17 Wir erreichen Georgien und feiern zugleich den ersten Jahrestag unseres Aufbruchs. Wir sind bisher 13 000 Kilometer durch 14 Länder gefahren. Das ergibt 35 Kilometer (und 616 Meter) Tagesdurchschnitt. Schnell genug, wie ich finde.

18 Kein Lagerplatz ohne Feuer. Für unseren letzten Abend am Schwarzen Meer haben wir ein idyllisches Plätzchen gefunden und betrachten den Sonnenuntergang. Ab morgen geht es bergauf in den Kaukasus.

Hinter der jungen und hippen Stadt Priština, auf der anderen Seite der Šar-Planina-Berge, liegt ein neues Land, von dem ich nicht recht weiß, wie ich es nennen soll. Die Einheimischen sagen, wir seien in Mazedonien. Der Rest der Welt und vor allem Griechenland sagt, das seien wir nicht. Die Griechen reklamieren für die Bezeichnung Mazedonien aus historischen Gründen eine Art Patentschutz. So heißen dürfe nur eine Region in Nordgriechenland und/oder das antike Reich Mazedonien. Die Sache ist so ungeheuer wichtig, dass dieses Land, in das wir gerade gekommen sind, der EU nicht beitreten darf, bevor diese Zweideutigkeit nicht beseitigt ist. Der einstweilige offizielle Name, den NATO, EU und UN benutzen, lautet »Ehemalige jugoslawische Republik Mazedonien«, die Mazedonier selber nennen ihr Land einfach Republik Mazedonien. Unglaublich, auf was für Ideen, sich zu zanken, die Leute verfallen! Wenn es nicht um Regulierungen für die Löcher im Emmentaler geht, dann eben um etwas anderes.

Wir fahren die von Pinien und Wacholder dicht bewachsenen Hügel hinunter und erreichen ein charmantes und freundliches Fischerdorf an der albanischen Küste. Umgeben von funkelnden Glühwürmchen, schwappenden Wellen und einem Froschkonzert überdenke ich die Ereignisse des letzten Monats. Es ist schon komisch, welche Phobien unter den Menschen verbreitet sind: Ophidiophobie, Agoraphobie, Metathesiophobie, Xenophobie, Xenoglossophobie, Decidophobie, Chronophobie und zum Schluss Phobophobie.[6] Sicher habe ich meine Verantwortung, meine Sorgen und Kümmernisse, doch ist da etwas, das ich wirklich fürchten müsste? Zurzeit zumindest fällt mir nichts ein: Ich habe Laura, und die hat ein Bear-Grylls-Messer.

---

[6] Angst vor Schlangen, vor ungewohnter Umgebung, vor Veränderung, vor dem und den Fremden, vor fremden Sprachen, vor Entscheidungen, vor der Zeit und vor der Angst selbst.

Adagissimo

Sehr, sehr langsam

Albanien, 1.6.2013

Die albanischen Straßen sind wahrhaft miserabel. Gut, sie sind besser als die am Amazonas oder im Kongo, aber doch Lichtjahre von Autobahnen deutscher Art entfernt. Auf Letzteren spazieren in der Regel weder Esel noch andere Tiere herum. Hier schon. Viel mehr als die dort anzutreffende Fauna machen aber tiefe Löcher die albanischen Straßen zu einem Albtraum. Tiere gehen meist aus dem Weg, wenn sich ein Motorrad nähert, Schlaglöcher eher nicht. Laura stürzt ein paarmal, aber dank unseres Schritttempos resultiert daraus kein Schaden, weder für die Fahrerin noch die Maschine. Das ist der große Vorteil der Motorradreise: Anders als mit dem Land Rover braucht man keine 20 Mann, um das gekippte Fahrzeug wieder aufzurichten.

Auch stellen wir fest, dass unverschämt viele Kanaldeckel fehlen. Das ist schon für einen Autofahrer gar nicht gut, aber wenn ein Biker in ein solches Loch gerät, fliegt er in hohem Bogen über den Lenker. Man erzählt uns, dass manche Einheimische die Deckel klauen und als Alteisen verhökern. Laura macht dieses Problem besonders große Sorgen. So lange sie denken kann, waren ihr Gehirn und ihr Körper nie ganz im Gleichtakt: Das Erste arbeitet einen Tick schneller als der Zweite reagiert. »Oft renne ich gegen eine geschlossene Tür, weil ich in Gedanken schon im Zimmer dahinter bin. Oder ich schlage mir die Zehen an einem Stein wund, an dem ich meine, schon vorbeigelaufen zu sein«, erklärt sie mir. »Ich hoffe nur, dass Albanien bald in die EU eintritt. Vielleicht finden dann mehr Leute einen anständigen Job und löchern nicht mehr diese verdammten Straßen.«

Aus diesem Grund habe ich mich daran gewöhnt, schielend auf Puck zu fahren: Mit dem linken Auge sehe ich nach vorn auf die Straße, mit dem rechten beobachte ich Laura im Rückspiegel.

Was die Sache noch weiter erschwert, sind die albanischen Autofahrer. Ihre Rücksichtslosigkeit scheint zum Preis des Fahrzeugs proportional zu sein. Oft kleben Hummer-SUV über viele Kilometer an unseren Hinterreifen, bis sie schließlich in einer Kurve so überholen, dass sie uns fast die Motorradkoffer abrasieren. Die Gesichter der Fahrer kann ich nicht erkennen, da alle Scheiben der Fahrzeuge schwarz getönt sind. Wer sind diese Tyrannen der Straße? Und wie kann ein Land, das eines der niedrigsten Durchschnittseinkommen in Europa hat, über eine Dichte an Mercedes-Benz verfügen, die Weltspitze ist?

Nein, es sind nicht die albanischen Mafiosi, wie viele Fremde glauben. Wir erfahren, dass das Auto einfach allerhöchste Priorität hat, da der Besitz eines Fahrzeugs in Albanien bis vor 20 Jahren schlichtweg verboten war. Nach einigen Quellen gab es dort 1990 nur 600 Privatautos – in der Regel Mercedes-Benz-Limousinen für Regierungsmitglieder. Nach der Demokratisierung hatte Mercedes die Nase vorn, da die Marke auf dem Markt und in den Köpfen der Einwohner bereits präsent war. Wenn ich mir vorstelle, dass ich unter dem totalitären Regime von Enver Hoxha gelebt hätte und mit einem Mal von allen Einschränkungen bezüglich Fahrzeughaltung und Reisen befreit worden wäre, dann hätte ich mir als einer der Ersten Geld geborgt, ein zuverlässiges Auto gekauft und wäre damit ins Ausland gefahren – wie eine Million Albaner nach dem Zusammenbruch des alten Staats. Menschen wollen das, was sie nicht haben, und ich bilde da keine Ausnahme: Bin ich denn nicht auf der endlosen Suche nach einem sich immer wieder entziehenden Horizont? Nach der schwierigen Umstellung vom Kommunismus zum Kapitalismus in den 1990er-Jahren boomen jetzt private Unternehmen, und die Auswanderer strömen zurück. Viele Investoren haben das schnelle Geld gemacht und können es sich jetzt leisten, ein dickes Auto zu fahren.

So aggressiv die Albaner auf der Straße sind, ihr Verhalten ändert sich, sobald sie das Lenkrad loslassen. Gleich, ob im Landesinneren oder in den Dörfern entlang der Küste: Wo immer wir auch hinkommen, werden wir von den Leuten herzlich empfangen. Es kommt vor, dass wir ein Café besuchen, die alten Männer an den Tischen mit einem freundlichen »Hallo« begrüßen und später, wenn wir zahlen wollen, zu unserer Überraschung feststellen, dass ein Unbekannter bereits unsere Rechnung beglichen hat. Ein anderes Mal kommen wir in ein Ministädtchen mit kaum 100 Einwohnern und steigen auf dem Platz in der Ortsmitte für eine Pause ab. Zunächst herrscht eine gespenstische Stille; die Leute auf dem Platz unterbrechen ihre Gespräche und starren zu uns herüber. Ein paar alte Frauen, die auf den Balkonen Bohnen putzen, machen die Hälse lang, um die ungewohnten Besucher zu mustern. Als die misstrauischen Einheimischen aber zu der Überzeugung gelangen, dass wir harmlos sind, kommt zuerst eine Frau auf uns zu und schenkt uns mit breitem Lächeln zwei Stück Käsegebäck und einen ganzen Laib Maisbrot. Dann zeigt sich auch die Frau vom Minimarkt an der Ecke ähnlich großzügig und ergänzt das Ganze durch eine Flasche Orangensaft und ein Glas selbst erzeugten Honig.

Die Sprachbarriere ist fast zu vernachlässigen. Wer älter als 30 ist, spricht oft etwas Italienisch, das er unter dem Regime von Enver Hoxha aus dem italienischen Fernsehen gelernt hat. Das zu sehen, war verboten und konnte mit sechs Monaten Gefängnis bestraft werden – ähnlich wie in der alten DDR der Empfang »kapitalistischer Propaganda« der Westsender. Die Jüngeren haben oft gute Englisch- oder Deutschkenntnisse. Die deutlichsten Freundschaftsbeweise werden jedoch nicht sprachlich übermittelt oder dadurch, dass man uns mit kleinen Geschenken und schmackhaftem Burek überhäuft, sondern durch das landesübliche Umarmen.

Die Albaner können verdammt umarmungswütig sein. Als Italienerin ist Laura mehr an Küsschen, Wangenreiben und Schulterklopfen gewohnt als ich. Wenn wir bei Claudia, die einen kleinen Imbissstand in der Nähe von Durrës betreibt, einen Halt machen, dann sind die einzigen Sekunden ohne Handkontakt die, in denen sie Gebäck in den Ofen oder in unsere Münder schiebt. Dabei sind wir doch erst ein paar Tage in der Stadt. Was wäre, wenn wir wirklich Freunde würden? Auch Männer umarmen sich zur Begrüßung, zum Abschied oder auch wahllos zwischendurch, ohne ersichtlichen Grund. Körperkontakt mit Fremden kann ich als mögliche Form der Kommunikation durchaus akzeptieren, doch geprägt durch meine deutsche Erziehung möchte ich manchmal meine Intimsphäre um ein paar Meter ausweiten dürfen, ohne gleich jemand beleidigen zu müssen. Ehrlich gesagt, wie oft umarmen Sie Ihren Automechaniker, wenn Sie das Auto zum Ölwechsel bringen?

So nett die Leute auch zu uns waren, nach einem Monat haben wir genug davon, im Schatten zerbröckelnder Maschinengewehrstände[7] oder neben Monstrositäten modernen Hausbaus zu übernachten. Zur Bestürzung der Besucher wurden ganze Küstenstriche entweder zu tristen Wohngebieten oder behelfs-

[7] 750 000 dieser halbkugelförmigen Bunker sind über das Land verstreut. Der »Große Lehrer« Hoxha ließ sie während des Kalten Kriegs als Bollwerk gegen die eingebildete Gefahr aus dem Westen errichten. Manche sagen auch, er wollte durch die Vorspiegelung eines unmittelbar bevorstehenden Angriffs die Bevölkerung davon abhalten, sich über die Regierung zu beklagen.

mäßigen Hotelansiedlungen umfunktioniert. Von den wilden Bjeshkët e Namuna – den »Verwunschenen Bergen« – im Norden bis zum bewaldeten Landesinneren gibt es in Albanien viele Naturparadiese zu entdecken. Hier aber, und ganz besonders an der Küste des Ionischen Meeres südlich von Vlora, hat die Landschaft den Kampf gegen den Beton verloren.

Ad Libitum

Nach Belieben, frei in Rhythmus und Tempo

Griechenland, 1.7.2013

Wir sind nicht die Einzigen, die Albanien in Richtung Süden verlassen. Viele Rentner mit Wohnmobilen nutzen das gute Wetter für ihre alljährliche Wanderung nach Griechenland, und eine Handvoll Fernreisender plant, wie wir, in die Türkei und darüber hinaus zu fahren.

Es ist erstaunlich, wie viele Overlander zurzeit unterwegs sind. Während wir am Mittelmeer entlanggondeln, befinden sich fast 12 000 Menschen mit ihren Fahrzeugen auf Welttour, und zwar allein auf den »klassischen« Routen Kairo–Kapstadt, Alaska–Ushuaia und Europa–Singapur.[8] Besucht man ein Overlander-Treffen in Europa, so findet man dort Tausende Gäste mit Fahrzeugen jeglicher Art und Größe, von der alten 125-cm^3-Vespa für ein paar Hundert Euro bis zum KAT-Truck mit Sechsradantrieb für eine halbe Million. Im Internet gibt es unzählige Reiseblogs, und in einer Online-Buchhandlung hat man die Wahl aus einer Sammlung von rund 1300 Reisebeschreibungen allein von Motorradfahrern. Falls einer die Welt per Bahn erkunden möchte, ist es sogar möglich, in München einen Fahrschein nach Singapur über Moskau, Peking und Ho-Chi-Minh-Stadt zu buchen, beinahe jedenfalls. In Kambodscha

---

[8] Wie kommt man auf die Zahl von 12 000 Personen? Auf allen drei erwähnten Routen gibt es einen Flaschenhals, durch den jeder Reisende hindurchmuss. Um von Nord- nach Südamerika zu gelangen, muss man mit dem Schiff den Isthmus von Panama umfahren, die Verbindung zwischen Lahore und Amritsar ist die einzige offene Grenze zwischen Pakistan und Indien, und Reisende durch Ostafrika müssen die Fähre über den Nasser-Stausee benutzen – zumindest bis der für 2014 geplante Landübergang fertig ist. Jeder dieser Flaschenhälse zählt im Jahr etwa 4000 Fahrzeuge aus der westlichen Welt.

muss man nur kurz mit dem Bus fahren, ehe es in Thailand mit dem Zug weitergehen kann. Die Ausarbeitung der Anschlüsse wird dem Bahnangestellten Schweißausbrüche bescheren, und die Warteschlange am Schalter wird gegen unendlich streben, aber machbar ist es.

Man sieht also, dass Laura und ich nichts Ungewöhnliches unternehmen. Reisen ist heute einfacher denn je. In der Vergangenheit war das anders. Odysseus, der aus Homers *Ilias* und *Odyssee* bekannte Grieche, brauchte angeblich zehn Jahre, um von Troja zurück nach Ithaka zu gelangen, Orte, die weniger als 1000 Kilometer auseinanderliegen. Wie auch wir hatte Odysseus kein GPS. Manche mögen es bedauern, dass die modernen Hilfsmittel viele von den über ferne Reiseziele gebreiteten Zauberschleiern zerrissen haben. Es ist zu bezweifeln, dass einem heutzutage auf der Route des Odysseus noch menschenfressende Zyklopen, hexenhafte Göttinnen, die Männer in Schweine verwandeln, oder Sirenen mit unwiderstehlichem Gesang begegnen. All diese prächtigen Wesen der griechischen Sage sind während der letzten 3000 Jahre entweder ausgestorben oder haben sich in unauffindbare Winkel verkrochen. Die einzigen griechischen Sirenen, die versuchen, uns mit Gesang zu umgarnen, sind heute die Marktfrauen, die an den Gemüseständen ganze Opern singen, um ihre Tomaten anzupreisen. Leider erinnern weder ihre Stimmen noch ihr massives Erscheinungsbild an die bezaubernden Femmes fatales von damals. Die griechischen Tomaten, die Oliven und der Käse aber können uns sehr wohl dazu verlocken, näher zu kommen. Frische griechische Ware ist ein Genuss.

In Igoumenitsa angekommen, sind wir zunächst ein wenig ratlos, wie wir unsere Route planen sollen. Um mehr zu erfahren, wenden wir uns an Hagen, einen meiner besten Kumpel, der bis vor Kurzem in Griechenland als Bootsbauer gearbeitet hat.

»Wenn ihr große, alte Trümmer mögt, dann seid ihr richtig. Ihr könnt euch aber auch auf die Spuren eines beliebigen altgriechischen Helden begeben«, lautet sein Vorschlag.

Wir beide sind verdorben, was Museen, Ausgrabungsstätten oder »alte Trümmer« betrifft, wie Hagen sie nennt. Wir haben auf unseren früheren Reisen so viele davon besucht, dass sie für uns einen großen Teil ihrer Anziehungskraft verloren haben. Wenn ich die ganzen Tonscherben zusammensetzen würde, die ich in meinem Leben schon neben der Straße gesehen habe, könnte daraus eine Vase von der Größe des Olymps entstehen. Nichtsdestotrotz markiere ich zumindest einige sehenswerte alte Ruinen auf der Landkarte. Was jedoch das Folgen fremder Spuren angeht, ist es mir tatsächlich lieber, eigene Wege zu gehen. Freilich ist es heutzutage kaum möglich, nie betretenes Terrain in Griechenland zu finden. Das ist auch gar nicht meine Absicht. Als Individuum kann man durchaus ein Pionier sein, auch wenn es sonst noch 12 000 Weltreisende gibt und allein in diesem Jahr 17 Millionen Menschen Griechenland besuchen werden. Es geht, wie Frank Sinatra sagte, allein darum, alles »my way« zu tun.

Jede Entscheidung individuell zu treffen und entsprechend zu handeln, hat entscheidende Vorteile. Viele Touristen, die genau den Beschreibungen in den Reiseführern folgen, neigen zu einer selektiven Wahrnehmung von Besonderheiten. Wenn der *Lonely-Planet*-Führer für Griechenland den Besuchern empfiehlt, »in Nauplia bei einem romantischen Sonnenuntergang am Meer einen Drink zu genießen«, dann tun viele genau das – und vielleicht ist es das einzige Mal auf ihrem Trip, dass sie den hinunterfahrenden Helios bewundern. Es klingt absurd, aber es gibt tatsächlich Leute, die ihr Leben lang keinen der alle 24 Stunden stattfindenden Sonnenuntergänge romantisch gefunden haben, bis ihnen gesagt wird, dass sie an einem bestimmten Ort im Urlaub einen erleben können. Um nicht in eine solche Falle zu geraten, richten wir uns lediglich nach der

Landkarte und nach Hinweisen der Einheimischen, um die ungefähre Richtung zu bestimmen. Das reicht uns als Führung.

Unser erstes auf der Karte eingekreistes Ziel ist Olympia. Auf der Straße zum Ort der ersten Olympischen Spiele kommen wir nur äußerst langsam voran, nicht wegen eines katastrophalen Straßenzustands wie in Albanien, sondern wegen der zahlreichen Holperschwellen in Form von Schildkröten, die versuchen, die Straße zu überqueren. Wer Griechenland kennt, weiß um das Problem: Jedes Jahr werden Tausende im Straßenverkehr verletzt oder getötet. Schildkröten können eben nicht rasch ins Gebüsch hüpfen, wenn ein Blödmann mit Bleifuß angerauscht kommt. Ihr Panzer ist zwar hart, insgesamt aber sind sie doch recht wehrlos gegenüber Menschen. Der einzige Fall, von dem ich gehört habe, bei dem sich eine Schildkröte gerächt hat, ereignete sich 456 v. Chr. Einer Legende zufolge soll der griechische Dramatiker Aischylos von einer Schildkröte erschlagen worden sein, die ein Adler in die Lüfte entführt hatte. Das dürfte ein Märchen sein – immerhin aber wird gelegentlich berichtet, dass Greifvögel Schildkröten aus großer Höhe fallen lassen, um ihren Panzer zu knacken. Anders als griechische Motorradfahrer haben wir deshalb immer unsere Helme auf.

Uns tun die Kriechtiere leid, weshalb wir anhalten, falls es nicht schon zu spät ist. Wenn wir noch rechtzeitig kommen, ist es keine Sache, sie zur anderen Straßenseite zu tragen. Manchmal hat sie ein Reifen gestreift, und sie liegen hilflos auf dem Rücken, strampeln mit den Beinen und backen unter der heißen, griechischen Sonne, sind aber sonst unverletzt. Ihr Bemühen, sich umzudrehen, ist herzzerreißend traurig. Die Natur geht oft seltsame Wege und bringt Tiere hervor, die durch eine Drehung um 180° für einige Zeit außer Gefecht gesetzt werden können. Zwar schaffen es die meisten Schildkröten, sich aufzurichten, indem sie den Kopf auf den Boden drücken. Wenn aber der

Panzer kleine Fehler hat, sodass die Rückenlage stabil ist, dann sind alle Bemühungen des Tiers vergebens. Ich staune nur, wie sie so seit 220 Millionen Jahren überleben konnten. Finden wir eine verletzte Schildkröte mit gesprungenem Rückenpanzer, können wir, falls kein Tierarzt in der Nähe ist und sie nicht gelähmt ist oder innere Blutungen hat, noch etwas für sie tun. Auf meiner letzten Weltreise habe ich mir in Südamerika unter Anleitung eines Experten nämlich einige Grundkenntnisse der Schildkrötenchirurgie angeeignet.

Es ist viel leichter, einen Schildkrötenpanzer zu reparieren, als ein platt gefahrenes Kaninchen wiederherzustellen. In meiner Kindheit wollte ich unbedingt Tierarzt werden, und auch heute noch ist mein Verbandskasten für verletzte Tiere doppelt so groß wie der für uns selbst. In ihm findet sich alles vom Schoner für wunde Pfoten bis zum Operationsbesteck für versehentlich angeschossene Jagdhunde. Bei einem gesprungenen Schildkrötenpanzer brauchen wir von diesen Utensilien nur Desinfektionsmittel. Das Übrige – Schleifpapier, Fiberglasmatten und schnell härtenden Epoxidkleber – habe ich in meinem Werkzeugkasten. Der Modus Operandi ist kaum anders als bei der Reparatur eines leckenden Benzintanks, und im Notfall kann das jeder geschickte Mechaniker mit etwas Übung hinbekommen.[9] Ohne Behandlung können Schildkröten mit gesprungenem Panzer innerhalb weniger Tage einen grausamen Tod durch Infektionen sterben.

Immer noch im Schildkrötentempo kommen wir schließlich nach Olympia. Ich sehe die von schütteren Flechten bewachse-

---

[9] An alle tierlieben Mechaniker unterwegs: BITTE nicht versuchen, den Sprung im Panzer zu schweißen. Das ist keine gute Idee. Stattdessen vor der nächsten Reise einen Tierarzt aufsuchen und um einen medizinischen Schnellkurs bitten, sodass Sie in Gegenden, wo es keine Tierärzte gibt, Erste Hilfe leisten können.

nen Reste der Säulen, die hier seit jenen undenklichen Zeiten stehen, in denen sich Götter und Menschen mischten. Daneben liegen die halb von der Vegetation überwucherten, sorgfältig bearbeiteten Steine eingestürzter Heiligtümer, deren behauene Flächen nun grau sind wie die Gesichter uralter Männer. Zwischen den Hügeln ducken sich Stadion, Gymnasium und Palästra, wo einst die Athleten nackt zur Ehre der Götter wetteiferten. Dies alles mag aus der Sicht des Historikers sehr eindrucksvoll sein, ich aber werde davon nicht überwältigt. Touristen, Wärter und Schildkröten sind die einzigen Lebewesen, die sich bewegen; Olympia selbst ist mausetot. Seit 1600 Jahren hat es hier keine Wettkämpfe mehr gegeben. Für meinen Geschmack ist es viel prickelnder, sich die modernen Olympischen Spiele anzusehen.

Doch halt, vielleicht mache ich etwas falsch. Ich schließe die Lider, lasse meiner Fantasie freien Lauf und sehe mit dem inneren Auge, wie Bybon einen 143 Kilo schweren Stein mit einem Arm zur Hochstrecke bringt und Milon von Kroton, der berühmte Ringer, seine Kraft demonstriert, indem er einen Stier auf den Schultern durchs Stadion trägt. In einem plötzlichen Entschluss gehe ich zu den Startblöcken des Stadions und sprinte, als wären alle drei Erinnyen hinter mir her, über die volle Distanz von 192 Metern. Mit pochendem Herzen wende ich mich einem imaginären Publikum zu und verbeuge mich. Jemand klatscht, und es dauert einen Moment, bis ich merke, dass dies nicht die Hellanodikai – die olympischen Kampfrichter – sind, sondern nur Laura und ein paar Touristen. Aus meinen Träumen gerissen, lächle ich und verbeuge mich nochmals. Gut, dass ich nicht nackt gelaufen bin, auch wenn dies stilecht gewesen wäre.

Die Vorstellung vom Tourismus ist sehr alt, und reisende Dichter wie Antipatros von Sidon haben für die Weltenbummler der hellenistischen Zeit bereits im zweiten Jahrhundert vor unserer

Zeitrechnung Listen von bemerkenswerten Artefakten zusammengestellt. Damals wie heute wirkten Superlative faszinierend auf die Menschen. Er erwähnte in seinen Büchern – quasi die Vorgänger der *Lonely Planets* von heute – die klassischen sieben Weltwunder, und eines davon ist zufällig hier. Zumindest war es das einmal, bis der christliche Gott die griechischen Gottheiten aufs Altenteil schickte: die 13 Meter hohe, mit Gold und Elfenbein geschmückte Statue des Zeus. Die ist zusammen mit fünf anderen der ursprünglichen Weltwunder entweder von Menschen oder durch Naturgewalten zerstört worden; nur die Pyramiden von Giseh gibt es auch heute noch. Wenn Sie eine Löffelliste haben – also eine Liste mit Dingen, die Sie noch machen möchten, bevor Sie den Löffel abgeben –, auf der der Besuch der sieben Weltwunder steht, dann können Sie versuchen, wenigstens die Orte zu besuchen, an denen sich diese Weltwunder einst befunden haben. Die Zeusstatue in Olympia und den Koloss von Rhodos finden Sie in Griechenland, den Artemistempel in Ephesos und das Mausoleum von Halikarnassos in der heutigen Türkei. Für die Pyramiden von Giseh und den Leuchtturm von Alexandria müssen Sie nach Ägypten reisen und für die Hängenden Gärten der Semiramis zu Babylon in den Irak. Um die Fundamente des Leuchtturms von Alexandria zu entdecken, brauchen Sie allerdings eine Tauchausrüstung. In Babylon könnte es sein, dass Sie zu spät kommen. Die amerikanischen Truppen haben dort während des Irakkriegs antike Drachenreliefs zerstört, Gräben in die Zikkurat-Pyramide gezogen, die alte Prozessionsstraße durch das Ishtar-Tor mit ihren Panzern demoliert und Sandsäcke mit Tausenden Tonnen archäologischem Material gefüllt. Abgesandte des British Museum wie der Archäologe Lord Redesdale waren wütend über diese Ignoranz und Gleichgültigkeit, da sie befürchteten, die Geheimnisse der Hängenden Gärten könnten nun nie mehr gelüftet werden: »Skandal ist nicht das richtige Wort, es ist schlimmer. Das sind Welterbestätten. Die amerikanischen Truppen zerstören nicht nur die Altertümer des Irak, sie vernichten ein Kulturerbe der ganzen Welt.«

Was tun? Menschen können manchmal Genies sein, manchmal aber auch Trottel. Ich möchte behaupten, das war schon immer so, schon lange vor der Zeit des Dichters Antipatros von Sidon.

Athen schenkte uns die Demokratie, Homer die Literatur unserer Hemisphäre und Sokrates die Philosophie. Von der Mathematik bis zu den Künsten hat das antike Griechenland außerordentlich viel zu der Welt beigetragen, in der wir heute leben. Hört man den Einheimischen lange genug zu, könnte man fast glauben, dass buchstäblich ALLES seinen Ursprung in Griechenland hat: Pizza, Kaffee, Pasta, das Rad … hoppla, hörte ich da nicht gerade »Pasta«?

»Aber ja«, klärt uns der Wärter am Eingang der Ausgrabungsstätte von Olympia auf. »Die kommt aus Griechenland. Wir haben sie lange vor den Italienern erfunden, aber sie hat uns nie so recht geschmeckt.«

Solche Geschichten über den Ursprung der Dinge erklären sich damit, dass wir es hier mit einer der ältesten und stolzesten Kulturen der Welt zu tun haben. Fast möchte ich angesichts der Einfallslosigkeit der griechischen Regierung in Sachen Wirtschaftskrise ein Auge zudrücken. Wie groß war das zweite Hilfspaket von EU und IWF, das Anfang 2012 beschlossen wurde? 130 Milliarden Euro? Und da ist man immer noch unfähig, das Defizit unter Kontrolle zu bringen? Irgendwann kommt vielleicht alles wieder ins Lot. Wie heißt es in der altgriechischen Mythologie so schön über die Büchse der Pandora? Als diese geöffnet wurde, entwichen alle Übel der Welt, allein die Hoffnung blieb drinnen. Nebenbei bemerkt ist dies nicht die erste Finanzkrise Griechenlands. Als um 1200 v. Chr. die mykenische Kultur zusammenbrach, folgten im Land die sogenannten dunklen Jahrhunderte. Am Ende erholte sich die

Wirtschaft wieder – man musste nur 400 Jahre warten. Vielleicht wird Griechenland im Jahr 2413 wieder blühen und gedeihen.

Die strengen Sparauflagen der EU sind in aller Munde, ebenso wie die Strohhalme in den großen Pappbechern mit Freddo für vier Euro. Wäre das nicht eine gute Idee, um die Krise zu lösen: Würden alle 11,3 Millionen Griechen einen Freddo weniger pro Tag trinken, könnten sie innerhalb von acht Jahren 130 Milliarden zusammenbringen. Tut uns leid, aber wie in Italien können wir auch hier momentan keine echte Krise erkennen. Alle Aktivitäten rund um den Strand boomen, die Leute fahren mit brandneuen Motorrollern die Küstenstraßen auf und ab oder spielen im Sand Racquetball. Die Griechen aber glauben fest an die Krise und beklagen sich bei jeder Gelegenheit, bis ihrem Gegenüber die Ohren klingeln. Einige murren jedoch nicht nur, sondern versuchen auch, uns ihre Sicht der Dinge näher zu erklären:

»Das Problem ist die jüngere Generation«, meint zum Beispiel ein Tankwart. »Die haben alle Universitätsabschlüsse, wollen einen Job in ihrem Fachgebiet, und wenn es damit nicht klappt, dann bleiben sie im Hotel Mama, bis sie ranzig werden. Es gibt genug Arbeit in Griechenland, aber es scheint so, als würden nur die Albaner die einfachen Arbeiten tun wollen. Die Griechen sind zu stolz.«

Ich frage ihn, woher die Jungen das ganze Geld für Motorroller und Freddos hernehmen.

»Von wem wohl? Von den Eltern! Ich spreche aus eigener Erfahrung: Die saugen mich aus!«

Als wir genug vom wuseligen Strandleben haben, fahren wir nach Athen. Diese laute, quirlige Hauptstadt hat einiges Spektakuläre zu bieten. Hier findet man sogar in den U-Bahn-Stationen antike Museumsstücke, die beim Bau der Röhren zutage kamen. Das ist alles schön und gut, und doch muss ich bekennen: Die lebendigsten Erinnerungen an meine Erlebnisse in Griechenland haben nichts mit Städten, Museen oder Tempeln zu tun. Meine liebsten Begebenheiten erwähnt kein Reiseführer und zeigt keine Landkarte. Zum Besten, was mir Griechenland zu bieten hatte, zählen die kleinen Dinge. Da war das Schwätzchen mit der freundlichen Kassiererin im Supermarkt von Lefkas. Da waren kleine, alte Männer im Kafenion, die uns einen Kaffee spendierten. Da war die Begegnung mit dem einarmigen Fischer, der mir seine wahre Geschichte erzählt hat. Er hatte seinen Arm nämlich nicht beim heroischen Kampf im Krieg und nicht durch einen Hai verloren. Schuld war allein die zu kurze Zündschnur an seiner Stange Dynamit, mit der er Seebrassen fischen wollte, eine zwar verbotene, aber bis heute in vielen Regionen Griechenlands weitverbreitete Art des Fischfangs. Da muss es mich nicht wundern, dass ich im Mittelmeer keinen Fisch mehr angeln konnte.

Ich erinnere mich an endlose Küsten, an die Filmmusik von *Alexis Sorbas*, an Tanz, barfuß im Sand. Jede Nacht lauschten wir dem Geräusch der Wellen, verzaubert wie von der Stimme des Orpheus. Die olympischen Götter tafelten mit Nektar und Ambrosia, um das Blut in ihren Adern zu erneuern und ewige Jugend zu bewahren – wir machen dasselbe mit Oliven und Zaziki. Mit offenem Visier fahren wir vorbei an knorrigen Bäumen, und unsere Nasen füllen sich mit dem Duft der wilden Kräuter am Straßenrand. Ja, hier lässt es sich leben, Wirtschaftskrise hin oder her. Der Abschied wird uns schwerfallen, doch zuvor gibt es noch jemand, den wir besuchen müssen.

INTERMEZZO 4

Overlandia: Kommunikation

Ich brauche einen Rat von der Pythia, falls ich sie finden kann. Einst war sie die wichtigste Person des Delphischen Orakels, das im Altertum als allwissende Quelle unfehlbarer Weissagungen galt. Die Pythia war im Grunde ein Avatar des Gottes Apollo, der den Ratsuchenden aus ihrem Mund unterwies. Was für eine fantastische Einrichtung, könnte eine Regierung darüber verfügen! Wäre es nicht sehr zu begrüßen, wenn alle Politiker Zugang zu einem Orakel hätten, statt in rücksichtsloser Weise selbst Entscheidungen treffen zu müssen? Vielleicht wäre dann die Welt in einem weniger wirren Zustand.

Es muss ergänzt werden, dass es auch heute noch zwei zu befragende Unfehlbare gibt. Der eine davon ist dem Vatikan zufolge der Papst, wenn er ex cathedra Dogmen und moralische Richtlinien verkündet – ein Anspruch, den viele angesichts der im Lauf der Geschichte oft fragwürdigen Moral der katholischen Kirche ein wenig überzogen finden. Die Tatsache, dass Päpste selten ex cathedra sprechen und eher zögern, die drängendsten aktuellen Probleme der Welt anzusprechen, ist vielleicht gar nicht von Übel. Schon die alten Griechen wussten, dass es meist mit Tränen endet, wenn Götter und Sterbliche sich allzu nahe kommen. Daran scheint sich nicht viel geändert zu haben, wenn man bedenkt, wie viel Blut im Namen der Religion seit jeher vergossen wurde. Wäre vielleicht auf Chuck Norris, dieser Legende von Unfehlbarkeit, eher Verlass? Das World Wide Web verkündet, dass Chuck durch null dividieren, Schwingtüren zuschmettern und Gott zum Atheismus bekehren kann. Man sollte nicht alles im Internet glauben. Zur Pythia habe ich weit eher Vertrauen.

Leider hat sie seit wenigstens 1600 Jahren kein Wort mehr über die Lippen gebracht. Ihr letzter Spruch lautete: »Künde dem Kaiser, gestürzt ist die prunkvolle Halle, Phoibos hat sein Heim verloren. Weder der weissagende Lorbeer noch die Quelle sprechen mehr, verstummt ist auch das murmelnde Wasser.«[10] Das könnte einen entmutigen, aber es schadet nie, trotz allem einen Versuch zu wagen. Der Bittsteller – ich in diesem Fall – muss einer bestimmten traditionellen Prozedur folgen, bevor er ins innerste Heiligtum eingelassen wird. Nachdem er weit nach Delphi gereist ist, wird er von den Priestern befragt, die seine Eignung als Ratsuchender prüfen. Ist diese festgestellt, so kann er daraufhin die heilige Straße zum Apollotempel hinaufschreiten, wobei er Lorbeerblätter, ein Opfertier und eine gehörige Geldspende mitzuführen hat. Im Adyton des Tempels darf er sein Anliegen der weissagenden, auf einem Dreifuß über einer halluzinierende Dämpfe verströmenden Erdspalte sitzenden Pythia vortragen und hoffen, dass Apollos Antwort nicht allzu rätselhaft ist. Bedauerlicherweise spricht der Gott nur am siebten Tag nach dem Neumond jedes Sommermonats. Drei Monate im Jahr ist er fort, im Winterurlaub.

Einige der Zulassungsbedingungen kann ich immerhin erfüllen. Neumond war vor einer Woche, nur wenige grie-

---

[10] Es gibt mehrere ähnliche, aber keineswegs identische Versionen des Textes, und es ist umstritten, wann die Pythia zum letzten Mal gesprochen hat. Es könnte im Jahr 362 v. Chr. gewesen sein, als sie der Arzt Oreibasios im Auftrag von Kaiser Julian Apostata befragt hat, manche Quellen behaupten aber auch 393 oder 394 v. Chr. In jedem Fall ist der wohltönende Spruch erst Jahrhunderte später erfunden worden.

chische Bittsteller sind so weit gereist wie wir, und von meiner Eignung bin ich fest überzeugt – wären da nicht noch einige Kleinigkeiten. Als Leser haben Sie wahrscheinlich schon festgestellt, dass ich nicht an Gottheiten, Avatare und Wunder glaube. Auch Lorbeerblätter habe ich keine dabei, und außerdem bin ich ein vehementer Gegner von Tieropfern. Die Geldspende habe ich hingegen brav entrichtet, am Eingang zum Ausgrabungsgelände, wo die Eintrittskarten verkauft werden. Ich hoffe, das genügt, und so schreite ich wohlgemut die heilige Straße hinauf. Nach was aber sollte ich fragen, wenn ich gegen alle Erwartung doch auf die Pythia treffe? Nach dem Leben, dem Universum und dem ganzen Rest? Ich hoffe nur, sie antwortet darauf nicht mit »42« wie Supercomputer Deep Thought in *Per Anhalter durch die Galaxis*. Die Frage ist überdies obsolet, denn meinen Sinn des Lebens habe ich längst schon gefunden. Ohne göttlichen Beistand bleibt Atheisten, Agnostikern und Nihilisten nichts anderes übrig, als sich selbst ein Wertesystem zu schaffen. Auf den Punkt gebracht heißt meins etwa: »In der Welt nach Anregungen suchen, dabei entdeckte Weltanschauungen, die mir nicht gefallen und die nicht zu mir passen, verwerfen und mein Leben entsprechend einrichten. Darüber hinaus möchte ich meine Neugier stillen und entdecken, was für mich und die mir Nächsten am besten ist.«

Ich könnte die Pythia natürlich nach meiner Zukunft fragen. Aber nähme das nicht der Lebensreise all ihren Witz? Beim Sudoku betrügen, indem man die Lösung nachguckt, ist weitaus unbefriedigender, als sich selbst damit zu plagen. Vielleicht sollte ich keine allumfassende Frage stellen, sondern präziser formulieren. Es gibt viele spezielle Probleme, welche die Menschheit um jeden Preis lösen will. Zu den Lösungen für die sieben großen Geheimnisse der Welt gehörte es, ein harmloses, aber wirksames Mittel gegen Krebs zu finden, eine unerschöpfliche Energiequelle zu entdecken und zu verstehen, wie das weibliche Gehirn tickt. Wäre es aber klug, das Tempo der menschlichen Entwicklung über das natürliche Maß hinaus zu beschleunigen? Könnte ich die Verantwortung übernehmen, wenn ein göttliches Allheilmittel ein unkontrolliertes Bevölkerungswachstum bewirken würde oder die unbeschränkte Verfügbarkeit von Energie eine Vermüllung durch überflüssig gewordene Konsumartikel? Da bin ich mir nicht sicher. Auf meinen Reisen habe ich oft miterlebt, wie rasche Veränderungen die natürliche Entwicklung eines Eingeborenenstamms und seine gesellschaftliche Balance stören. Die guten Absichten von Hilfswerken, die dazu beitragen sollen, den Lebensstandard in einer Region zu verbessern, reichen nicht aus, wenn das Volk dort mit den Folgen nicht zurechtkommt.[11] Viele Organisationen wie die brasilianische Fundação Nacional do Índio plädieren heute für eine Politik der Nichteinmischung, damit die letzten isoliert lebenden Stämme sich nicht von innen heraus zerstören.[12] Sollte eine hypothetische

---

[11] Ähnliches gilt für unsere Regierungen, wenn sie versuchen, unseren Begriff von Demokratie in Ländern durchzusetzen, die nicht der westlichen Welt angehören.

[12] In meinem Buch *Hinter dem Horizont links* habe ich viele persönliche Beobachtungen über Jahre hinweg gesammelt. Ausländische Hilfsprojekte sind immer wie ein Ritt auf Messers Schneide. Die Einführung moderner Technik und westlicher Konzepte – manchmal bereits eines elementaren Schulsystems – in eine archaische Gesellschaft kann menschliche Tragödien bewirken, welche schlimmer sind als die Missstände, die beseitigt werden sollten. Öfter als nie »vergiftet« die Einmischung durch den Westen eine Gegend und führt zu Abhängigkeit, Verlust kultureller Traditionen, Verlust der Individualität, zu Konfrontationen zwischen verschiedenen Stäm-

Pythia eine die Welt verändernde Information preisgeben, wäre ich vielleicht verpflichtet, sie für mich zu behalten.

So stehe ich denn vor der Ruine des Apollotempels, und es fällt mir nur eine Frage ein, die ich an das Orakel richten möchte. Mit geschlossenen Augen flüstere ich: »Was sollte die Menschheit dich, Seherin, fragen?« Und Pythia antwortet zum ersten Mal seit 1600 Jahren und legt all ihre Weisheit in ein völliges Schweigen. Ich denke, das ist ein unzweideutiger und vollgültiger Hinweis. Ich verbeuge mich lächelnd, mache kehrt und gehe die heilige Straße hinunter.

Auch ohne unfehlbare Pythias hat die Menschheit seit der Erfindung des Rads viel erreicht. Wir müssen wohl noch ein großes Stück Weg gehen, bis unsere gelegentlichen Geistesblitze ein wenig Licht in die geheimen, dunklen Ecken des Kosmos gebracht haben, aber ich zweifle nicht daran, dass wir im Lauf der Zeit zumindest einige Antworten finden werden – wenn wir dazu bereit sind. Nach fast einem Jahr sind Laura und ich jetzt dabei, Europa den Rücken zu kehren und nach Asien vorzudringen. Mit Optimismus im Gepäck – alles andere wäre unvernünftig.

-men, Verstädterung, Armut, Alkoholsucht und am Ende zur Destabilisierung und Zerstörung der Stammeseinheit. Angewandte Anthropologie und Evolutionspsychologie sind höchst komplexe Disziplinen, welche die meisten Hilfsorganisationen nicht zu begreifen scheinen.

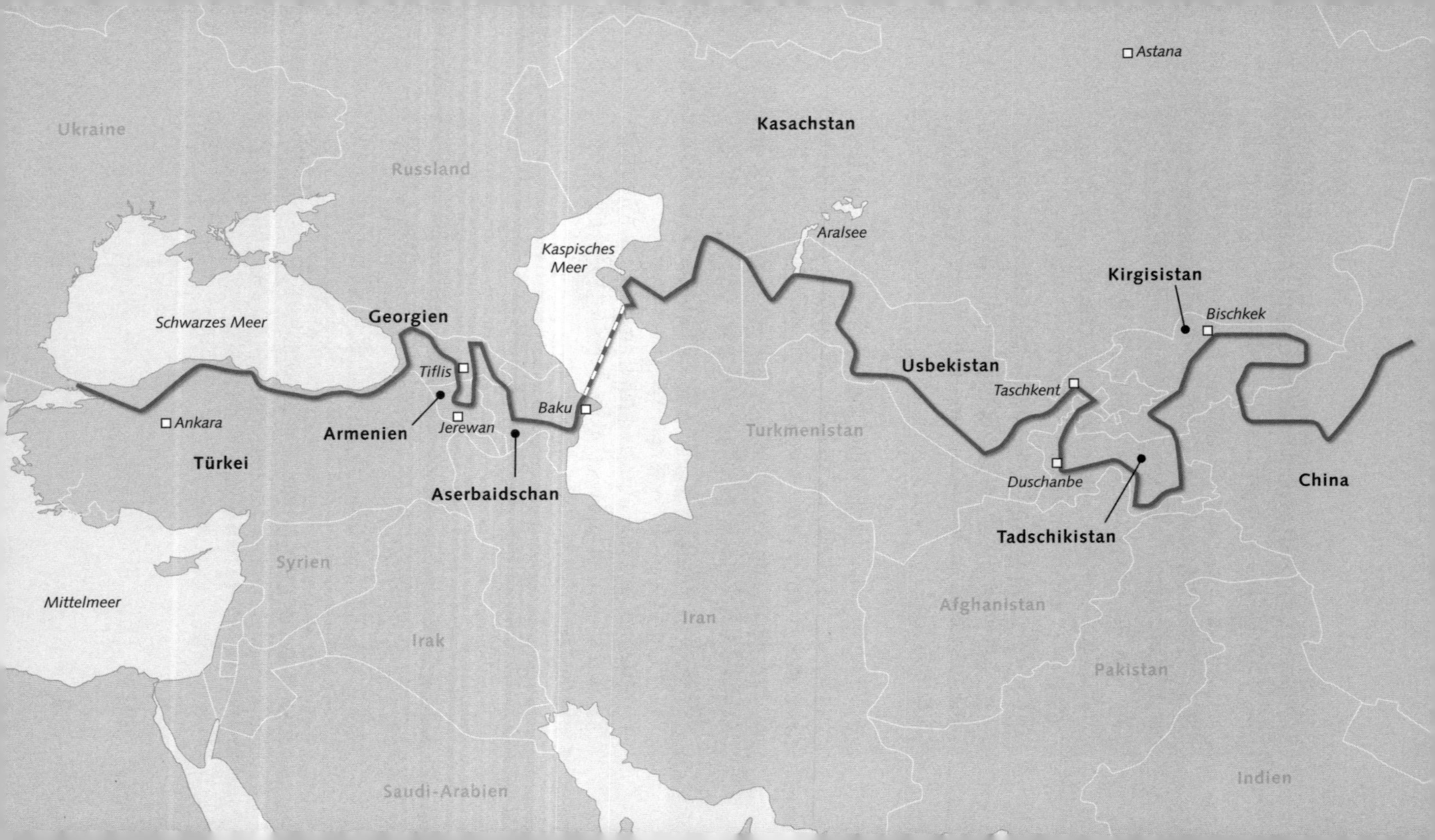

Astana
Ukraine
Kasachstan
Russland
Kaspisches Meer
Aralsee
Kirgisistan
Bischkek
Schwarzes Meer
Georgien
Tiflis
Usbekistan
Taschkent
Baku
Ankara
Armenien
Jerewan
Turkmenistan
Türkei
Aserbaidschan
Duschanbe
China
Tadschikistan
Syrien
Mittelmeer
Afghanistan
Iran
Irak
Pakistan
Indien
Saudi-Arabien

Vorderasien

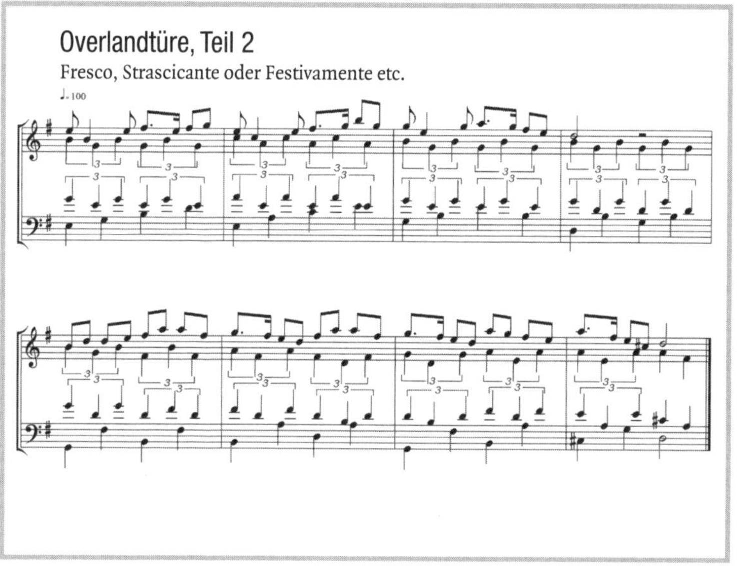

Fresco

Eine frische Spielweise

Türkei, 1.9.2013

An der wunderschönen Küste des Marmarameers ist die Morgenluft geschwängert mit 2-Chlorobenzalmalonitril. Was meine Gefühle betrifft, bin ich nicht übermäßig extrovertiert, und es ist nicht die Freude über ein plötzliches Wiedersehen mit der Türkei, die mich Tränen vergießen lässt. Nein, 2-Chlorobenzalmalonitril ist vielmehr eine üble chemische Verbindung und der Hauptbestandteil dessen, was allgemein als Tränengas bekannt ist.

Laura und ich sind von diesem seltsamen Empfang etwas überrascht. Denn nach meiner Erfahrung gehören die Türken zu den liebenswürdigsten Völkern dieser Erde. Doch dummerweise war unser erster Zeltplatz hinter der Grenze nur einen Gaspatronenwurf vom Silivri-Gefängnis entfernt, wo massive öffentliche Proteste stattfanden, die sich leider bald völlig falsch entwickelten.

Kurz vor Mittag wurden wir von unserem Tisch am Strand durch einen lautstarken Tumult im Hintergrund aufgeschreckt. Neugierig wie immer tranken wir schnell unseren Kaffee aus, packten eine Kamera und liefen hinaus durchs Tor auf die Straße, von welcher der Lärm ausging. Aus Richtung Istanbul kamen massenhaft Menschen, die meisten zu Fuß.

»Was ist da los«, fragten wir Orhan, den Manager des Zeltplatzes, der uns begleitete.

»Man protestiert gegen die Verhaftung von fast 300 Intellektuellen, Journalisten, Politikern, Schriftstellern und Armeeoffizieren, die von der Regierung als Staatsfeinde angesehen werden. Das Gefängnis und das Gerichtsgebäude sind gleich hinter diesem Feld, und das Urteil soll in wenigen Stunden gefällt werden. Die Wenigsten glauben, dass das Verfahren fair gewesen ist.«

»Und wie viele Demonstranten werden erwartet?«

»Um die 50 000. In 410 Bussen aus 41 Provinzen sollen sie anreisen. Aber nicht alle werden durchkommen: Die Polizei hat alle Zufahrtsstraßen mit Betonblöcken und NATO-Draht abgesperrt. Die Busse werden schon außerhalb von Istanbul angehalten, sodass die Protestierenden die letzten 20 Kilometer zu Fuß gehen müssen.«

»Glauben Sie, dass der Protest gewalttätig wird, wenn die Urteile hart ausfallen?«

»Nein, seht doch. Da ist alles friedlich. Und die Polizei sollte ihre Lektion gelernt haben. Die Fehler, die sie vor einem Monat im Gezi-Park gemacht hat, wird sie wohl kaum wiederholen.«

In der Tat wirkte die Szene auf dem Feld vor dem Gefängnis überaus geordnet. Improvisierte Imbissstände waren längs der Straße aufgestellt, um die herbeiströmenden und oft fußlahmen Neuankömmlinge zu versorgen. Vermutlich sind gut verpflegte Protestierende die besseren Demonstranten. Rund 10 000 hatten es irgendwie geschafft, an den Wachposten vorbeizukommen. Ganze Familien waren da versammelt, Mütter und Väter, Großeltern und Kinder im Vorschulalter. Weshalb man die Kinder zu einer Demonstration mitschleifte, konnte ich allerdings nicht recht verstehen. Die Versammlung erinnerte an ein riesiges Picknick – ein wenig wie im Englischen Garten in München an einem heißen Sommertag, allerdings ohne die Nudisten –, wären da nicht die vielen im Wind flatternden roten Fahnen und Spruchbänder gewesen. Einige der Parolen waren recht eigentümlich. »Schluss jetzt oder wir holen die Polizei« fand sich ebenso oft wie »Der Winter naht«. Das war kein Spruch, der auf den Arabischen Frühling anspielte, er bezog sich vielmehr auf die HBO-Filmserie *Game of Thrones*, die in der Türkei eine sehr große Fangemeinde hat. Was die Einsatzkräfte betraf, waren nicht alle so optimistisch wie Orhan: Viele hatten Gasmasken dabei.

Wir wollten uns gerade bei den Teilnehmern nach weiteren Einzelheiten erkundigen, als auf einmal eine Serie von Schüssen zu hören war. Dann breitete sich dicker Rauch aus, eine Welle von Panik zog über das Feld und mündete in eine Massenflucht der Menschen. Die Polizisten, die von Panzern und Wasserwerfern unterstützt wurden, hatten Tränengas verschossen! Das kam völlig unerwartet – so weit wir sehen konnten, war kein Demonstrant gewaltsam gegen die Sicherheitskräfte vorgegangen. Warum hätte das auch jemand tun sollen – das Urteil war zu diesem Zeitpunkt noch nicht einmal angekündigt. Da wir keine Lust hatten, in eine wüste Schlacht hineingezogen zu werden, verschwanden wir und kehrten zum Zeltplatz zurück.

Und jetzt stehen wir hustend mit den anderen Gästen des Zeltplatzes in dessen kleinem Supermarkt. Die Türen sind geschlossen, damit die Gasschwaden, die vom Wind zum Strand geweht werden, nicht hereinkommen, eine Maßnahme, die nur sehr begrenzte Wirkung zeigt. Draußen hört man fast eine Stunde lang schnelle Schussfolgen. Manchmal fahren Krankenwagen bei der Rezeption vor und bringen Gäste, die von Gummigeschossen oder aus kurzer Entfernung abgefeuerten Gaspatronen verletzt wurden. Endlich klingen die Reizungen ab und die Schleimhäute erholen sich wieder. In den Ortsnachrichten hören wir dann das Urteil: Nur 21 Angeklagte wurden im sogenannten Ergenekon-Prozess freigesprochen; von den Übrigen erhielten viele Strafen, die ein Leben hinter Gittern bedeuten. Der Sprecher erklärt, die Polizei in Silivri habe in Notwehr gehandelt, da die Protestierenden versucht hätten, die Absperrung zu durchbrechen. Angeblich waren sie vor der Eröffnung des Feuers von einem Polizeioffizier aufgefordert worden, sich zu zerstreuen – sollte das der Fall gewesen sein, dann hat dieser Mann wohl extrem geflüstert, denn keiner von uns hatte irgendeine Vorwarnung gehört.

War der Prozess unfair? Es hängt davon ab, wen man fragt. Tatsache ist, dass 275 Menschen angeklagt waren, die den Sturz von Ministerpräsident Tayyip Erdogan geplant haben sollen. Es wäre nicht der erste Sturz einer türkischen Regierung gewesen. Zwischen 1960 und 1997 hatte das Militär als traditioneller Bewahrer des Säkularismus mehrfach erfolgreich geputscht. So muss es niemanden wundern, dass die regierende AKP (Partei für Gerechtigkeit und Entwicklung) auf der Hut ist. Viele Bürger glauben, dass Ministerpräsident Erdogan das Gericht aktiv unter Druck gesetzt hat, um ein Exempel zu statuieren. Kaum zu bezweifeln ist, dass er recht erfolgreich versucht hat, loyalen Anhängern seiner Partei Posten im Justizsystem zu verschaffen und im Gegenzug alle einflussreichen Personen daraus zu entfernen, die seiner Politik kritisch gegenüberstanden. Besonders parteikritische Militärs sind diesem Prozess zum Opfer gefallen. Es mag sein, dass einige der Angeklagten wirklich Schuld auf sich geladen hatten, die vorgelegten Beweise waren aber zweifelsohne dünn und manchmal nur von geheimen Zeugen gestützt, die nie selbst in den Verhandlungen auftraten. Kritiker sagen, das Urteil habe von vornherein festgestanden. Dennoch bezweifle ich, dass die Sorge um die Angeklagten allein einen öffentlichen Aufschrei dieser Größe hätte auslösen können. Wenn das zutrifft, was waren dann die WIRKLICHEN Gründe für die Demonstration von Silivri?

Wahrscheinlich hatte der Protest in Silivri mit den individuellen Schicksalen der Gefangenen ebenso viel zu tun wie die Demonstration im Gezi-Park mit dem Schutz von Bäumen, nämlich fast nichts. Ministerpräsident Erdogan und seine konservativ-islamistische Partei haben im Lauf der Zeit viele demokratische

Freiheiten immer weiter beschnitten, die vom säkularen Establishment der Türkei überaus geschätzt wurden. Das war es, was Millionen von Türken aufbrachte.

Dabei hatte für Herrn Erdogan alles so ausgezeichnet begonnen. Als er vor drei Wahlen und elf Jahren ins Amt kam, verschafften ihm seine Taten viel Respekt. Er ging daran, das Land und die Wirtschaft neu aufzubauen. Istanbul, die geschäftige Metropole, die ich einst zu den chaotischsten der Welt gezählt habe, erhielt eine Runderneuerung, das Budget für Bildung wurde mehr als vervierfacht und die weitverbreitete Korruption gebändigt. In den letzten Jahren hat er es allerdings ziemlich gut verstanden, Reformen durchzusetzen, die einen ausgesprochen autoritären, undemokratischen und vor allem auch islamistischen Charakter haben. In der Türkei, selbst in ihren besten Zeiten, war die Geschichte der Menschenrechte nie eine glorreiche, doch scheint sich die Situation jetzt zu verschlechtern.[13] Auf seiner Agenda stehen die radikale Reduzierung des Alkoholkonsums, ein Verbot, in der Öffentlichkeit Zuneigung zu zeigen, die Zensur von Fernsehen und Internet sowie eine Einschränkung der Versammlungs- und Redefreiheit. Seine Ausfälle gegen die Rechte von Homosexuellen sind ebenso unzeitgemäß wie seine Forderung, dass jede türkische Frau mindestens drei Kinder gebären soll. Er ist ein erklärter Abtreibungsgegner und sagt von sich, dass er eine fromme Generation heranziehen will. Aber wie sieht das in der Bevölkerung, bei den Wählern, aus? Sind diese mehrheitlich konservativ oder liberal?

[13] Personen, die beschuldigt werden, das »Türkentum« zu verunglimpfen, staatsfeindliche Aktivitäten zu entwickeln oder den Islam zu beleidigen, werden hart bestraft. Auch Folterungen sollen keine Seltenheit sein. Betroffen sind insbesondere regimekritische Journalisten, von denen jetzt im Jahr 2013 geschätzte 76 hinter Gittern sitzen, mehr als in China oder dem Iran.

Die türkische Gesellschaft ist ziemlich einzigartig. Ich kenne nur wenige Flecken auf dieser Erde, wo Leute derselben Kultur, Geschichte und Religion so grundverschiedene Lebensweisen und Überzeugungen haben. An den Stränden des Südens kann man im Sommer nicht selten Frauen in sogenannten Burkinis – eine Haut und Haare verhüllende Badebekleidung für die fromme, islamische Frau – neben Sonnenanbeterinnen sehen, die oben ohne gehen. Besucht man einen McDonald's in einer der größeren Städte, so wird man dort Frauen im schwarzen Tschador begegnen, die hinter Teenagern in freizügiger, westlicher Kleidung in der Schlange stehen. Vertreterinnen beider Lager sitzen manchmal auch am gleichen Tisch und essen ihre McTurco Kofteburger[14]. Wenn der Muezzin zum Gebet ruft, unterbrechen einige Jugendliche ihr Fußballspiel und verneigen sich gegen Mekka, während ihre Schulkameraden weiterspielen, ohne sich dadurch stören zu lassen, dass ein Viertel ihrer Mannschaft fehlt. Und alle sind Türken mit einem einheitlichen kulturellen Erbe.

So friedlich es in der türkischen Gesellschaft auch zugehen mag, problematisch wird es, sobald die Politik ins Spiel kommt. Mehr als 99 % der Bevölkerung sind Muslime, und etliche davon würden eine Rückkehr zu althergebrachten Werten begrüßen. Dagegen glauben viele Liberale, dass ihre Ansichten von einer Mehrheit geteilt werden. Ich habe daran allerdings meine Zweifel, nachdem ich auf früheren Reisen auch die östlichen Landesteile besucht habe. Ähnlich wie die USA ihren konser-

[14] McDonald's und andere internationale Fast-Food-Ketten versuchen, den Gaumen vor Ort zu schmeicheln, und bieten deshalb interessante Varianten zur westlichen Standardware an. In Japan gibt es McShrimp Burger, in Singapur kann man zum Frühstück ChickenSingaPorridge essen und in Indien findet man McAloo Tikki, einen Bratling aus Kartoffeln und Gemüse. In islamischen Ländern wird man nie McRibs aus Schweinefleisch bekommen. Und, dem Himmel sei Dank, für Vietnam haben sie noch keinen McPuppy kreiert – noch nicht.

vativen »Bible Belt« haben, gibt es in der Türkei einen breiten »Korangürtel«.

Laura und ich haben eine entspanntere Atmosphäre dringend nötig. So packen wir denn unser Zelt zusammen und machen uns auf den Weg nach Istanbul. Orhan schenkt mir zum Abschied eine türkische Fahne, damit ich sie am Motorrad befestige. Warum auch nicht? Zumindest auf Schiffen gebietet die Höflichkeit, das Banner der Nation zu hissen, in deren Hoheitsgewässern man sich befindet.

Für viele werden die Worte »Istanbul« und »entspannt« nicht zusammenpassen, aber für uns gilt etwas anderes. Dort erwartet uns nämlich ein Bett, ein Luxus, den wir seit Omas Häuschen in Bosnien nicht mehr genossen haben. Auf meiner ersten Motorradreise um die Welt, damals im Jahr 1997, habe ich fast ein halbes Jahr in der Türkei verbracht, und im Winter als Skilehrer und Liftwart in Saklıkent, einem kleinen Ort in den Bergen hinter Antalya, gearbeitet. Dort lernte ich Ilke, die dreizehnjährige Tochter des Liftbetreibers, kennen. Wir blieben über die Jahre in Kontakt und wurden mit der Zeit echte Freunde. Jetzt ist sie eine Frau von 28 Jahren und zurzeit zu Besuch bei ihrer Schwester Iris, die eine Wohnung in Istanbul hat. Wir freuen uns schon auf das Wiedersehen, und das nicht nur wegen der uns versprochenen Matratze.

Mit flatternden Fahnen fahren wir mitten in das Chaos der Innenstadt hinein. Ich gestehe, dass ich Istanbul sehr gern mag. Jeder Ausflug in dieser Stadt ist eine Reise durch die Zeit. In den Bauten und der Atmosphäre haben viele Jahrhunderte ihre Spuren hinterlassen, von den Tagen Alexanders des Großen bis hin zur modernen Republik. Hier ist die westliche Grenze der muslimischen Welt, hier spannen sich die Brücken zwischen Orient und Okzident, und hier gibt es das beste Baklava.

Nach einigem Suchen schaffen wir es, Iris' Wohnung zu finden, und fallen uns in die Arme, kaum dass sich die Tür geöffnet hat. Es ist über zwei Jahre her, seit wir Ilke und ihre Schwester das letzte Mal gesehen haben. So war zu erwarten, dass die Begrüßung überaus emotional ausfallen würde. Es ist bekannt, dass Langzeitreisende viele Strapazen durchmachen. Was die meisten aber nicht wissen, ist, dass diese negativen Nebenwirkungen nicht physischer, sondern emotionaler Natur sind. Am schlimmsten ist dabei das Gefühl von Heimweh. In meinem Fall, der ich kein geografisch zu fixierendes Heim habe, ist Heimat durch die Orte definiert, an denen sich mir liebe Menschen befinden. Ilke und Iris sind Mitglieder meiner »Clique«, und da wir uns nur wenige Male in einem Jahrzehnt sehen, ist jede Minute Gemeinsamkeit wertvoll.

Es ist noch früh am Tag, und unsere Freundinnen brennen darauf, uns Istanbul zu zeigen. Viele Individualreisende glauben, dass touristische Sehenswürdigkeiten überlaufen sind und daher gemieden werden sollten. Statt ihrer müsse man die Orte aufsuchen, die kein Führer erwähnt. Ich weiß nicht recht, ob ich dem zustimmen kann. Oft gibt es sehr gute Gründe, warum manche Vororte keine Besucher anziehen. Es kann dort vorkommen, dass man den ganzen Tag an nichtssagenden Wohnblöcken vorbeiläuft, die in ähnlicher Ausführung überall auf der Welt stehen könnten. Die Hagia Sophia, der Topkapı-Palast und die Blaue Moschee mit ihren edlen Kacheln rufen hingegen Vorstellungen von 1001 Nacht wach, auch wenn man nicht in Arabien ist. Sogar Ali Baba und die 40 Räuber scheinen hier zu leben, denn der Lautsprecher in der Metro fordert uns beim Einsteigen auf Englisch und Türkisch auf: »Wegen möglichen Diebstahls im Eingangsbereich der Station bitten wir Sie, zu überprüfen, ob nichts von dem fehlt, was Sie mit sich führen ...«

Wenig später machen wir Bekanntschaft mit dem Schuhputzertrick, fallen aber nicht darauf herein. In seiner üblichen

Variante verliert ein vorbeigehender Schuhputzer »ganz zufällig« eine seiner Bürsten und geht weiter, als ob er nichts bemerkt hätte. Als barmherziger Samariter heben Sie die Bürste auf und laufen ihm hinterher. Aus Dankbarkeit wird er Ihnen eine Gratisschuhpolitur anbieten, ohne das aber ganz explizit zu sagen. Am Ende steht immer eine höchst unverschämte Geldforderung. In jeder größeren Stadt dieser Welt, so scheint mir, gibt es entsprechende Tricks.

Mögliche Diebstähle hin oder her, wir fühlen uns gut. Die üppigen Düfte von Gewürzen und Gemüsen in den Märkten, die weniger erfreulichen Gerüche des gestern nicht verkauften Fischs am Anlegerhafen, die Kaffeehäuser und Teesalons, die ihre Türen offen lassen, um die Aromen aus- und die Passanten einströmen zu lassen – gar manches in dieser Stadt hat sich unverändert seit den Zeiten bewahrt, in denen sie noch Konstantinopel hieß. Jedes Viertel hat seine unverwechselbare Aura, und rund um die Altstadt ist fast jede Straße in der Hand eines bestimmten Gewerbes. Wir bummeln vorbei an Hunderten von Antiquitätengeschäften, Juwelieren, Teppichhändlern und an Ständen mit Lederwaren, bis unsere Füße zuletzt schmerzen und wir uns in eine Moschee zurückziehen.

Was für eine einzigartige Erfindung für müde Wanderer! Alle Moscheen haben eins gemeinsam: Die weichsten Teppiche bedecken den gesamten Innenraum. Gekrönt wird dieser Genuss durch die Pflicht, vor dem Eintreten die Schuhe auszuziehen. Ich liege auf dem Boden, Lärm und Geschäftigkeit sind weit weg, und schaue hinauf zum großen Leuchter und der Hauptkuppel darüber, die mit zauberhaften Kalligrafien geschmückt ist. Hier könnte man leicht in den Schlaf sinken, denn was gäbe es Gemütlicheres? Das ist Lichtjahre entfernt von der Architektur christlicher Kirchen mit ihren Steinböden, der zugigen Luft und dem unbequemen Gestühl, das keinen anderen Zweck zu haben scheint, als die Gläubigen wach zu halten.

Unser Tag war perfekt bis auf eine Kleinigkeit, nämlich die fehlende ersehnte Ruhe in Iris' Wohnung. Ausgerechnet vor unserem Schlafzimmerfenster, so nah, dass ich fast die Lautsprecher mit der Hand erreichen kann, steht ein Minarett. Der Schlaf, auf den wir uns so gefreut haben, wird schon lange vor Tagesanbruch durch den Ruf des Muezzins beendet. Ich weiß, ich habe erzählt, dass mir eine solche exotische Melodie meist gut gefällt, der Muezzin hier aber ist einfach zu schlecht. Wenn es im Fernsehen eine Sendung der Art *Wer wird Super-Muezzin?* gäbe, hätte ihn die Jury schon beim ersten Räuspern disqualifiziert.

Später frage ich Iris, ob wir den Gezi-Park und den Taksim-Platz aufsuchen können, die Orte, von denen aus die Welle der Unruhe durch die Straßen zu schwappen begann. Alles hatte im Mai begonnen, zunächst als kleine Demonstration, um sich gegen die Entscheidung der Regierung zu wehren, eine der wenigen Grünflächen Istanbuls mit einem Einkaufszentrum zuzubauen. Bald marschierten rund zweieinhalb Millionen protestierend durch das Land und nahmen damit in Anspruch, was sie als Bürgerrecht auf Widerstand betrachteten. Iris hat die Ereignisse, in deren Verlauf acht Menschen starben, 8163 verletzt und 4900 verhaftet wurden, vom Anfang bis zum Ende miterlebt.

»In dieses Haus bin ich geschlüpft, als ich vor der Polizei davongelaufen bin. Viele Ladenbesitzer haben ihre Türen für schutzsuchende Demonstranten geöffnet. Ich weiß nicht, was andernfalls mit mir geschehen wäre«, erzählt sie.

Es tut mir außerordentlich weh, wenn ich mir vorstelle, meine gute Freundin, eine junge Frau von nicht mehr als 50 Kilo, wäre von bewaffneten Einheiten überrannt und verprügelt worden. Sie ist eine Amateurballerina, verdammt noch mal. Was für eine Gefahr hätte sie für ein bewaffnetes Kommando darstellen sollen?

In einem Nargile-Café am Bosporus lassen wir Wölkchen aus Wasserpfeifenrauch gegen den Horizont ziehen, der mit Hunderten Kuppeln und Minaretten geziert ist. Auf der Meerenge, die das Schwarze Meer mit dem Mittelmeer verbindet und Europa von Asien trennt, fahren die Schiffe hin und her und bedeuten uns, dass es Zeit ist, aufzubrechen. Wir umarmen unsere Freundinnen ein letztes Mal, schwingen uns in die Sättel und geben Gas.

In der Mitte der Fatih-Sultan-Mehmet-Brücke beginnt Asien und lockt uns, die restlichen 97 % des Lands zu erforschen. Es würde ein ganzes Leben dauern, nur einen Teil davon zu erkunden, und so müssen wir eine Wahl treffen. Wir entscheiden uns für die Südküste des Schwarzen Meers, eine Gegend, von der ich noch herzlich wenig weiß und die klimatisch gemäßigt ist. Wir ahnen nämlich schon den nahenden Winter, wie es die Demonstranten von Silivri behauptet haben. Im Landesinneren liegen die nächtlichen Temperaturen bereits im einstelligen Bereich, und wir möchten gern noch ein wenig länger den Sommer genießen. Auch sind wir neugierig auf die Laz, eine Minderheit, die dort an der Küste lebt. Auf ihre Kosten geht ein Hauptteil der türkischen Witze, zahlenmäßig vielleicht nur von denen über die Griechen übertroffen. Die Laz gelten als freundlich, aber ein wenig beschränkt, wie uns ein Autofahrer aufklärt, der für ein Schwätzchen neben uns auf dem Autobahnparkplatz anhält.

»Schaut«, sagt er und zeichnet eine gerade Linie auf ein Stück Papier. »Wie nennt ihr das?«

Wir schauen uns an und zucken mit den Schultern.

»Ein Laz-Labyrinth«, meint er grinsend.

Ich kann ein kleines Glucksen nicht unterdrücken. In jedem Land gibt es eine Entsprechung zu der Scherzfrage: »Wie viele Ostfriesen braucht man, um eine Glühbirne einzuschrauben?« Nur die Volksgruppe, über die man sich lustig macht, ist jeweils eine andere.

Während wir ostwärts dahinfahren, wird uns aus jedem vierten überholenden Auto zugewunken und »İyi yolculuklar!«, also »gute Fahrt!«, zugerufen. Manchmal erhalten wir auch Einladungen zum Frühstück, die wir gern annehmen, bis uns der Bauch von Süßgebäck und Tee zu drücken beginnt. Die Freigiebigkeit östlich des Bosporus ist nicht wie in vielen anderen Ländern auf den ländlichen Raum beschränkt, sie herrscht gegenwärtig überall entlang der Hauptverkehrsader nach Ankara. Ich schüttle ungläubig den Kopf und versuche, mir eine Welt vorzustellen, in der Deutsche jeden türkischen Besucher winkend begrüßen und Autofahrer mit türkischen Kennzeichen mit Unmengen von Hähnchenschnitzeln und alkoholfreiem Bier bewirten.[15]

Wir verlassen zuletzt die Autobahn und steuern auf Sinop am Schwarzen Meer zu. Dort finden wir einen Zeltplatz am Meeresstrand und beschließen, hier ein paar Wochen zu verbringen. Die Küste ist nicht gerade die sauberste, aber das gilt für die meisten Stellen am Schwarzen Meer. Wir sind nicht allein hier. Tag für Tag kommen mehr und mehr Overlander an. In der Nähe verzweigt sich ihre Route nach Ostasien: Etwa die Hälfte der Reisenden wird demnächst den Iran durchqueren, die andere

[15] Falls Sie aus Deutschland, Österreich oder der Schweiz sind – darf ich Sie um einen Gefallen bitten? Versuchen Sie es einmal. Wenn Sie das nächste Mal auf einem Rastplatz ein türkisches Fahrzeug sehen, bieten Sie dem Fahrer und den Passagieren eine Gratisrunde Tee mit Brezeln an und warten Sie, was geschieht. Vielleicht werden Sie überrascht sein. Die Türken wohl auch, nehme ich an.

wird Richtung Georgien und Aserbaidschan aufbrechen. Um unsere bevorstehenden Unternehmungen schon einmal zu feiern, veranstalten wir ein großes Festessen mit Knoblauchgarnelen und über dem gemeinsamen Lagerfeuer schwarz gebratenen Fischen, farblich passend zum Namen des Gewässers.

An manchen Nachmittagen befasse ich mich mit dem Durchkämmen des Strands, wie man dieses Wühlen im Müll beschönigend umschreiben könnte. Ich brauche ein paar Flipflops, allerdings finde ich nur linke im Sand, keine rechten. Laura ist fest davon überzeugt, dass im Schwarzen Meer eine endemische Haiart herumschwimmt, die eine besondere Vorliebe für linke Beine entwickelt hat. Ich hingegen vertrete die Theorie eines Spiegeluniversums, in dem eine Insel mit ausnahmslos rechten Sandalen existiert. Ist das Leben nicht herrlich, wenn man viel Zeit für solche Fragen hat?

Während ich existenzielle Probleme wälze und nebenbei hübsche Muscheln sammle, lässt Herr Erdogan auf dem Camlica-Hügel oberhalb von Istanbul eine neue Moschee bauen, die 30 000 Gläubige fassen und deren Minarette 107 Meter hoch sein sollen, die höchsten der Welt, wenn das Bauwerk 2016 fertiggestellt wird. Böse Zungen behaupten, damit wolle Erdogan ein alle Zeiten überdauerndes Denkmal seiner Größe stiften, das es wohl wert ist, vom ewig dankbaren Steuerzahler finanziert zu werden.

Es scheint, als würden Menschen, die zu lange über Macht verfügen, mit der Zeit arrogant – und je mächtiger sie sind, umso größer ist die Wahrscheinlichkeit, dass sie ihre Macht missbrauchen. Sollte man die Türkei in die EU aufnehmen? Ich habe das nicht zu bestimmen. Ich bin nur ein außenstehender Beobachter, der das Land mit einem Motorrad durchquert. Was ich aber mit einiger Präzision voraussagen kann, ist eine Öffnung der Türkei nach Osten, je länger sich eine Mitgliedschaft in der EU verzögert. Vielleicht, wer weiß, ist dies für die Mehrheit der Türken sogar ein tiefes Bedürfnis.

Auf unserer Fahrt entlang der Küste geht die Zahl der Nudisten am Strand des Schwarzen Meers rasch gegen null: Das Kopftuch ist hier die Norm, und man begegnet sogar einigen »Ninjas«, wie die Trägerinnen schwarzer Burkas in der Sprache karrierebewusster Türkinnen heißen. Das Verhältnis zwischen dem Bewahren der Tradition und dem Streben nach Innovation hat sich hier ganz zugunsten des Althergebrachten verschoben.

Rückblickend wäre es wahrscheinlich besser gewesen, im Landesinneren zu bleiben, statt der Küste zu folgen. Sinop hatte noch ein gewisses Flair, doch dahinter beginnt ein Albtraum für alle, welche gern in freier Natur zelten. Die Gegend östlich von Samsun wird von manchen Leuten als die größte Stadt der Welt bezeichnet, was der Wahrheit recht nah kommt. Auf der ganzen Strecke bis Trabzon folgt eine Siedlung lückenlos auf die andere. Zyniker haben diesem unerfreulichen Landstrich den Spitznamen »Samzon« gegeben. Laura vermisst, wie auch ich, jene Türkei, die wir von früheren Reisen her kennen: ein zartes Aquarell verschlafener Dörfer, bevölkert von alten Männern mit Gebetsperlen, Frauen, die neben ihren Eseln dahinbummeln, und Bauern, die nach der Landarbeit mit ihren Traktoren heimkehren. Im Hintergrund gemalt sah man auch einige Moscheen, deren schlanke Minarette wie warnende Finger gen Himmel wiesen. Das ist die Türkei meiner Träume, und es gibt sie wirklich, doch leider gibt es sie nicht hier.

Etwas Positives jedoch finden wir: Wir begegnen hier am Schwarzen Meer endlich den Laz. Wie nicht anders zu erwarten, macht ihnen das Einschrauben einer Glühbirne keinerlei

Schwierigkeiten, und natürlich erzählen auch sie sich Witze über die Bewohner anderer Landesteile. Nur den Wenigsten ist allerdings bewusst, wie sehr das Glück der Menschheit von diesem kleinen Völkchen abhängt. An den immergrünen Hängen des Pontischen Gebirges ernten die Laz Haselnüsse, die der Hauptbestandteil von Nutella sind und die von der Firma Ferrero aus dieser Gegend importiert werden. Kann man sich eine Welt ohne Nuss-Nougat-Brotaufstrich vorstellen? Ich mir jedenfalls nicht.

Unser einjähriges Reisejubiläum wird gleichzeitig unser letzter Tag in der Türkei. Inzwischen sind wir 13 000 Kilometer – durchschnittlich also 35 Kilometer pro Tag – durch 14 Länder gefahren. Pro Person hat uns die Reise bisher 5715 Euro gekostet, alles inklusive. Bedenkt man die hohen europäischen Preise, so ist das gar nicht schlecht. 2012 gab ein deutscher Singlehaushalt laut Statistischem Bundesamt pro Monat durchschnittlich mehr als 1400 Euro aus, das Dreifache von dem, was ich verbrauche. Also stimmt es, dass Reisen die Lebenshaltungskosten durchaus senken kann!

Strascicante

Schleppend

Georgien, 1.10.2013

Hinter der türkischen Grenze warten drei kleine Kaukasusstaaten darauf, von uns erforscht zu werden, ein muslimischer und zwei christliche. Eigentlich sind es sechs Nationen, wenn man die abtrünnigen Provinzen Abchasien, Südossetien und Bergkarabach als die Republiken zählt, die sie de facto sind. Es ist allerdings fraglich, ob unsere Reiseroute diese neuen Länder berühren wird. Sind auch die Unabhängigkeitskriege vor einigen Jahren ausgeklungen, so gibt es doch immer noch starke Animositäten. Aserbaidschan ist über die Abspaltung von Bergkarabach ebenso unglücklich wie Georgien über die von Abchasien und Südossetien. Es wird sich in den nächsten Monaten zeigen, wie ernst die Spannungen in Wirklichkeit sind und ob sie einen Abstecher geraten sein lassen. Zunächst werden wir uns mit Georgien begnügen.

Ich gestehe, über diese Region nahezu gar nichts zu wissen, was mich ehrlich betrübt. Trotz dieses Mangels verfüge ich über etwas bessere Kenntnisse als gewisse andere Leute. Als CNN 2008 aufgrund der Krise um Südossetien eine Nachricht unter dem Titel »Russland marschiert in Georgien ein« sendete, geriet mancher Bürger von Atlanta im US-Bundesstaat Georgia in reinste Panik. Viele riefen bei der Polizei an, um zu erfahren, wie weit die Panzer der Kommunisten vorgedrungen seien – ein doppelter Kurzschluss, da der sowjetische Kommunismus bereits 1991 geendet hat. Zugleich bemerkten die Wal-Mart-Supermärkte eine kurzzeitig deutlich erhöhte Nachfrage nach Lebensmitteln und Munition, wie das für eine Massenhysterie typisch ist. Ganz so unbedarft bin ich nicht.

Leider stand Georgien bisher nie auf meiner Liste der zu besuchenden Länder. Es wäre wohl auf unbestimmte Zeit im Abseits geblieben, wenn es sich nicht aufgrund seiner Lage als bequemes Winterquartier vor der Weiterreise nach Zentralasien angeboten hätte. Denn dort kann es zwischen November und Februar mit zweistelligen Minusgraden bitterkalt sein, Tiflis hingegen verspricht mildes Klima. Zwar werden wir nicht unter Palmen in Hängematten liegen, aber wir müssen auch nicht fürchten, dass uns die Finger am Lenker festfrieren. Nebenbei bemerkt befindet sich unter meinen wenigen Informationen über das Land ein besonderer Leckerbissen: Georgien ist nicht nur das Geburtsland Stalins, sondern hier wurde vermutlich auch vor mehr als 8000 Jahren der Wein »erfunden«. In einem Monat ist Traubenlese; da sollte es uns glücken, einen schönen Vorrat gegen die winterliche Kälte anzulegen.

Das Erste, was nach Passieren der Grenze auffällt, ist ein enormer Rückgang der Preise. Benzin, das in der Türkei stolze zwei Euro pro Liter kostet, gibt es hier für nur 87 Cent. Bier, das durstige Verkehrsteilnehmer gleich hinter der Zollstation bekommen, wird in Zweiliterflaschen für 35 Cent verkauft. Ein Päckchen Zigaretten geht für den Spottpreis von 19 Cent über den Ladentisch, und eine sättigende Mahlzeit aus großen, mit Fleisch gefüllten Teigtaschen, Chinkali genannt, ist für 1,50 Euro zu haben. Das gefällt mir. Selbstverständlich sollte man ein Land nie nach den Preisschildern beurteilen, doch für uns, die wir hier vier Wintermonate lang ausharren wollen, ist ein niedriges Preisniveau ein Riesenvorteil.

Viele Reiseratgeber zählen Georgien zu den Siegern in den Disziplinen »Freundlichkeit der Menschen« und »Schönheit der Umwelt«. Das ist kein geringer Anspruch, der da befriedigt werden soll! Ich habe viel gesehen und lege deshalb meine Messlatte sehr hoch. Auch heißt es, dass die Georgier nach althergebrachter Sitte Gäste als ein Geschenk des Himmels betrachten, doch brauche ich hierfür erst einen Beweis. Das wird sich mit der Zeit zeigen.

»Chris, soll ich dir sagen, welchen Eindruck mir die Leute machen, die uns zwischen Batumi und Zugdidi begegnet sind?«, fragt Laura, während wir vom Basar Zugdidis zum Dadiani-Palast bummeln, wo angeblich die Totenmaske Napoleons aufbewahrt wird.

»Lass mich raten. Jüngere Frauen sehen oft wie Prostituierte aus, die jungen Männer wie Drogendealer und viele andere wie Obdachlose. Und ein Mann mittleren Alters, der um zehn Uhr vormittags noch nüchtern ist, stellt eine Seltenheit dar. Kommt das deinem politisch inkorrekten Eindruck nahe?«

»Volltreffer«, sagt sie mit einem breiten Lächeln. Freilich wissen wir ganz genau, dass Kleidung wenig über Menschen und ihre Gastfreundschaft aussagt. Auch wäre es recht unfair, die jungen Georgier nach Modegesichtspunkten zu beurteilen: Im hinteren Kaukasus wurden noch vor 100 Jahren KETTENHEMDEN getragen! Und wie sehen wir aus, in unserer gammligen Motorradkluft, mit unseren staubverkrusteten Gesichtern? Man könnte meinen, wir lebten auf der Straße. Hoppla! Hätte beinahe vergessen, dass das wirklich so ist.

Was offene Freundlichkeit angeht, so scheinen die Georgier zuerst etwas gehemmt zu sein. Hier ist aber auch nicht Thailand, wo die Einheimischen ständig lächeln, (fast) unabhängig davon, was man als Tourist sagt oder tut. Das wird oft eine leere Konvention sein, Maske und nicht Ausdruck wahren Gefühls. Hierzulande ist es oft der Besucher, der den ersten Schritt tun muss, um Vertrauen zu gewinnen – was ja nicht unbedingt falsch ist. Und wie durch Zauber wird unser Lächeln fast ohne Ausnahme erwidert, von den Jungen und den zahnlosen Alten, von nüchternen und von beschwipsten Georgiern.

Georgisches Lächeln, wenn es einmal vorkommt, wirkt aufrichtig.

Reisende, die Georgien regelmäßig besuchen, erzählen uns: »Bemüht euch, Interesse an den Leuten zu zeigen, und macht nicht nur Sightseeing. Dann werdet ihr an den heimischen Herd, zu Abendessen und Hochzeiten eingeladen.«

In dieser Hinsicht ähnelt das Land eher der russischen oder einer arabischen Nation als dem Fernen Osten. Welches Verhalten ist für Touristen das vorteilhaftere? Das lässt sich nicht pauschal beantworten, denke ich. Wer einen Kurzurlaub von nicht mehr als ein, zwei Wochen macht, sollte vielleicht Thailand vorziehen, da ihm die Zeit fehlt, wirkliche Freundschaften zu schließen. Ob ein Lächeln nun echt oder gespielt ist, hat wenig Bedeutung, solange man anständig behandelt wird. Für uns sind die sozialen Beziehungen georgischer Art wohl besser geeignet, da wir sehr lange im Land sein werden.

In Zugdidi aber wollen wir den Winter nicht verbringen. Es bietet keinen besonders hübschen Anblick, ist doch die Situation hier als Grenzstadt zu Abchasien fern von Normalität. Viele der Bewohner sind Flüchtlinge. Nach der Unabhängigkeit 1993 wurden mehr als eine Viertelmillion Georgier gewaltsam aus dem neu gegründeten Staat Abchasien vertrieben. Seither sind 20 Jahre vergangen; eine lange Zeit, wenn man auf die Möglichkeit einer Heimkehr wartet, aber auch im Hinblick auf eine internationale Anerkennung. Man sollte bedenken, dass sich Tschechien und die Slowakei ebenfalls 1993 trennten, während Deutschland kurz zuvor wiedervereinigt wurde. Gibt es Stimmen, die diesen Nationen die Anerkennung verweigern? Der große Stolperstein ist die sture Weigerung Georgiens, Abchasien und Südossetien als etwas anderes anzusehen als unveräußerliche, aber momentan von russischen Truppen besetzte Landesteile. Russland hat beide Regionen als unabhängig anerkannt und gewährt den Hauptstädten Sochumi und

Zchinwali auch bei der Landesverteidigung volle Unterstützung. Ein Friedensvertrag zwischen Russland und Georgien wird wohl nur zustande kommen, wenn sich Präsident Putin beim georgischen Staatspräsidenten für eine Drohung entschuldigt, die er 2008 während eines Treffens mit Nicolas Sarkozy in Moskau gemacht hat. Putin hatte damals gesagt: »Ich möchte ihn (Micheil Saakaschwili) am liebsten an den Eiern aufhängen.« Das ist nicht einmal unter Politikern die übliche Umgangsart.[16] Um die Sache noch komplizierter zu machen, stützt Europa die Position der georgischen Regierung – schließlich ist Georgien ein möglicher künftiger Kandidat für eine EU-Mitgliedschaft. Da haben wir nun also ein herrlich verwickeltes und unproduktives politisches Patt.

Was das für viele hier lebende Menschen bedeutet, erfahren wir von einem jungen Soldaten georgisch-abchasischer Herkunft:

»Ihr könntet vielleicht hinübergehen, aber ich darf meine Familie in Abchasien nicht besuchen. Und meine Angehörigen dort dürfen nicht hierher kommen.« Er nimmt einen Schluck aus einer Flasche mit unbekanntem, aber hochprozentigem Inhalt und fährt fort: »Meine Eltern leben beide in Sochumi; ich bin schon in sehr jungen Jahren mit meinem Onkel nach Georgien geflohen. Hier lebt es sich einfach besser, aber meine Mutter habe ich seit sieben Jahren nicht mehr gesehen. Keine der beiden Seiten will uns Visa erteilen, außer vielleicht für eine Beerdigung. Das nächste Mal, dass ich meine Mutter sehe, wird sie in einem Sarg liegen.«

---

[16] Nach Sarkozys Chefberater Jean-David Levitte ging die Diskussion wie folgt weiter: »Ihn aufhängen?«, fragte Herr Sarkozy. »Warum nicht? Die Amerikaner haben Saddam Hussein auch aufgehängt.« »Richtig, aber möchten Sie wie Bush enden?«, gab der französische Präsident zurück. Putin verschlug es einen Augenblick lang die Sprache, dann gab er zu: »Ah, diesen Punkt haben Sie gewonnen.«

Wir versichern ihm unser Mitgefühl. Ich gönne dem Soldaten seinen Fusel. Gebt euch einen Ruck, ihr Politiker. Einem jungen Menschen zu erlauben, seine Mutter zu treffen, bedeutet nicht gleich das Ende der Welt, oder?

Geistiges fließt reichlich in Georgien. Wodka, Bier und Tschatscha – ein oft schwarz gebrannter Tresterschnaps – sind schon beim Frühstück so verbreitet wie das Müsli in Deutschland. Zu welcher Tageszeit und wo auch immer wir seit Batumi angehalten haben, alle bieten uns Drinks an: Straßenarbeiter, Hirten, die an unserem Zelt vorbeikommen, und insbesondere motorisierte Verkehrsteilnehmer. Das letzte Mal, dass ich Ähnliches erleben musste, war in Sibirien auf der Fahrt mit meinem Land Rover. Damals suchte ich manchmal zu der Ausrede Zuflucht, ich sei ein gerade erst trockener Alkoholiker, um die Einheimischen nicht zu kränken, wenn ich mich weigerte, an ihren endlosen Saufgelagen teilzunehmen. Es kann leicht sein, dass ich in Georgien ebenso schwindeln muss. Würde ich sagen: »Entschuldigen Sie bitte, aber Tschatscha und Motorradfahren, das passt nicht zusammen«, so wäre das ebenso nutzlos wie der Hinweis, die Polizei könne uns erwischen. Auch Polizisten haben uns schon einen Drink angeboten.

Napoleons Gesichtsausdruck auf der Maske ist so tot wie zu erwarten, die Gärten des Dadiani-Palasts aber sind zauberhaft, ein Meer von Grün inmitten der grauen Stadtmauern. Stalins Totenmaske, zu sehen in seiner Geburtsstadt Gori, interessiert uns nicht. Lieber fahren wir hoch in den Kaukasus, in die Region Swanetien, um frische Luft zu schöpfen. Die Betonklötze, die die ehemaligen russischen Architekturübungen hinterlassen haben, sind einfach zu deprimierend. 70 Jahre Sowjetherrschaft haben die Silhouetten vieler georgischer Städte verschandelt. Überall sehen wir baufällige Wohnblocks, ein Wirrwarr elektrischer Leitungen und oberirdisch verlaufende Gasrohre.

»So verrostet, wie diese Rohre sind, wundert es mich, dass nicht schon die ganze Stadt in die Luft geflogen ist«, bemerkt Laura.

»So voll mit Alkohol die Leute sind, wundert es mich auch, dass sie nicht spontan in Brand geraten«, gebe ich zurück und meine es fast ernst.

Wir stopfen Tschurtschchela – Walnusskerne in einem süßen Überzug aus eingedicktem, getrocknetem Traubensaft – in unsere Seitenboxen, legen einige Chatschapuri dazu – die in Georgien üblichen, mit Schmelzkäse gefüllten Teigtaschen –, und bald schon verschwindet Zugdidi in unseren Rückspiegeln.

Wir sehen Georgien jetzt mit anderen Augen: Die Landschaft hat sich zu ausgedehnten Weiden geöffnet, auf denen glückliche Kühe grasen, während sich auf der Straße unzählige Schweine tummeln. Wir müssen zwischen ihnen Slalom fahren – ein sicheres Zeichen, dass wir die muslimischen Gegenden verlassen haben. Mit all den malerischen Bauernhäusern hat man den Eindruck, durch ein etwas heruntergekommenes Schweden zu reisen. Die abblätternde Farbe an den Veranden und die dazu passenden wettergegerbten Gesichter der Feldarbeiter – all dies vermittelt ein Gefühl wohltuender Harmonie. Bald windet sich die Straße durch Buchen- und Eichenwälder in das Gebiet des Großen Kaukasus empor. Die Hänge werden steiler, und oben, auf fast jedem Grat, sehen wir Zitadellen und Wehrtürme. Letztere heißen hier Koschkebi und sind 20 Meter hohe Befestigungsanlagen, deren Eingänge nur mit einer Leiter erreicht werden konnten, die man im Fall einer Belagerung hinaufzog. Sie sehen so aus, als hätten die Baumeister Jenga mit den Steinen gespielt, denn viele der Koschkebi sind umgestürzt oder neigen sich noch bedenklicher als der Schiefe Turm von Pisa. Um fair zu sein, muss man aber zugeben, dass sie fast 1000 Jahre überdauert und einst ihren Zweck bestens erfüllt haben. Oberswanetien ist nie von fremden Truppen eingenommen worden: Die Gegend war schwer zugänglich und wurde von Kriegern verteidigt, die im Ruf besonderer Wildheit standen. Im Zweiten Weltkrieg waren die auf ihre Unabhängigkeit bedachten Swanen sogar vom Dienst in der Roten Armee ausgenommen.

Höher hinauffahrend, nähern wir uns der Baumgrenze. Im tiefen Schatten von Europas[17] höchsten Bergen liegen verstreute Dörfer, die nur wenige Stunden am Tag Sonnenlicht abbekommen. Hier, zwischen den beiden Bilderbuchspitzen des Uschba und dem Gipfel des 5200 Meter hohen Schchara, warten etliche der schwierigsten Kletterrouten der Welt auf die Bergsteiger. Der Uschba wird auch das »Matterhorn des Kaukasus« genannt, und man braucht nicht viel Fantasie, um sich vorzustellen, man sei in der Schweiz. Immer wieder tauchen Erinnerungen an frühere Reisen auf. Die alten Ruinen sind ähnlich wie Kualep in Peru gebaut, die Hängebrücken überspannen Schluchten wie in Nordpakistan, und die befestigten Höhensiedlungen erinnern stark an Umbrien. Wie hatte ich es nur versäumen können, Georgien auf meine Liste der Topsehenswürdigkeiten zu setzen?

Sogar einige Braunbären, Wölfe, Luchse und Leoparden hausen im Kaukasusgebiet. Wir haben keine Angst, dass wir angegriffen werden könnten, denn all diese Tiere sind recht selten. Sollte sich doch einmal, entgegen aller Erwartung, ein Bär unserem Zelt nähern, so verfügen wir über ein mächtiges Mittel zur

---

[17] Georgien als Teil Europas? Das hängt davon ab, wie man die Grenze zwischen Europa und Asien im Großen Kaukasus zieht. Es gibt einfach keine »offizielle« Definition. Üblicherweise werden das Uralgebirge, der Uralfluss, das Kaspische Meer, das Schwarze Meer, der Bosporus, das Marmarameer und die Dardanellen als Grenze angesehen. Hier im Kaukasus allerdings scheiden sich die Geister. Setzt man die Grenze mit der Wasserscheide am Hauptkamm gleich, dann gehören einige Regionen im äußersten Norden von Georgien und Aserbaidschan tatsächlich zu Europa.

Selbstverteidigung: nächtliche Wächter in Form von riesigen kaukasischen Hirtenhunden, die einst für die Jagd auf Braunbären gezüchtet wurden. Seit unserer Abreise aus Batumi ist kein Abend vergangen, ohne dass ein Hund seine Nase durch unseren Zelteingang gesteckt hätte. Am Anfang waren wir wegen ihrer schieren Größe ein wenig vorsichtig. Jetzt nicht mehr. Wenn wir in unseren Schlafsäcken liegen, freuen wir uns schon auf vierbeinige Besucher.

»Chris, hast du das gehört«, flüstert Laura. »Draußen raschelt was! Komm her, Bello, bei uns gibt's Chatschapuri.«

Ein paar Sekunden später ist unser »Heim« rappelvoll: Laura links, ich rechts und zwischen uns ein schwanzwedelnder Fellknäuel von 90 Kilo Gewicht. Wir teilen die Teigtaschen gerecht unter uns auf. Natürlich darf Bello im Zelt schlafen.

Der Morgen dämmert, unser Hund streckt sich und geht dann mit einem Schwanzwedeln zum Abschied aus dem Zelt hinaus. Das war nur eine Affäre für eine Nacht. Er hat seinen Job getan, und wir haben ihn dafür belohnt. Morgen, gleich wo, werden wir sicher wieder ein anderes »Hündchen« als Begleiter finden.

Zugegeben, wenn wir durch Dörfer fahren, können die Hunde recht lästig sein. Es kursieren viele Theorien, warum Hunde allem mit zwei Rädern hinterherhetzen. Sie mit den Stahlkappen der Motorradstiefel zu treten, kommt für uns nicht infrage, ebenso wenig wie Gas zu geben und dabei vielleicht über empfindliche Pfoten zu fahren. Die beste Lösung ist nach unseren Erfahrungen, einfach anzuhalten. Die meisten georgischen Hunde legen sich dann auf den Rücken und lassen sich den Bauch kraulen. Wie sagte doch mein Lieblingsgelehrter Diogenes von Sinope, der auch als der Philosoph im Fass bekannt ist? »Menschen führen ein künstliches und scheinheiliges Leben. Es wäre gut für sie, vom Hund zu lernen. Hunde leben ohne Angst rein in der Gegenwart und haben nichts für die Anmaßungen der abstrakten Philosophie übrig. Zu diesen Tugenden kommt hinzu, dass Hunde Freund und Feind instinktiv unterscheiden können. Anders als Menschen, die sich gegenseitig betrügen, bellen Hunde die Wahrheit ehrlich heraus.« Ich meine auch, der Welt ginge es besser, wenn wir alle so wären wie unsere vierbeinigen Freunde, wenn wir mit Stöckchen spielten statt mit Massenvernichtungswaffen und unsere Freundschaften mit einem »Wuff« und einem Schnuppern am Hinterteil besiegelten.

Das Wetter wird langsam schlechter, und so entschließen wir uns, auf kürzestem Weg nach Mestia zu fahren, einer kleinen swanetischen Ortschaft mit einigen privaten Gästehäusern. Unsere Wahl fällt auf ein Haus namens Manoni, das wir gerade noch rechtzeitig erreichen. Die Sonne ist wolkenbruchartigem Regen gewichen; gleich über der Stadt liegt schon Schnee. Das Manoni wird von einer Frau geführt, die einem Kamaz-Lkw ähnelt und ohne Weiteres Bud Spencer doublen könnte.

»Kommt rein! Warm! Ich mach Feuer«, kommandiert sie, und entblößt dabei grinsend ihre drei Zähne. Dann packt sie eine Axt und geht zu einem Holzstoß mit Scheiten groß wie Bierfässchen. »Wumm!« Ein Schlag, und das Holz ist entzwei. Diese ältere Dame ist mindestens ebenso gut wie ein kanadischer Holzfäller, aber ich werde sie vorsichtshalber nicht »Dame« nennen.

Wir stellen unser Zelt im Garten auf und fliehen dann nach drinnen, wo der Ofen bollert. Laura macht sich bald bei unserer Gastgeberin beliebt, indem sie fragt, ob sie in der Küche mithelfen kann. Das Wetter sieht nicht danach aus, als würde es sich bald bessern, und so können wir uns leicht im Haus nützlich machen. Nach einer Woche melkt Laura auch jeden Morgen die zum Haus gehörende Kuh und bereitet am Abend das Essen. Nur die Holzarbeit mit der Axt überlassen wir den geübten schwieligen Händen unserer Wirtin.

Die ersten Tage sind angenehm; wir haben viel Zeit und das Warten auf ein Ende des Regens ist nur eine kleine Geduldsprobe. Die Tropfen auf unserer Zeltplane klingen wie Musik, und wir sinken in den Schlaf, indem wir dem von ihnen geschlagenen Takt lauschen. Nach einer Woche allerdings wird das Geräusch, dem wir nicht entfliehen können, zur Qual. Musik kann als Folterinstrument eingesetzt werden, wie spätestens seit Beginn des »Kriegs gegen den Terror« allgemein bekannt ist. Denn an die Wand gekettete und Verhören ausgesetzte Gefangene, die gezwungen wurden, die »Hitparade von Guantánamo« tage-, wochen-, ja monatelang zu hören, endeten in blankem Irrsinn. Vor allem dann, wenn das Wachpersonal, um die Gefangenen zu »brechen«, Musikstücke aus der Kindersendung *Barney the Purple Dinosaur* oder den Titelsong der Sesamstraße aussuchte.

»Was siehst du, wenn du so lange hinausstarrst?«, frage ich Laura am 14. Tag. Seit einer Stunde guckt sie bewegungslos in den Regen.

»Betsy, die Kuh, macht magische Fladenringe um unser Zelt. Und was beschäftigt dich?«

»Manche Leute lesen die Zukunft aus dem Kaffeesatz. Ich frage mich gerade, ob das auch mit meinen Zigarettenkippen geht.« Ein durchnässtes Häuflein wächst draußen vor meinem Vestibül.

»Wenn das klappt, dann sag mir, wann der Regen aufhört.«

Irgendwann endet die Tortur. Die Sonne kommt zwar wieder heraus, aber wir stehen vor einem neuen Problem. Hinter Mestia geht unsere geplante Reiseroute erst nach Uschguli und dann über den Zagari-Pass in Richtung Lentekhi. Uschguli soll Europas höchstgelegenes Dorf, auf knapp 2100 Meter Höhe[18],

[18] Nach anderen Quellen soll es Juf in der Schweiz oder der Skiort El Pas de la Casa in Andorra sein. Chinaulug in Aserbaidschan ist auch ein Kandidat, abhängig davon, wie man die Grenze zwischen Europa und Asien zieht.

sein, und der Pass führt noch weitere 500 Meter nach oben. Was in Mestia zwei Wochen lang als Regen herunterkam, war dort oben Schnee.

»Der Pass ist gesperrt«, sagen uns alle im Ort. »Unpassierbar, impassible. Mit Motorrädern sowieso.«

Wen wir auch fragen, die Ladeninhaber, die Polizisten, die Pferdevermieter und sogar die Soldaten, alle geben nur die Auskunft, dass die Straße nach Lentekhi den Winter über geschlossen bleibt. Vielleicht wird sie im Mai wieder freigegeben, teilt man uns mit.

»Was meinst du? Sollen wir sehen, wie weit wir kommen?«, frage ich Laura. »Wenn der Schnee zu tief ist, können wir immer noch umkehren und nach Zugdidi hinunterfahren.«

Sie ist einverstanden: »Wir haben uns nicht bis hierher durchgeschlagen, um einfach aufzugeben. Ein paar Schneeflocken sollen mich nicht bremsen! Die ›Mission Impassible‹ startet morgen bei Sonnenaufgang!«

Beide haben wir eine Abneigung gegen Leute, die uns etwas als »unmöglich« einreden wollen. Hätte ich auf alle gehört, die mir gesagt haben, dass man dies oder das nicht machen kann, wäre ich heute nicht auf meiner dritten Weltreise unterwegs. Wenn wir aufgeben müssen, dann nur, weil wir es sind, deren Versuch – vielleicht nach etlichen Anläufen – gescheitert ist. Der einzige Mensch, der meine Grenzen ausloten kann, bin ich selbst. Die Geschichte der Menschheit gibt mir recht. Fast nichts ist unmöglich; es hängt nur von der Entschlossenheit eines Einzelnen oder einer Gemeinschaft, von Erfahrung und oft von reinem Glück ab. Man erinnere sich an berühmte Aussprüche: »Schienenverkehr mit hoher Geschwindigkeit ist nicht möglich, da die Passagiere, unfähig weiter zu atmen, ersticken würden« (Dr. Lardner, 1830). »Es gibt keinen Grund, weshalb jemand einen Computer zu Hause haben möchte« (Ken Olson, Präsident von Digital Equipment Corp., 1977). »Ihr schafft das nie,

Vierergruppen sind out« (Plattenfirma zu den Beatles, 1962). Wenn Ihnen jemand das nächste Mal sagt, dass Ihre Pläne und Träume nicht zu verwirklichen sind, dann zeigen Sie ihm mit einem breiten Lächeln die Zähne und gehen Ihres Wegs.

Unsere letzte Nacht im Manoni ist angebrochen, und einige Freunde des Hauses haben sich versammelt, um mit uns eine Abschieds-Tschatschaparty zu feiern. Ich habe meine Bedenken, doch die wollen die Dorfbewohner nicht hören.

»Heut Nacht müsst ihr trinken. Am Zagari-Pass wird's kalt sein.«

Die Gläser werden gefüllt, der Älteste im Kreis erhebt sich und bringt einen Trinkspruch aus. Der dauert lange, aber niemand nippt am Glas oder spricht ein Wort, bevor die Rede beendet ist. In mir keimt eine dunkle Ahnung, wohin das führen wird. Jedes Land hat eine eigene Trinkkultur. In der Türkei haben wir, zum Beispiel, die »100 heiligen Rakiregeln« kennengelernt. In Georgien gibt es ein Supra genanntes Fest, das von einem Tamada, dem Meister der Trinksprüche, geleitet wird. Bei besonders wichtigen Anlässen kann noch ein Alaverdi ernannt werden, der für die weitere Ausarbeitung sorgt. Ich brauche ihn sehr dringend, da unser Tamada nur georgisch und russisch spricht. Glücklicherweise beherrscht einer der Gäste am Tisch das Englische in Perfektion. Ich hoffe nur, der Toast ging nicht auf Stalin. Er, der Hitler besiegt hat, war auch für den Tod von mindestens zehn Millionen sowjetischer Zivilisten während seiner Tyrannenherrschaft verantwortlich. Dessen ungeachtet wird er hier hochverehrt. Ich weiß nicht, wie ich mit einer fünfminütigen Ode an Josef umgehen könnte.

Unser Alaverdi übersetzt: »Ich möchte diesen Toast auf die Bedeutung der Freundschaft ausbringen …« Es folgen bewegende Worte. Ein Hohelied auf zufällige Begegnungen von Seelen, die Wärme der Kameradschaft und die Traurigkeit beim

Abschied. Das Ganze endet mit: »... so will ich denn noch einmal sagen, ein Prosit auf unsere Freundschaft. Gaumarjos!«

Alle am Tisch nicken zustimmend. Der Tamada hat gut gesprochen.

Verdammt, war das schön. Wenn man auf solche Weise bei einem Umtrunk Kontakte knüpfen kann, dann wäre es sogar möglich, dass ich meine Haltung gegenüber dem Genuss von Alkohol ändere. Es scheint so, als würde die Tschatscha-Kultur gelegentlich doch mehr bewirken als nur einen Rausch schon vor dem Frühstück. Das hier ist mündlich vorgetragene Philosophie! Es gibt lediglich einen ganz kleinen Haken an der Sache: Nach jedem Trinkspruch müssen die Gläser in einem Zug geleert werden. Gleich darauf, bevor die nächste Runde im Redenkarussell beginnt, wird wieder eingeschenkt. Die Tamada-Ehre geht gegen den Uhrzeigersinn weiter, und schließlich bin ich an der Reihe. Laura, die Glückliche, wurde übersprungen, da Frauen in Georgien nur sehr selten Toasts ausbringen. Ich stehe auf, erhebe mein Glas und zitiere einige klassische Perlen der Dichtkunst zum Thema Freundschaft, die ich gerade so weit verändere, dass sie zum Anlass passen. Gespannt warte ich auf den Alaverdi, der meine Worte ins Georgische übersetzt. Ich stehe nicht gern im Mittelpunkt, um eine Rede zu halten, und manchmal verschlägt es mir wegen meines Lampenfiebers die Sprache. Nach kurzer Stille erhalte ich kopfnickenden Beifall. Ich habe bestanden. Nur noch ein Dutzend weitere Runden. Macht nichts. Nach dem dritten Schuss Tschatscha könnte ich lauthals Karaoke singen, ohne dass mir der Angstschweiß ausbrechen würde.

Am nächsten Morgen konstatiere ich eine dramatische Verminderung der in meinem Schädel hausenden Fähigkeiten. Dieser zum Trotz packen wir reichlich Essbares in unsere Koffer, damit wir den Pass notfalls eine Woche lang »belagern« können, tanken randvoll und verlassen den Ort. Den ersten Abschnitt bis Uschguli, einem Weiler von etwa 200 Bewohnern, in dem sich eine beeindruckende Sammlung von Koschkebis befindet, schaffen wir bis zur Abenddämmerung. Das Übelste, was uns begegnet ist, waren Schlammlöcher von der Größe kleiner Swimmingpools. Einmal bin ich mit Puck bis zum Motorblock eingesunken und stecken geblieben. Hier zeigte sich, dass das Reisen zu zweit seine Vorzüge hat: Laura und Pixie zogen mich mit einem am Gepäckträger festgeknoteten Seil aus dem Dreck. Allein auf meine Kräfte angewiesen, hätte die Bergung des Motorrads meine Bandscheiben ruinieren können.

Oberhalb von Uschguli überqueren wir die Schneegrenze, und zum ersten Mal seit Monaten fällt Laura vom seitlich wegrutschenden Motorrad. Nach dem dritten Sturz wirft sie sich entnervt auf einen Schneehaufen und schreit: »Das ist ja rutschig wie Öl. Vielleicht sollte ich wie die Einheimischen trinken und fahren? Wenn ich dermaßen einen im Tee habe, dass ich nach rechts falle, wenn Pixie nach links wegrutscht, dann halte ich mich in der Summe aufrecht! Und schau nur, weiter vorn wird's noch viel schlimmer.«

Sie hat recht. Der Weg, der selbst im Sommer eher für vierfüßiges Vieh als für Fahrzeuge geeignet ist, wird steiler, und der Schnee, der uns schon hier bis über die Knöchel geht, wird tiefer. Seit Wochen hat niemand mehr den Pass überquert. Es gibt keine Spur, der wir folgen könnten, und die Serpentinen hinauf zur Höhe von Zagari sind kaum sichtbar. Ich lasse mich neben Laura in den Schnee fallen und beginne, scharf nachzudenken. Bei unserem jetzigen Tempo von 500 Metern pro Stunde wird es Frühling, bis wir auf der anderen Seite sind. Wäre es eine Lösung, unsere Zweiräder mit starken Ästen aneinanderzubinden, sodass wir so etwas wie ein Quad hätten? Klingt blöd, könnte aber funktionieren. Schließlich kommt mir eine bessere Idee.

»Gib mir mal unsere Seile. Da müssen wir was ausprobieren.« Vor langer Zeit, 1996 auf meinem ersten Ausflug mit Puck, fuhr ich mitten im Winter nach Nordnorwegen. Damals hatte ich spezielle Schneeketten für Motorräder. Die benutzen manche Biker in Skandinavien, wenn sie Wintercamping machen, während andere Spikes bevorzugen. Ich habe hier keine Schachtel voll Nägel, die ich durch unsere Reifen hämmern könnte, aber wir haben zwei Elf-Millimeter-Seile dabei. Wenn man sie fest ums Hinterrad und zwischen den Speichen durchwindet, sollten sie ähnlich wie Schneeketten wirken ... falls meine Theorie stimmt.

Es funktioniert; die Reifen greifen. »Vielleicht ist es das Einfachste, wenn ich beide Motorräder über den Pass bringe und du zu Fuß einiges der Ausrüstung hochträgst. Was meinst du?«, schlage ich vor, denn einfach ist das Motorradschneepflügen trotzdem nicht.

Laura ist entzückt, gibt ihr das doch die Gelegenheit, atemberaubende Fotos zu schießen. Die Landschaft gehört zu den schönsten in Georgien, und der Eindruck wird noch durch die Herbstfarben im Tal und das blendend weiße Gipfelpanorama gesteigert.

Während der nächsten fünf Stunden fahre ich erst Puck 200 Meter, gehe dann zurück zu Pixie und wiederhole den Weg. Insgesamt bezwinge ich den Zagari-Pass dreimal statt nur ein einziges Mal, aber mit dieser Taktik kommen wir immerhin vorwärts und schaffen so zehn Kilometer an unserem zweiten Tag nach Mestia.

»Schau, wir sind oben auf dem Pass! Jetzt geht es nur noch bergab«, jubelt Laura. Wir fegen den Schnee auf einer kleinen Fläche weg, stellen das Zelt auf und kochen schnell noch einen Topf Instantsuppe, bevor wir uns in die Schlafsäcke verkriechen. Hier auf 2700 Meter Höhe wird es kalt – schon jetzt zeigt mein Thermometer minus 8 °C – aber wir sind so müde, dass wir davon wohl gar nichts merken werden.

Gleich nach dem Morgengrauen bin ich wieder in den Sätteln – im Plural. Laura hat den Abstieg schon zu Fuß begonnen. Ich brauche ihre Hilfe, wenn wir an eine Verwehung kommen und hüfthoher Schnee den weiteren Weg versperrt. Mit Händen und Füßen stoßend, schaufelnd und trampelnd schaffen wir einen Korridor, der gerade breit genug ist, dass wir die Motorräder durchzwängen können. Unsere Zusammenarbeit ist perfekt, und am Ende des dritten Tags befinden wir uns wieder unterhalb der Schneegrenze. Die verbleibenden 50 Kilometer nach Lentekhi werden aber nicht einfach sein. Gletscherflüsse rauschen die Berghänge herab und graben sich durch die Straße, und auch die allgegenwärtigen Schlammlöcher sind wieder da. Diese Hindernisse zu überwinden, wird Zeit und Schweiß kosten. Es eilt nun aber nicht mehr, das Schlimmste ist überstanden, und so seltsam es klingen mag, ein wenig bedaure ich das beinahe.

Wir rationieren unsere Nahrungsmittel, damit wir noch vier zusätzliche Tage dranhängen können, in denen wir wie die Eidechsen in der Sonne faulenzen oder im Flussbett neben unserem Zelt »Vulkan-Himmel-und-Hölle« spielen. Das Ziel ist es, die andere Seite zu erreichen, ohne nasse Füße zu bekommen, indem man von Stein zu Stein springt. Das Wasser selbst soll Lava sein, und wenn man es mit einem Fuß berührt, muss man einbeinig weiterspringen. Werden beide Füße nass, so ist man zu Asche verbrannt und hat verloren. Ist einem 43-Jährigen eine solche Kinderei erlaubt? Warum denn nicht? Solange das Wetter schön bleibt, könnten wir diese Rituale monatelang fortsetzen. Leider aber geht uns allmählich der Sprit aus. In diesem Gelände hat sich unser Verbrauch vervierfacht. Um zu sparen, schalten wir bergab, wann immer es möglich ist, den Motor ab.

Nach Lentekhi rollen wir mit leeren Tanks hinein. Die letzten Meter bis zu einer improvisierten Tankstelle, einem Schuppen voll Stahlfässern, muss ich Puck schieben. Eine Teerstraße zeigt, dass unser kleines Abenteuer nun zu Ende ist, doch zweifle ich nicht, dass weitere folgen werden. Den Zagari-Pass werden wir als eine der fantastischsten Fahrten in Erinnerung behalten. Unpassierbar? Quatsch!

INTERMEZZO 5

Overlandia: Politisches

Wenn Sie in Georgien sind und einen Abstecher nach Abchasien machen wollen, werden die georgischen Grenzwächter Sie wahrscheinlich nach Ihren Absichten fragen, bevor sie den Schlagbaum heben und die Fahrt auf abchasisches Gebiet freigeben. Was werden Sie antworten? Sagen Sie etwa: »Ich habe gehört, dass Abchasien ein schönes Land ist, und auch seine Hauptstadt möchte ich gern besuchen«, dann kann es leicht sein, dass Sie nach Tiflis zurückgeschickt werden, und zwar mit einem Tritt ins Hinterteil. Eine klügere Formulierung wäre die folgende: »Ich liebe Georgien und will darum Ihr ganzes Land sehen!« Sie brauchen wegen einer solchen Lüge kein schlechtes Gewissen zu haben; die Wahrheit in so einem Fall ein wenig zu verdrehen, ist manchmal die einzige Möglichkeit, um ans Ziel zu gelangen.

Ähnliches mag Sie später erwarten, wenn Sie versuchen, nach Aserbaidschan einzureisen. Die Tatsache, dass Sie ein paar Hundert Euro für ein Visum gezahlt haben, spielt keine Rolle, wenn Sie beim Grenzposten mit einer Menge Aufkleber aus Armenien am Motorrad aufkreuzen (oder – Gott behüte! – mit einem aus Bergkarabach). In diesem Fall können Sie bitten und betteln oder sich auf Ihre Unwissenheit berufen, Sie kommen nicht weiter. In Aserbaidschan ist man immer noch höchst aufgebracht über den vor zwei Jahrzehnten im Krieg gegen Armenien erlittenen Gebietsverlust, und kaum ein Monat vergeht ohne einige Scharmützel entlang der Waffenstillstandslinien. Mit Höflichkeit, Lächeln und der Fähigkeit, sich dumm zu stellen, wird man auf einer Weltreise ziemlich weit kommen, mit Kenntnis der aktuellen politischen Vorgänge noch weiter.

Politik kann man mögen oder auch nicht, aber es ist nicht zu leugnen, dass ein vertieftes Verständnis der internationalen Angelegenheiten einen Grenzübertritt oft erleichtert oder dabei hilft, unverzichtbare, aber schwer erhältliche Reisedokumente zu beschaffen. Manche Overlander sind heil durch die instabilsten Gegenden dieser Welt gekommen, während andere auf derselben Route tief im Schlamassel steckten – wenn sie darin nicht sogar untergingen.

Was auch immer Sie machen, hopsen Sie nicht *Das Wandern ist des Müllers Lust* pfeifend durch den Isthmus von Panama, falls Sie (a) nicht komplett verrückt sind oder (b) einen Kuna-Indianer als Führer haben, der weiß, wo sich die kolumbianischen Rebellentruppen gerade aufhalten. Sollten Sie, um ein anderes Beispiel zu nennen, in die östlichen Provinzen der Demokratischen Republik Kongo reisen, sagen Sie niemals, dass Sie ein Fan von Joseph Kabila sind. Das könnte dumm ausgehen und Sie das Leben kosten. Auch mit der Politik des eigenen Heimatlands sollte man vertraut sein. Wenn Sie sich in Pakistan aufhalten und Ihre Regierung gerade Peshawar mit Drohnen angegriffen hat, müssen Sie in jedem Fall Ihre Nationalität verleugnen. Sollten Sie nicht wissen, was sich im Inneren eines Lands abspielt, so empfiehlt es sich, den Einheimischen jede Menge Fragen zu stellen. Seien Sie dabei aber bitte vorsichtig: Wenn Sie sensible Themen mit Personen besprechen, in deren Land ein unterdrückerisches Regime herrscht, dann darf niemand mithören, damit Ihre Gesprächspartner oder Sie selbst nicht zu Schaden kommen. Das heißt nicht, dass Sie politische Fragen grundsätzlich vermeiden müssen; Sie sollten nur wissen, wie und insbesondere mit wem Sie darüber sprechen dürfen.

Was also hat Politik mit einer Weltreise zu tun? Eine ganze Menge. Das aber ist nicht der Hauptgrund, warum ich mich so stark für die Geschehnisse in der Welt interessiere. Wer nicht reist, vergisst leicht, dass die Nachrichten aus allen Ecken der Welt, die man im Westen von den Medien ins Haus geliefert bekommt, zur hautnah erfahrenen Wirklichkeit eines Overlanders gehören. Wenn Sie im Fernsehen Bilder einer beginnenden Krise in Ägypten sehen, wird sicher ein Reisender auf seinem Motorrad in der Nähe sein und Augenzeuge davon werden. Politische Entscheidungen, Revolten und Kriege legen uns auf bestimmte Routen fest. Der Fall der Berliner Mauer und das Schengenabkommen waren historische Ereignisse großer Tragweite, doch für einen Overlander auf der Seidenstraße kann ein Wahlergebnis in Turkmenistan oder die Kunde von einer zukünftigen Straße durch den Isthmus von Panama ebenso bedeutend sein, obwohl darüber kaum in den westlichen Schlagzeilen berichtet werden wird. Auch wenn Sie den Bau illegaler israelischer Siedlungen in Palästina oder Massaker in Kenia als zweidimensionale Bilder auf einem Flachbildschirm sehen – denken Sie daran, dass wir Reisenden davon sehr real und persönlich betroffen sind.

Die Politik mag uns auf der Reise Schwierigkeiten bereiten, doch schwerer wiegt, dass sie den Freunden eines Overlanders zusetzen kann. Wie alle Reisenden, die jahrelang unterwegs waren, haben Laura und ich auf allen Kontinenten wertvolle Bekanntschaften geschlossen. Wenn gegen den Sudan Sanktionen verhängt werden, muss ich befürchten, dass all die netten Leute, die ich dort kennengelernt habe, nicht mehr genug zum Leben haben. Wenn die USA militärische Auslandseinsätze unternehmen, wobei auch Zigtausende Zivilisten getötet werden, mag der erzeugte Kollateralschaden für Amerika »akzeptabel« sein, für mich und die Angehörigen der Ermordeten aber niemals. Und denke ich an unsere türkische Freundin Iris, die Angst hat, ihr Land könnte ein Gottes- und Polizeistaat werden, dann tritt auch mir der Angstschweiß auf die Stirn. Die Menschen in den mehr als 100 Ländern, die ich besucht habe, sind keine Nummern einer beliebigen Liste. Wir haben mit ihren Familien Tee getrunken, bei ihnen übernachtet, an ihrem Tisch gegessen und uns zum Abschied umarmt. Für manche Overlander sind solche Leute die nächsten Nachbarn, die sie haben, und deshalb ist es aus meiner Sicht kein Unterschied, ob eine Rakete auf Bagdad, Frankfurt oder New York abgeschossen wird. Unsere Heimat ist die Welt, und Pässe sind nichts als ein Mittel, um Grenzen überschreiten zu können.

Leider scheinen wir in einer Welt zu leben, in der sich viele Leute entweder gar nicht um Politik kümmern oder so sehr, dass sie anderen willentlich Leid zufügen. Einige versuchen auch, alle Probleme der Welt unter den Teppich zu kehren. Die Haltung, aktuelle Entwicklungen zu Hause und im Ausland zu ignorieren und so aus der Realität auszublenden, könnte nur dann Erfolg haben, wenn sich alle gleich still verhielten. Ich halte nichts von solchen Beschwichtigungstaktiken, insbesondere dann, wenn sich unsere Regierungen auf fremdem Boden einmischen.

Demokratie bedeutet nicht nur Wahlen. Es ist unsinnig, zu glauben, dass die Verantwortung eines Bürgers mit dem gesetzten Kreuz auf dem Wahlzettel endet. Gleich welche Partei man gewählt hat, wenn sie Menschenrechte verletzt, könnte es Bürgerpflicht sein, bei einem raschen Sturz der Regierung mit friedlichen Mitteln mitzuwirken.

Verantwortungsbewusste Medien sollten dazu beitragen, das über viele weltweite Affären gebreitete Schweigen zu lüften und ihrem Publikum zu enthüllen, was Overlander direkt erfahren. Leider sind die meisten Nachrichtensendungen auf das Auffassungsvermögen eines Fünfjährigen zugeschnitten und so unausgewogen wie ein Motorrad mit einem einzelnen Seitenkoffer. Die Berichte sind, ähnlich wie ein Toastbrot, heute frisch und tauglich für die Schlagzeilen, morgen altbacken und am Ende der Woche reif für den Müll. Wann haben Sie etwa zuletzt auf einem der großen Sender eine Reportage über den Krieg zwischen den Séléka und den Truppen der Zentralafrikanischen Republik verfolgt? Oder eine Sendung über den Konflikt in Mali? Manchmal wird das Brot auch gar nicht gebacken; ich zweifle stark daran, dass viele im Westen je von den Naxaliten in Indiens Rotem Korridor oder der OPM (Organisasi Papua Merdeka) in Indonesien gehört haben. Falls Sie zu den Unwissenden gehören, ist es nicht Ihre Schuld. Wenn Sie nicht selbst durch die betroffenen Regionen kommen, wie sollten Sie je davon erfahren?

Ich würde mir im Interesse der lokalen Bevölkerung, wie ich sie auf meinen Reisen kennenlerne, wünschen, dass ihr unsere Medien mehr Respekt entgegenbringen und nicht nur dann die Berichte über einen Konflikt aufwärmen, wenn ein Westler in ihm ums Leben kommt. Die Nachrichten nur hin und wieder punktuell auf den neusten Stand zu bringen, reicht nicht aus, um das Bewusstsein für die Weltlage wachzuhalten. Diejenigen, die in einem abgelegenen Winkel der Erde leiden, können sich nicht dagegen wehren, übersehen zu werden. Warum habe ich die Politik in einem Reisebuch erwähnt? Damit die, die wir getroffen haben, nicht vergessen werden.

Festivamente

Heiter, feierlich

Ein kaukasischer Winter, 31.12.2013

Schon etliche Wochen vor Weihnachten erhellt Feuerwerk den nächtlichen Himmel über Tiflis. In den nächsten zwei Monaten wird das jeden Tag und in allen Teilen der Hauptstadt so weitergehen, Raketen blitzen auf, Kracher explodieren, und Autoalarmanlagen heulen im Chor mit aufgeschreckten Straßenhunden. Dubai möchte dieses Jahr an Neujahr das größte pyrotechnische Spektakel aller Zeiten bieten, aber Georgien gebührt in jedem Fall der Eintrag für das längste ins Guinnessbuch der Rekorde.

»Eigentlich gibt es hier das ganze Jahr Feuerwerk«, erklärt unsere Gastgeberin Nana, die mit uns auf dem Balkon der gerade angemieteten Wohnung steht.

»Wann ist bei euch Weihnachten und wann Neujahr? Ich komme mit dem orthodoxen Kalender immer durcheinander.«

»Wir feiern beides zweimal. Weihnachten ist bei uns am 7. Januar, da wird viel gesungen und noch viel mehr getrunken, aber um die Wirtschaft anzukurbeln, wird euer Fest auch beachtet. Das orthodoxe Neujahr fällt auf den 14. Januar. Wir nennen es das ›Alte Neujahr‹, was so etwas wie ein Oxymoron ist.«

»Heißt das, dass bei euch jeder zweimal Geschenke bekommt?«, frage ich hoffnungsvoll.

»Nein, die gibt es nur einmal«, antwortet sie lachend.

Meine Liste georgischer Eigentümlichkeiten wird immer länger: Das geht von der Frage, wie man einen Marschrutka – einen Ford-Transit-Minibus für 20 Passagiere – besteigt, wenn schon 40 Leute hineingequetscht sind, bis hin zu Welträtseln der Art »Wo ist das Loch in der Klorolle geblieben?«. Die Antwort auf das erste Problem heißt »drängeln«. Auf das zweite (falls es Sie wirklich interessiert) lautet sie: Die Pappröhre in der Mitte fehlt, weil es Toilettenpapierhalter in Georgien so gut wie nicht gibt. Der Vorteil ist, dass dadurch aller Streit um die essenzielle Klorollenfrage, wo das lose Ende hinunterhängen soll, vermieden wird.[19]

Im Ernst: Solche kleine Details auf der Reise zu beobachten, macht nicht nur Spaß, oft tut sich hinter scheinbar trivialen Dingen auch eine Tür auf, durch die ein ganzer Wasserfall von Informationen einströmt. So haben wir, zum Beispiel, gesehen, dass sich die meisten Georgier bekreuzigen, wenn sie an einer Kirche vorüberkommen, gleich ob sie nun zu Fuß gehen oder in einer Marschrutka sitzen. Sogar jugendliche Rabauken, die die Rustaveli-Avenue entlangschlendern, bleiben wie angewurzelt stehen und schlagen das Kreuz. Die einfachste Erklärung wäre, anzunehmen, dass die Mehrzahl der Georgier zutiefst religiös ist. Aber in Wirklichkeit ist die Sache komplizierter.

»Für viele geht es mehr um die nationale Identität als um den Glauben«, meint Nana. »Während der Sowjetherrschaft litt die orthodoxe Kirche unter Repressionen. Nach der Trennung von Russland aber wurde sie zu einer Repräsentantin der Unabhängigkeit. Unsere Jugend weiß, dass es zu einem stolzen Georgier gehört, die Dreifaltigkeit von Muttersprache, Land und Religion hochzuhalten.«

»Und wie steht es mit echter Religiosität? Ist sie weitverbreitet?«

»Durchaus, in verschiedenen Graden und vielerlei Formen. In den Bergen sind auch heidnische Einflüsse noch sehr deutlich. Wenn etwa ein Mensch fern von seiner Heimat stirbt, glauben viele, dass seine Seele erst dann Ruhe findet, wenn sie

---

[19] Zu dieser höchst hitzig diskutierten Frage sind schon ganze Bücher verfasst worden. Nach einer Umfrage aus dem Jahr 2010 bevorzugen 74 % der Befragten die Variante »vorn«. Für mich allerdings ist die wichtigste Frage die, ob uns das alles überhaupt bekümmern muss.

in sein Dorf heimkehren kann. Man nimmt also einen Hahn und geweihte Körner und bringt sie an den Sterbeort. Dann lässt man den Hahn frei, damit er die Seele ›einfangen‹ kann. Abhängig davon, wie er frisst und kräht, weiß man dann, ob er damit Erfolg hatte. Dann bringt man ihn und die Seele in seinem Inneren ins Heimatdorf des Verstorbenen. ›Kvini Lit'xe‹ heißt dieser Brauch.«

Georgien ist keine Zeichnung mit klaren Linien. Es ist nicht leicht und es dauert lange, zu seinem Kern vorzudringen, der wie mit einer semipermeablen Membran umgeben ist, die Informationen nur in molekularen Einheiten durchlässt. Wer viele Fragen an die Einheimischen stellt, beschleunigt die Osmose, aber die Antworten tragen nur dazu bei, die Rätsel zu vergrößern.

Unser Entschluss, in Georgien zu überwintern, hat zwei Motive: Wir wollen nicht wie letztes Jahr bei Minusgraden herumfahren, sondern uns an einem wohltemperierten Ort ausruhen. Entscheidend aber ist der zweite Grund, die Bürokratie. In Georgien erhalten die meisten Europäer bei der Einreise sofort ein kostenloses Visum für 360 Tage. Bei der Weiterfahrt ändert sich das entscheidend. Aserbaidschan und Kasachstan, unsere nächsten Ziele, haben strenge Regeln. Wir brauchen Empfehlungsschreiben, müssen den Zeitpunkt für Ein- und Ausreise genau planen und nicht zuletzt bei den jeweiligen Botschaften viel Geld lassen.

So beginnen wir denn, nachdem wir vor einem Monat den Zagari-Pass hinter uns gebracht hatten, nach einem Plätzchen zu suchen, an dem wir uns bis zum Frühling zu Hause fühlen können. Wir fangen mit Gori an, dem Geburtsort Stalins. Mögen uns auch viele Büsten des Diktators dazu einladen, die Stadt verlockt uns nicht zum Bleiben. In Chiatura, einer Stadt im Kohlerevier weiter nördlich, treffen wir auf eine Welt, die an das gute, alte »Mütterchen Russland« erinnert. In einem tiefen Tal duckt sich ein Ort, über den die Zeit spurlos hinweggegangen zu sein scheint. Wegen der steilen Hänge ringsum hatten sowjetische Planer ein wirres Netz von Seilbahnen aufgebaut, mit dem die Bewohner zur Arbeit und wieder zurück gelangen. Wie durch ein Wunder funktioniert das System immer noch, obwohl es nur vom Rost und von Stoßgebeten zusammengehalten wird. Allem zum Trotz hat die Stadt eine gewisse Atmosphäre – einen düsteren Reiz könnte man sagen. Der Nachteil von Chiatura ist seine Lage: Während der Wintermonate gibt es im Tal nur wenige Stunden Sonnenschein am Tag.

Was übrig bleibt, ist Tiflis. Eine passende Wohnung und eine Garage für die Motorräder zu finden, ist einfach. Nach einer schnellen Recherche im Internet haben wir eine schöne Auswahl. Die Mieten beginnen bei 150 Euro pro Monat für eine Zweizimmerwohnung. Man bekommt, was man bezahlt, und für einen solchen Preis ist das nicht viel. Die ersten Apartments, die wir besichtigen, sind eher finstere Höhlen in den oberen Stockwerken verfallener Hochhäuser am Stadtrand. Dann aber finden wir das »Nachtigallennest«, ein halb freistehendes Haus in einer ruhigen Wohngegend. Es ist Liebe auf den ersten Blick. Wir haben heißes Wasser, Highspeed-Internet und, was das Beste ist, unsere Vermieterin Nana. Es kostet etwas mehr als vorgesehen, aber was soll's – wie oft haben wir schon ein richtiges Bett?

...

Es ist der 24. Dezember, Heiligabend. Wir ziehen unsere wärmsten Kleider an und gehen in die Stadt. Tiflis ist nicht Paris oder Rom, aber auch nicht Tegucigalpa in Honduras oder Lagos in

Nigeria. Es gibt hier im historischen Stadtkern eine Menge alter, windschiefer Häuser mit buckligen Balkonen und versteckten Hinterhöfen sowie eine große Zahl prächtiger orthodoxer Kirchen. All dies liegt im Schatten der Narikala-Festung, hoch oben auf einem Hügel. Der Fluss Mtkvari durchschneidet Tiflis, und ein kleiner Wasserfall stürzt in eine Schlucht unterhalb des botanischen Gartens hinter den Abanotubani-Schwefelbädern. Wie viele Hauptstädte dieser Welt können schon mit einem Wasserfall aufwarten?

Die Weihnachtsvorbereitungen sind in vollem Gang. Der Stadtrat hat entlang der großen Einkaufsstraße die Festbeleuchtung anbringen lassen, und die Statue des heiligen Georg, der auf einer hohen Säule am Freiheitsplatz thront, ist zu einem künstlichen Christbaum mit vielen blinkenden Lichtern umgestaltet worden. Vor nicht allzu langer Zeit war der Platz noch nach Lenin benannt. Wie auch andernorts in Georgien wurden nach der Erringung der Unabhängigkeit die Lenindenkmale gestürzt und in den meisten Fällen durch den heiligen Georg mit seinem Drachen ersetzt.

Alle Nationen des Kaukasus haben eine zwiespältige Beziehung zu Moskau. Auf der einen Seite erfüllt sie ihre Unabhängigkeit mit riesigem Stolz, der gebietet, sich von allen Bindungen an die ehemalige Sowjetunion zu befreien. Zu diesem Zweck dienen sogar Geschichtsklitterungen. Im Nationalmuseum von Tiflis gibt es beispielsweise eine Ausstellung zum Zweiten Weltkrieg, in der gefallene Georgier als »Opfer russischer Okkupation und Unterdrückung« dargestellt und nicht als »Helden der Roten Armee« gefeiert werden. Der Blick richtet sich nach Europa, wenn die Menschen an eine bessere Zukunft denken, jenem märchenhaften Kontinent, wo die Löhne hoch sind. Auf der anderen Seite aber, wenn der Blick nach innen, auf die verborgenen Winkel der Seele geht, enthüllen sich starke moralische und emotionale Bande zu Russland, an eine Freundschaft, die trotz aller Ereignisse der jüngeren Geschichte Bestand hat.

»Siehst du auch, was ich da sehe«, frage ich Laura und deute dabei auf eine Getränkebude. »Ich kann es sogar riechen. Glühwein! Weihnachten ist gerettet!«

Heutzutage wollen viele Menschen nichts mehr von Weihnachten wissen. Sie meinen, der Charakter des Fests sei durch die kommerzielle Ausrichtung und den Stress mit den obligatorischen Einkäufen verdorben. Doch gerade Weihnachten ist in seinem Kern etwas ganz Besonderes für viele Overlander. Mehr als sonst vermissen sie Eltern und Freunde. Meine Mutter schickt mir daher jedes Jahr ein Paket mit selbst gemachten Schokoladenplätzchen, gleich in welchem Land ich gerade bin. Ist es Norwegen, dann gibt es keine Probleme; dort kommen sie wohlgeformt und knusprig an. Einmal allerdings schickte sie ein Päckchen auf die tropische Insel St. Lucia, wo die Temperaturen im Dezember leicht über 30 °C klettern können. Als ich die Schachtel öffnete, schwammen da Dutzende von traurig blassgelben Butterplätzchen in einem Meer von Schokolade. Auch dieses Jahr gibt es ein Problem. Obwohl sie das Paket schon vor drei Wochen in Deutschland zur Post gebracht hat, warten wir immer noch auf seine Ankunft. Während der Sowjetära hatten die georgischen Haushalte Briefkästen, und der Postbote brachte Briefe und Päckchen direkt ins Haus. Heute müssen die Leute zum Postamt gehen und nach angekommenen Sendungen fragen. Wir machen das jeden zweiten Tag und mustern dabei stets die Gesichter der Beamten nach einem schuldbewussten Ausdruck und eventuellen Bröseln. Es wäre schlimm, wenn es eine weitere georgische Eigentümlichkeit wäre, Weihnachtsplätzchen zu essen, die für Ausländer bestimmt sind.

Unsere Wohnung haben wir, so gut es geht, geschmückt. Sogar unser Alpenveilchen Thor, das wir über Winter vom Motorrad genommen haben, bestreue ich mit silbernen Flittern. In Ermangelung der Plätzchen von daheim machen wir eine große Zahl von »Nigella Lawson's Really Chocolatey Triple Chocolate Chip Cookies«. »Wir« ist dabei nicht ganz richtig, denn allein Laura backt, ich beschränke mich darauf, beim Essen zu helfen.

»Vielleicht sollten wir gar nicht mehr zur Post gehen«, schlage ich vor und schnappe mir einen Schokokeks von der Platte. »Kennst du Schrödingers Postfach? Nach einer Interpretation der Quantenmechanik ist jedes System eine Überlagerung verschiedener Zustände, die nur dann zu einer einzigen Realität gerinnen, wenn eine Beobachtung gemacht wird. Wenn wir also nicht ins Postfach schauen, ist es zugleich voll und leer. Ist es nicht besser, potenziell etwas zu haben als real gar nichts?«

»Kannst du ein potenzielles Plätzchen essen?«

Wieder einmal hat Laura recht. Der praktische Sinn einer Frau kann sogar die Wissenschaft auf den Kopf stellen.

Eine Woche später ist der Silvesterabend gekommen, die deutschen Plätzchen leider nicht. Um uns die Feiern anzusehen, schlendern wir hinunter zur neuen »Always-Brücke« von Tiflis. Offiziell heißt sie Brücke des Friedens, doch da viele hier meinen, dass sie einer Always-Ultra-Damenbinde ähnelt, hat sie der Volksmund umgetauft. Wie die meisten Einheimischen haben auch wir eine Flasche Sekt mitgenommen. Sicherheitsleute patrouillieren, um die Ordnung aufrechtzuerhalten. Die meisten von ihnen stehen allerdings nicht mehr sicher auf den Beinen. Arm in Arm untergehakt mit rotnasigen Kollegen wanken sie fröhlich durch die Menge.

Noch wenige Minuten bis Mitternacht. Dann werden wir die Korken knallen lassen, einige Wunderkerzen anzünden, im Kreis herumhüpfen und alle umarmen, die uns in den Weg kommen, um ihnen Glück im Jahr 2014 zu wünschen. Danach aber müssen wir schnell heim, denn Nana und ihre Familie haben uns gebeten, dieses Jahr ihre Mekvle zu sein. Das Wort kommt von »kvali«, was »Fußstapfen« oder »Spur« bedeutet. Nach alter Überlieferung ist ein Mekvle die erste Person, die nach Mitternacht die Schwelle einer Wohnung überschreitet. Dabei ist es außerordentlich wichtig, dass diese Person »Glück bringende Füße« hat – also eine positive Ausstrahlung, reine Gedanken und ein gutes Herz. Ihre Aura wird für die kommenden 365 Tage das Glück des Haushalts bestimmen. Viele Georgier greifen da zu einer List: Sie laden jemand ein, von dem sie wissen, dass er die richtigen Füße hat, und schubsen ihn kurz vor 24:00 Uhr aus der Tür, damit er nach Mitternacht gleich wieder anklopft. Wenn dann das Jahr gut gelaufen ist, wird man dieselbe Person auch am nächsten Silvester wieder einladen. Wir fühlen uns mit diesem Auftrag als Mekvle geehrt, aber ich hoffe, Nana hat unsere Aura richtig eingeschätzt. Um auf der sicheren Seite zu sein, werde ich Laura den Vortritt lassen. Meiner Meinung nach bringen ihre Füße sehr großes Glück.

Laura macht den Countdown: »Drei, zwei, eins, ein gutes neues Jahr 2014!«

Wir nehmen beide einen tiefen Schluck aus der Flasche, sehen das Feuerwerk am Nachthimmel aufblühen und springen dann schnell in ein Taxi, um zu unserer Wohnung zurückzukommen. Dort klopfen wir bei Nana an und werden mit einem großen Tablett begrüßt, auf dem in kleinen, hübsch angeordneten Tellerchen Honig, Nusssplitter und selbst gebackenes Brot angeboten werden.

»Was bringt ihr unserem Haus?«, fragt Nana.

»Glück, Gesundheit, Wohlstand und Frieden für alle«, antworten wir der Tradition gemäß.

Sie lächelt: »Das wird ein gutes Jahr. Da bin ich mir sicher. Aber jetzt kommt herein zum Essen.«

Das tun wir, aber wir wollen nicht übertreiben. In der nächsten Woche gibt es noch viel Kalorienreiches, schließlich werden dann Weihnachten und Neujahr zum zweiten Mal gefeiert.

Die Tage bis zum 1. März vergehen wie im Flug. Fast drei Monate »normales Leben«, soweit das für uns möglich ist, gehen ihrem Ende entgegen. Adieu, Kühlschrank. Lebt wohl, warme Dusche und bequemes Bett! Diesen kleinen Luxus, den ein Zelt einfach nicht bieten kann, haben wir gern genossen. Hin und wieder warm und geborgen zwischen vier Wänden zu hausen statt unter dünnem Stoff, kann wunderbar sein. Aber ich vermisse es, vom Gesang der Vögel und den ersten Sonnenstrahlen auf meinem Schlafsack geweckt zu werden – Zeit, aufzubrechen. Nana steht mit einem Taschentuch in der Hand an der Tür, und unsere Motorräder scharren schon ungeduldig mit den Reifen.

Die Weihnachtsplätzchen meiner Mutter sind übrigens auch endlich angekommen. Sie waren schon recht altbacken, schließlich waren sie zwei Monate unterwegs. Allen georgischen Postbeamten sei für diese abscheuliche Untat die gerechte Strafe angedroht: Mögen die Flöhe von 1000 Kamelen eure Achselhöhlen befallen und eure Arme zu kurz zum Kratzen sein! Und jetzt ab Richtung Baku.

Acceso
Angeregt, entfacht

Aserbaidschan, 1.3.2014

Kurz vor der Grenze zu Aserbaidschan hängt ein riesiges Schild über der Straße, auf dem schlicht »Good luck« zu lesen ist. Hat es ein freundlicher Georgier als Abschiedsgruß an ausreisende Touristen angebracht oder eher als Warnung vor den kommenden Schwierigkeiten? Wir hoffen, dass nicht das Zweite zutrifft, denn unsere Papiere sind nicht ganz in Ordnung, was uns Sorgen macht.

Begonnen hatte alles vor einiger Zeit mit einem Stempel in Tiflis. Laura hatte festgestellt, dass in ihrem italienischen Pass auf fast jeder Seite ein übergroßes Visum eingeklebt war, sodass kaum noch freier Platz blieb. Aus einem unerfindlichen Grund sind die Maße der Visa umgekehrt proportional zur politischen und wirtschaftlichen Bedeutung eines Lands in der übrigen Welt: je unbedeutender das Land, desto größer und prächtiger das eingeklebte Dokument. Ein paar Tage vor dem Aufbruch aus der Hauptstadt eilte Laura daher zur italienischen Botschaft, um einen zweiten Pass zu beantragen, der aber nicht ihren alten ersetzen sollte, denn dieser enthielt das Visum für Aserbaidschan, das sie immerhin 80 Euro gekostet hatte.

»Nessun problema«, hatte der Konsul versprochen. »Sie können den Pass morgen abholen.«

Wie überall in Europa können Bürger mehrere Pässe haben, wenn die Ausgabe von Duplikaten berechtigt ist. In Deutschland sind nach meinem Wissen bis zu zehn Pässe erlaubt, das Original mit eingeschlossen. Ich selbst habe drei.

Am nächsten Morgen hüpfte Laura fröhlich zurück zu ihrer Botschaft, doch nur, um festzustellen, dass man dort Mist gebaut hat. Der nagelneue Pass war zwar prompt ausgestellt worden, auf jeder Seite des alten prangte aber groß und in Rot »CANCELED«, auch auf dem Visum für Aserbaidschan. Meiner Freundin verschlug es die Sprache – was bei einer Italienerin höchst selten vorkommt. Sie rief sogleich die aserbaidschanische Botschaft an, um sich zu erkundigen, was zu machen wäre. Die Auskunft klang gar nicht gut:

»Das Überschreiten der Grenze wird Ihnen auf keinen Fall gestattet werden. Sie müssen ein neues Visum beantragen.«

Wir entschlossen uns, trotzdem unser Glück zu versuchen, und so stehen wir jetzt unter dem Good-Luck-Schild im Niemandsland, einen Steinwurf von der Grenzstation entfernt.

Laura ist zu allem entschlossen, zu bitten, zu betteln und zu flennen – eine seit grauer Vorzeit bewährte weibliche Taktik, welche das Herz fast aller Männer erweicht, strenge Grenzbeamte eingeschlossen. Zum ersten Mal in diesem Jahr hat sie sogar etwas Mascara und Lippenstift aufgelegt. Diese Möglichkeit haben männliche Reisende leider nicht, glaube ich jedenfalls. Ausprobiert habe ich es nie. Was ich jedoch auf früheren Solofahrten machen konnte, war, mein Zelt vor dem Grenzposten aufzustellen, bis den Beamten meine Anwesenheit so lästig wurde, dass sie nachgaben und mich hereinließen. Das funktioniert immer, aber solche Geduldsspiele können von einem Tag bis zu mehreren Wochen dauern. Wir heben uns diese als letztes Mittel auf.

In fast allen Ländern von hier bis China müssen wir mit Schikanen rechnen. Die Politik dieser Staaten scheint darauf abzuzielen, den Tourismus zu erschweren, statt ihn zu fördern. Die Devisen der Touristen werden einfach nicht gebraucht, nachdem in Zentralasien mit Öl und Gas viel bessere Geldquellen sprudeln. Die Visaerteilung wird restriktiv gehandhabt, und zuverlässige Informationen sind unmöglich zu beschaffen, da sich die Regeln für Besucher ständig ändern. Einmal braucht man eine Einladung von einer Firma oder einem Privatmann, die vom Außen- und/oder Innenministerium des zu besuchenden Lands autorisiert wird, einen Tag später entfällt diese Pflicht wieder. Dazu kommt, dass die Kosten und Konditionen für das Visum nicht nur von der Staatsangehörigkeit des Reisenden abhängen, sondern auch vom Land, in dem der Antrag gestellt wurde. Wir sind deutschen Overlandern begegnet, die die Visa für die Stan-Länder in Berlin nur unter der Bedingung erhielten, alle Übernachtungen im Voraus zu buchen. Anderen wurden die gleichen Visa in einer Stan-Botschaft im Ausland (etwa in Österreich, der Türkei oder dem Iran) ohne Vorgaben ausgestellt. Der clevere Reisende wird sich weltweit nach den billigsten und liberalsten Angeboten für ein Visum umsehen; wie eine Hausfrau, die das günstigste Angebot für Tomaten sucht. Das klingt lächerlich, ist leider aber so.

Die Ausreise aus Georgien kostet uns nur ein paar Minuten, und schon kommen wir beim aserbaidschanischen Posten an, im Gesicht das gewinnendste Lächeln, das uns möglich ist. Erleichtert stelle ich fest, dass es von den Dutzend Grenzwächtern in gleicher Weise erwidert wird. Ich halte neben dem Beamten mit den meisten Streifen auf der Schulter, und bevor er dazukommt, nach Ausweisen zu fragen, nehme ich Helm und Handschuhe ab, um ihm die Hand zu schütteln.

»Salam alaykum«, grüße ich ihn mit der Rechten auf der Herzgegend, wie das in den meisten islamischen Ländern üblich ist. Er antwortet ebenso, vielleicht eher aus Höflichkeit als aus Verpflichtung auf die Tradition. Ich habe das undeutliche Gefühl, dass mein Verhalten ein wenig altmodisch anmutet. Aserbaidschan ist ein säkularer Staat und in Fragen der Religion als recht liberal bekannt. Frauen gehen im Allgemeinen unverschleiert, Restaurants und Geschäfte sind auch während des Ramadan geöffnet und das Verhältnis zum Alkohol ist ambivalent – auf Mohammed mit einem Glas lokalen Weins einen Toast auszubringen wird hier nicht mit dem siebten Dschahannam, dem tiefsten Grund der islamischen Hölle, gestraft.

Aserbaidschan war sogar Gastgeberland für den Eurovision Song Contest 2012. Unter den wirbelnden Lichtern der Lasershow in Bakus Crystal Hall sangen sich die Kandidatinnen und Kandidaten in einem Wettkampf zwischen 42 Ländern die Seelen – und manchmal auch die Eingeweide – aus den Leibern. Laura und ich hatten uns kurz vor unserer Abreise aus Deutschland dazu durchgerungen, das bizarre Popspektakel im Fernsehen zu verfolgen. Nicht wegen der Musik, sondern um das Land, das wir besuchen wollten, ein wenig besser verstehen zu lernen. Was wir während der Show und in den Pausen im Hintergrund sahen, überraschte uns: Viele Sängerinnen, Sänger und Tänzerinnen trugen freizügige Kostüme, und auf den Straßen konnte man Paare Hand in Hand sehen, die sich sogar in der Öffentlichkeit küssten. Ganz offensichtlich war Aserbaidschan nicht Saudi-Arabien.

Ich glaube dennoch, jetzt ist ein wenig Ta'arof angesagt. Dies ist ein alter persischer Brauch, dem zu folgen mir auf früheren Reisen durch die muslimische Welt schon in mancher kniffligen Situation genützt hat. Im Kern handelt es sich beim Ta'arof um ein Spiel mit der Höflichkeit, in welchem zwei Partner einer langen, gewundenen Folge von Nettigkeiten eine ebenso lange Reihe von Zusicherungen folgen lassen. Dahinter steht kaum je die Absicht, tatsächlich Verpflichtungen einzugehen. Besuchern islamischer Länder begegnet der Ta'arof täglich, wenn sie Umgang mit Einheimischen haben, im Basar, in Restaurants oder bei einer Einladung. Sollte ein Taxifahrer etwa sagen: »Seien Sie mein Gast, Sie brauchen nichts zu zahlen«, dann dürfen Sie nicht annehmen, dass dies in vollem Ernst gemeint ist. Sie sollten also nicht antworten: »Fein, vielen Dank!« Die Etikette verlangt, dass Sie ihn mit Dankbarkeit überschütten und strikt darauf bestehen, den Fahrpreis zu bezahlen. Ausschließlich für den Fall, dass das Angebot sehr oft wiederholt wird, dürfen Sie es als Zeichen wahrer Gastfreundschaft annehmen. Ähnliches gilt, wenn ein Gastgeber den Wunsch äußert, Ihnen zu Ehren ein Schaf zu schlachten und Sie in seinem eigenen Schlafzimmer übernachten zu lassen statt in der Kammer für die Gäste. Für Touristen aus dem Westen ist der Umgang mit den ständigen »Höflichkeitslügen« verwirrend, da sie nur in den seltensten Fällen erraten können, ob ein Angebot ehrlich gemeint ist. Vielen wäre es lieber, wenn die Leute geradeheraus sagen würden, was sie denken, statt wie die Katze um den heißen Brei zu schleichen. Für einen Einheimischen dagegen ist der Ta'arof unverzichtbar und ein Zeichen guter Manieren. Praktiziert wird der Brauch auf allen Ebenen, vom Niveau der Straße bis hinauf in Wirtschaft und Politik.

Dessen eingedenk erkundige ich mich bei allen anwesenden Beamten nach ihrem Wohlergehen und dem ihrer Familien. Nach den Schwierigkeiten mit meinen kümmerlichen Russischkenntnissen in Georgien kann ich mich nun mit meinem türkischen Wortschatz halbwegs verständlich machen. Die Sprache hier ist eine Abart des Türkischen, wie in allen Stan-Ländern, die wir besuchen wollen.

»Ach, Ihre Kinder wohnen in Baku und Sie sind hier stationiert? Wie schade. Ich hoffe, Sie können sie regelmäßig besuchen.« Ich zeige mein Verständnis und fahre dann mit den Fragen fort, die einem Reisenden in den muslimischen Ländern täglich viele Male gestellt werden: »Wie viele Kinder haben Sie? Haben Sie Fotos von ihnen zur Hand?«

Solche in die Privatsphäre zielenden Fragen werden im Westen als aufdringlich empfunden, nicht aber hier. Während die Wächter voll Begeisterung Bilder ihrer Kinder – vor allem der Jungen – zeigen, deutet Laura auf unsere Motorräder und beklagt, dass wir nicht so glücklich sind. Weder die Beamten noch wir achten auf die Fahrzeugschlange, die sich hinter uns aufbaut. Ta'arof geht in jedem Fall vor.

»Leider passen keine Kinder in unsere Motorradkoffer, aber, Inshallah, vielleicht können wir, wenn wir einmal Australien erreichen, auch eine Familie gründen«, sage ich, die Wahrheit leicht verbiegend. »Allzu viele Schwierigkeiten dürfen uns aber unterwegs nicht begegnen.«

Der Chef der Truppe versichert uns, dass Aserbaidschan ein sehr gastfreundliches Land sei, in dem wir keine Probleme haben werden. Das war das Ta'arof-Türchen, auf das wir gewartet hatten. Wie beim Angebot mit der Gratisfahrt im Taxi KANN der Fremde annehmen, auch wenn es nicht ernst gemeint war. Wenn die Tür einmal geöffnet ist, können die Einheimischen nicht mehr leicht Nein sagen.

»Mein Visum ist in diesem Pass, und hier ist mein neuer«, erklärt Laura und klimpert ein wenig mit den Augenlidern.

Es dauert keine Minute, und wir haben unsere Einreisestempel. Die Zöllner haben uns sogar erlaubt, die Motorräder während unseres gesamten Aufenthalts zu nutzen, was ungewöhnlich ist. Wegen eines bürokratischen Lapsus beim staatlichen Zollkomitee dürfen im Ausland registrierte Motorräder nämlich im Gegensatz zu Autos nur 72 Stunden im Land gefahren werden. Ganz offensichtlich haben wir unsere Trümpfe richtig ausgespielt.

Von einer langen Reihe nicht demokratischer Staaten, die wir im kommenden Jahr passieren müssen, ist Aserbaidschan der erste. Präsident Ilham Aliyev ist, wenn man mich fragt, ein Erbdiktator, obwohl er selbst wohl behaupten würde, er sei demokratisch gewählt worden. Auf alle Fälle sollte ich meine Meinung vorsichtshalber für mich behalten, denn Kritikern des Regimes drohen drakonische Strafen.

Unwillkürlich ducken wir uns unter den gestrengen Blicken Ilhams und seines verstorbenen Vaters, Expräsident Heydar, die uns von Postern über der Straße und von haushohen Bildschirmen anstarren. Vater und Sohn haben das Land mehr als zwei Jahrzehnte lang regiert, und es darf bezweifelt werden, dass sich dies bald ändert. Ilham hat ein Referendum abhalten lassen, das ihm eine unbeschränkte Zahl von Amtszeiten garantiert. Die Opposition kann da nur bei sich zu Hause verzweifeln, im Parlament hat sie keinen einzigen Sitz. Das ist kein Wunder, denn der Aliyev-Clan finanziert seinen Wahlkampf einerseits mit Staatsgeldern, andererseits mit Einkommen aus seinen Beteiligungen an den größten Banken und Wirtschaftsunternehmen des Lands, allen voran die staatliche Ölfirma, deren Vizepräsident Ilham ist.

Das Öl ist es auch, das Aserbaidschan aus dem einstigen Dunkel nun als reichen kaspischen Staat ins Rampenlicht katapultiert hat – solange man sich nicht zu weit von den Hauptverkehrsadern entfernt. Jedes Mal, wenn wir das tun, um abseits einen Tee zu trinken und ein paar Kleinigkeiten zu essen, verwandelt sich die makellose, mit modernen Einkaufszentren flankierte Teerstraße zu einer durch verfallene Dörfer führenden, von Schlaglöchern übersäten Piste. Viele Analysten behaupten, dass die Wirtschaft Aserbaidschans gut läuft und dass die Arbeitslosenquote niedriger ist als in anderen ehemaligen Sowjetrepubliken, aber ich glaube, sie meinen da eher die Hauptstadt Baku. Die meisten der »arbeitenden« Dörfler, die wir treffen, versuchen, am Straßenrand etwas zu verkaufen. Wassermelonen, Fisch und lebende weiße Kaninchen, die sie an den Ohren hochhalten und vor unseren Motorradhelmen hin- und herbaumeln lassen. Der einzige gemeinsame Nenner dieser verarmten Orte und der glitzernden Hauptstraßen sind die Poster der Aliyevs, die hier an die Wände baufälliger Häuser genagelt sind.

Ilhams elfjähriger Sohn hat derweil in Dubai neun am Meer liegende Villen gekauft, deren Wert 2010 mit 35 Millionen Euro angegeben wurde. Es verbietet sich zu fragen, ob ein Kind einen Kaufvertrag für Luxusanwesen schließen darf, denn das könnte als Kritik an der Regierung aufgefasst werden. Die für mich bedeutsamere Frage ist folgende: »Was hält das Volk von der Steuerhinterziehung des Präsidenten und von seiner Geldwäsche in überseeischen Scheinfirmen?« Es ist noch nicht so lange her, dass der deutsche Bundespräsident Christian Wulff seinen Rücktritt einreichen musste, weil er angeblich während seiner Zeit als niedersächsischer Ministerpräsident Vorteile angenommen hatte – ein paar kostenlose Hotelübernachtungen – und später in eine Kredit- und Medienaffäre geraten war! In Aserbaidschan aber kann eine korrupte Regierung im Amt bleiben, die regelmäßig die Telefone der Bürger anzapft und journalistische Recherchen als Spionage verfolgt.

Eine Sekunde – machen Regierungen im Westen nicht ähnliche Dinge? Julian Assange, der Gründer von Wikileaks, sucht seit Juni 2012 politisches Asyl in einem nichtwestlichen Land, weil er Verbrechen der US-Regierung publik gemacht hat, vor allem, indem er das wahre Gesicht des Kriegs in dem berühmt gewordenen Video *Collateral Murder* gezeigt hat. Der grausame Film, der zeigt, wie amerikanische Soldaten irakische Zivilisten töten, wurde von den USA als geheim eingestuft. Sollte Julian an Amerika ausgeliefert werden, droht ihm dort die Todesstrafe wegen Terrorismus. Bradley (Chelsea) Manning, der Soldat, der das Video an Wikileaks schickte, ist bereits zu einer Gefängnisstrafe von 35 Jahren verurteilt worden! Ist es da nicht bemerkenswert, dass der Bürgerrechtsaktivist Chen Guangcheng, der politische Maßnahmen der chinesischen Regierung offengelegt hat, in Amerika zur gleichen Zeit als Held betrachtet wird? Als dieser im April 2012 in die US-Botschaft in Beijing flüchtete, wurde ihm bereits einen Monat später in New York ein herzlicher Empfang bereitet. Ein weiteres Beispiel wäre Edward Snowden, der Mann, der die Aktivitäten der NSA detailliert aufgedeckt hat, darunter die Überwachung des Mobiltelefons der deutschen Kanzlerin. Der Spionage beschuldigt, hält er sich an unbekanntem Ort in Russland auf und sucht nach einem dauerhaften Asyl in einem »demokratischen« Land. Auch Guantanamo Bay sollte man nicht vergessen. Trotz des 2009 gegebenen Versprechens von Präsident Obama, das Lager – diesen »Gulag der heutigen Zeit« – zu schließen, sind dort Anfang 2014 noch immer 155 Häftlinge untergebracht. Für die meisten davon gibt es keine Anklage wegen eines konkreten Verbrechens. Einige warten seit 2002 darauf, dass ihr Fall gerichtlich verhandelt wird.

Wir sollten nicht mit unserem politischen System prahlen, wenn wir über Länder wie Aserbaidschan urteilen. Es hat den Anschein, als ob eine Demokratie, sei sie nun eine zum Schein oder eine wirkliche, weder Gerechtigkeit noch eine gute Staatsführung garantiert. Der Westen hat in der Vergangenheit die Clans von Bin Laden und Saddam Hussein hofiert, und zwar ohne Gewissensbisse, solange sie seinen Interessen nützten. Als sie dann aber als Bedrohung empfunden wurden, wurden sie liquidiert. Heute sind wir mit Aserbaidschan und seinem korrupten Regime zufrieden. Das Land hat vielleicht mehr unerschlossene Gas- und Ölquellen als Saudi-Arabien oder der Iran und damit das Potenzial, Europa über Jahrzehnte hinweg mit Energie zu versorgen. Ilham ist da ein prima Kumpel für uns. Es wird in Europa sogar überlegt, Aserbaidschan in die EU aufzunehmen – und schon sieht man in der Ecke eines jeden Manat-Scheins, der Landeswährung, die Richtung, in welche der Wind weht: eine vollständige Landkarte Europas.

Manchmal meine ich, dass die Idee der Demokratie überdacht werden müsste. Weltweit habe ich nur vier Spielarten gesehen, und keine davon garantiert soziale Gerechtigkeit und eine friedliche Zukunft. Einmal gibt es die in Aserbaidschan verwirklichte Variante, von der zutrifft, was einst Josef Stalin sagte: »Es sind nicht die Wähler, die zählen. Es sind die Leute, die die Stimmen zählen.« Als zweites kann die Wahl fair sein, aber es ist nicht der gewählte Kandidat, der in Wahrheit die Zügel der Macht in Händen hält. Auch kommt es vor, dass die Auswahl unter den Kandidaten so gering ist, dass nicht der beliebteste, sondern der am wenigsten unbeliebte gewählt wird, der sich dann nicht an seine Wahlversprechen gebunden fühlt. Die vierte Möglichkeit ist die, dass das Staatsoberhaupt tatsächlich dem Wunsch des Volks entspricht. Wer aber sagt, dass die Massen so gut über nationale und internationale Politik informiert sind, dass sie ihre große Verantwortung als Wähler wirklich tragen können? Ärzte müssen ihr Können nachweisen, bevor sie am Operationstisch stehen dürfen, und künftige Autofahrer müssen eine Prüfung bestehen, bevor sie das Lenkrad in die Hand nehmen. Sollte man nicht auch eine Wählerlizenz einführen, für deren Erhalt eine »Wählerprüfung« zu bestehen ist, um einige schlecht informierte Individuen von den Wahlurnen fernzuhalten? Haben Sie bessere Ideen, unsere Demokratie zu verbessern, so halten Sie diese nicht zurück. Die Welt wird es Ihnen danken.

Während der nächsten Tage begegnen uns »The Good, the Bad and the Ugly«. Zum Guten zählen die Spritpreise und die Teepausen. In jedem Restaurant am Straßenrand bekommen wir kostenlos eine kochend heiße Tasse, dazu eine Zitronenscheibe und einige Würfel Zucker, die wir lutschen, während wir am Tee nippen. Wie im Iran wird der Zucker nicht in den Tee gegeben. Schlimm sind die aserbaidschanischen Fahrer. Der Highway ist voll neuer Mercedes-Limousinen, alten UAZ-Jeeps und qualmenden Kamaz-Lkw. Was ihnen allen gemein zu sein scheint, ist blanker Straßenwahnsinn. Hässlich sind die vielen Kontrollposten der Polizei. Der frühere georgische Präsident Saakaschwili feuerte 2005 die gesamte 30 000 Mann starke Polizeitruppe seines Lands aufgrund ihrer weithin berüchtigten Korruptheit und stellte dann neue Beamte ein. Vielleicht wäre es klug, wenn Präsident Ilham dasselbe in Aserbaidschan machte. Wir hörten von einem Reisenden, der zwischen der Grenze und Baku rund 320 Euro Schmiergeld bezahlen musste. Uns bleibt eine solche Erfahrung glücklicherweise erspart.

Sollten Sie, gleich in welchem Land der Welt, von einem korrupten Beamten angehalten werden und nicht tatsächlich gegen die Vorschriften verstoßen haben, so können Sie zuerst versuchen, mit Freundlichkeit weiterkommen. Falls das nicht klappt, verlangen Sie nach dem Vorgesetzten und nach einer gedruckten Straßenverkehrsordnung. Sollte auch das nicht verfangen, müssen Sie Ihre Schauspielkunst erproben: Fragen Sie nach der Identität des Beamten, greifen Sie dann zum Handy und tun so, als würden Sie ein Ministerium in der Hauptstadt anrufen. Dabei ist nicht wichtig, dass der Polizist Ihre Sprache beherrscht. Sie müssen nur seinen Namen, seine Identifikationsnummer und das Wort »corruption« in Ihr fingiertes Gespräch einflechten, und schon wird er kapieren, was los ist. Alternative Taktiken bestehen darin, sich taub zu stellen und nur die eigene Muttersprache zu sprechen, oder darauf zu bestehen, die »Strafe« an einer Bank einzuzahlen. Meine Strategie, wenn ich um Schmiergeld angegangen werde, ist vorzugsweise, mit dem Finger das tadelnde Zeichen »aber, aber« zu machen und einfach wegzufahren. Auf diese Weise habe ich in den letzten 16 Reisejahren kein einziges Mal auch nur einen Cent bezahlt.

Zum Guten, Schlimmen und Hässlichen kommt das Großartige, nämlich die Landschaft von Qobustan und die Möglichkeiten, wild zu campen. Nach Monaten im quirligen und lauten Tiflis ist die Stille in der Wüste überwältigend. Es gibt hier niedrige

Gebirgszüge, trockene Schluchten und von der Sonne durchglühte, mit Kalksteinfelsen gesprenkelte Ebenen. Überall findet man erstklassige Flecken, an denen man ein Zelt aufstellen und zwei Motorräder verstecken kann. Vor vielen Jahrhunderten war Qobustan zum Teil vom Kaspischen Meer bedeckt, und das Klima war feucht genug für viele Wildtiere: Löwen, Leoparden und Gazellen. Das ist vorbei; das einzige Tier, dem wir begegnen, ist ein Skorpion in Lauras Schuh. Sie hatte diesen dummerweise über Nacht vor dem Zelt stehen gelassen, doch das wird ihr kein zweites Mal passieren.

Wir erreichen schließlich das Kaspische Meer, den weltgrößten See, unter dem sich die drittgrößten Lagerstätten von Öl und Gas verbergen. Sein 800 Kilometer langes aserbaidschanisches Ufer aber entspricht nicht recht dem, was man von Thailand oder der Goldküste Australiens kennt. Anstelle von Sandbuchten mit verstreuten Palmen entdecken wir ein Szenario, das an einen *Mad-Max*-Film erinnert. Für unseren Strandurlaub haben wir die Wahl, neben aufgelassenen Raffinerien, unter einer Pipeline oder inmitten nickender Pferdeköpfe (keine mit langer Mähne, die wiehern, sondern Pferdekopfölpumpen) zu schlafen. Nichts von alledem ist besonders romantisch. Wenigstens brauche ich mir keine Sorgen zu machen, dass mir in diesem Land der Sprit ausgehen könnte. Ich müsste nur insgeheim ein Löchlein in irgendeine Pipeline bohren und meinen Tank füllen.

Die beständigen Winde könnten die Gegend theoretisch zu einem Paradies für Surfer machen. Doch alle Hoffnung auf Scharen von Wassersportlern ist vergebens: Das Wasser am Ufer ist mit Schlick bedeckt, und der Seewind riecht scharf nach Rohöl. Laura und ich verzichten darauf, hier zu schwimmen. Marco Polo, der im 13. Jahrhundert vorbeikam, glaubte, dass ein Bad in Öl eine ideale Therapie für »Menschen und Tiere mit

Räude und Kamele mit Nesselsucht und Geschwüren« wäre. Noch heute kann Aserbaidschans Elite eines der speziellen Spas des Lands besuchen, in denen man mit der heilsamen Wirkung des Öls wirbt, nämlich mit seiner Fähigkeit, durch ein Bad Hautkrankheiten, Rheuma und Arthritis zu heilen. Ich halte es lieber mit der westlichen Medizin, die Erdöl eher für krebserregend hält.

Die geologischen Hinweise auf den ungeheuren Reichtum des Lands sind überall zu sehen. Im Persischen heißt Aserbaidschan »Wächter des Feuers«, und das aus gutem Grund. Auch wo der Mensch nicht in den Innereien der Erde nach ihrem Blut bohrt, blutet die Natur ganz von selbst. Nur ein paar Kilometer entfernt sind im Umland die berühmten Schlammvulkane von Qobustan zu finden. Zurzeit sind rund 400 davon aktiv; es blubbert und furzt, und manchmal gibt es heftige Explosionen. Auf der Halbinsel Abscheron dringt Erdgas aus dem porösen Boden. Besucher können es, wenn sie wollen, anzünden und tatsächlich Bratwürste und Bananen für ein Picknick grillen.

In der Nähe finden wir auf einem Felsblock eine Inschrift, die ein römischer Legionär zwischen 83 und 96 n. Chr. hinterlassen hat. Sie lautet: »IMP DOMITIANO CAESARE AVG GERMANICO LVCIVS IVLIVS MAXIMVS LEG XII FVL«, also »Unter Kaiser Domitian, Caesar, Augustus Germanicus, Lucius Julius Maximus, Legio XII Fulminata«. Etliche Geschichtsforscher glauben, dass diese Inschrift den östlichsten Punkt des Römischen Reichs markiert, dieses Graffiti, das im Grunde nur besagt: »Ich war hier.« Auch wir sind hier. Wir treten hinter den Block und sehen uns in die Augen.

»Ist dir bewusst, dass wir es mit Pixie und Puck weiter geschafft haben als die Römer in ihrer ganzen Geschichte?«, frage ich mit einem kleinen Anflug von Stolz.

»Und es geht noch viel weiter. Schauen wir zu, dass wir nach Baku kommen und die elende Bürokratie hinter uns bringen.«

Laura hat recht. Wir müssen Visa besorgen und eine Fähre erwischen. Das erste Mal seit unserem Aufbruch in Deutschland sind wir ein bisschen in Eile.

Baku, was für eine Stadt! Ich weiß nicht, soll ich sie faszinierend nennen oder grotesk. Wie soll man eine Metropole nach ästhetischen Gesichtspunkten beurteilen, wenn es dort einen Nachbau der Glaspyramide des Louvre gibt, einen venezianischen Kanal im Zentrum und daneben einen zum Weltkulturerbe zählenden Turm aus dem 11. Jahrhundert? Von der Promenade am Ufer des Kaspischen Meers sieht man bis zum Horizont in der Hitze zitternde Schemen von Bohrtürmen, und schließlich gibt es noch eine U-Bahn russischer Art, die so tief unter der Erde verläuft, dass sie auch als Atombunker dienen kann. Wer an Klaustrophobie leidet und nicht ins Höhlensystem der Metro hinabsteigen will, der kann die Stadt in einem der 1000 lila gefärbten Londoner Taxis durchstreifen, die extra für den Eurovision Song Contest angeschafft wurden. Um bei diesem Ereignis zu bleiben: Es könnte sich lohnen, die dafür errichtete vier Meter hohe Mauer längs der neuen Straße zum Flughafen zu besichtigen – mir wurde gesagt, sie diene dazu, die Armut auf der anderen Seite vor den Blicken der Besucher zu verbergen.

Einige futuristische Gebäude kann man durchaus schön finden, andere erinnern an ein Kampfraumschiff aus *Star Wars*, das mit dem Hinterteil voraus abgestürzt ist. Es gibt Pläne, einen 1000 Meter hohen Turm mit 189 Stockwerken zu bauen und – wie Palm Jumeirah in Dubai – einen Ring aus 41 künstlichen Inseln als Luxuswohngebiet. Es ist faszinierend, was man alles machen kann, wenn man unendlich viele Barrel Öl besitzt. Was ältere Bausubstanz angeht, so ist sie oft nur schwer von Imitaten zu unterscheiden. Etliche restaurierte Villen sind denen ebenbürtig, die wir in Tiflis gesehen hatten. Viele aber sind Kitsch im Disney-Stil, bei denen die scheinbaren Steinmauern nur auf den Beton geklebte Platten sind. Die Mischung von alter und moderner Architektur, die in der Nacht blinkenden LED-Displays auf Türmen mit Glasfassaden und daneben die Kopfsteinpflasteralleen, die durch Teppichbasare führen, all dies stürmt auf die Sinne ein. Oder es beleidigt sie. Das hängt vom Geschmack des Betrachters ab.

Moscheen und Minarette sind rar in dieser Stadt, doch dafür steht vor dem McDonald's in der Fußgängerzone eine junge Frau aus Bronze, deren Top den Blick auf den Nabel freigibt. Der Mangel an zur Schau gestellten religiösen Symbolen wird durch Zeichen des Patriotismus überkompensiert. Am nördlichen Stadtrand hat eine amerikanische Firma einen 162 Meter hohen Fahnenmast für eine Flagge von der Größe eines Fußballfelds aufgestellt. Man mag Baku surreal, prahlerisch oder glitzernd nennen, ich weiß nur, dass es unverschämt teuer ist. Die Preise fürs Übernachten sind so astronomisch, dass wir es wie in Zermatt mit Couchsurfing probieren. Unser Retter ist Andrew, ein Exilpole in unserem Alter, der ein Luxusapartment mit Blick über die Stadt besitzt.

Wir wären lieber in der Wüste von Qobustan geblieben, aber wir mussten nach Baku kommen, um die »Heilige Dreiheit der Seidenstraße« zu erhalten: Visa für Kasachstan, Usbekistan und Tadschikistan. Das Problem ist, dass wir nicht wussten, dass hier gerade die Hauptferiensaison ist und die meisten Botschaften für eine Woche oder länger geschlossen haben. Es ist Novruz Bayrami. Wieder einmal Neujahr, das in Aserbaidschan nach dem persischen Kalender an der Sonnenwende im Frühling gefeiert wird – mit Feuerwerk und allem, was dazugehört. Das ist nun schon das dritte Neujahr in den letzten drei Monaten! Mit rekordverdächtigen Sprints durch die Stadt und einigem Ta'arof an den jeweiligen Botschaften schaffen wir es jedoch, alle Visa zu erhalten, ehe unsere Fähre nach Aktau in Kasachstan ablegt.

Ich sage diesem verrückten Land mit seinem Ölboom Adieu und erinnere mich dabei an die Worte von Anke Engelke, als sie beim Eurovison Song Contest das Ergebnis aus Deutschland bekannt gab: »Heute Nacht konnte ja niemand für sein eigenes Land abstimmen. Aber es ist gut, abzustimmen, und es ist gut, eine Wahl zu haben. Viel Glück auf eurer Reise, Aserbaidschan. Europa schaut auf euch.«

Mit diesem Gedanken schwingen wir uns auf die Motorräder und fahren zum Fähranleger.

Lusingando

Schmeichelnd, gleitend, zart, spielerisch

Kasachstan, 1.4.2014

»In 20 Minuten können Sie an Bord der Fähre gehen«, meint der freundliche Hafenwächter. In den letzten sechs Stunden hat er das schon zehnmal gesagt. Laura und ich haben uns damit abgefunden, dass 20 aserbaidschanische Minuten unendlich viel länger dauern als 20 deutsche. Wir warten seit fünf Uhr nachmittags am Pier für Kasachstan, und jetzt ist es bald Mitternacht. Auf dem Parkplatz herrscht gespenstische Leere; da sind nur die paar Autos der Angestellten und etliche verwilderte Katzen, die schnurrend um die Büchse mit Thunfisch herumstreichen, die wir für sie geöffnet haben. Es sieht gar nicht danach aus, als könnten wir in nächster Zeit an Bord gehen.

»Heute, morgen, irgendwann«, sagt Laura. »Vielleicht sollten wir Zelt und Schlafsäcke auspacken.« Sie hüpft im Kreis herum, um sich warm zu halten. »Mir frieren bald die Brustwarzen ab.«

Wir wollen uns nicht zu sehr beklagen. Vor ein paar Tagen hatten wir fast schon allen Glauben daran verloren, dass es uns je gelingen würde, das Kaspische Meer zu überqueren. Und eine gute Nachricht gibt es obendrein: Unsere Fähre ist die BARDA, der Stolz der kaspischen Frachterflotte, und nicht einer der rostenden Pötte, die während der Sowjetära gebaut worden sind. So ein Schiff liegt gerade in der Bucht nebenan. Es ist aus Turkmenistan gekommen und neigt sich bedenklich zur Seite. Wenn Lastwagen und Güterzüge aus dem Frachtraum herausrollen, richtet es sich kurz auf und kippt dann auf die andere Seite. Man muss kein Bootsbauer sein, um zu sehen, dass solche Schiffe nicht für das offene Meer taugen. Wohl sind sie über

150 Meter lang, aber mit ihrer geringen Breite und ihrem zu hoch liegenden Schwerpunkt schwanken sie wie besoffene Matrosen in den Wellen und können keinen heftigen Stürmen trotzen. 2002 ist ein Schiff wie dieses, die MERKURIY 2, auf dem Weg von Kasachstan nach Baku gesunken. Bei einer Windstärke von Beaufort acht und sechs Meter hohen Wellen hatten sich 16 Öltanks aus ihrer Vertäuung gerissen und verschoben. Dadurch geriet die MERKURIY 2 mit ihren 12 320 Tonnen in Schieflage und sank. Von den 51 Menschen an Bord konnten nur neun gerettet werden.

Das vor Augen, warten wir gern auf die BARDA, und wenn es noch so lange dauert. Dieses Schiff ist erst vor wenigen Jahren in Kroatien gebaut worden, und auch seine Inneneinrichtung soll recht modern sein. Andere Reisende, die mit den alten Schiffen gefahren sind, haben uns berichtet, dass sie ihre Kabinen mit zugedröhnten Lastwagenfahrern teilen mussten. Man konnte sich nicht waschen oder die Kloschüsseln spülen, die ganz offensichtlich nicht mehr geputzt worden waren, seit Stalin zuletzt darauf gesessen hatte. Auf der BARDA hat man uns dagegen eine Kabine für uns allein versprochen.

Das System der Fahrkartenausgabe erinnert uns ein wenig an unsere Erfahrungen auf dem Assuan-Stausee, als wir mit Matilda vom Sudan nach Ägypten übersetzten. Will man von Calais nach Dover, so braucht man nur den Fahrplan studieren und an der Kasse bezahlen. Hier in Baku gibt es keinen Fahrplan, da die Frachtschiffe, die im »Kaspischen Dreieck« Turkmenistan-Aserbaidschan-Kasachstan unterwegs sind, nur dann aus dem Hafen auslaufen, wenn so viel Fracht an Bord ist, dass sich die Reise lohnt. Schon viele Reisende mussten Tage, wenn nicht Wochen, auf dem Parkplatz am Hafen ihre Zelte aufstellen und dort ausharren, bis sie eine Fähre mitnahm. Bei ungünstigem Wetter geht gar nichts, um ein Unglück wie das der MERKURIY 2 zu vermeiden. Aus all diesen Gründen werden Fahrkarten erst ein paar Stunden vor der Abfahrt verkauft.

Um die Sache noch ein bisschen komplizierter zu gestalten, hat nur eine Person die absoluten Hoheitsrechte über den Ticketverkauf, eine Frau von Mitte 40, die den Kunden den deutlichen Eindruck vermittelt, sie habe Besseres zu tun, als sich mit gewöhnlichen Sterblichen zu befassen. Tatsächlich gibt sie Fahrkarten nur dann aus, wenn sie gerade guter Laune ist. Als wir ihr Heiligtum betraten, fluchte die kaspische Hohepriesterin auf Russisch und schlug auf einen Fernseher ein, über dessen Bildschirm nur Rauschen flimmerte. Ihr Versuch einer Reparatur wirkte ebenso aussichtslos wie unser Hoffen, bedient zu werden.

»Gestatten Sie?«, fragte ich und sah hinter den Apparat. Den Fehler bemerkte ich mit einem Blick: Das Antennenkabel war nicht eingesteckt. Nun wollte ich sie aber nicht damit verblüffen, dass ich den Fernseher in zwei Sekunden »reparieren« kann. Also nahm ich den kleinen Schraubenzieher, den ich immer bei mir habe, und tat ein, zwei Minuten lang so, als würde ich imaginäre Schrauben auf der Rückseite des Geräts drehen. »Probieren Sie, jetzt sollte es gehen.«

»Ah ... vielen herzlichen Dank«, rief sie, lächelte breit und schaltete dann auf den Kanal, auf dem ihre aserbaidschanische Lieblingsseifenoper lief. »Wie kann ich Ihnen helfen?«

Bald schon hatten wir unsere Fahrscheine und obendrein noch einen guten Rat zum Abschied: »Nehmt viel zu essen mit. Die Strecke beträgt zwar lediglich 350 Kilometer, aber die Fahrt kann zwischen 20 Stunden und einer vollen Woche dauern.«

Plötzlich, um ein Uhr in der Nacht, reißt mich ein Höllendurcheinander auf dem Parkplatz aus meinen Gedanken. »Los, los, schnell, schnell!«, schreit der Hafenwächter. »Bringt eure Motorräder auf die Laderampe!«

Wir fahren in den Laderaum der BARDA und parken zwischen Eisenbahnwagen und Lastautos. Puck und Pixie müssen wir gut festzurren, damit sie sich nicht losreißen und das Schiff zum Kentern bringen. Ein Besatzungsmitglied führt uns zu unserer Kabine, einem recht geräumigen Zweibettzimmer mit Dusche und Toilette. Mit der Sauberkeit ist es nicht allzu weit her; die Matratzen haben hässliche Flecken und riechen nach dem Fußschweiß der Lastwagenfahrer, aber das kümmert uns im Augenblick nicht, denn wir sind todmüde. Wir fallen in unsere Kojen und schlafen sofort ein. Irgendwann in der Nacht lichtet die BARDA den Anker und fährt in die Dunkelheit hinaus.

Unsere Kabine hat kein Bullauge, das man öffnen könnte, und so erwachen wir mit hämmernden Kopfschmerzen. Als wir uns an Deck wagen, um frische Luft zu schnappen, begrüßt uns helles Sonnenlicht. Neugierig geworden, wollen wir uns ansehen, was unser »Kreuzfahrtschiff« alles zu bieten hat. Wir dürfen frei herumspazieren, hinunter in den Laderaum, in die Küche, den Maschinenraum und sogar auf die Brücke, nachdem der Kapitän uns die Erlaubnis gegeben hat. Eine Cocktailbar gibt es nicht, aber wir stoßen auf einen Gemeinschaftsraum, wo die anderen Passagiere ihr Frühstücksbier trinken. Sie alle sind Trucker aus Russland, Lettland und Georgien. Touristen sind allein wir beide.

Wir haben lieber Kaffee zum Frühstück. Mit den Tassen in der Hand ziehen wir uns in einen windgeschützten Winkel an Deck zurück und verbringen den Rest des Tags damit, zu lesen, zu schreiben und uns das erste Mal in diesem Jahr von der Sonne bräunen zu lassen. Um uns ist nur die weite Wasserfläche, über der einige Vögel dem Schiff folgen. Wir hatten gehört, dass sich andere Touristen über Langeweile beklagt haben, doch uns belebt die Fahrt. Das dürfte noch eine Woche so weitergehen, denke ich. Das Dumme ist, dass man manchmal genau das bekommt, was man sich gewünscht hat.

Das Rattern der Ankerkette weckt uns. Wenn meine innere Uhr richtig geht, ist es kurz vor Mitternacht, und wir haben nach 20 Stunden ruhiger Fahrt Aktau erreicht. Wir ziehen uns rasch an und laufen nach draußen, um einen ersten Blick auf Kasachstan zu werfen. Ja, da ist es, aber nicht so, wie wir gehofft hatten. Statt im Hafen liegen wir eine Seemeile vor der Küste. Wir müssen warten, bis wir die Genehmigung zum Anlegen bekommen, erfahren wir vom Kapitän, mehr nicht. Keiner an Bord hat eine Ahnung, wie lange das dauern wird, und es scheint auch keinen zu stören, so lange es genügend Wodka und Bier gibt. Vielleicht morgen, vielleicht auch nicht.

Am dritten Tag schaukeln wir immer noch wie eine tote Ente am gleichen Ort. Wir sind nun so gut ausgeruht, dass wir Zombies im Koma ähneln. Von einer Genehmigung zum Anlegen keine Spur. Wir leiden Tantalusqualen: das Land vor Augen und doch unerreichbar fern. Inzwischen haben sich noch andere Schiffe zu unserer Flotte von »Fliegenden Aserbaidschanern« gesellt, deren Schicksal es sein wird, als Gespenster für alle Ewigkeit vor der Küste zu liegen. Wir können nichts tun als warten. Laura hat einen Platz zum Sonnenbaden gefunden, der ihr sehr gefällt, während ich mich eher im düsteren Verlies des Maschinenraums zu Hause fühle. Dort mustere ich mit meinem neuen »Freund« Ali die zwei MAN-Schiffsdiesel mit ihren jeweils 2000 Kilowatt. Ali ist zweiter Ingenieur, gebürtig aus Aserbaidschan, und er spricht ein paar Brocken Englisch. Seit er erfahren hat, dass ich früher Bootsbauer war, bin ich für ihn so etwas wie ein geschätzter Kollege.

Tag fünf: Menge und Qualität der von der Küche gelieferten Mahlzeiten haben merklich abgenommen. Wir sind auf halbe Ration gesetzt worden. Zu allem Überfluss bricht das Abflussrohr unserer Toilette, auf dem Kabinenboden steht stinkendes Wasser, und in der Kantine gibt es kein Bier mehr.

»Heureka! Ich hab's«, ruft Laura mit einem Mal beim Abendessen. »Skorbut. Ich habe mir das Gehirn zermartert, aber jetzt weiß ich, welche Krankheit einen befällt, der monatelang ohne Gemüse und Vitamine auf See ist.«

Ich antworte ihr, dass ich noch viel schlechtere Neuigkeiten hätte. »In der Kantine gibt es kein Bier mehr, und du kannst dir vorstellen, was das bedeutet.«

»Was denn?«

»Kannibalismus.«

Zum Glück aber müssen wir keine Truckerfüße annagen und die Trucker uns ebenfalls nicht. Plötzlich zittert das Wasser in den Gläsern, der Anker wird gelichtet, und wir setzen uns gemächlich in Bewegung. 120 Stunden, nachdem wir uns eingeschifft haben, senkt sich die Gangway zum Hafen von Aktau. Das heißt aber noch lange nicht, dass wir uns sofort auf den Weg machen dürfen.

Kaum haben wir unsere Motorräder vom Schiff gebracht, werden wir auch schon von zwei kasachischen Offizieren begrüßt, deren Körpermaße denen von Berufsringern entsprechen. Auf meinen Reisen habe ich viele gewaltige Männer gesehen – russische Grenzwächter zum Beispiel oder Offiziere der kongolesischen Armee –, aber diese Kerle spielen in einer anderen Liga. Sie sehen wie mit Anabolika vollgestopfte Chinesen aus.

»Willkommen in Kasachstan«, sagt der weniger Furcht einflößende der beiden mit rauer Stimme. »Wo kommt ihr her?«

»Deutschland und Italien«, antworte ich.

»Aha. Hitler, Mussolini, Adriano Celentano. Gut!« Für einen ganz kurzen Augenblick zeigt er seine Zähne, und ich hoffe, das bedeutet hier etwas wie ein Lächeln und nicht, dass er uns fressen möchte. Wir werden zum Gebäude der Passkontrolle gewiesen, wo ein anderes Duo unsere Dokumente mustert. Laura wird rasch abgefertigt, aber mit mir hat der Beamte

Schwierigkeiten. Der Grund ist klar: »Repubblica Italiana« ist fast überall verständlich, aber um die Bedeutung von »Europäische Union, Bundesrepublik Deutschland« zu enträtseln, muss man wissen, wie die Deutschen ihr Land in der Beamtensprache bezeichnen. Wahrscheinlich haben Leute aus Finnland (Suomi), Ungarn (Magyarország) oder Japan (Nippon) ähnliche Probleme, falls auf ihrem Pass keine Übersetzung ins Englische erscheint.

»Ist das europäischer Pass?«, werde ich fünfmal hintereinander zweifelnd gefragt.

»Nein, ein deutscher Pass«, antworte ich ebenso oft. Dann, als ich merke, dass dies zu nichts führt, erkläre ich seufzend: »Sie wissen, Hitler.«

»Ah! Hitler-Deutschland. Gut.«

Schon glaube ich, dass nun alles klar ist und ich gleich meinen Stempel bekomme, da überrascht mich der Grenzbeamte mit einer neuen Frage:

»Ist das west- oder ostdeutscher Pass?«

Hier gelten nicht nur andere Maßstäbe für Minuten, hier scheinen sogar ganze Jahrzehnte spurlos zu verschwinden.

Die Zollkontrolle erweist sich als keinesfalls unproblematischer. Der Beamte muss alle unsere Fahrzeugdaten ins kasachische Kyrillisch übertragen. In Kasachstan ist während der letzten 100 Jahre das Schriftsystem mehrfach geändert worden: 1929 von der persisch-arabischen zur lateinischen Schrift, 1940 von der lateinischen zur kyrillischen und schließlich zu einer modifizierten Form, die sich besser für die kasachische Sprache eignet. Vor Kurzem wurde der Vorschlag gemacht, wieder zur lateinischen Schrift zurückzukehren, aber neben dem gewaltigen Aufwand, alle Schilder, Bücher und Gesetzesblätter des Lands neu zu drucken, entstünde dann das Problem, dass alle Älteren mit einem Mal zu Analphabeten würden. Bücher, die vor 1929 gedruckt wurden, kann heute kaum ein Kasache mehr lesen. Man denke in diesem Zusammenhang nur an das Chaos, welches die deutsche Rechtschreibreform von 1996 ausgelöst hat, obwohl sie vergleichsweise wenig Änderungen mit sich brachte.

Endlich dürfen wir passieren, um einen kleinen Teil eines der größten Länder der Welt zu erforschen. Die westlichste Region links des Uralflusses zählt üblicherweise geografisch noch zu Europa. Die Entfernung zwischen der kasachischen Ortschaft Zhanibek und Dresden beträgt in Luftlinie 2344 Kilometer und ist damit kleiner als die zur alten Hauptstadt Almaty (2390 Kilometer). Hätten wir nicht die Absicht, alle Stan-Länder zu durchreisen, so könnten wir im Osten direkt von Kasachstan nach China überwechseln.

Aktau ist Kasachstans wichtigster Hafen und die Pforte, durch die wir dieses weite Land betreten. Leider ist Aktau auch eine der ödesten Städte, die ich je gesehen habe. Ein Anziehungspunkt ist es allenfalls für die von weither kommenden Arbeiter der Ölfirmen, wobei ein Ausdruck wie »anziehend« eine schamlose Beschönigung ist. Die Unglücklichen, die es hierher verschlagen hat oder die gar hier geboren worden sind, finden in Aktau nur sehr wenig Unterhaltsames: Es gibt einen Uranerztagebau mit einem dazugehörigen Brutreaktor (zurzeit außer Betrieb), eine Meerwasserentsalzungsanlage und schließlich noch ein MIG-Denkmal. In dessen Schatten parken wir unsere Motorräder und fragen uns, wie viele Stadtbewohner sich wohl wünschen, mit diesem alten Kampfflugzeug in irgendein gelobtes Land entfliehen zu können. Vor knapp 50 Jahren haben die Bürger von Aktau im Stadtzentrum eine Zeitkapsel vergraben, in der Botschaften an künftige Generationen verschlossen sind. Das versiegelte Metallgefäß soll 2017 geöffnet werden, und es würde mich nicht überraschen, wenn man dann vor allem »Holt mich hier raus!« lesen könnte.

Die Stadtplaner haben es noch nicht einmal für nötig empfunden, den Straßen Namen zu geben. Die Adressen bestehen nur aus einer nackten Nummer für den Mikrodistrikt und einem Code für den Häuserblock. Ich meine, wenn man schon eine Stadt in der hintersten Prärie baut, dann sollte man wenigstens eine Illusion von Schönheit herbeizaubern, indem man die Straßen Wiesenstraße, Rosenboulevard oder Tulpenpromenade nennt. Die Mennoniten haben das in der öden Chaco-Region Paraguays vorgemacht, indem sie ihre Siedlungen am Ende der Welt Kleefeld, Lichtfelde, Blumenort und Schönau tauften. Freilich entspringen solche Namen einem reinen Wunschdenken, da in Wirklichkeit weder Klee noch viele Blumen im Chaco wachsen. Die Sowjets aber waren nun einmal keine Mennoniten, und blumiges Denken lag ihnen fern. Wir tanken, kaufen Lebensmittel und fliehen so schnell wie möglich aus Aktau. Unter meinem Helm singe ich den zum Aufbruch passenden U2-Song *Where the Streets Have No Name.*

Vor uns zieht sich eine 600 Kilometer lange Strecke durch die Mangystau-Wüste. Hinter dem Stadtrand schwinden die Zeichen der Zivilisation, und die Bevölkerung wird huftierisch – Tausende von Kamelen streifen durch die ausgetrocknete Ebene. Overlander, die mit dem Fahrrad unterwegs sind, sagen oft, dass die Straße von Aktau nach Beyneu und weiter zur usbekischen Grenze ein heißer Anwärter auf den Titel »schlechteste Straße der Welt« sei. Sie klagen nicht nur über heftigen Gegenwind, sondern auch über die langen Strecken zwischen Versorgungsstellen, über die Monotonie der Landschaft, den grausigen Zustand der Straßendecke und die Schwierigkeiten, einen geschützten Platz zum Zelten zu finden. Einige schlafen in den Entwässerungsgräben direkt neben der Straße, andere darunter, in den Betonrohren der Drainage. Im Großen und Ganzen ist es eine endlose Tour der Leiden. Die, die aus der entgegengesetzten Richtung kommen, behaupten oft gar, dass

19

19 In Serpentinen windet sich die Straße hinauf ins höchste Gebirge Europas. Der Elbrus, ein erloschener Vulkan, ist mit seinen 5642 Meter Höhe der bedeutendste Gipfel. Schon sind wir hoch über der Waldgrenze in der georgischen Region Oberswanetien.

20 Im Schatten der Gletscherriesen liegen einsame swanetische Dörfer. Schon oft wurde Georgien in Reisemagazinen zum schönsten Land der Welt gekürt ... ich möchte dem nicht widersprechen!

20

21

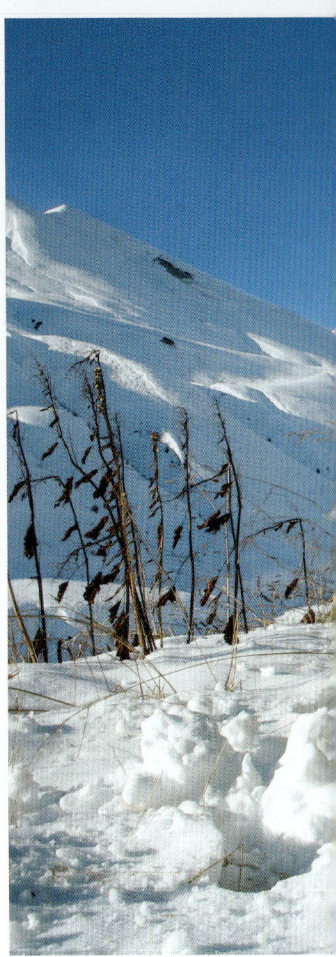

21 Fast auf jedem Hügel ragen Burgen und Wehrtürme auf. Die Letzteren heißen Koschkebi, sind 20 Meter hoch, stark befestigt und haben einen Eingang, der nur mit Leitern erreichbar ist. An die 1000 Jahre alt und ganz aus Stein erbaut, erinnern sie an Jenga-Klötze, die von kühnen Baumeistern zusammengesteckt wurden. Oberswanetien ist nie von fremden Truppen eingenommen worden.

22

23

22 Das Gelände wird immer steiler und die Vegetation immer spärlicher. In Uschguli, Europas höchstgelegenem Dorf, erreichen wir schließlich die Schneegrenze. Vor uns liegt der Zagari-Pass – werden wir ihn mit den Motorrädern bezwingen können? Der Schnee ist knöcheltief, die Temperatur liegt bei minus 8 °C.

23 Als Schneekettenersatz wickeln wir Seile eng um Räder und Speichen. So schaffen wir es, uns durch die Schneeverwehungen zu pflügen.

24

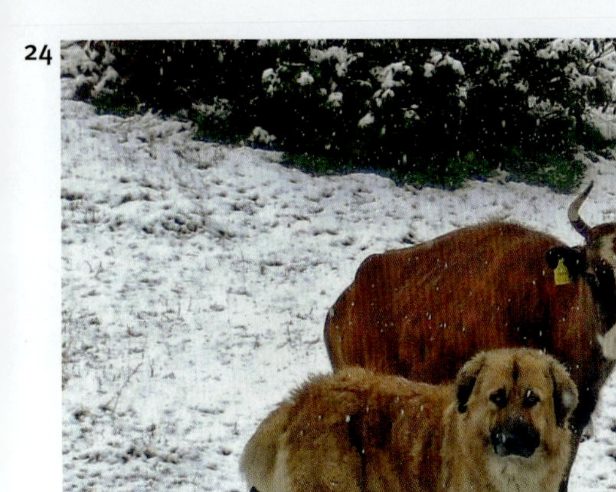

24 Wer kennt nicht das Märchen von den Bremer Stadtmusikanten. Hier ist das georgische Gegenstück.

25 Die Gegend von Qobustan in Aserbaidschan ist geologisch sehr aktiv: Mehr als 400 Schlammvulkane blubbern und furzen.

26 Tschurtschchela, wie sie hier vor dem Laden hängen, sind Walnüsse mit einem Überzug aus süßem Fruchtgelee, die auch »georgische Snickers« genannt werden.

27 Zu guter Letzt erreichen wir das Kaspische Meer, wo wir die Fähre von Baku nach Kasachstan besteigen.

25

26

27

28

29

30

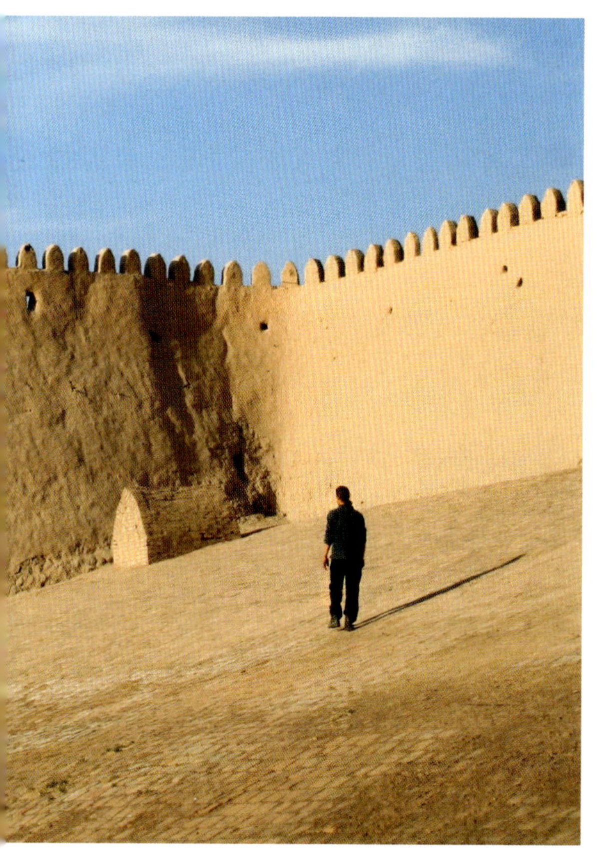

28 In Kasachstan fahren wir durch die Mangystau-Wüste. Wir genießen die große Einsamkeit, obwohl wir für 600 Kilometer eine ganze Woche brauchen. Ein Unwetter hat die Piste in Schlamm verwandelt, der dick an unseren Reifen klebt. Fahren, rutschen, halten, putzen. Fahren, rutschen, halten, putzen ... wieder und wieder, alle paar Hundert Meter.

29 Die Festungsanlagen der sagenumwobene Stadt Chiva in Usbekistan, die erbaut wurden, um vor Feinden und Wüstenstürmen zu schützen.

30 Laura, die Kamelflüsterin. In Usbekistan trägt ein Großteil der Bevölkerung Höcker; Tausende streifen über die dürren Ebenen.

31 

31 In Buchara und Samarkand bewundern wir die islamische Baukunst. Berühmt sind beide Städte auch für ihre Töpferwaren.

32 Ich mag mir kein GPS kaufen. In einer Wüste ohne Wegmarken muss ich die einzuschlagende Richtung deshalb mit steinzeitlichen Methoden bestimmen.

33 Siehe da: der Aralsee! Das bisschen hier ist davon noch übrig.

 32

 33

ihnen Aktau nach der langen Fahrt durch die Wüste wie das Paradies erscheint. Das sagt alles!

Als Motorradfahrer sind wir positiver eingestellt und genießen die Abgeschiedenheit. Es stimmt, dass die Winde heftig sind, aber uns können sie nur etwas schütteln, nicht ausbremsen. Was den Wassermangel betrifft, so führen wir über 20 Liter mit, ohne dass das zusätzliche Gewicht uns Schweißausbrüche verursacht. Schlaglöcher und Sandverwehungen sind lästig, und die Spitzen der Armiereisen, die aus den schlecht gewarteten Betonplatten des Straßenbelags herausstehen, können auch in unsere Reifen stechen. Der elende Straßenzustand hat jedoch auch sein Gutes. Wir finden eine ganze Sammlung von Lkw-Teilen, die auf der Rüttelpiste abgefallen sind. Einige davon kann ich zur Not als Ersatzteile für Puck und Pixie gebrauchen. Wenn wir schließlich einen Platz für unser Zelt finden müssen, dann wird ein paar Kilometer querfeldein gefahren. Vegetation, hinter der man gegen den Wind geschützt wäre, ist nur spärlich vorhanden, aber es gibt in einiger Entfernung immer Felsen oder Kamele – vorausgesetzt, sie liegen und bewegen sich die Nacht über nicht.

Der Verkehr ist stark, und alle Fahrer haben dreierlei gemeinsam: eine überbordende Neugier, das Bestreben, unerwünschte Hilfe zu leisten, und Kompressorhörner mit 200 Dezibel. Fast immer ist ihr Timing so gut, dass sie gerade dann hupen, wenn wir sie in unserem toten Winkel nicht sehen können. Die Insassen, auch die Fahrer, hängen oft zur Hälfte aus dem Fenster und winken wie verrückt, um unsere Aufmerksamkeit zu erregen. Ich bin es gewohnt, dass es auf dieser Welt sehr verschiedene Vorstellungen von der Größe der Privatsphäre gibt: zwischen fünf Kilometern in Deutschland und fünf Millimetern in Indien. Auf dem Motorrad ist es mir allerdings lieb, wenn Abstand gehalten wird. Manche wollen auch erreichen, dass wir anhalten; sie überholen, deuten auf den Straßenrand und bremsen direkt vor uns. Dann werden alle Hände geschüttelt, die üblichen Höflichkeitsfloskeln ausgetauscht und zuletzt holen die Kasachen ihre iPhones aus der Tasche, packen sich meinen Helm, ohne lange zu fragen, und wollen für ein Foto auf meiner Yamaha sitzen. Laura bleibt dieser Unsinn meist erspart – offenbar will kein kasachischer Mann auf einem »Mädchenbike« sitzen.

In Wahrheit haben die Winkenden, die Fotografierenden und die Hupenden keinerlei schlechte Absichten – sie folgen nur der kasachischen Sitte, Fremde im Land zu begrüßen. Wie sehr sie um uns besorgt sind, merken wir, sobald wir die Straße verlassen, um einen Zeltplatz zu suchen. Wenn man uns dabei ertappt, so werden wir verfolgt und gefragt, ob wir uns verfahren haben. Ich kann mittlerweile verstehen, warum Sacha Baron Cohen für seine exzentrische, chaotische, aber irgendwie dennoch liebenswerte Filmfigur Borat Kasachstani als Nationalität gewählt hat. Die einzige Chance, einen Schlafplatz zu finden, ohne unerwünschte Aufmerksamkeit zu erregen, bietet sich dann, wenn im Verkehr eine Lücke entsteht, die so groß ist, dass wir schnell entfliehen können, bevor wieder ein Auto am Horizont erscheint. Wenn möglich, sollten wir einen Platz westlich der Hauptstraße wählen. Jeder, der als Kind Karl May gelesen hat, weiß, dass man vor der Glut der untergehenden Sonne für zufällige Augenzeugen nahezu unsichtbar ist.

Was wir in Kasachstan nicht finden konnten, obwohl wir in der letzten Woche dauernd danach Ausschau gehalten haben, sind die herrlichen Farben des Frühlings, die während der kurzen, alljährlichen Blütezeit die Wüste mit gelben und roten Tönen überziehen. Das soll angeblich Ende März der Fall sein. Haben wir es versäumt? Die ganze Gegend hüllt sich in eintöniges Beigebraun, obwohl schon längst April ist. In dieser Jahreszeit liegt die Temperatur in der Mangystau-Wüste üblicherweise bei 20 °C, aber wir fahren hier in voller Winterausrüstung.

Wir entdecken am Horizont eine Chaihana und geben Gas. Chaihanas sind Teehäuser und ähneln entfernt einem Rasthof an einer europäischen Autobahn. In der Regel sind sie nicht sehr üppig ausgestattet, aber die Mahlzeiten, die es dort für die wichtigste Kundschaft – hungrige Fernfahrer – gibt, sind preiswert und sättigend. Besonders angenehm ist, dass sie mit einer Portion Windschutz serviert werden. Wir kauern uns vor dem Ofen zusammen, genießen unsere Hammelkebabs und blicken aus dem Fenster. Was wir dort sehen – oder, genauer gesagt, nicht sehen –, ist unglaublich. Das Wetter hat sich dramatisch verschlechtert. Ein heftiger Sandsturm ist losgebrochen und die Sichtweite ist fast auf null geschrumpft. Das Verrückteste aber ist, dass zusammen mit dem Sand auch Schneeflocken im heulenden Wind treiben. Bevor es noch dicker kommt, müssen wir unser Lager aufschlagen. Wir zahlen, springen in die Sättel, fahren hinter einen kleinen Hügel und kämpfen mit dem flatternden Zelt. Diesmal müssen wir nicht befürchten, dass uns Einheimische entdecken könnten. Es ist kaum möglich, das nächste Kamel zu erkennen. Ich schaue auf Pucks Thermometer, und dann suchen wir Schutz. Draußen sind minus 8 °C.

Am nächsten Morgen erwachen wir in einer der surrealsten Landschaften, die ich je gesehen habe. Die Sonne strahlt in voller Kraft von einem wolkenlosen Himmel, aber die Wüste ist mit einem Flaum aus weißem Schnee bedeckt. Das Kamel, das wir am Abend gesehen haben, liegt immer noch am selben Fleck hinter einem Felsen, und seine zwei Höcker tragen weiße Kappen wie Alpengipfel en miniature. Ich möchte diese Bilder gern meiner Familie schicken, aber WLAN ist in der Wüste unbekannt. Kamele skypen nicht.

Der wilde Sturm hat sich davongemacht, leider aber auch die unbefestigte Straße nach Beyneu. Durch starken Temperaturanstieg und die einsetzende Schneeschmelze hat sie sich in eine Piste von schier unergründlichem Schlamm verwandelt. So schaffen wir in zehn Stunden Fahrt nicht mehr als 50 Kilometer. Alle paar Minuten steckt einer von uns fest oder kippt mit dem Motorrad zur Seite. Reifen und Bremsscheiben sind so von feuchtem Lehm ummantelt, dass sie nicht mehr weiterdrehen können. Das Blatt hat sich gewendet; ein leichtes Fahrrad wäre jetzt von Vorteil. Fahren, rutschen, stoppen, Schutzblech entfernen, säubern. Fahren, rutschen, stoppen, Schutzblech entfernen. Wieder und wieder das Gleiche, bis wir endlich auf Teer kommen. Die Grenze zu Usbekistan ist jetzt nur noch eine Tagesreise entfernt – sofern uns nicht ein paar Blizzards, Tornados oder Tsunamis begegnen.

Die Natur ist unberechenbar; darauf sind wir gerade deutlich hingewiesen worden. Aber die Menschheit ebenso, wie uns bald bestätigt werden wird. In Karakalpakstan, der östlichen Region unseres nächsten Landes, haben sie die vielleicht größte Umweltkatastrophe aller Zeiten verursacht: die Tragödie um den Aralsee.

Estinto
Ausgelöscht, kaum hörbar

Karakalpakstan, 1.5.2014

Ich weiß nicht recht, warum wir durch eine Desinfektionswanne fahren müssen, bevor wir die Grenze nach Usbekistan überschreiten dürfen: Das Land ist weder von einer Mauer noch von einem Zaun umgeben. Für die Kamelherden und herrenlose Hunde, die über die Grenze hin- und herwandern, gibt es kein Hindernis. Auch ist da kein Stacheldraht, der vom Wind verwehten Abfall aus den jenseitigen Müllgruben aus der Luft filtern könnte. Wie überall auf der Welt, auch in Deutschland, sind amtliche Vorschriften vor allem dazu da, befolgt zu werden, egal wie unsinnig sie anmuten mögen.

Schon vor unserer Ankunft sehen wir die schier endlose Schlange von Privatfahrzeugen und Trucks, deren Fahrer darauf warten, ins Gelände der Zollabfertigung eingelassen zu werden. Der Hauptgrund ist eine weitere usbekische Vorschrift, die besagt, dass alle mitgeführten Dinge Stück für Stück durch die Röntgenkontrolle des Zolls geschleust werden müssen.

»Alles muss vom Motorrad abgeladen werden«, bellt der Beamte uns an. Der Anflug eines Lächelns auf seinem Gesicht sagt mir, dass ihn etwas Schmiergeld geneigt machen würde, die Prozedur abzukürzen. Nicht mit uns; wenn sie Dienst nach Vorschrift machen wollen, spielen wir gern mit. Laura trägt zuerst die Tüte mit den Spaghetti zum Scanner, geht dann zurück und bringt als Nächstes ihre Zahnbürste. Ich überlege vergnügt, was ich als Erstes auf das Laufband legen könnte. Vielleicht den Dreizehner-Schraubenschlüssel oder besser eine Ersatzzündkerze? Aber ich komme gar nicht mehr an die Reihe. Als die Beamten fünf Tampons langsam über ihren Bildschirm wandern sehen, haben sie genug. »Ihr könnt passieren. Das reicht!«

Die Tür des Ausgangs öffnet sich und gibt den Blick auf eine konturlose, staubige Ebene frei, die von einer bis zum Horizont reichenden, schnurgeraden Straße in zwei Hälften geteilt wird. Ihr Teer ist der einzige Farbtupfer in der Szenerie, wenn man denn Schwarz als Farbe bezeichnen will. Das ist nun die autonome Region Karakalpakstan, die uns für die nächsten Wochen aufnehmen wird. Kein Wunder, dass im Westen erst wenige von diesem »Stan« gehört haben. Seinem Aussehen nach könnte man meinen, es existiere gar nicht.

Zwei Tage lang fahren wir gemütlich dahin, doch dann merke ich, dass sich Laura langweilt. Wir haben mehr als 100 Kilometer zurückgelegt, ohne dass es eine Kurve gegeben hätte, die diesen Namen verdient.

»Chris, meine Ellbogen sind eingeschlafen. Kann man nicht den Lenker in Richtung geradeaus fixieren und dann ein kleines Schläfchen machen?«, fragt sie während einer Zigarettenpause.

»Du hast doch dein halbes Leben in Australien verbracht, dem flachsten Kontinent der Welt. Das hier ist nichts gegen den Eyre Highway durch die Nullarbor-Ebene.[20] Warum stört es dich also?«

»Sorry, aber ich bin mir sicher, dass selbst Marco damals auf seinem Kamel eingenickt wäre. Bei uns in Oz gibt es wenigstens ein paar Kängurus, die herumhüpfen und so für ein bisschen Abwechslung sorgen.«

Ich nehme einen letzten Zug und sehe mich um. Man muss zugeben, dass die Karakum-Wüste in puncto beeindruckender Landschaft nicht mit der Gobi oder der Sahara wetteifern kann.

---

[20] »Nullarbor« heißt »kein Baum« (lateinisch *nullus* und *arbor*). Australier sagen manchmal Nulla-boring, weil es auf der 1200 Kilometer weiten Ebene so gut wie nichts zu sehen gibt. Ein 146 Kilometer langer Abschnitt hat nicht die mindeste Biegung.

Dennoch finde ich solche als trostlos bezeichneten Gegenden schön und schätze ihre Wirkung auf alle Sinne. Man lernt dort die kleinen Dinge lieben, die man in einer üppigen Umwelt nicht beachten würde. Für den Dschungel der Tropen trifft der Spruch zu, dass man den Wald vor lauter Bäumen nicht sieht, und ebenso seine Umkehrung, dass man vor lauter Wald keinen Blick für einen einzelnen Baum übrighat. In der Wüste fällt jede Einzelheit wie vergrößert ins Auge, als würde man ständig durch ein Fernglas schauen. Ein kleines Gebüsch wird zum Urwald des Amazonas, und ein Hügel von wenigen Meter Höhe erscheint als Mount Everest. In der Ödnis verlangsamt sich der Fluss der Zeit, und mein Gemüt wird zum Spiegel der Wüstenstimmungen. Hier, wo kaum Leben ist, treten die Lebenden in den Vordergrund. Ich verstehe, was ich an meinen Freunden, meiner Familie und an Laura habe. Nichts ist selbstverständlich – nicht Menschen, nicht Wasser, nicht einmal das eigene Überleben. An einem bewölkten Tag wie heute könnte ich auf den Rand der Wolkendecke zufahren und dann ins Blaue jenseits der Welt fallen. Frühe Seefahrer, die die Erde für eine Scheibe hielten, fürchteten, in den Abgrund des Alls zu stürzen, wenn sie zu weit segelten. Ich fürchte nichts; ich träume davon, der griechische Held Bellerophon zu sein, während Puck mein Pegasus ist.

Nein, Langeweile hat mich bisher noch nicht erfasst. Ich brauche keinen andauernden, wild schäumenden Erlebnisstrom. Nach meinem Dafürhalten ist das Reisen nicht mehr und nicht weniger als ein Übergang von einem physischen, intellektuellen oder emotionalen Zustand in einen anderen. Eine Wanderung durch den Grand Canyon ist ein intensives Erlebnis, aber gleiches gilt für ein herzbewegendes Lied, das man hört, während man in einem Straßencafé in Sydney sein Reisetagebuch schreibt. Auch Wüsten vermitteln eine subtile Inspiration, wenn man auf ihr stummes Lied achtet.

»Keine Sorge«, tröste ich Laura, »nicht ganz Usbekistan ist so topfeben. Im Osten, nahe der Grenze zu Tadschikistan, gibt es über 4000 Meter hohe Berge. Der höchste heißt ›Gipfel des 22. Kongresses der Kommunistischen Partei‹. Oder war es der 21. Kongress?«

»Du meine Güte, was für eine kreative Fantasie haben die Russen doch gehabt! Sowjetarchitektur, Bergnamen ... ich wette, dass sie auch diese elende Wüste gemacht haben.«

Lauras Sarkasmus wird nicht lange währen, denke ich. Frauen dürfen hie und da schlecht gelaunt sein, das ist eines ihrer Vorrechte. Die Karakum-Wüste hat definitiv auch Lauras Emotionen beeinflusst, nur eben in anderer Weise als meine.

Etwas später, als wir wieder dahinfahren, steht Laura plötzlich in ihren Fußrasten auf, deutet in die Ferne und gibt Gas. Ich folge ihr und rätsle, was der Grund für ihre Aufregung sein mag. In der Ferne sieht man einen kleinen Fleck, der mit jedem gefahrenen Kilometer größer wird. Vielleicht ist es wieder eine alte Nekropole am Straßenrand. Diese Friedhöfe mit den prächtig überwölbten, Kulpytas genannten Grabmalen erinnern oft an Städte im Miniaturformat. Sie sind immer sehr malerisch mit ihren steinernen Säulenreihen und den Widderskulpturen in den Giebeln. Aber ich habe das Gefühl, dass Laura auf etwas anderes hofft.

»Es ist eine Chaihana«, überschreit sie das Dröhnen unserer Motoren, »komm, lass uns einkehren.«

Ein paar Minuten später halten wir vor dem Gasthaus mitten im absoluten Nirgendwo.

Einmal, vor langer Zeit, war hier vielleicht eine große Karawanserei, über welche der Handel auf der Seidenstraße lief. Heute kommen hier vor allem die Arbeiter des Gasfelds und die Gefängniswärter der nicht mehr fernen Wüstengemeinde Jasliq her. Wären da nicht zwei Lastwagen vor dem Haus abgestellt, ich hätte geschworen, dass hier keine Menschenseele zu finden ist. Es herrscht ein wenig Wildweststimmung, wozu ein metallenes Reklameschild, das sich knirschend und quietschend im Wind bewegt, ebenso beiträgt wie losgerissene Steppengewächse, die im Staub rollen. Clint Eastwood würde sich hier wie zu Hause fühlen.

Der baufällige Eindruck kümmert uns wenig. Gestern Abend haben wir unsere letzte Ration Instantnudeln verschlungen, und jetzt haben wir Hunger wie die Wölfe. Gleich, was es gibt, heute verspeise ich alles. Als wir eintreten, grüßt uns der zahnlose Wirt mit »Assalomu aleyum« und deutet dabei auf eine Sitzgruppe im Speisesaal. Der kleine Mann ist so uralt, dass er vielleicht schon Marco Polo bei dessen letztem Besuch Kamelmilch serviert hat. Dann dreht er die Lautstärke des Radios bis zum Anschlag auf, wie es hierzulande oft üblich ist, wenn Gäste kommen.

Im Gegensatz zum äußeren Eindruck sieht es hier drinnen gar nicht so übel aus, auch wenn die Plastikblumen, die allenthalben als Ersatz für eine bunte Flora in dieser farblosen Welt hängen, vielleicht nicht nach jedermanns Geschmack sind. Stühle gibt es nicht, nur Tapchans, mit Teppich und zylindrischen Kissen bedeckte Ottomanen, auf denen man nach einem herzhaften Mahl ein schönes Nickerchen machen kann. Man muss die Schuhe ausziehen, bevor man sich im Schneidersitz niederlässt. Eine Speisekarte existiert nicht, denn wie in fast allen Chaihanas in Zentralasien ist die Auswahl so gering, dass eine solche nur Papierverschwendung wäre. In diesen Teil der Welt kommt sicher niemand, um kulinarische Erfahrungen zu sammeln. Oft gibt es lediglich Schaschlik, Laghman (eine Nudelsuppe mit fettem Fleisch, Zwiebeln und Tomaten), Somsa (Teigtaschen mit einer Füllung aus Fleisch oder Kartoffeln), Manti (ähnlich wie Ravioli mit Fleischfüllung) und gelegentlich altrussische Kost, die stark nach UdSSR schmeckt. Und schließlich – nicht zu vergessen – Plov, das zentralasiatische Standardessen.

Was soll ich über Plov sagen? Ich habe mir eine Theorie zusammengebastelt, nach der es einen Zusammenhang zwischen dem Namen einer Speise und ihrem Geschmack gibt. Liest man auf einer Speisekarte »Moules à la crème Normande« oder »Cassoulet de joues de bœuf braisées«, dann kann man das sofort bestellen, auch wenn man keine Ahnung hat, was es ist. Wenn der Name einer Speise so auf der Zunge zergeht, dann sicher auch diese selbst. Und nun vergleiche man damit ein zentralasiatisches Plov. Was um Himmels willen kann das sein? Das klingt wie eine Kuh, die aus 4000 Meter Höhe auf Münchens Marienplatz plumpst. Doch um gerecht zu sein: Ganz so schlecht ist Plov nicht. Plov ist im Kazan-Kessel gekochter Reis, der mit etwas Fleisch, Zwiebelscheiben oder Karottenstückchen garniert ist. Wenn man aber im Lauf eines Monats zehnmal das eigene Körpergewicht an Plov verdrückt hat, weil etwas anderes nicht zu haben ist, dann bittet man winselnd wie ein Hund um eine kleine Abwechslung.

Woher diese völlige Einfallslosigkeit beim Kochen? Wie kann ein Land, umgeben von kulinarischen Paradiesen wie Indien, Persien und China, eine an Abwechslung so arme und fad gewürzte Küche haben? Erschwerend kommt hinzu, dass hier über die Mutter aller Handelsrouten, die Seidenstraße, Anregungen aus ferneren Ländern hätten kommen müssen. Mich erinnert das an Afrika, wo mich die Grundnahrung Sadza, ein Maismehlbrei, von Kapstadt bis Nairobi über Jahre hinweg hartnäckig verfolgt hat. Dieser ist auch als Pap, Nsima, Ugali, Isitshwala und Mealie-meal bekannt, und obwohl der Name je nach der örtlichen Stammessprache wechselt, bleibt die Mehlpampe immer dieselbe.

Der Grund ist einfach der, dass Zentralasien durch nomadische Traditionen geprägt ist. Noch vor wenig mehr als 100 Jahren zog ein beachtlicher Teil der Bevölkerung mit den Herden umher, wie sie das seit jenen fernen Zeiten getan haben, in denen sie aus der Mongolei ausgewandert sind. Diese Gruppen hielten über Jahrhunderte ihre alten Traditionen, ihre Unabhängigkeit und ihren Stolz aufrecht, und sie beriefen sich dabei auf ihre Vorfahren, die sie bis Dschingis Khan selbst zurückverfolgten. Die Sowjets machten diesem Wanderleben in den frühen 1930er-Jahren ein Ende und zwangen die herumstreifenden Sippen zu Sesshaftigkeit und Ackerbau. Heute führen nur noch 0,5 % der Bevölkerung Zentralasiens ein Nomadenleben, aber vieles hat sich aus den alten Zeiten erhalten – zuallererst die Küche. Die Nahrung der Nomaden orientierte sich am Bedarf und an der Verfügbarkeit, nicht am Geschmack. Hier, wo die Temperatur in den Wüsten des Westens auf 50 °C klettern kann, während sie im gebirgigen Osten im Winter bis auf minus 40 °C fällt, gibt es nicht viel: Reis, Nudeln und, viel höher geschätzt, kalorienreiches, tierisches Fett. Ohne dieses hätten die Nomaden unter den harten klimatischen Bedingungen nicht überleben können. Ich sollte mich nicht beschweren; eigentlich haben wir es gut. Wir könnten schließlich auch Vegetarier sein.

Bezeichnet man unsere Auswahl als gering, so ist die der Vegetarier mikroskopisch. Hier wird buchstäblich alles mit tierischen Produkten zubereitet. Sogar die im Tandoori-Ofen gebackenen Brotfladen enthalten meist Schaffett und ebenso die Somsa aus Kartoffeln. Das erwähnte Laghman aus Nudeln ist auch keine Ausweichmöglichkeit, weil es mit Fleischbrühe serviert wird. Versucht man, ein fleischloses Essen zu bestellen, so wird der Wirt wahrscheinlich beleidigt sein, denn Vegetariertum ist dem nomadisch geprägten Zentralasien völlig fremd. Er wird denken, sein Gast sei ein geiziger Ausländer, der ein paar Cent sparen will, indem er Essenszutaten weglässt. Danach wird er die fetten Fleischbrocken, so gut es geht, aus der Mahlzeit fischen. Was sollte er auch sonst tun? Ich schätze, ein Vegetarier könnte Walnüsse kaufen, Tomaten- oder Gurkensalat bestellen, Marmelade ohne Brot löffeln und dazu Ketchup aus der Flasche trinken. Recht nahrhaft wird das nicht sein, vor allem nicht gesund: Überall in der Gegend werden Gemüse und Obst noch mit giftigem, das Erbgut schädigendem DDT gespritzt. Vielleicht ist es doch vernünftiger, vorübergehend die Essgewohnheiten zu ändern und sich der Landessitte anzupassen.

Gleich ob es sich um Fleisch, Sadza oder Plov handelt, der wählerische Reisende, der Speisen ablehnt, kann seine Gastgeber vor den Kopf stoßen. Heikel beim Essen zu sein, ist ein Privileg der in Luxus und Überfluss Schwelgenden. Verständnis dafür wird die einheimische Bevölkerung in den Entwicklungsländern nicht immer aufbringen können, würden doch gar manche dort alles geben, um überhaupt etwas zum Essen zu bekommen. So tut es mir im Herzen weh, wenn ich zusammen mit anderen Reisenden von Einheimischen zum Essen eingeladen bin – nach lokaler Sitte meist viel tierische Produkte – und einer der Gruppe kein Fleisch isst. Einladungen erfolgen oft spontan, sodass der Vegetarier dem Gastgeber seine Wünsche nicht im Voraus mitteilen kann. Ein liebevoll zubereitetes Essen zurückzuweisen, ohne sehr unhöflich zu wirken, ist schwierig – umso mehr in Teilen von Nordafrika, in arktischen Gefilden, im Nahen Osten, in Nordrussland, Tibet oder der Mongolei, wo Grünzeug kaum wächst. Das gilt insbesondere, wenn der Gastgeber selbst nicht sehr gut gestellt ist. In Europa kann man sich mit seinen ethischen Grundsätzen und seinem Geschmack entschuldigen. Haben die Einheimischen keine große Erfahrung mit heiklen Menschen aus dem Westen und sprechen sie auch nicht die Sprache des Fremden, so ist es fast unmöglich, seinen Standpunkt zu erläutern.

Nach all meinen Erfahrungen habe ich mir geschworen, als Gast alles zu essen, was auf den Tisch kommt, und seien es Warzenschweinhoden – oder eben Plov. So futtern Laura und ich, bis uns fast die Bäuche platzen und wir am Tapchan-Tischchen von der stilvollen Sukhasana-Yoga-Haltung zu der weniger eleganten des liegenden Buddhas wechseln müssen. Unser Wirt sieht, dass wir uns kaum noch bewegen können, und bietet uns ein Zimmer an. Man kann in der Karawanserei übernachten, und wir zögern nicht, das Angebot anzunehmen. Seit einer Woche haben wir unsere Socken und Helly-Hansen-Overalls nicht mehr ausgezogen.

Der Aralsee liegt in Karakalpakstan, und wir haben unser Leben lang davon geträumt, ihn zu besuchen. Als der alte Inhaber der Chaihana von unseren Plänen hört, schlägt er uns vor, die Abkürzung durch die Wüste zum Westufer zu nehmen, statt nach Mo'ynoq im Süden zu fahren.

»Folgt der Hochspannungsleitung hinter dem Gasthaus auf rund 150 Kilometern«, ist der einzige Weghinweis.

Laura und ich sehen uns an und nicken. Warum nicht? Das Wetter sieht nicht schlecht aus, und das Offroad-Gelände ist so flach, dass wir nicht weit von unseren Motorrädern fallen können, wenn es hart auf hart kommt. Benzin aber könnte ein Problem sein. Seit der Grenze haben wir keine in Betrieb befindliche Tankstelle gefunden, und unsere Tanks sind fast leer. Wiederum weiß der Wirt Rat.

»Ich kann euch so viel verkaufen, wie ihr braucht. Draußen im Schuppen gibt es Fässer mit 80 und 91 Oktan.«

Usbekistan leidet unter Benzinknappheit, seit die diplomatischen Beziehungen zu den Öl fördernden Nationen brachliegen und sich die ausländischen Petrochemieinvestoren fast alle aus dem Land zurückgezogen haben. Die Regierung hat rasch eine Lösung für dieses Problem gefunden: Usbekistan hat zwar kaum eigenes Erdöl, wohl aber riesige Gasvorräte. Die Fahrzeugflotte im Land, auch Lastkraftwagen und Busse, wurde auf Autogas umgestellt, und überall wurden entsprechende Tankstellen eingerichtet. Für die wenigen Autos, die nur schwer oder gar nicht mit Gas betrieben werden können, wird Benzin aus Kasachstan und Turkmenistan importiert, wenn auch nur unregelmäßig und zu hohen, saisonal schwankenden Preisen. Der Treibstoff kann im Winter doppelt so teuer sein wie im Sommer.

Die usbekische Bevölkerung war auch nicht faul. Viele haben erkannt, dass sich mit der Energiekrise Profit machen lässt. Schwarzhändler – wie der Inhaber unserer Chaihana – haben begonnen, mit den Betreibern der Treibstofflager zusammenzuarbeiten und das importierte Benzin aufzukaufen, ehe es die Zapfsäule erreicht. In Karakalpakstan sind nun ALLE Benzintankstellen geschlossen, und in ihren Tanks ist kein Tropfen Treibstoff mehr.

»Mein Benzin ist rein«, versichert uns der alte Wirt. »Aber wenn ihr es am Straßenrand kauft, müsst ihr aufpassen. Um mehr Gewinn zu machen, strecken sie das 91 Oktan mit billigerem 80 Oktan oder sogar mit Wasser.«

Diesen Trick kenne ich, den gibt es auch in Brasilien und in Teilen Afrikas. In Simbabwe waren bis zu 10 % des Benzins Wasser, in Brasilien 25 % Ethanol. Mein Land Rover kam damit zurecht, sogar mit 76 Oktan in Russland und in der Mongolei. Puck hätte da größere Probleme.

Wir winken zum Abschied, biegen von der Straße ab und beginnen unseren Ritt durch den Sand zwischen den beiden parallel verlaufenden Hochspannungsleitungen. Was wir da tun, ist in Wüstengegenden eine übliche Art der Wegfindung. Jede Leitung, ob für Strom, Telefon oder Gas, führt am Ende in eine Stadt. Sechs Stunden lang folgen wir den Strommasten, dann erreichen wir die einzige Siedlung auf der Strecke zum See:

Komsomolsk na Ustyurte. Wie Jasliq verdankt es seine Existenz einem nahe gelegenen Gasfeld. Die etwa 200 Einwohner hausen in vier je 200 Meter langen Reihen identischer Baracken. Ein Zaun läuft rund um den Komplex, und hinter dem Haupteingang befindet sich ein verwahrloster Kinderspielplatz. Etliche Jugendliche knattern mit alten russischen Jupiter-Motorrädern ohne Auspuff immer und immer wieder um die Siedlung herum. Ich kann mir kaum vorstellen, was Kindheit an einem Ort wie diesem bedeutet. In Russland kenne ich jedenfalls aufgelassene Gulags, die mehr Flair haben.

Hinter Komsomolsk hört die Stromleitung auf, aber wir wissen, dass unser Ziel nur wenig weiter im Osten liegen muss. Nach kurzer Zeit fahren wir einen Hügel hinauf, und als wir oben ankommen: Siehe da! Der ARAL, der berühmte »See der tausend Inseln« und das viertgrößte Binnenmeer der Welt! Nicht mehr ganz. Das Einzige, was wir von ihm noch sehen können, ist der steile Abfall hinter der bis 1960 vorhandenen Uferlinie und dann knochentrockene Wüste, so weit das Auge blickt. Wasser, normalerweise ein wesentlicher Bestandteil eines Sees, ist ebenso verschwunden wie die 1534 Inseln, die als solche definitionsgemäß von ihm umgeben sein sollten. Mist.

Vor 1960 wurde der Aralsee durch zwei mächtige Ströme zuverlässig gespeist, vom Syrdarja auf der Seite des heutigen Kasachstan und vom Amudarja in Usbekistan. Die Sowjets aber brauchten Baumwolle, und zwar viel davon. Baumwollanbau in Zentralasien war nichts Neues. Was aber die Sowjets in den 1960er-Jahren austüftelten, sprengte alle bisherigen Maßstäbe. Neue Plantagen wurden angelegt und die beiden Flüsse umgeleitet, um die durstigen Pflanzen zu bewässern. Bald wurde Russland so zum weltweit zweitgrößten Produzenten, gleich nach den USA. Politisch war das ein Riesenerfolg. Moskau gelang es damit, seine unzuverlässigen Bundesgenossen in Zentralasien enger an sich zu binden. Jeder Republik wurde die Produktion eines engen Spektrums von Gütern zugewiesen – Baumwolle im Fall von Kasachstan und Usbekistan –, und so konnte keine wirtschaftlich auf eigenen Beinen stehen. Die gleiche Taktik wurde in der Ukraine mit Kohle verfolgt, in Aserbaidschan mit Öl und im Ural mit Eisenerz.

Aus ökologischer Sicht hatte der Großanbau von Baumwolle allerdings verheerende Nebenwirkungen. 1960 maß der Aralsee 435 mal 290 Kilometer. Sein Wasser war sauber, die Strände erstklassig; es gab etliche Ferienanlagen und in den Städten Mo'ynoq und Aral, die durch eine regelmäßig verkehrende Fähre verbunden waren, eine blühende Fischindustrie. Als dann aber die beiden großen Flüsse nur noch als Rinnsale den See erreichten, sank der Wasserspiegel innerhalb von drei Jahrzehnten um rund 16 Meter. 2005 hatte der See 90 % seiner Fläche eingebüßt, war in vier getrennte Becken zerfallen und es sah aus, als hätte jemand den Stöpsel der Badewanne gezogen: Sowohl die Stadt Aral als auch Mo'ynoq waren bereits mehr als 100 Kilometer vom Ufer entfernt. Die Fische? Sie gingen zugrunde, als der Salzgehalt des Restwassers über die Maßen anstieg. Die Anwohner? Manche starben, und viele wurden schwer krank, da die beim Baumwollanbau verwendeten Pestizide in den See gelangten und damit auch in die Nahrungskette. Sogar das Klima scheint sich in der Region geändert zu haben, denn die Sommer sind mittlerweile trockener und die Winter länger als wenige Jahrzehnte zuvor. Eine der größten von Menschen verursachten Umweltkatastrophen war perfekt.

Menschen haben die erstaunliche Neigung, sich erst dann in Bewegung zu setzen, wenn es fast schon zu spät ist. Schulkinder ignorieren oft schlechte Noten, bis sie kurz vor dem Durchfallen sind; erst dann beginnen sie, wie verrückt zu lernen. Erwachsene schieben die Verwirklichung ihrer Träume so lange hinaus, bis sie der erste Schlag trifft. Ich selbst bin Raucher und kenne die Risiken meines kleinen Lasters verdammt gut. Aber aufgeben werde ich die Gewohnheit wohl erst, wenn mich der trockene Husten nicht mehr loslässt. So wie wir alle eingestellt sind, können wir nicht gut von einer Regierung erwarten, dass sie ganz anders handelt, wenn Entscheidungen zugunsten unserer Umwelt gefällt werden sollten. Sie setzt sich schließlich auch nur aus Menschen zusammen.

In Kasachstan unternimmt man mittlerweile große Anstrengungen, die Überbleibsel des Aralsees wieder ins Leben zurückzuführen. Das Wassermanagement ist verbessert worden, und man hat Dämme gebaut, um zu verhindern, dass Wasser vom nördlichen, kasachischen, in den südlichen, usbekischen, Seeteil abfließt. Das Projekt kann schon positive Ergebnisse vorweisen. Im Norden steigt der Wasserspiegel, und vielleicht wird das Städtchen Aral in einigen Jahren wieder einen Fischereihafen haben. Erst kürzlich sind mit Erfolg Fische ausgesetzt worden, und die Küste ist jetzt nur noch zwölf Kilometer entfernt. Usbekistan scheint auf den ersten Blick seine Lektion nicht gelernt zu haben. Dort wird weiterhin intensiv Baumwolle kultiviert, mit dem Ergebnis, dass jetzt, 2014, zwei der vier Restseen tatsächlich verschwunden sind. Von der Anhöhe, auf der wir stehen, sehen wir nichts außer Salzflächen und getrockneten, unter der Sonne zu einem Spinnwebmuster aufgeplatzten Schlamm.

Nichts hat nur eine Seite. Für die Nationen des Westens ist es einfach, Usbekistan zu verurteilen und Baumwolle von dort zu boykottieren, wobei der Grund für diesen Boykott hauptsächlich Menschenrechtsverletzungen sind und nicht der Zustand des Sees. Viele Usbeken sind nämlich gesetzlich verpflichtet, jedes Jahr zur Erntezeit in den Plantagen zu arbeiten, und das meist ohne Bezahlung. Die Regierungen im Westen nennen das Zwangsarbeit, während die Menschen dort sagen, dass sie ihrem Land helfen. Die Arbeit für das Gemeinwohl auf der Kolchose wird als Bürgerpflicht angesehen und nicht als eine Verletzung persönlicher Rechte. Das ist für die Usbeken ebenso normal, wie es bis 2011 die Wehrpflicht in Deutschland war. Wer mit mir über die Verletzung von Menschenrechten diskutieren will, der soll mir erst erklären, was schlimmer ist, einen Sechzehnjährigen die Hacke schwingen zu lassen oder einen Achtzehnjährigen an tödliche Waffen zu zwingen.[21]

Was die Protestierenden meist vergessen, ist, dass die Lage in Zentralasien nicht mit der in Europa vergleichbar ist. Ein ganzes Viertel des usbekischen Sozialprodukts verdankt sich dem Export von Baumwolle. Es wäre riskant, auf ein anderes Produkt umzustellen; man kann nicht einfach Kohl pflanzen und den Handelspartnern dann sagen, sie sollten den anstelle von Baumwolle kaufen. Nebenbei bemerkt sagen Wissenschaftler, dass jegliche Wasserentnahme, egal ob für die Bewässerung der Felder oder für den sonstigen Gebrauch, für drei Jahre eingestellt werden müsste, damit sich der südliche Teil des Aralsees wieder füllt. Man kann sich vorstellen, was das für die Wirtschaft bedeuten würde. Soll man nach der Fischindustrie auch noch die Baumwollplantagen zugrunde gehen lassen?

Laura und ich stellen unser Zelt unterhalb des Wasserspiegels von 1960 auf, um einen höchst ungewöhnlichen Strandurlaub zu genießen. Hätte die Geschichte einen anderen Verlauf

---

[21] Gut, man kann argumentieren, dass in Usbekistan zusätzlich zur Plantagenarbeit eine Wehrpflicht besteht. Diese soll demnächst abgeschafft werden; die Bürgerpflicht, bei der Baumwollernte zu helfen, bleibt jedoch erhalten. Mir geht es nicht darum, Usbekistan völlig von der Anklage zu befreien, sondern nur aufzuzeigen, dass auch in Europa Menschenrechtsverletzungen stattfinden – wir aber diese vor der Nase liegenden oft nicht erkennen.

genommen, so wären wir jetzt in zehn Meter Tiefe bei den Fischlein. Stattdessen haben wir den weitesten Strand, den man sich vorstellen kann, und keine touristischen Einrichtungen in Sichtweite. Sicher ist die Verwüstung dieser Gegend eine Tragödie, doch macht die Landschaft mit ihren Schluchten und Kratern und mit all ihren Farben einen magischen Eindruck, wie ich ihn noch kaum je erlebt habe. Selbst Laura, die überzeugte Wüstengegnerin, staunt mit offenem Mund, als der Sonnenuntergang die verschiedenen Mineralien in Tausenden Schattierungen von Rot, Braun und Purpur leuchten lässt. Ähnlich wie im Valley of the Moon außerhalb von San Pedro de Atacama in Chile hat man das Gefühl, auf einen anderen Planeten versetzt worden zu sein.

»Okay, ich widerrufe meine früheren Ansichten zu Wüsten. Das hier ist wirklich spektakulär!«

»Das denke ich auch. Fast möchte ich behaupten, dass der Anblick vor einigen Jahrzehnten kaum schöner gewesen sein könnte.«

»Und so friedlich und still ist es. Horch, kein Laut außer meiner Stimme, wenn ich behaupte, es sei still.«

Was schön ist und was nicht, hat immer subjektive Färbung. Wäre es zynisch zu behaupten, dass die Zerstörung der Natur manchmal ihre Schönheit steigern kann? Man könnte theoretisch das Abschmelzen des arktischen Eises ebenso begrüßen, weil das endlich die Möglichkeit eröffnen würde, zum Nordpol zu segeln. Ich vermute, dass nur wenige der Erderwärmung solch positive Seiten abgewinnen, obwohl sie ja durchaus existieren könnten. Was aber sagen die Usbeken zu ihrem verschwundenen See? Um das herauszufinden, müssen wir nach Mo'ynoq fahren.

Nach drei Tagen am »See« starten wir in die hoffentlich richtige Richtung. Ich kann da nur schätzen, da es keinerlei Orientierungspunkte gibt. Durch eine ebene Wüste zu fahren, ist wie die Überquerung eines Ozeans. Nach meiner Karte liegt Mo'ynoq in 100 Kilometer Entfernung in einem Winkel von 110° auf einem Kompass, den wir leider nicht besitzen. Machen wir auf dieser Entfernung nur einen Fehler von 10°, dann verfehlen wir unser Ziel um 17,4 Kilometer, was wir wegen unserer begrenzten Spritvorräte unbedingt vermeiden wollen. Die aufgehende Sonne kann uns ungefähr sagen, wo sich Osten befindet, aber den ganzen Tag über können wir ihr selbstverständlich nicht folgen. Sonst wären wir am Abend wieder bei unserem hübschen Camp am Ufer. Im Kreis fahren hat nur einen Vorteil: Man verirrt sich nicht.

Es gibt bessere Methoden, wenn man weder GPS noch einen Kompass hat. Gut ist es, nachts zu fahren und sich am Polarstern zu orientieren, der ortsfest ist.[22] Weit weniger zuverlässig ist die Moosmethode, die früher jedes Kind kannte. Hier in der Wüste einen bemoosten Baum zu finden, ist allerdings eine Aufgabe. Eine analoge Armbanduhr ist nützlich, wenn man denn eine hat. Man hält sie waagrecht so, dass der Stundenzeiger zur Sonne weist. In der Mitte zwischen ihm und der Zwölf liegt ungefähr (auf höchstens 10° genau) die Südrichtung (Nordrichtung auf der südlichen Hemisphäre).

Hat man viel Zeit, um mit Stöcken, Steinen und Schnur herumzuspielen, kann man wunderbare Sonnenuhren bauen, die einem auch die Himmelsrichtungen anzeigen. In unserem Ufercamp habe ich mich einen ganzen Tag mit der Konstruktion eines Mini-Stonehenge beschäftigt. Zuerst habe ich dazu zwei große Steine bei Sonnenaufgang so ausgerichtet, dass der

[22] Fast ortsfest. Der Polarstern steht nicht exakt im Norden, sondern weicht davon um etwa 0,7° ab. Er beschreibt also einen kleinen Kreis um den eigentlichen Nordpol des Himmels. Für die Orientierung in der Wüste spielen 0,7° allerdings kaum eine Rolle.

eine in der Richtung des Schattens des anderen lag, und hatte damit eine ungefähre Ost-West-Linie.[23] Während der nächsten zwölf Stunden, in denen die Schatten wanderten und ihre Längen veränderten, habe ich auch diese Positionen mit Steinen markiert und Korrekturen gemacht. Als der Abend dämmerte, hatte ich so eine neolithische Usbekenuhr gebastelt, mit der sogar ein Schweizer Uhrmacher zufrieden gewesen wäre. Auch die Richtung, in der Mo'ynoq lag, konnte ich auf ein oder zwei Grad genau bestimmen. Schlecht war nur, dass ich meine Uhr nicht auf Puck mitnehmen konnte. Vielleicht sollte ich mir doch irgendwann mal ein GPS kaufen. Bis dahin bleibt mir nichts anderes übrig, als weiterhin nach der Methode Pi mal Daumen zu raten.

Es sieht so aus, als hätte ich richtig geschätzt. Nach einem langen Tag auf dem Motorrad erblicken Laura und ich in der Abenddämmerung einige Lichter am Horizont. Wir haben das gegenüberliegende Ufer erreicht und »segeln« nun in den Hafen von Mo'ynoq ein. Die letzten Kanäle, die zu offenem Wasser führten, wurden in den 1980er-Jahren aufgegeben, und 60 000 Leute, die in der Fischindustrie gearbeitet hatten, verloren ihre Jobs. Die alten Schiffe liegen zwischen den Dünen unterhalb der einstigen Küste und rosten leise vor sich hin. Ihr einziger Nutzen besteht heute darin, dass sie dem Vieh in dieser baumlosen Welt etwas Schatten spenden und dass Schrottsammler hier Metall finden. Ein wenig erinnert die Szene an den berühmten Eisenbahnfriedhof bei Uyuni in Bolivien.

Man braucht die Leute hier nicht lange zu fragen, was sie von ihrer gegenwärtigen Lage halten. Das Elend starrt uns an jeder

[23] Ungefähr deshalb, weil die Sonne nur an zwei Tagen im Jahr, den Äquinoktien, genau im Osten aufgeht. An allen anderen Tagen geht sie entweder nördlicher oder südlicher auf. Die Abweichung kann zum Beispiel in München ±37° erreichen.

Ecke an, als wir durch den Ort fahren. Im Vergleich zu früher ist Mo'ynoq fast schon eine Geisterstadt. Die Hälfte der Häuser ist verlassen, und das letzte Hotel am Ort hat vor Kurzem geschlossen. Die überall aufgemalten Fische, die an die einst stolze Industrie erinnern, bleichen in der Sonne. Die junge Generation ist weggezogen, um andernorts Arbeit zu suchen, während die Eltern und Großeltern einsam durch die Straßen wandern, bis sie eines Tags zwischen Abfall und Staub sterben werden.

Wir sehen diese abgehärmten und bedrückten Menschen auf der größten Durchfahrtsstraße. Da sind die Großmütter, die mit kleinen Reisigbündeln den Sand von den rissigen Gehsteigen kehren, um ihre Stadt sauber zu halten. Es ist vergebens, die nächste kleine Bö macht ihre Arbeit wieder zunichte. Da sind Großväter, die einst in gut situierte Fischerfamilien hineingeboren wurden, die ihre Jugend mit Segeln und Schwimmen verbracht haben und die nun müßig auf wackligen Bänken herumsitzen. Ich kann mir gut denken, dass sie ihren Enkeln wieder und wieder Geschichten vom Aralsee erzählen, Enkeln, die noch nie geschwommen sind oder auch nur einen großen See zu Gesicht bekommen haben.

Es ist selten, dass ich für Leute, die ich unterwegs treffe, tiefes Mitleid empfinde, da ich nicht glaube, dass dieses Gefühl viel Konstruktives bewirkt. Alles Bedauern hat nur das Ergebnis, dass sich zwei Menschen, der Einheimische und ich, schlecht fühlen. Empathie ist etwas anderes, und noch viel wichtiger ist tatkräftige Unterstützung. Im Fall von Mo'ynoq aber weiß ich keinen Ausweg. Für seine Probleme gibt es keinen realistischen Lösungsansatz, keine Richtung, die man einschlagen könnte, und auch die Methode Pi mal Daumen wird nichts bewirken. Die Einwohner werden weiterwursteln und zu überleben versuchen, irgendwie, solange es geht. Der Aralsee, er möge in Frieden ruhen.

INTERMEZZO 6

Overlandia: Umwelt

Wir verlassen Mo'ynoq und schlagen nach einigen Dutzend Kilometern unser Zelt neben niedrigem Wüstengebüsch auf. Der Sternschnuppenschwarm der Lyriden hat gerade seinen Höhepunkt erreicht, sodass wir in der Nacht beobachten können, wie Hunderte »fallender Sterne« ihre Glutspuren über den Himmel ziehen. Hier in der Wildnis fühle ich mich daheim. Doch so sehr ich die Natur auch bewundere, bin ich dennoch kein Umweltaktivist, und als Hippie betrachte ich mich auch nicht, wenngleich Laura meint, dass alles Mögliche aus meinem Bart herauswächst. Wie könnte ich auch ein Grüner sein? Ich fahre mit dem Motorrad um die Welt. Auf 10 000 Kilometern säuft Puck 600 Liter Benzin und bläst 1400 Kilo Kohlendioxid in die Luft. Bis wir Australien erreichen, werde ich unsere Atmosphäre mit gut und gern fünf Tonnen dieses klimaschädigenden Gases belastet haben.

Sicher könnte ich jetzt anführen, dass jemand, der im Urlaub von München nach Sydney fliegt, für mehr Kohlendioxid sorgt, nämlich rund sechs Tonnen, wenn das Flugzeug in Bangkok zwischenlandet. Ich könnte mich auch damit verteidigen, dass der ökologische Fußabdruck eines deutschen Haushalts um ein Vielfaches größer ist als der eines Overlanders, der im Zelt ohne Strom, Kühlschrank und Toilette haust. Nach einem aktuellen Eurostat-Bericht produziert ein Deutscher im Durchschnitt 11,2 Tonnen Kohlendioxid im Jahr, zehnmal mehr als ich. Auch verwandelt er täglich 122 Liter Frischwasser in Abwasser, verbraucht im Jahr 1720 Kilowattstunden Strom und sorgt jährlich für 450 Kilo Abfall. Im Vergleich dazu kommt ein typischer Overlander im Reisemobil, abhängig von seinem Hygienebedürfnis, mit fünf bis zehn Liter Wasser am Tag aus, er lädt seine Batterien beim Fahren auf und konsumiert wegen des Mangels an Stauraum nur wenig – was er nicht kauft, kann er auch nicht wegwerfen.

Doch ich will weder mich selbst noch Sie täuschen. Tatsache ist, dass ich Puck gegen ein Fahrrad tauschen müsste, wenn ich die Umwelt etwas mehr schonen wollte. Noch besser wäre es, zu Fuß zu gehen, da bei der Herstellung eines Fahrrads wesentlich mehr giftige Stoffe benötigt werden als für ein Paar Turnschuhe. Aber was auch immer wir tun, wir können es letztendlich doch nicht richtig machen. Der zu 100 % umweltkonforme Mensch ist ein Schwindelmärchen wie all die Öko-Lodges, die rund um die Welt wie Pilze aus dem Boden schießen. Millionen von Touristen fliegen um die halbe Erde, um dort zu sein, wandern ein paar Wochen über Pfade, die in die einst unberührte Wildnis geschlagen wurden, und lassen nach ihrer Abreise nicht nur Fußabdrücke und Klopapier zurück. Die einzige umweltfreundliche Lodge ist die, die nie gebaut wird. Verantwortbarer Tourismus würde heißen, nicht zu reisen, und eins mit der Natur sind Menschen erst dann, wenn sie 1,80 Meter tief unter der Erde liegen und das Gras düngen.

Wir können schlussendlich unser naturschädigendes Verhalten nur so weit zu reduzieren versuchen, dass wir mit gutem Gewissen schlafen können, sowie eingestehen, dass zwischen essenziellen Lebenszielen und Wünschen einerseits und der Umwelt andererseits ein Spannungsverhältnis besteht, das es auszubalancieren gilt. Als Reisender möchte ich zwar, dass die Welt grün und sauber ist, aber ohne dass Motorräder, Land Rover und freie Fahrt verboten werden. Ist ein Kompromiss, der beidem gerecht wird, überhaupt möglich?

Wir können jedoch noch etwas tun: Hoffen! Zwar habe ich auf meinen Reisen zu viel gesehen, um noch an unsere Fähigkeit zu altruistischem Verhalten zu glauben, aber auf eine unserer Fähigkeiten setze ich mein Vertrauen – auf die Erfindungsgabe.

Auf unserer Fahrt durch Italien haben wir unter anderem den Dom von Florenz gesehen. Diese wunderbare Kathedrale wurde im 13. Jahrhundert vom Architekten Arnolfo di Cambio geplant. Die krönende Kuppel, die er verwirklichen wollte, sollte mit einer Breite von 46 Metern und einem Gesamtgewicht von 37000 Tonnen bei Weitem die größte und prächtigste der ganzen Welt werden. Arnolfo stand jedoch vor dem Problem, dass weder er noch sonst jemand auf dieser Welt eine Ahnung hatte, wie ein solches Bauwerk zu errichten sei. So klammerte er sich an den unerschütterlichen Glauben, dass eines Tags die Menschen Techniken erfinden würden, mit denen sein utopisches Meisterwerk realisiert werden könnte. Statt seine Pläne zu verwerfen und sich mit einer mittelmäßigen Kirche zu bescheiden, befahl er deshalb im Jahr 1296, mit dem Bau der Mauern zu beginnen. Nur wenig später starb Arnolfo di Cambio. Es dauerte fünf Generationen oder 124 Jahre, bis Physik und Mathematik so weit gediehen waren, dass die Florentiner daran gehen konnten, das riesige Loch in ihrer Basilika mit einer Kuppel zu krönen. Ein Mann namens Filippo Brunelleschi erdachte neue Methoden, um die wirkenden Kräfte zu berechnen, und erfand Zuganker, welche einen Zusammenbruch der Wände verhinderten, sowie Maschinen, um das schwere Baumaterial emporzuhieven. 1436 war der Dom vollendet und wurde unter dem Jubel der Menge und dem Läuten der Kirchenglocken eingeweiht.

Lasst uns nicht verzweifeln und das Leben der kommenden Generationen in trübem Licht sehen, nur weil wir einen zerstörerischen Kern in uns tragen. Ich finde, wir sollten wie Arnolfo denken und gerade in schwierigen Zeiten auf unsere Kreativität vertrauen. Wir werden schon Lösungen finden, die es unseren Ururenkeln erlauben, im Jahr 2138 die Welt mit einem emissionsfreien Hoverbike zu bereisen und die Schönheiten der Natur ebenso zu genießen wie wir heute. Ich bin da zuversichtlich.

»In der Baukunst wird uns nur die praktische Erfahrung lehren, welchen Weg wir einschlagen müssen.«

Filippo Brunelleschi

Risoluto

Entschlossen

Usbekistan, 14.5.2014

»Irgendwas stimmt nicht«, beklagt sich Laura und fährt auf den Seitenstreifen. »Pixie mag nicht mehr schneller als eine Vespa fahren, und außerdem pinkelt sie.«

Ich steige ab, um nachzusehen. Wir sind der Wüste entronnen, haben das fruchtbare Tal des Amu Darya erreicht und sind nun auf dem Weg zum sagenumwobenen Chiwa. »Endlich eine richtige Straße«, hatten wir uns gefreut, als unsere Reifen nach der Tour an den Aralsee wieder auf Teer rollten. Wie es das Schicksal aber will, beginnen unsere Motorräder zu streiken, gerade als der Straßenzustand besser wird.

»O je, dein Vergaser leckt und die Kupplung rutscht durch. Mal sehen, was ich machen kann. Auf jeden Fall wird es länger dauern als das Flicken meines platten Reifens heute Morgen.«

Als ich dann das Gehäuse öffne, sehe ich, dass alle sieben Kupplungsscheiben bis aufs blanke Metall abgenutzt sind.

»Damit müssen wir bis Chiwa warten und halt ein paar Hundert Kilometer mit konstant 30 Stundenkilometern dahintuckern«, gebe ich Laura Bescheid, die mit zwei Fingern im Mund herumtastet.

»Ich glaube, ich könnte auch eine kleine Reparatur brauchen«, erwidert diese. »Gerade ist mir ein Stück von einem Zahn abgesplittert.«

Es ist schon seltsam, wie und wann es einen auf einer Fernreise immer wieder erwischt. Gerade dem Wald entronnen, stellt einem die letzte Baumwurzel ein Bein. Wie lange ich auch in den Höhen des Himalayas, im sturmgepeitschten Patagonien oder im Frost Sibiriens unterwegs war, die ganze Zeit fühlte ich mich topfit – ja, zugegeben, manchmal ein bisschen abgekämpft und hungrig –, krank wurde ich aber nie. Doch kaum in die zivilisierte Welt zurückgekehrt, ein Dach über dem Kopf und ein gemütliches, warmes Bett vor Augen, packte mich oft genug eine böse Grippe. Mit Verletzungen ist es das Gleiche. Laura hat sich einmal den Knöchel beim Wildwasserrafting gebrochen. Nicht in einer Stromschnelle fünften Grades, sondern beim Stolpern über den Randstein auf dem Weg zurück zum Bus. Wären Puck und Pixie Menschen, würde ich die Diagnose »Freizeitkrankheit« stellen, dürfen sie doch gerade Urlaub vom Geländeritt machen.

Etliche Tage später rollen wir nach Chiwa hinein und finden gleich eine nette Unterkunft. Dies ist nun die erste der drei berühmtesten Städte Zentralasiens. Buchara und Samarkand werden wir auf dem Weg nach Tadschikistan besichtigen – falls es mir gelingt, Lauras Motorrad zu reparieren. Ehe wir all die wundervollen Minarette, Moscheen und Basare dieses bedeutenden »Boxenstopps« an der Seidenstraße besichtigen, heißt es, Prioritäten zu setzen. An erster Stelle stehen da weder Pixie noch Lauras Zahn und auch nicht eine warme Dusche. Ganz oben steht das Verschlingen von Hamburgern. In Chiwa – einem Touristenziel – haben die Restaurants mehr als nur Plov auf der Speisekarte. Nach langer Zeit des Leidens dürfen wir nun eine Auszeit von der ewig gleichen Kost nehmen.

Während die Tagesausflügler mit Kameras bewaffnet aus den Bussen quellen, um die Zitadelle zu erobern, stürmen wir ein usbekisches McDonald's-Äquivalent. Nach dem dritten Burger und einem Bier ist unsere Erschöpfung in wunderbarer Weise verschwunden. Ja, ich weiß: Da haben wir den ganzen weiten Weg zu einer der bedeutendsten historischen Stätten der Welt zurückgelegt, und jetzt sind wir da und können an nichts anderes denken als an eine tote Kuh im Brötchen. Wenn ich unsere Geschichte in Europa erzähle, erwarten die meisten, dass ich für die erstaunliche islamische Baukunst mit ihren Hunderten von Kuppeldächern und türkisfarbenen Fliesen schwärme. Oder dass ich von den gewaltigen Festungsmauern erzähle, die die Shahristan genannte Altstadt umgeben. Oder vom Minarett Kalta Minor, das eigentlich einmal 110 Meter hoch werden sollte. Es wurde nie vollendet, doch sein Stumpen sieht aus wie der weltweit hübscheste Kühlturm eines Kernkraftwerks. Nein, nichts von alledem werde ich erwähnen. Stattdessen werde ich sagen:

»Gut und schön, die Fliesenmosaike sind sicher großartig, aber meine stärkste Erinnerung ist die an den ersten Bissen in den saftigen Burger bei McChiwa. Dafür müsst ihr hinfahren!«

Jeder hat seine eigenen Prioritäten, und wer sein Leben auf der Straße verbringt, wird ganz andere haben als einer, der zwei Wochen Urlaub macht.

Mein Magen könnte ein Ruhepäuschen gebrauchen, aber zuerst sollte ich mich um Pixie kümmern. Es ist einige Zeit, fast vier Jahre, her, dass ich mir den Kopf wegen eines ernsten mechanischen Problems zerbrechen musste. Damals saß ich noch an Matildas Lenkrad und hatte den Schraubenschlüssel öfter in der Hand als die Zahnbürste. Aber ich hing an Matilda, und ihre schlechten Angewohnheiten – rauchen, saufen und Öl vertröpfeln – waren mir ebenso gleichgültig wie der Sound ihres Motors, der an den pfeifenden Husten eines kranken Kamels erinnerte. Nobody's perfect. Puck und Pixie sind da ganz anders. Sicher, es gab ein paar Probleme, aber bisher waren nur normale Arbeiten zur Instandhaltung nötig, etwa das Erneuern von Bremsklötzen oder ein Ölwechsel. Die Sache mit den verschlissenen Kupplungsscheiben ist ungleich komplizierter. Ich schätze, ich könnte die sieben Scheiben einfach zusammennieten. Das Schalten wäre dann ein bisschen schwieriger, und vielleicht ginge auch das Getriebe kaputt, aber das würde uns erst später Kummer bereiten. Zumindest durchrutschen könnte die Kupplung dann nicht mehr. Nein, verworfen. Es muss eine bessere Lösung geben.

Ich fahre mit Puck zum Industriegebiet von Chiwa, weil ich hoffe, dort einige Motorradersatzteile zu finden. Viel gibt es leider nicht. Russische Urals, Dnjeprs, IZH Planetas und Jupiters sowie tschechische Jawas sind im Wesentlichen alles, was es in Zentralasien gibt. Nach Ersatzteilen für eine BMW zu fragen, kann ich mir sparen. Aber im Basar finde ich etwas anderes: eine dünne Ebonitplatte. Ebonit ist ein strapazierfähiger Hartgummi, und wenn es mir gelingt, eine Werkstatt mit einer Drehbank zu finden, dann kann ich vielleicht meine eigenen Kupplungsscheiben herstellen.

Zwei Stunden später bin ich bereits dabei, die neuen Scheiben einzubauen.

»Bald wirst du besser laufen«, murmle ich, während meine Gedanken in der kleinen Welt des Mechanikers kreisen. Es heißt, dass 59 % der Deutschen mit ihren Fahrzeugen sprechen; ich muss mir also keine Sorgen um meinen Geisteszustand machen. Laura kommt vorbei und bringt mir eine Tasse Kaffee.

»Redest du schon wieder mit Pixie?«, fragt sie mit einem Lächeln. »Küss auch mal den Tank. Das mach ich immer, wenn sie streikt.«

Ich bin so in meine Arbeit vertieft, dass mein Kaffee kalt wird. Die Fähigkeit des Multitaskings habe ich nie entwickelt. Laura kann gleichzeitig kochen, fernsehen, am Telefon ein Schwätzchen halten und E-Mails beantworten, während ein Teil ihres Geists über epistemologischen Solipsismus philosophiert. Im Unterschied zu ihr habe ich es nie geschafft, an zwei Dinge zugleich zu denken – wenn ich schreibe, schreibe ich, wenn ich klettere, klettere ich, und wenn ich einen Motor repariere, sind alle Sinne und Gedanken, die für diese Arbeit unwichtig sind, völlig abgeschaltet.

»Das sollte es tun«, brumme ich, nachdem alles erledigt ist und ich mit dem Ergebnis zufrieden bin. »Wir bestellen Original-BMW-Kupplungsscheiben und lassen sie uns per UPS von München in irgendeine größere Stadt auf unserem Weg schicken, wo wir sie dann abholen. Davor wird Pixie es, glaube ich, über das Pamirgebirge schaffen. Und jetzt bist du dran, einen Mechaniker aufzusuchen und deinen Zahn reparieren zu lassen.«

Usbekische Dentistenkunst ist ungefähr das Allerletzte, worauf sich Laura freut. Die halbe Bevölkerung hierzulande – gleich ob Männlein oder Weiblein – hat starke Ähnlichkeit mit dem Beißer aus dem James-Bond-Film *Der Spion, der mich liebte*. Wie Sie sich vielleicht erinnern, hatte der Typ Zähne mit Stahlkappen, die es ihm erlaubten, armdicke Kabel (oder Bonds Genick) durchzubeißen, als wären es dürre Zweiglein. In Usbekistan treibt man das sogar noch weiter: Statt Stahl nimmt man dort Gold. Nicht an einem Zahn, nicht an einem ganz weit hinten versteckten Backenzahn, nein, oft sind alle, oben und unten, überkront. Die Usbeken sind äußerst gastfreundliche und fröhliche Leute, die gern lächeln. Wenn aber die Sonne gerade im richtigen Winkel scheint, dann blenden sie einen so, dass man fast eine dunkle Sonnenbrille braucht.

Warum Goldzähne die Usbeken so faszinieren, ist unklar. Vielleicht handelt es sich um ein im Land verbreitetes Schönheitsideal. Einige einheimische Frauen sagten uns, dass sie sich ein paar gesunde Zähne ziehen ließen, um mit einer Goldbrücke ihre Schönheit zu erhöhen. Gold zeugt auch von Wohlstand, und wer es zeigen kann, unterstreicht damit seine gesellschaftliche Stellung. Ich neige zu dem Glauben, dass die glitzernden Kronen und Brücken auf vier miteinander in Verbindung stehende Tatsachen zurückzuführen sind: Zunächst ist da die zahntötende, stark gezuckerte Nahrung, dann die nachlässige Zahnpflege, der Mangel an professionellen Zahnärzten und moderner Zahntechnik und – nicht zuletzt – der finanzielle Anreiz. Einen Zahn zu ziehen und die Lücke mit einem goldenen Ersatzzahn zu überbrücken, kostet nur 24 Euro.

Laura umklammert meinen Arm, als wir die Stufen zur zahnmedizinischen Abteilung des öffentlichen Krankenhauses hinaufsteigen. Alle, die uns entgegenkommen, leiden offensichtlich starke Schmerzen. Manche drücken Eisbeutel an die Wangen, anderen rinnt Blut aus dem Mund. Eine Schwester führt uns in ein Zimmer, das zugleich Warte- und Behandlungszimmer ist. Sechs Patientenstühle stehen so, dass die Ersten in der Warteschlange beste Sicht auf das Geschehen haben. Zu meiner Verwunderung hört man kaum Schreie, wenn Zähne gezogen werden – vielleicht wollen die Behandelten um jeden Preis vor den Zuschauern Tapferkeit mimen.

Um mich zu verbessern: Es gibt einen Schrei, nämlich den von Laura: »Nein, nein, nein, NEIN! Ich will nicht, dass mein Zahn gezogen wird, und ich will auch keine Goldkrone. Nur eine einfache Reparatur mit Kunststoff oder Keramik!«

Die Schwester ist aus allen Wolken gefallen. »Warum das? Ihr Zahn ist abgesplittert. Wir ziehen ihn, und Sie haben kein Problem mehr. Kostet nur drei Dollar, und in fünf Minuten ist alles vorbei.« Mein Arm ist weiß und blutleer unter Lauras Griff.

Die Schwester zuckt mit den Schultern und führt uns dann zum hintersten Ende des Flurs. Dort hat das Krankenhaus einen Raum für komplizierte Fälle, die der Chefarzt selbst übernimmt. Seine russischen Instrumente sind veraltet, aber zweckdienlich. Alles geht gut und nach Lauras Wünschen. Sie darf wieder breit lächeln, und zurück auf Chiwas Straßen können wir nun ENDLICH Touristen spielen.

Später, in Buchara und Samarkand, machen wir es ebenso. Beide Städte sind aufgrund ihrer geschichtlichen Bedeutung weltberühmt. Ich komme dennoch ohne Erwartungen. Die Aussicht, dass diese enttäuscht werden, ist zu groß. Wer im Gepäck nostalgische Träume vom früheren Zentralasien dabeihat, könnte eine Bruchlandung hinlegen, und seine Visionen könnten wie Glas zersplittern. Jade, Gold, Silber, Elfenbein, Seide, Porzellan und Edelsteine, die auf Kamelrücken in die Basare von Buchara und Samarkand gebracht werden – es gibt sie dort nicht mehr, so wenig wie Sklaven aus fernen Ländern. Auch sind dic Märkte nicht mehr von den Düften von Gewürzen, Räucherwerk, Kräutern und Parfüm erfüllt. Die Arkaden selbst sind noch da, und viele Waren kommen aus den Ländern, die schon damals an den Enden der Seidenstraße lagen, aus China und der Türkei. Aber sie sind nicht mehr wertvoll, sondern billige chinesische Elektronikwaren, Bekleidung aus Polyester und Kunststoffartikel für den Haushalt. Die Kamele können sich ausruhen, die Sklaven ihre Ketten ablegen – im 21. Jahrhundert wird das Handelsgut in Konvois von Kamaz-Lkws transportiert, nicht von einer Karawane.

Paläste, Mausoleen und Moscheen leuchten hell im Sonnenlicht, die blauen Fliesen und die Verzierungen aus Blattgold auf den Dächern reflektieren den Glanz des Tags. Doch die meisten Gebäude haben ihren einstigen Zweck verloren. Hinter den kunstvoll geschnitzten Türen einer islamischen Medrese stößt man auf einen klimatisierten Souvenirladen, die Wohnungen reicher Kaufleute sind heute Museen, und was einst eine Karawanserei gewesen sein mag, ist nun ein Hamburger-Restaurant. Die Nadir Divanbegi – eine ehemalige Koranschule auf Bucharas zentralem Platz – bietet gar nächtliche Folklore samt grenzwertiger Tanzerotik für die Touristen. Am Abend, wenn es dunkel geworden ist, wird die gesamte Innenstadt von starken grünen Scheinwerfern beleuchtet, die sich nicht nur auf die Moscheen richten. Grüne Passanten mit grünen Eistüten in den Händen gehen über das grüne Pflaster.

Ich frage mich, was Timur, der große Herrscher über Zentralasien im 14. Jahrhundert, heute aus Samarkand, das er als Hauptstadt erwählt hatte, machen würde. Er hatte Künstler und Handwerker aus aller Herren Länder, von Damaskus bis Delhi, um sich versammelt, die einige der weltweit eindrucksvollsten Meisterwerke der Architektur errichteten. Was würde er zu den potthässlichen sowjetischen Gebäuden sagen, welche einen Ring um den Registan-Platz und die Bibi-Khanum-Moschee bilden? Wir werden es nie erfahren. Timur durchstreift die Straßen Samarkands nicht mehr. Unbewegt sitzt er jetzt als Bronzestatue da und blickt auf den Verkehr, während Tauben auf seinen Kopf scheißen. Er kann die grünen Scheinwerfer nicht abstellen, so sehr er es vielleicht auch möchte.

Zur Bestürzung vieler Reisender hat sich die Welt verändert. Wer Timurs Samarkand erleben möchte, hätte seinen Flug 700 Jahre früher buchen müssen. Jedoch sollte man nicht zu streng mit unserer Gegenwart sein. Wer in Usbekistan auf Jurten mit elektrischem Strom, Klimaanlage und WLAN stößt, in denen Kameltrekking angeboten wird, sollte die dort ansässigen Nomaden auch nicht unecht nennen. Denn sie sind ebenso echt wie alles, was es in der Geschichte je gegeben hat. Die Menschen und ihre Art zu leben, ihre Städte und die Atmosphäre in ihrer Umgebung – all das ist immer zu 100 % authentisch. Unser Planet und seine Bewohner, einschließlich des Nomaden mit dem iPod, sind einfach auf die Version »Erde 2014« aktualisiert worden; alle vorhergehenden Versionen sind unwiederbringlich von der Festplatte gelöscht. Und das ist in Ordnung so.

Hand in Hand wandern Laura und ich spätabends durch das Zentrum von Samarkand. Wir preisen gegenseitig unsere grüne Gesichtsfarbe und sind mit uns und der Welt im Frieden. Es ist dies unser letzter Abend in Usbekistan; morgen geht es fort ins nächste Land. Wir besichtigen jetzt nichts mehr und haben auch keinen Ehrgeiz, noch irgendwelche historischen Denkmäler oder Museen aufzustöbern, die wir in den letzten Tagen vielleicht übersehen haben. Touristen zu spielen, war vergnüglich, aber auch ermüdend. Es gab so viel zu sehen, dass wir nun beide an Medresen-Burn-out leiden. So überlassen wir uns diese Nacht der Göttin Fortuna. Sie soll uns leiten, nicht irgendein Reisehandbuch. Und Fortuna versteht sich auf ihre Arbeit als Führerin: Sie streift ziellos herum, weicht einmal hierhin, einmal dorthin aus. Wir folgen ihr durch Alleen, um Ecken, unter Bögen hindurch. Sie zeigt uns einen mondbeschienenen Weg, wo ich geschützt vor fremden Blicken Laura einen heimlichen Kuss geben kann. Es folgt ein schmaler Durchgang, in welchem streunende Katzen auf eine Streicheleinheit warten. Endlich erreichen wir einen Hof, der eine sanfte, abendliche Brise einfängt, die unserer Haut Kühle spendet. Diese Orte sind in keinem Reiseführer erwähnt, und sie sind nicht von der UNESCO geschützt. Ich glaube aber, dass sie ebenso alt sind wie Timurs Moscheen und in ihrer Art nicht minder großartig.

Martellato

Gehämmert

Tadschikistan, 1.6.2014

Kurz hinter Samarkand überschreiten wir, was nach verbreiteter Meinung die geografische Mitte der Seidenstraße darstellt. In Luftlinie sind ihre beide Enden Istanbul und Xi'an jeweils 3500 Kilometer von diesem Ort entfernt. Es ist aber schwierig, eine genaue Mitte zu definieren, denn in Wahrheit hat es DIE Seidenstraße nie gegeben. Wenn es überhaupt eine treffende Bezeichnung gibt, müsste man von ihr im Plural sprechen. Die antike Lebenslinie für den Handel zwischen Ost und West folgte keiner einzelnen durchgehenden Route, und nur selten legte eine Karawane die gesamte Strecke zurück. In Wirklichkeit war die Seidenstraße ein komplexes, sich ständig veränderndes Netzwerk möglicher Wege mit Seitenästen, die in alle Richtungen abzweigten. Politik und Kriege bestimmten, wo die Karawanen ziehen konnten, und vom möglichen Gewinn hing ab, wie weit sie gingen. Diesem Spinnennetz einen Mittelpunkt zuordnen zu wollen, erscheint nicht sehr sinnvoll.

Leichter ist es, die geschichtliche Entwicklung zu umreißen: Im zweiten Jahrhundert v. Chr. wurde zwischen dem Westen und China eine Handelsallianz geschmiedet. In den folgenden 1000 Jahren blühte der Handel immer weiter auf, erreichte um 750 n. Chr. einen Höhepunkt und begann dann, langsam abzunehmen, da mehr und mehr Kaufleute ihre Waren lieber auf dem Seeweg transportieren ließen. Die schwerfälligen Kamelkarawanen konnten nicht mit den schnelleren und kostengünstigeren Segelschiffen konkurrieren. Um das Jahr 1600 war der Verkehr auf der Seidenstraße daher fast gänzlich zum Erliegen gekommen.

Heute ist er zurück; aus 400-jährigem Schlaf erwacht, pulsieren hier wieder Leben und Handel. Vielleicht sollten wir die Route in »Silk Superhighway« umbenennen, obwohl die Seide natürlich für niemand mehr eine große Rolle spielt. Handelsartikel Nummer eins ist jetzt Energie, denn einige Öl- und Gasfelder in Zentralasien haben eine größere Kapazität als alle amerikanischen zusammen. Die dort geförderten Bodenschätze werden über Pipelines ins Ausland exportiert, nach Europa über die 1774 Kilometer lange BTC-Leitung für Öl zwischen Baku und Ceyhan. China bekommt zurzeit eine eigene, 3000 Kilometer lange Pipeline nach Urumtschi (Ürümqi), und es existieren Pläne, sie nach Japan zu verlängern.

Solche Riesenprojekte werden Auswirkungen auf das Leben der Menschen in der Umgebung der Pipelines haben. Es wird einen Bauboom geben, neue Arbeitsplätze und eine Verbesserung der Straßen- und Schienenverbindungen von und nach China. Das große Geld mit Öl und Gas kommt freilich nicht bei Otto Normalverbraucher an, das machen vielmehr die Politiker vor Ort, die Regierungen der investierenden Länder und die internationalen Energiekonzerne. Jeder will sein Stück vom Öl- und Gaskuchen, und alle gieren nach Verträgen zum Bau der Leitungen, der Straßen, der Eisenbahnen und Tunnels. Früher war Dschingis Khan der Schrecken der Seidenstraße, heute sind es die großen ausländischen Konzerne, die als Eroberer kommen.

Wir als Overlander haben davon nichts zu befürchten, im Gegenteil: Mit dem Erstarken der Handelsbeziehungen zwischen Ost und West haben sich Grenzen neu geöffnet und Reisebeschränkungen gelockert. Erstmals seit Jahrhunderten kann man westliche Nomaden wieder auf den Spuren Marco Polos über die Seidenstraße wandern sehen. So wird der Austausch von Ideen, Idealen und Wissen zwischen den Kulturen neu belebt, und das ist, wie ich meine, das Beste von allem.

Schon lange bevor wir an der tadschikischen Grenze ankommen, erkennen wir in der Ferne weit aufragende Berge. Ab Aktau in Kasachstan sind wir Tausende von Kilometern durch ebene Wüstengegenden gefahren, doch nun wird die Landschaft grüner. Der Grenzübertritt ist problemlos, und bald schon tuckern wir zwischen Hügeln dahin, die mit Mohn, Salbei und anderen Blüten in allen Farben des Regenbogens überzogen sind. Einen davon wählen wir aus, um dort unser Zelt inmitten eines Blumenteppichs aufzustellen. Ein kristallklarer Fluss strömt ruhig in der Nähe vorbei, und während ich gemütlich zu ihm hinuntersteige, um Wasser für den Kaffee zu holen, hat Laura eine Menge wilden Thymian gefunden, der rund um unser Zelt wächst. Sie pflückt einige Handvoll und stopft das duftende Kraut in ihr Kopfkissen. Der wunderbare Duft soll nach alter Überlieferung angeblich vor Albträumen schützen und das Einschlafen fördern. Ich erinnere mich, dass ich die Wüste über den grünen Klee gepriesen habe, muss jetzt aber zugeben, dass das Reisen durch ein wirklich grünes, Auge und Nase erfreuendes Land auch seine Vorzüge hat. In jedem Fall sind Kräuter im Zelt Wüstenskorpionen unter den Kissen bei Weitem vorzuziehen.

Unsere Sinne erwachen nach langem Schlaf, unser Hunger aber auch. Wir packen schnell zusammen und machen uns auf den Weg, um etwas Essbares aufzutreiben. 30 Kilometer lang sehen wir keine einzige Chaihana am Straßenrand, bis Laura, die eine viel feinere Nase als ich hat, auf einmal behauptet, sie rieche gegrilltes Fleisch.

»Wir werden uns ein Schaschlik gönnen«, ruft sie. »Mir läuft schon das Wasser im Mund zusammen.«

Tatsächlich taucht nach der nächsten Kurve ein Grundstück auf, wo vor dem Haus im Freien Tische und Stühle aufgebaut sind, während ein großer Holzkohlengrill Rauchwölkchen aufsteigen lässt. Ich weiß nicht recht – das sieht nicht nach einem normalen Restaurant aus.

»Das passt. Nichts wie hinein. Ich sterbe vor Hunger!« Laura besteht darauf.

Wir fahren durch die Einfahrt, steigen ab, begrüßen den Mann am Grill mit Handschlag und bestellen geradewegs zwei Portionen Schaschlik und Kaffee.

Wie Sie wahrscheinlich schon ahnen, ist dies keine Chaihana. Wir haben es geschafft, mit der Tür ins Haus und bei einer einheimischen Familie ins Mittagessen zu fallen. So peinlich uns das ist und so sehr wir versuchen, uns für das verursachte Durcheinander zu entschuldigen, es ist vergebens. Die Tadschiken werden für ihre Gastfreundschaft gerühmt, und wenn Sie denken, wir hätten einfach weiterfahren können, ohne zuvor bis zum Platzen gefüttert zu werden, dann irren Sie sich. Laura und mir wird die ganze Familie vorgestellt, und dann werden wir an einen von Essbarem überquellenden Tisch auf der Veranda geführt. Wir hauen rein und versuchen dabei so gut es geht, nicht den Eindruck zu erwecken, als hätten wir monatelang nichts mehr zu essen gehabt. Alle scheinen sich über unseren »Fehler« zu freuen, und der Großvater bietet sogar an, uns zu Ehren ein Schaf zu schlachten. Uns gelingt es jedoch, das freundliche Anerbieten auszuschlagen, ohne ihn zu beleidigen. Nach drei Stunden dürfen wir wieder unseres Wegs ziehen, beladen mit einer Tonne Resten und einer Wochenration selbst gebackenem Brot. Es entspricht der Landessitte, einen Gast nie ohne einen anständigen Proviantbeutel gehen zu lassen. Schon mag ich Tadschikistan.

Andererseits, wenn ich hier leben würde, sähe ich das Land vielleicht aus einer anderen Perspektive. In Tadschikistan, mehr wohl als in anderen zentralasiatischen Republiken, streiten zahlreiche Clans und kleine Gruppen um politischen Einfluss. Die Spannungen führten gleich nach der Unabhängigkeit zu einem Bürgerkrieg, in dem, Schätzungen zufolge, 100 000 Menschen getötet wurden. Die brutale Auseinandersetzung endete 1997, aber bis heute gibt es immer wieder kleinräumige Gewaltausbrüche. Auch die Beziehungen Tadschikistans zu den Nachbarländern sind verbesserungsbedürftig, besonders die zu Usbekistan. Seit der Auflösung der Sowjetunion führen beide Staaten, angestachelt durch ihren überaus großen Sinn für Patriotismus, einen kalten Krieg, an dem Moskau die ursächliche Schuld trägt. Denn es waren die Sowjets, die den Völkern Zentralasiens in den 1920er-Jahren ein ethnisches Selbstbewusstsein eingeflößt haben, in der Hoffnung, sie würden dadurch mehr Zugehörigkeit zu ihren durch die sowjetische Grenzkommission neu geschaffenen Republiken empfinden. Zu diesem Zweck »erfand« Moskau detaillierte völkische und historische Profile für Tadschiken, Usbeken, Turkmenen, Kirgisen und Kasachen – eine Aufteilung, die es vorher in dieser Form nie gegeben hat. Vor 1920 war, zum Beispiel, ein »Tadschike« einfach ein Angehöriger einer persisch sprechenden Gruppe iranischen Ursprungs, während ein »Usbeke« türkische Vorfahren hatte. Die Vorstellung, man könne stolz auf seine ethnische Herkunft sein, war ihnen fremd. Die Identität eines Individuums wurde durch seine Stellung in der gesellschaftlichen Hierarchie, seinem Clan und seine Lebensweise (sesshaft, nomadisch oder halb nomadisch) bestimmt, viel mehr aber auch nicht. Im Lauf der Zeit gelang es Moskau jedoch, Tadschiken, Usbeken, Turkmenen, Kirgisen und Kasachen patriotisch »umzuerziehen«.

Wenn Menschen Nationalismus und Stolz auf ihre ethnische Zugehörigkeit entwickeln, hat dies unangenehme Folgen für die Beziehungen zu anderen Staaten. Die Sowjets dachten wahrscheinlich nie daran, dass ihr System zusammenbrechen könnte, und überlegten deshalb auch nicht, was passieren würde, wenn die einzelnen Republiken ihre Unabhängigkeit erlangten. Usbekistan und Tadschikistan hatten 1991 einen denkbar schlechten Start. Die Grenzen wurden vermint, der grenzüberschreitende Verkehr kam zum Erliegen, Wirtschaftsblockaden wurden errichtet, und ein strenger Visumzwang wurde eingeführt. Was die Situation weiter erschwerte, war die Tatsache, dass Tadschikistan ohne die Hilfe von außen kaum lebensfähig war und ist. Allein bei der Energieversorgung müssen 95 % des benötigten Erdgases vom »Feind« Usbekistan bezogen werden, dessen Regierung diese Abhängigkeit mit schöner Regelmäßigkeit zur politischen Erpressung nutzt. Um in diesem Punkt halbwegs unabhängig zu werden, plant Tadschikistan ein großes Wasserkraftwerk am Fluss Vakhsh. Dumm daran ist nur, dass der Rogun-Staudamm genau das Wasser stauen soll, welches Usbekistan für die Bewässerung seiner Baumwollplantagen braucht. Jetzt gibt es also Druckmittel in beiden Richtungen, sodass die beiden Länder mit Erpressungen Pingpong spielen können.

Betrachtet man die Landkarte, erkennt man sofort, dass derjenige aus der sowjetischen Grenzkommission, der Tadschikistans Grenzen einst mit einem Federstrich zog, randvoll mit Wodka gewesen sein muss. Die zittrige Grenzlinie, die viele Enklaven erzeugt, ist schlichtweg idiotisch. In der Provinz Sughd, in die wir gerade gekommen sind, lebt ein Drittel der gesamten Bevölkerung. Der nördliche Teil, mit der Provinzhauptstadt Khujand, ist aber fast vollständig von usbekischem Gebiet umschlossen. Nur ein enger Korridor über hohe Berge verbindet diesen mit dem Rest des Lands. Laura und ich müssen von dieser Halbinsel einen Weg nach Duschanbe und zum Pamir Highway finden. Eine Möglichkeit ist der 3372 Meter hohe Anzob-Pass, eine unbefestigte und zwischen Dezember und Mai schneebedeckte Straße. Erfreulicherweise gibt es eine Alternative, denn 2003 hatte man damit begonnen, einen fünf Kilometer langen Tunnel durch den Bergriegel zu sprengen, der den Korridor blockiert. Das Großunternehmen wurde einem iranischen Konsortium anvertraut, sollte nach 20 Monaten fertig sein und knapp 90 Millionen Euro kosten. Diese Schätzungen lagen jedoch ein wenig daneben. Obwohl es das erste Fahrzeug 2006 irgendwie geschafft hat, sich durch das Loch zu zwängen, ist der Istiqlol-Tunnel (Unabhängigkeitstunnel) bis heute nicht fertig geworden. Die Kosten sind mittlerweile auf über zwei Milliarden Euro angewachsen, was für den ärmsten Staat in Zentralasien eine gewaltige Summe darstellt.

Inoffiziell ist der Tunnel längst schon umbenannt worden. Die Pessimisten nennen ihn »Tunnel des Todes«, die Optimisten »Tunnel des Schreckens«. So wie das Projekt ursprünglich realisiert wurde, hatte es dermaßen viele Fehler, dass schon vorgeschlagen wurde, es aufzugeben und einen neuen Durchstich zu machen. Ich schätze aber, dass die Empörung groß gewesen wäre, wenn der Präsident von Tadschikistan im Fernsehen gesagt hätte: »Tut mir leid, da haben wir Quatsch gemacht und die Hälfte unseres Bruttoinlandsprodukts für ein nutzloses Loch verschleudert.« Also wurden chinesische Tunnelbauer gerufen, um Reparaturwunder zu vollbringen. Inzwischen wurde der Verkehr durch die Baustelle freigegeben, bis vor Kurzem aber nur unter der Bedingung, dass die Straßenbenutzer ein Dokument unterzeichnen, mit dem sie auf Ansprüche an die Regierung oder die Baufirma verzichten, sollten sie lebend und gesund in den Tunnel hineinfahren, aber nicht im gleichen Zustand wieder herauskommen.

Bald nach dem Passieren der Schneegrenze sehen wir es, ein schwarzes, klaffendes Loch in der Flanke eines zerklüfteten, grauen Bergs. Verdammt noch mal, die Eingänge von Kohlenminen, die ich gesehen habe, waren einladender. Zwei Milliarden für so etwas? Ich glaube, da hat jemand mächtig abgesahnt. Laura ist recht nervös, und ich kann ihr die Angst nicht verdenken.

»Das wird schon gehen. Schau, da kommen Autos heraus. Wenn die überlebt haben, können wir das auch«, versuche ich, sie zu überzeugen.

Laura nickt schweigend, und dann begeben wir uns hinein in dieses Meisterstück chinesisch-iranisch-tadschikischer Ingenieurskunst.

O du mein lieber Gott Hades, wenn jemand ein Videospiel der Art *Indiana Jones' Höhlenritt* konzipieren würde, das diesen Schlund nachbildet, dann würde das ein Bestseller. Der Hindernisparcours beginnt gleich, nachdem uns die Kiefer des Unerbittlichen verschluckt haben. In der ersten Schwierigkeitsstufe des Spiels zeigt sich die Straßenoberfläche als Chaos von Schlaglöchern, herumliegenden Brocken und gebrochenen Betonriegeln, aus denen der Armierungsstahl nach Belieben heraussteht. Von der Decke fallen von Zeit zu Zeit Putzstücke und Steine, die uns wahrscheinlich trotz der Helme ein Leben kosten würden, wenn sie uns träfen. Als würde das nicht genügen, ist auch die Sicht minimal; nur das Licht unserer Scheinwerfer und das des Gegenverkehrs hilft uns, zwischen den Hindernissen hindurchzufinden. Der Tunnel selbst ist unbeleuchtet, Notrufsäulen oder Fluchtwege existieren nicht. Überflüssig zu sagen, dass es auch keine Ventilatoren gibt und die Luft folglich zum Schneiden dick ist. Es heißt, einige Menschen, die hier eine Autopanne hatten, seien schon an Kohlenmonoxidvergiftung gestorben.

In Spielstufe zwei kommen die Bedrohungen durch das Wasser. Wir werden buchstäblich von allen Seiten besprüht. Aus den Ritzen in den Wänden schießen scharfe Strahlen, und von der Decke stürzen kleine Wasserfälle herab. Da das Wasser nirgends abfließen kann, müssen wir Schlaglochtümpel und Flussadern queren, die zum Teil beachtlich tief sind.

Mitten im Tunnel kommt der dritte Schwierigkeitsgrad in Form eines Staus. Wegen Bauarbeiten weiter vorn ist der Verkehr völlig zusammengebrochen, und Autos und Lastwagen stehen Stoßstange an Stoßstange. Warum auch immer, niemand denkt daran, den Motor abzustellen. Vielleicht haben die Fahrer Angst, dass er wegen Sauerstoffmangels nicht mehr anspringt. Jedem Atemzug folgt jetzt ein Hustenanfall. Wir haben Glück: Während alle anderen »Spielpause« haben, können wir uns zum Anfang des Staus durchschlängeln. Hier zeigt sich denn auch die Ursache des Stopps: Ein Bulldozer steckt fest, eingekeilt von anderen Fahrzeugen kann er weder vor noch zurück. Da nützt es nichts, dass behelmte Arbeiter wie wild gestikulieren, während andere sich damit beschäftigen, die lockeren Wände des Tunnels zu flicken und zu verstärken, um den Einsturz ganzer Abschnitte zu verhindern. 30 Minuten unseres Lebens verbringen wir im »Tunnel des Todes«, die uns aber zehnmal länger erscheinen. Dieses Abenteuer wird unvergesslich bleiben – schon wegen der hämmernden Kopfschmerzen, die wir vom Einatmen der Abgase bekommen haben. Ich hoffe sehr, dass Tadschikistan bei seinem Rogun-Staudamm-Projekt besser auf die Qualität der Arbeit achtet.

In der Nähe liegt ein weiterer atemberaubender Ort, nun aber im guten Sinn. Der Iskanderkul ist ein hoch gelegener See in den Fan-Bergen und im Sommer für die Einheimischen ein beliebtes Wochenendziel. Als wir ankommen, ist aber außer einigen streunenden Hunden niemand zu sehen. So beschließen wir, drei Tage am Ufer wild zu zelten. Rasch verfliegt unser Kopfweh, und ist jedes Hündchen mit den Resten des Proviants gefüttert, der uns vom Bauernhof mitgegeben wurde. Der lange herbeigesehnte Frühling ist gekommen, wir können die T-Shirts ausziehen und träumend über die türkisfarbene Wasserfläche schauen, auf der sich die hohen Berge spiegeln.

Es hat den Anschein, auch Tadschikistans Präsident würde sich an den Naturschönheiten seines Landes erfreuen. Am anderen

Ufer des Iskanderkul hat er sich eine luxuriöse Villa bauen lassen. Bei den seltenen Besuchen Emomalii Rahmons wird der See zu seiner Sicherheit für die Öffentlichkeit gesperrt. Nur die Hunde dürfen bleiben. Natürlich kommt Emomalii nicht durch den »Tunnel des Todes«, sondern fliegt mit dem Privathubschrauber ein. Er besitzt noch etliche andere, über sein ganzes Reich verstreute Nobeldatschen. An einer davon kommen wir vorbei, als wir durch das Tal des Varzob-Flusses auf unserer letzten Etappe nach Duschanbe hinunterfahren. Die Villa ist leicht erkennbar, denn sie ist die größte in der 20 Kilometer langen Kette von Anwesen, welche den tadschikischen Neureichen, den Drogenbossen und den der Regierung am treuesten ergebenen Beamten gehören.

Duschanbe selbst ist weniger spektakulär. Es beansprucht den Titel »Zentralasiens schönste Metropole«, was aber nicht viel besagt, denn mit sehr seltenen Ausnahmen sind die bevölkerungsreichen Städte in diesem Teil der Welt nicht mit Venedig, Paris oder Granada vergleichbar. Man sollte aber auch von einer Stadt, die übersetzt »Montag« heißt, wirklich nicht zu viel erwarten. Der Name stammt von einem Markt, der einst an diesem Tag abgehalten wurde. Die Russen nannten die Hauptstadt zu ihrer Zeit in Stalinabad um, während der Ort Khujand die Ehre beanspruchen durfte, Leninabad zu heißen. Manchmal kann die sowjetische Mentalität uns heutige Europäer einigermaßen befremden. Oder können Sie sich vorstellen, dass in Deutschland Berlin in Merkelabad umbenannt wird? Ich glaube nicht.

Eigentlich ist der einzige Grund, warum wir Duschanbe überhaupt besuchen, der, dass wir dort eingeladen sind und überdies einen kleinen Hund haben. Die Einladung haben wir beim Überschreiten der heruntergekommenen Grenze Tadschikistans erhalten, wo wir eine junge Frau sahen, die einen Ducati-

Koffer zur Passkontrolle zog. Makellos gekleidet, kein Härchen falsch gelegt, wirkte sie dort so ähnlich wie Angelina Jolie in einem Flüchtlingslager. Laura vermutete, sie könne Italienerin sein – denn niemand sonst würde sich mitten in der Prärie so bemühen, »bella figura« zu machen. Laura lag damit nicht ganz falsch. Nachdem wir uns wechselseitig vorgestellt hatten, erwies es sich, dass sie zwar Tadschikin war, aber mit einem Italiener verheiratet. Unsere neue Bekanntschaft Maxima lud uns auf ein Abendessen zu sich nach Hause ein, falls wir durch Duschanbe kämen.

Die Sache mit dem Hund war ein für weltreisende Hundeliebhaber typischer Fall. Laura entdeckte das frierende kleine Bündel in einem Abwasserkanal. Ich könnte jetzt viele Worte machen, um Dusty, wie wir ihn nannten, zu beschreiben: kalt, nass, hungrig, schlammbedeckt, furchtsam. Vor allem aber süß. Wir nahmen Dusty in unsere Unterkunft mit, badeten ihn, spendierten ihm ein 22-Gänge-Menü und knuddelten ihn kräftig. Ein dauerhaftes Zuhause aber konnten wir ihm nicht bieten. Hier kam uns unsere italienisch-tadschikische Bekannte Maxima zu Hilfe: Ihre Familie würde sehr gern ein Haustier aufnehmen – seit Monaten schon hatten sie geplant, sich einen Hund anzuschaffen. Nun haben sie die Freude, und Dusty hat eine noch größere.

Am Tag unseres Besuchs bei Maxima putzt sich Laura nach Kräften heraus, legt ein wenig Make-up auf und verwendet einen Hauch Parfüm. Ich selbst ziehe mein schwarzes T-Shirt Nummer zwei an, also das mit den wenigeren Löchern.

»Was ist nur mit mir los«, klagt Laura, als wir die Einfahrt zu Maximas Haus hinaufgehen. »Overlanding ist schuld! Zwar bin ich eine echte Italienerin, aber meistens sehe ich wie etwas aus, das nicht einmal ein Dingo aus dem Zelt stehlen würde.«

»Was du auch anhast, du siehst prächtig aus«, gebe ich zur Antwort, wechsle dann aber zu einem weit bedeutenderen

Thema: »Meinst du, es gibt Lasagne? Italienisches Essen, das würde mir schmecken.«

Maxima öffnet die Tür, begrüßt uns mit viel Wärme und stellt uns dann der versammelten Familie vor. Als sie erzählt hatte, dass Gäste kämen, breitete sich die Neuigkeit wie ein Lauffeuer unter Freunden, Nachbarn und Verwandten aus. Mich ehrt es, eingeladen zu werden, aber in Tadschikistan ist es der Gastgeber, der es als Ehre ansieht, auswärtige Gäste im Haus zu haben.

Wir lassen uns bequem auf dem Tapchan nieder. Maxima, ihr Ehemann Fabio und ein halbes Dutzend männlicher Verwandter leisten uns Gesellschaft, während die Frauen fleißig dabei sind, das Essen zuzubereiten. Das große Gesprächsthema ist die kommende Fußballweltmeisterschaft.

»Wie in Italien«, sagt Laura und lächelt, »die Frauen arbeiten in der Küche, und die Männer reden über Fußball.«

»Stimmt«, pflichtet Fabio bei. »Die Unterschiede zwischen Süditalien und einem säkularen islamischen Land wie Tadschikistan sind tatsächlich nur gering. Viele Frauen sehen es als ihre Berufung an, eine gute Ehefrau zu sein und Kinder großzuziehen.«

»Neben unserer Berufsarbeit«, fügt Maxima hinzu und verzieht dabei das Gesicht.

Ich kenne das: In all den Monaten, die ich mit Laura durch Italien gereist bin, um ihre Verwandten zu besuchen, habe ich es nicht ein einziges Mal erlebt, dass ein Mann einen Teller in die Küche zurückgebracht oder gar abgespült hätte. Es mag stimmen, dass die Geschlechterrollen und die traditionellen Werte in islamischen und italienischen Haushalten sich ähneln, aber man muss sich doch fragen, warum die muslimischen Frauen im Westen aufgefordert werden, für ihre Rechte in der Gesellschaft zu kämpfen, während den katholischen Frauen in Italiens Mezzogiorno Derartiges nie empfohlen wird.

»Die Familie bedeutet alles«, fährt Fabio fort. »Vielleicht sind die Bande und das gegenseitige Vertrauen hier sogar noch stärker als in meiner alten Heimat. Es ist beispielsweise leicht möglich, dass eines unserer kleinen Kinder nach unserer Zusammenkunft heute Abend fehlt. Es ist ganz normal, dass Verwandte Kinder für ein paar Tage ›ausleihen‹, oft sogar ohne vorher zu fragen. Das ist in Ordnung; sie werden immer heil zurückgegeben.«

»Das kann noch einen Schritt weitergehen«, unterbricht ihn Maxima. »Wenn eine Frau keine Kinder bekommen kann, schenkt ihr möglicherweise ihre Schwester eines der ihren.«

Ich denke noch über die verästelten möglichen Folgen nach, die ein Ausleihen von Kindern durch Verwandte – und ohne die Eltern zu informieren – in Deutschland hätte, als ein riesiges Tablett aus der Küche kommt und auf den Tapchan gestellt wird.

Maxima strahlt uns an: »Erst dachten wir daran, für euch Lasagne zu kochen, das Lieblingsessen meines Manns. Dann aber meinten wir, ihr solltet einmal etwas nach echter tadschikischer Tradition versuchen.«

Der Deckel wird feierlich vom Topf gehoben, und vor mir liegt ein heißer, dampfender Berg von ... Plov.

Ich glaube, es ist an der Zeit, die Berge des Pamir aufzusuchen.

Arioso

Arienartig, luftig

Berg-Badachschan, 15.6.2014

Nicht ganz so alt, aber annähernd ebenso berühmt wie die Seidenstraße selbst ist einer ihrer Seitenzweige: der Pamir Highway. Eine Art Weg hatte die abgelegenen Täler des Pamir schon seit Jahrhunderten mit der Außenwelt verbunden, entstanden ist die Pamirstraße aber erst im Jahr 1934. Damals wurde zwischen den Endpunkten dieser klassischen Route, Khorog in Tadschikistan und Osch in Kirgisistan, mit großem Pomp ein Teerbelag aufgebracht. Unter Radfahrern, Bikern und Allradfans genießt sie den Ruf, eine der landschaftlich schönsten Strecken dieser Erde zu sein, gleichauf mit anderen Legenden wie dem Karakorum Highway in Pakistan, der Straße von Manali nach Leh in Indien oder der Ruta Nacional 40 im Süden Argentiniens. Für viele Reisende in Zentralasien hat die Befahrung der Pamirstraße oberste Priorität. Wir beide wollen sie auf Puck und Pixie angehen, um zu sehen, ob sie wirklich so schön ist, wie viele behaupten.

Schon den Anfang in Khorog zu erreichen, stellt hohe Ansprüche. Zahlreiche Routen führen nach Berg-Badachschan, einer autonomen Region in Tadschikistan, die inmitten der gewaltigen Gipfel des Pamir die Heimat der kulturell eigenständigen Pamiris und etlicher Drogenbosse ist. Wir entscheiden uns für die Tavildara Road, die zwar die kürzeste, aber auch die beschwerlichste und am schlechtesten gewartete ist. Nachdem wir die fruchtbaren Täler östlich von Duschanbe verlassen haben, müssen wir uns auf einem Feldweg zwischen ockerfarbenen Berghängen nach oben kämpfen und dabei einem schäumenden Bergfluss bis zu seiner Quelle folgen. Zunächst ist das Tal noch breit genug, um ein paar winzigen Siedlungen,

Ziegenweiden und Aprikosenplantagen Platz zu bieten. Je höher wir kommen, umso enger wird die Schlucht und umso riskanter die Fahrt. Felsblöcke, die aus großer Höhe herabgestürzt sind, haben sich in die Fahrbahn gegraben. Wir umfahren sie eilig und schielen dabei misstrauisch nach oben, ob nicht etwa wegelagernde Titanen in den wetterzerklüfteten Wänden dabei sind, noch mehr Brocken auf unbedarfte Reisende zu schleudern. Nicht weniger Sorgen als die festen Hindernisse machen uns die Flüsse: Da es keine Brücken gibt, müssen wir die augenscheinlich »flachste« Furt zu Fuß erkunden, bevor wir uns mit den Motorrädern hineinwagen. Immer noch reicht uns die Querströmung des Eiswassers bis zu den Knien, füllt unsere Stiefel und droht, uns umzureißen. Puck und Pixie sind zwar schwer genug, um nicht flussabwärts gespült zu werden, aber auch ein Umkippen muss um jeden Preis vermieden werden. Motorräder haben im Gegensatz zu vielen Allradautos keinen hohen Schnorchel für den Lufteinlass, sodass sie leicht absaufen, wenn Wasser über Luftfilter oder Auspuff in den Motor eindringt.

Die Fahrt geht über die Baum- und die Schneegrenze hinauf bis auf 3253 Meter. Erschöpft von unserem Bergausflug steigen wir am Sagirdasht-Pass ab und saugen die dünne Luft mit tiefen Atemzügen ein. Meine Lunge spürt die Höhe. Dieser Übergang ist aber nichts, verglichen mit den Pässen, die wir auf dem Pamir Highway überqueren werden. In der Ferne erkenne ich die ineinander verknoteten Bergketten des Pamir und des Hindukusch in Afghanistan. Erstmals seit 1998, seit meiner ersten Fernreise mit dem Motorrad, kann ich wieder auf diesen Teil der Welt blicken, den ich so lieb gewonnen habe und der von Menschen bewohnt wird, die ich sehr zu bewundern gelernt habe. 16 Jahre ist das her, dass ich durch die von Paschtunen geprägten Provinzen von Khaiber Pakhtunkhwa in Pakistan und dem östlichen Afghanistan gefahren bin.

Leider werde ich diesmal keines der beiden Länder besuchen können, um zu sehen, welche meiner damaligen paschtunischen Bekannten die Invasionen während des amerikanischen »War on Terror« überlebt haben, den viele Zivilisten in Afghanistan, Pakistan und dem Irak auch »War of Terror« nennen. Die amerikanische Militäraktion begann drei Jahre nach meinem Besuch und dauert noch an, 13 Jahre nach dem Angriff auf das World Trade Center in New York – dem Funken, der jene politische und humanitäre Tragödie ausgelöst hat. Ein Krieg, der so lange dauert, wird manchmal aus dem Bewusstsein der Bewohner der westlichen Welt verdrängt. Für die Menschen aber, die in den von hier aus sichtbaren Bergen und dahinter leben, ist der Krieg brutale Realität.

Es berührt mich seltsam, dass jedermann vom 11. September gehört hat, jenem schicksalhaften Tag, als in New York 2977 Menschen ums Leben kamen, aber niemand mit einer Schweigeminute an den 7. Oktober erinnert. An diesem Tag begann die Operation »Enduring Freedom« mit einem 44 Stunden dauernden Luftbombardement Afghanistans, dessen Ziel es angeblich war, die für den Terroranschlag verantwortlichen Organisationen zu zerschlagen. Bereits in den ersten Tagen starben 400 afghanische Zivilisten. Schon im März des folgenden Jahrs überschritt die Zahl der als »Kollateralschäden« Getöteten, nämlich 3400, die des Anschlags auf das World Trade Center. Wie wir alle wissen, endete der Krieg damit nicht, sondern breitete sich weiter aus. Kein Mensch kennt die genaue Zahl, aber die meisten Institutionen für internationale Studien (Rotes Kreuz, Human Rights Watch und viele NGOs) stimmen darin überein, dass bis April 2014 im Irak rund 120 000 Angehörige der zivilen Bevölkerung ums Leben kamen, 21 000 in Afghanistan und 35 000 in Pakistan. Diese vorsichtigen Schätzungen beziffern nur die Opfer direkter Gewalt, nicht indirekte Opfer durch den Zusammenbruch der Infrastruktur und mangelhafte medizinische Versorgung. Man muss sich fragen, warum angesichts von 176 000 Toten – entsprechend 59 Attentaten auf das World Trade Center – der Westen immer noch des 11. Septembers gedenkt und nicht des 7. Oktobers. Muss ich das so verstehen, dass diese 176 000 Zivilisten nur Afghanen, Iraker und Paschtunen waren und keine 2977 Amerikaner? Ich bin der Meinung, dass man keinen »Krieg gegen den Terror« führen kann, da Krieg selbst Terror ist.

Ich werde diesmal zwar Afghanistan nicht betreten, aber der Grenze komme ich fast auf zehn Meter nahe. Zusammen mit Laura fahre ich hinunter nach Ischkaschim im Wachantal. Der Ort liegt am Ufer des Flusses Pandsch, der die Grenze zwischen Tadschikistan und Afghanistan bildet und später in den Amudarja mündet, den einstigen südlichen Zufluss des Aralsees. Am anderen Ufer ist der Wachankorridor, eine 300 Kilometer lange, aber stellenweise nur 16 Kilometer breite Landbrücke, die Tadschikistan von Pakistan abgrenzt. Der Korridor wurde Ende des 19. Jahrhunderts als neutrale Pufferzone zwischen Russland und Britisch-Indien eingerichtet und sollte die damals miteinander im Streit liegenden Reiche voneinander trennen.

Der Korridor ist ein Ärgernis für Reisende, die die Seidenstraße mit einem Ausflug nach Indien verbinden möchten. Es bräuchte nur eine Stunde Fahrt von Ischkaschim aus, um den klassischen Hippie Trail am Südhang des Hindukusch zu erreichen. Doch leider gibt es in diesem abgelegenen, dünn besiedelten Teil Afghanistans keine direkte Straßenverbindung. Um nach Pakistan zu kommen, hat der Reisende drei Möglichkeiten: Er könnte etliche Tausend Kilometer zurückfahren und die Route über Usbekistan, Turkmenistan und den Iran wählen. Er könnte auch im Transit durch China und dann über den Karakorum Highway einreisen. Die dritte Möglichkeit wäre es, mit einem

Militärkonvoi durch Afghanistan zu fahren und dann über den Khaiberpass nach Peschawar. Das geht: Visa für Afghanistan und Durchfahrtsgenehmigungen kann man leicht in Khorog, der Regionalhauptstadt von Berg-Badachschan, erhalten, doch ohne Risiko ist die Durchreise nicht. Ich bin jedenfalls froh, dass ich dem Hippie Trail nach Indien zu einer Zeit gefolgt bin, als es in der Gegend noch halbwegs friedlich zuging.

Wir stellen unser Zelt an einem abgelegenen Teil des Pandschufers auf, laden die Campingstühle ab, kochen Kaffee und verbringen den Nachmittag mit der Beobachtung der Afghanen, die auf der anderen Seite des Stroms ihrer täglichen Arbeit nachgehen. Einige davon machen es offensichtlich wie wir, nur dass sie auf Steinen am Ufer sitzen und vermutlich statt Nescafé Tee trinken. Von Zeit zu Zeit winken wir uns gegenseitig zu, und wäre da nicht die Gefahr, in der Flussmitte auf Minen zu stoßen, schwämme ich gern auf ein Schwätzchen hinüber.

Die Unterschiede zwischen »hier« und »dort« sind ausgeprägt. HIER wird die Gegend von Pamiris bewohnt, die der ismailitischen Richtung des Islam angehören und nicht der sunnitischen Mehrheit im übrigen Land. Diese Glaubensgemeinschaft kennt weder Geistliche noch Moscheen, nur Mehrzweckhallen und Khalifas als Berater in Fragen der Religion. Frauen dürfen sich auf der Straße offen mit Männern unterhalten, und die Auslegung des Korans bleibt zu weiten Teilen dem einzelnen Leser überlassen.

DORT, keinen Steinwurf entfernt, ist die Lage eine andere. In dem winzigen Dorf jenseits des Flusses kann ich fast mehr Minarette als Wohnhäuser zählen. Mehrmals am Tag rufen die Muezzine lautstark zum Gebet, die Frauen auf den staubigen Straßen sind von Kopf bis Fuß in Burkas gehüllt, und manche Männer mit wallenden Bärten wirken wie Doppelgänger Bin

Ladens. HIER ist die politische Lage labil, aber sie kippt nicht. Berg-Badachschan erfreut sich einer weitgehenden Autonomie, sodass blutige Aufstände gegen die Regierung in Duschanbe nun, wie zu hoffen ist, Geschichte sind. DORT hingegen ist die politische Lage bestenfalls unvorhersagbar, sogar im relativ friedlichen Wachantal.

Das Bild, das sich mir heute bietet, ist das einer glücklichen ländlichen Idylle. Die Leute breiten auf den Felsen farbenfrohe Teppiche zum Waschen, Schrubben und Trocknen aus, andere arbeiten auf den Äckern, Kinder planschen in einem seichten und von Minen freien Wasserloch, und alte Männer mit ihren Pakol-Wollmützen genießen die Sonne vor ihren Lehmziegelhütten. Etliche Jugendliche gehen hinunter zum Pandsch und werfen die Angeln aus. Diesem Beispiel will ich von meinem Ufer aus folgen, und so hole ich mein Angelzeug aus Pucks Seitenkoffer. Bei keinem von uns beißt ein Fisch an, also winken wir uns nach Sonnenuntergang noch einmal zum Abschied über den Fluss hinweg zu, wickeln die Angelschnüre auf und sind mit unserem Tag zufrieden. Im nahen Dorf der Pamiris gehen nach und nach die Lichter an. Drüben, in Afghanistan, bleiben alle Häuser dunkel. In der Ansammlung von Hütten und Moscheen dort gibt es keinen elektrischen Strom.

Unsere erste Nacht im Wachantal verläuft ohne Zwischenfälle, was erstaunlich ist, wenn man bedenkt, dass im Korridor ständig Militärpolizei patrouilliert, um Drogenschmuggler aufzuspüren, die im Schutz der Dunkelheit versuchen, den Fluss zu überqueren. Drogenhandel ist eine wichtige Einnahmequelle für die Menschen auf beiden Seiten der Grenze. Es wird geschätzt, dass jedes Jahr zwischen 100 und 300 Tonnen afghanisches Rauschgift durch Tadschikistan geschleust werden, um den Bedarf in Russland und Europa zu decken. Maxima hat uns in Duschanbe gesagt, dass offenbar jedes Jahr ein halbes Dutzend mit Drogen voll beladene Lastwagen von Khorog nach Russland fahren, ohne dass sie von Regierungsseite daran gehindert würden. Wenn das zutrifft, könnte das die Erklärung dafür sein, warum sich der Präsident von Tadschikistan und seine Kumpel ihre Datschen für viele Millionen Euro leisten können.

Es ist nicht nur die Polizei, die einem wild Zeltenden den friedlichen Nachtschlaf rauben kann. Die eigentlichen Störenfriede sind betrunkene Hirten, denen gegen zwei Uhr nachts das Zelt aufgefallen ist: Sie öffnen den Reißverschluss und stecken ohne Hemmungen ihren Kopf hinein. Fairerweise muss man sagen, dass die Hirten im nüchternen Zustand meist recht liebenswürdige Kerle sind, die eher ihr Brot und ihren Wodka mit einem Fremden teilen, als dass sie Ärger machen.

Auch tagsüber kann es Momente geben, die wirklich Nerven kosten, nämlich wenn sich unberechenbare Kinder auf der Straße aufhalten. Das Innere des Pamir ist weitgehend unbewohnt, doch die fruchtbaren Ufer des Pandsch säumen kleine Dörfer, in denen der Altersdurchschnitt um die acht Jahre zu liegen scheint. Wer mit dem Motorrad unterwegs ist, begegnet allen Arten von lebendigen und höchst beweglichen Hindernissen, von denen die meisten ein gut vorhersehbares Verhalten an den Tag legen. Kühe etwa sind keine große Gefahr; man hat den Eindruck, dass ein Kuhgehirn so langsam arbeitet, dass es die Annäherung eines Motorradfahrers erst registriert, wenn der schon längst wieder fort ist. Pferde können ausschlagen, bevor sie sich in die Prärie flüchten. Aus diesem Grund sollte ein Biker auf alle Fälle VOR dem Pferd vorbeifahren. Schafe verhalten sich wie ... Schafe. Ist die Herde durch die Straße in zwei Hälften geteilt, so kann man sich darauf verlassen, dass die eine davon in Panik gerät und vor dem Motorrad auf die andere Seite rennt, um bei den Artgenossen Zuflucht zu finden. Da heißt es, in den ersten Gang zurückschalten. Hunde jagen Zweiräder, aber in all meinen Jahren auf dem Motorrad habe ich es nie erlebt, dass sich ein Hund weiterhin angriffslustig verhalten hat, nachdem ich stehen geblieben bin. Vielleicht funktioniert diese Taktik aber auch nur deshalb, weil ich als Hundeliebhaber stets einen Beutel voll Hundekuchen in meiner Satteltasche habe.

Kinder – vor allem die Jungen hier im Korridor – sind da vollkommen anders. Sobald sie unsere Motorräder näher kommen hören, springen sie hinter geparkten Autos hervor oder rennen kreischend durch die Gartentüren und mitten auf die Straße, als ob sie es darauf anlegten, überfahren zu werden. Auch kann man nie wissen, ob sich die Faust eines Kindes zu einem freundlichen Winken öffnet oder ob sich darin ein Stein verbirgt, den es auf den Fahrer werfen will. Das Wachantal ist zwar nicht Äthiopien oder Lesotho, aber auch hier ist das Steinewerfen auf Touristen ein wachsendes Problem, wie gar mancher Zweiradfahrer bestätigen wird.

Die Mädchen der Ismailiten, in deren Auslegung des islamischen Glaubens keine so strengen Moralvorschriften wie in anderen muslimischen Glaubensgemeinschaften vorkommen, blasen mir dagegen oft Küsschen von der flachen Hand zu, wenn ich an Schulen oder Spielplätzen vorbeifahre. Eine junge Schülerin, die mit drei Freundinnen durch die Stadt streift, alle in Miniröcken (aber mit Kopftüchern), gibt Laura sogar mit gespitzten Lippen einen großen Schmatz, weil sie glaubt, auf einem Motorrad könne nur ein Prachtexemplar von Mann sitzen. Ihr schockierter Gesichtsausdruck, als sie den Irrtum bemerkt, ist köstlich anzusehen. Sie läuft puterrot an, während ihre Freundinnen mit dem Lachen herausplatzen – ich kann mir kaum vorstellen, welche Lesbenscherze sie in den nächsten Monaten in der Schule über sich ergehen lassen muss.

Die Religion der Ismailiten mag liberal sein, bei der sexuellen Orientierung aber endet die Toleranz.

Der Rest der Reise entlang der afghanischen Grenze macht keine Probleme. Auf unserer Seite des Flusses fahren wir an alten Festungen vorbei, die vor langer Zeit zur Verteidigung gegen chinesische und afghanische Eroberer gebaut worden sind, es folgen noch ältere buddhistische Tempel und von Zeit zu Zeit eine heiße Quelle. Auf der anderen Seite fahren afghanische Jugendliche auf Rollern und Mopeds Rennen gegen uns. Meist bleiben wir Sieger, denn auf unserem Ufer ist die Straße in einem viel besseren Zustand. Dann aber biegt die Straße vom Wachankorridor ab und beginnt anzusteigen. Vor uns sehen wir einen unbefestigten Weg, der sich in Serpentinen hinaufwindet, imposanten Gipfeln zu. Dort liegt unser Ziel: der 4344 Meter hohe Khargush-Pass.

Endlich sind wir der Zivilisation entflohen und im hohen Pamir! Keine Polizei mehr, keine betrunkenen Hirten, keine kreischenden Kinder – nur Berge, Natur und Frieden. Ein Fuchs auf einem nahen Felsen beobachtet uns gelangweilt, Dutzende dicker Murmeltiere wackeln hastig über eine kleine Ebene und hoch über uns kreisen Greifvögel in der Thermik. Auch Steinböcke, Saigaantilopen und Schneeleoparden streifen durch die Gegend, doch sind sie wegen der Wilderei, vor allem für den chinesischen Markt, äußerst selten geworden. Fast jeder Teil eines Tieres, so glaubt man in China, sei ein Heilmittel für irgendein Wehwehchen. Die einzigen Gebiete, in denen die Anzahl gefährdeter Tiere wieder zunimmt, sind die Jagdreviere. Es klingt absurd, aber wie in Afrika scheint die kontrollierte Jagd das Beste für den Tierschutz zu sein. Wenn ein reicher Ausländer 6000 Euro für das Privileg zahlt, eine Kugel in ein seltenes Marco-Polo-Schaf versenken zu dürfen, dann unterstützt er – vermutlich unbeabsichtigt – mit diesem Geld eine Reihe von Initiativen zur Erhaltung der Art. Das geht von der Anstellung von Wächtern, die den Naturpark vor Wilderern schützen, bis zu speziellen Aufzuchtprogrammen.

Wir machen gerade Mittagspause, als eine dunkle Wolke die Sonne verschluckt.

»Komisch«, bemerkt Laura, während sie Käsebrote schmiert. »Die Wolke hat eine ganz rote Farbe.«

»Wenn wir in der Wüste Gobi wären, würde ich sagen, da kommt ein Sandsturm«, brumme ich zwischen zwei Bissen.

Ich sehe mich um, und mir fällt auf, dass sich alle Murmeltiere in ihre Löcher verkrochen haben. Vielleicht wäre es klug, das Gleiche zu tun. In diesem Moment zuckt ein Blitz über den Himmel, gefolgt von Donner, dessen Echo zwischen den Bergen widerhallt. Die Wolke hat die Gipfel verhüllt, der flüsternde Windhauch ist nun ein wildes Heulen, und die Temperatur ist um wenigstens 10 °C gefallen. Verzweifelt versuchen wir, unser Zelt aufzustellen, das uns der Sturm fast aus den Händen reißt – aber wir sind nicht schnell genug. Regen und Hagel prasseln auf uns wie Maschinengewehrfeuer.

»Wo ist das bloß hergekommen?«, schreit Laura in all dem Lärm.

»Schnell!«, rufe ich zurück. »Beschwer die Heringe und die Schnüre mit so vielen Steinen wie möglich! Und dann nichts wie rein!« Wasser rinnt kalt durch meine Jacke.

Nass bis auf die Haut hechten wir in unseren Unterschlupf, ziehen die tropfenden Socken und T-Shirts aus und verkriechen uns dann in den Schlafsäcken. Indem wir uns mit den Rücken zur Windrichtung gegen die Zeltwand drücken, versuchen wir, unser trautes Heim davor zu bewahren, unter dem Druck von Wind, Sand und Platzregen zusammenzubrechen. Zuletzt unterliegen wir jedoch. Alle Zeltschnüre sind abgerissen, zwei Aluminiumstangen gebrochen, und selbst die Reißverschlüsse haben dem Sturm nicht standgehalten.

Es dauert zwei volle Tage, bevor ich es wagen kann, den Kopf aus dem Zelteingang zu stecken. Die ganze Zeit lang hatten wir nichts zu essen als die Überreste unseres Picknicks und ungekochte Instantnudeln. Den Kocher in Gang zu setzen, war unmöglich gewesen. Mein erster Gedanke beim Herauskriechen ist verständlicherweise der an ein Sandwich – belegt mit einem fetten Murmeltier. Mein zweiter wendet sich dem Zustand unseres Zelts zu. Drinnen ist alles von einer dicken roten Staubschicht bedeckt, und von außen besehen macht es den Eindruck, als habe es ein Schneeleopard angenagt. Wir richten es, so gut es geht, wieder her, und als das erste kleine Zeichen von Blau am Himmel erscheint, setzen wir unsere Belagerung des Passes fort.

Wir hatten gehofft, die Fahrt über den Khargush werde ein Freizeitvergnügen, aber für Pixie wird sie zur Prüfung auf Herz und Nieren. Wie Menschen brauchen auch Motorräder Luft zum Atmen, und offenbar leidet Pixie über 4000 Metern an Höhenkrankheit. Auf der Geraden kommt sie kaum noch auf 30 Stundenkilometer, und bei einer Steigung von mehr als nur wenigen Prozent streikt sie ganz. Als wären die Probleme noch nicht groß genug, entwickelt Pixie auch ein Leck in der Treibstoffzufuhr. Um Benzin in den Motor zu pumpen, bleibt Laura nichts anderes übrig, als Pixie einen zu »blasen«. Alle paar Kilometer sehe ich, wie sie sich nach vorn beugt, den Entlüftungsschlauch des Tanks in den Mund nimmt und mit einem kräftigen Ausatmen den Druck in der Treibstoffleitung erhöht. Es funktioniert. Und ich wette, dass es auch Pixie freut.

In 4200 Meter Höhe gibt Pixie den Geist vollends auf. Die letzten Meter zum Pass muss ich Laura mit Puck abschleppen. Glücklicherweise habe ich noch von meiner ersten Weltreise die Ersatzdüsen für Pucks Vergaser in meiner Ersatzteilkiste. Mit kleineren Düsen fällt das Verhältnis von Luft zu Treibstoff günstiger aus. Damals jagte ich Puck über den Khardungla-Pass in Ladakh, Indien, der mit 5359 Meter Höhe zu den höchsten befahrbaren Routen der Welt zählt.[24] Irgendwie schaffen wir es hinauf, hinüber und hinunter, und bald sind wir wieder auf dem makellosen Teer der Pamirstraße. Wir steigen ab, um ihn dankbar zu küssen.

Zusätzlich zum lokalen Verkehr zieht die Route auch zahlreiche Touristen an. Im Sommer vergeht kein Tag, an dem man nicht einem runden Dutzend Ausländern begegnet, die auf Fahrrädern, Motorrädern oder in Allradautos Zentralasien von oder nach Europa durchqueren. War der »Tunnel des Todes« von Anzob die hässlichste Straße, die ich je gesehen habe, so ist diese hier die schönste, die ich kenne. Ständig über 3500 Meter dahinführend, durchschneidet sie karge Wüsten, weite Hochebenen und, im Sommer, grüne, mit Yaks und Jurten gesprenkelte Auen. An den Seiten wird die Straße von gewaltigen Bergen gesäumt, deren Gipfel mehr als die doppelte Höhe des Tals erreichen, auf dessen Grund von Gletscherflüssen gespeiste Seen glänzen.

Es ist richtig, dass das Leben hier nichts für Weicheier ist – selbst Marco Polo klagte sehr über die bittere Kälte und die Einsamkeit, als er 1274 durch das Pamirgebirge reiste. Er hielt es für höchst unwahrscheinlich, dass je ein vernünftiger Mensch auf den Gedanken käme, sich hier anzusiedeln. Er irrte; es gibt eine beachtliche Stadt mit 7000 Einwohnern an der Straße, nämlich

---

[24] In Indien und Tibet gibt es viele befahrbare Straßen, die noch höher hinaufführen, zum Beispiel den 5681 Meter hohen Marsimik La oder den 5610 Meter hohen Mana-Pass an der Grenze zwischen Indien und China. Mein Land Rover Matilda erreichte auf der Uturuncu-Minenstraße in Bolivien noch luftigere Höhen. Wenn man es bis zu deren Sattel schafft, ist man auf 5768 Meter, die Mine selbst liegt auf 5900 Meter. Für alle, die gern Rekorde brechen: Die Uturuncu-Straße gilt als die höchste der Welt.

Murghob, 1893 als Militärposten gegründet, damit Russland ein Auge auf die nahen Grenzen zu Afghanistan und China haben konnte.

Wir müssen für die letzten paar Hundert Kilometer bis zur Grenze unsere Vorräte an Lebensmitteln und Benzin aufstocken. Beides gibt es hier, natürlich zu stolzen Preisen. In dieser Höhe gedeiht nicht viel, sodass alles entweder von Khorog oder von Kirgisistan angeliefert wird.

In den abgelegeneren Provinzen Tadschikistans geht das Tanken meist nicht so einfach, dass man die Zapfpistole in den Tankstutzen steckt, zahlt und sich dann fröhlich auf den Weg macht. Erst muss man einen Einheimischen finden, der in seinem Hinterhof ein Fass mit gepanschtem Benzin und einen Eimer hat, und anschließend oft eine Einladung zum Essen annehmen. Der Chef von Murghobs Tankstelle führt uns hinter den Schuppen mit den Benzinfässern, wo sich seine bescheidene Behausung befindet und seine Frau und seine Mutter schon für uns den Teppich ausrollen. Es ist Brauch, die Mahlzeiten auf Sitzkissen am Boden einzunehmen; einen Tisch gibt es nicht. Vor uns steht ein gewaltiger Topf mit Reisbrei, auf dem ein Kilo Yakbutter halb zu schmelzen beginnt. Dazu gibt es Brot und ein heißes Getränk von der Farbe einer fetten Hühnerbrühe, das einen leicht ranzigen Geruch verströmt. Ich erkenne sofort, was das ist: gesalzener Buttertee.

Buttertee hat einen, gelinde gesagt, recht gewöhnungsbedürftigen Geschmack. Die meisten Europäer verschmähen ihn mit ähnlich starker Abneigung wie Vegemite, den berühmten australischen Brotaufstrich mit Hefe und Kräutern. Bei uns kommt Butter aufs Brot, und Salz streut man aufs Frühstücksei. Hier nicht. Ich kann es kaum erwarten, zu sehen, was Laura für ein Gesicht macht, wenn sie zum ersten Mal Buttertee probiert. Ich kenne ihn aus der Mongolei, und erstaunlicherweise mag ich seinen Geschmack. Ich bin allerdings auch ein leidenschaftlicher Genießer von Vegemite.

Laura trinkt ein Schlückchen, ihre Augen werden groß, und dann, zu meinem Erstaunen, grinst sie über beide Wangen. »Chris! Das ist fantastisch! Frag doch, ob wir uns noch einmal einschenken dürfen!«

Vielleicht ist ihr Geschmack mangels Anregung so sehr verkümmert, dass alles, was nicht Plov ist, einen kulinarischen Hochgenuss darstellt. Entweder das, oder ich habe eine sehr außergewöhnliche Italienerin zur Freundin.

Unsere Bäuche voll Butter, unsere Tanks voll Sprit, fahren wir von Murghob aus in Richtung Norden. Auf unserem Weg liegen noch etliche Pässe wie der Ak-Baital, der mit 4655 Meter Höhe den Monte Rosa an der schweizerisch-italienischen Grenze übertrifft. Wir schaffen ihn nur mit der kombinierten Abschlepp- und Beatmungstechnik. Bald nähert sich die Straße der chinesischen Grenze, die von einem sich am Horizont verlierenden Stacheldrahtzaun markiert wird. Dort schlüpfen wir kurz durch eine Lücke im Drahtverhau.

»Wir sind in China, wir sind in China«, singen wir im Chor.

Unsere Freude währt nicht lange. Auf der Fahrt hinunter zum Karakul, dem am höchsten gelegenen See Zentralasiens, beginnt es zu schneien. Mein Atem gefriert zu dichten Nebelschwaden, und ungläubig staunend sehe ich, wie mein Thermometer beinahe auf minus 10 °C sinkt. Wir schlagen unser Lager am Ufer auf, und während wir die im Wasser schaukelnden Eisschollen zählen, träumen wir von palmenbestandenen Stränden in Thailand. An sich habe ich nichts gegen die Kälte, doch jetzt ist JUNI, und wenn man am längsten Tag des Jahres das Eis vom Helmvisier kratzen muss, ist irgendetwas nicht in Ordnung. Wir sollten uns schleunigst in tiefer gelegene Gegenden zurückziehen. Dumm nur, dass das nicht geht, zumindest nicht hier im Pamir. Karakul, vier Kilometer über dem Meeresspiegel, ist schon so etwas wie der tiefste Punkt.

In Kirgisistan hingegen geht das. Am nächsten Morgen fahren wir auf kürzestem Weg zur Grenze. Nicht gerade schnell, denn Lauras Motorrad bewegt sich kaum noch im ersten Gang vorwärts. Das Gute an unserem Schneckentempo ist, dass wir zum letzten Mal die grandiose Berglandschaft in aller Ruhe betrachten können. Es ist wenig wahrscheinlich, dass wir noch einmal im Leben mit dem Motorrad durch das Pamirgebirge fahren werden. Die Grenzer, in voller Winterausrüstung, stehen hinter dem Schlagbaum Wache und grinsen amüsiert, als ich mit Pixie im Schlepptau anhalte. Unsere Pässe werden abgestempelt, Laura führt den Beamten vor, wie Pixie zu beatmen ist, und dann können wir weiterfahren, vorbei am Fahnenmast und dem steinernen Steinbock, welche die kirgisische Grenze markieren. Ab hier geht es nur noch bergab. Die Sonne wärmt, und im Tal begrüßen uns ein Hauch von Grün und ein plätschernder Bach. Laura steigt ab, ich tue es ihr gleich, wir ziehen die Stiefel aus und lassen uns ins weiche Gras fallen. Geschafft!

Ein unbekannter Dichter schrieb einst: »Bloß leben genügt nicht. Das Leben muss Qualität haben, wenn es denn lebenswert sein soll. Und für Qualität müssen wir bereit sein, einige Risiken einzugehen und einige Strapazen zu erdulden.« Das könnte ich unterschreiben. Und mit dieser Bemerkung möchte ich mich von Tadschikistan verabschieden, einem Land, das dem Reisenden tatsächlich eine Menge hochwertiger Abenteuer bietet.

INTERMEZZO 7

Overlandia: Zeitreise

Zugegeben, ein Abendessen habe ich aus dem Fluss Pandsch nicht geangelt, aber in den Stunden, die ich an seinem Ufer saß, hatte ich Zeit zum Nachdenken. Laura sieht immer ein wenig enttäuscht aus, wenn ich den lieben langen Tag die Angelschnur auswerfe und einhole und zum Schluss ohne Forelle zurückkomme. Für mich aber ist der Fisch nicht das Wichtigste am Fischen, wie seltsam das auch klingen mag. Was ich wirklich angeln will, sind Gedanken. Es ist eine feine Art zu meditieren, wenn man stundenlang unbeweglich dasitzt und vorgibt, etwas Nützliches zu leisten. An diesem Nachmittag, während ich meiner in Richtung Wachankorridor treibenden Angelschnur nachsehe, wandern meine Gedanken zurück ins Jahr 1998, zu meiner ersten Begegnung mit dem stolzen Volk der Paschtunen, dessen Heimat – unglücklicherweise – an der unruhigen Grenze zwischen Pakistan und Afghanistan liegt und sich weit in beide Länder hinein erstreckt.

Wenn ich heute meinen Freunden in Deutschland erzählen würde, ich ginge dorthin, würden sie wahrscheinlich fragen: »Was, in diese beschissene Gegend?« Schon die Nachsilbe »stan« reicht aus, um bei vielen Bilder von Selbstmordattentätern, Terroristen und Drohnenangriffen heraufzubeschwören. So war es nicht immer. Damals, 1998, hatte der Westen Pakistan noch nicht als Terroristenstaat gebrandmarkt, und Reisen dorthin waren viel sicherer als heute. Sogar Afghanistan war mit dem eigenen Fahrzeug machbar, wenn man sich vorsichtig verhielt und wusste, welche Regionen man meiden sollte.[25] Man brauchte keine bewaffnete Eskorte, wenn man von Taftan nach Quetta oder über den Khaiberpass fuhr. Gleich, wohin man sich wandte, ins Chitral-, Hunza- oder Swattal, nach Khyber Pakhtunkhwa, Gilgit oder Skardu, um den K2 zu umrunden, überall wurde damals Tourismus noch großgeschrieben. Die einzige Gegend, in der Rad- und Motorradfahrer in Deckung gehen mussten, war der Distrikt Kohistan am Karakorum Highway, der noch heute wegen der Steine werfenden Kinder berüchtigt ist.

Ich wollte, ich könnte Ihnen zeigen, was Reisen durch diese Region bedeutete, bevor der »Krieg gegen den Terror« begonnen hat. Vielleicht träumen Sie davon, dass eines Tags jemand Zeitmaschinen und Teleporter erfindet. Ich glaube sogar, sie existieren bereits, denn Sie halten ein solches Gerät gerade in Ihren Händen. Jeder Reisebericht teleportiert Leser an einen bestimmten Ort und in eine andere Zeit. Und jetzt sitzen Sie gerade am Fluss Pandsch, ohne einen Fisch gefangen zu haben. Sorry.

Gut, dass ich noch alle Tagebücher meiner ersten großen Reise habe. Wenn Sie also Lust haben, mich zu begleiten, nehmen Sie Platz in der Zeitmaschine. Wir stellen das Zeitrad auf Juni 1998, beamen uns in den Süden des Hindukusch und sehen, was dort los ist.

Zeitreise in den Juli 1998

Wenn in einer Gegend die Bevölkerungsmehrheit nach dem Motto »Rache wird am besten kalt serviert« handelt,

---

[25] Ein letztes Mal wirklich sicher war Afghanistan vor der sowjetischen Invasion 1979. In den Sechziger- und Siebzigerjahren stellte es einen Sammelpunkt auf dem Hippie Trail dar.

dann sei den Reisenden geraten, dort nicht mit einheimischen Frauen zu flirten. Irrtümlicherweise habe ich geglaubt, der genannte Spruch sei britisch und von Gene Rodenberry populär gemacht worden, indem er ihn den kriegerischen Klingonen von *Raumschiff Enterprise* in den Mund legte. Es erweist sich aber, dass er vom Volk der Paschtunen geprägt wurde, und das Gebiet um die afghanisch-pakistanische Grenze, an dessen Rand ich heute mit Puck entlangfahre, ist ihr Land.

Meine Sorgen, ich könne eifersüchtige Einheimische reizen, sind unbegründet. Auf der ganzen Fahrt von Quetta nach Peschawar, einer Strecke von mehr als 800 Kilometern, bekomme ich fast nie eine Frau zu Gesicht. Nur ganz selten kann ich ein paar dunkle Silhouetten erkennen, die hinter halb offenen Fensterläden oder Türen Ausschau halten, die sie meist zuwerfen, wenn ich vorbeirolle.

Bei den Paschtunen gilt ein Paschtunwali genannter Rechts- und Ehrenkodex. Seine strengen Regeln, die tief in der Kultur und der Geschichte des Stamms verwurzelt sind, durchdringen alle Aspekte des Lebens. Er ist von so großer Bedeutung für die Identität des Volkes, dass das Befolgen des Paschtunwali und die Tatsache, Paschtune zu sein, als ein und dasselbe gelten. Die im Westen bekanntesten Gesetze – oft die einzigen, die unsere Medien verbreiten – heißen Purdah und regeln die Grenzen zwischen den Geschlechtern. Dass die strengen Regeln für Frauen es in absehbarer Zeit nicht zulassen werden, dass eine Paschtunin bei einer Modenschau über den Laufsteg stolziert, ist kein Geheimnis. Hier ähnelt Paschtunwali den Bestimmungen der Scharia, mit dem kleinen Unterschied, dass Erstgenanntes eine vom Menschen geschaffene Gesetzesgrundlage bildet, welche vor allem die Ehre der Familie und des Stamms erhalten soll. Die Scharia dagegen, so wird vielerorts geglaubt, ist gottgewollt. Die Vorschriften beider Regelwerke schreiben vor, dass sich Frauen von Kopf bis Fuß mit einer Burka verschleiern, die in dieser Gegend Chaderi oder Parruney genannt wird. Muss eine Frau auf die Straße gehen, um im Basar einzukaufen oder einen Arzt aufzusuchen, darf sie das nur, wenn ein männlicher Verwandter oder ihr Ehemann sie begleiten. Sonst aber spielt sich ihr Leben meist zu Hause ab, sodass Reisende im pakistanischen Stammesgebiet von Frauen nur gespenstische Umrisse zu sehen bekommen, die sich in dieser Weltgegend in schwarze oder blaue Bettlaken hüllen.

Als ich nach einer langen Tagesfahrt in einer Unterkunft bei Peschawar einchecke, erstaunt es mich daher nicht wenig, dass mich ein kleines Paschtunenmädchen überfällt, das nicht anders angezogen ist als eine entsprechende Achtjährige in Europa.

»What's your name where do you come from why you alone do you have pen?«, sprudelt es in einem recht guten, wenn auch von Satzzeichen freien Englisch aus ihr hervor. Ich bin fast erleichtert, als mir der Hauseigentümer Arman, der Vater des Mädchens, zu Hilfe kommt. Er ist groß, blickt ernst und ist in ein langes, graues Tuch gekleidet. In der Hand hält er ein Gewehr.

»Ich sehe, Sie haben meine Jüngste schon kennengelernt«, sagt er mit einem warmen Lächeln hinter seinem dichten Bart, den laut Paschtunwali alle Männer zu tragen haben. »Sie hat ihr Englisch von all den Ausländern gelernt, die sich hier aufgehalten haben. Willkommen in meinem Haus.«

Gern würde ich ihn fragen, was ihr das später nützen wird, ist doch der einzige Beruf, den sie – wenn überhaupt – ergreifen darf, einer im Gesundheitswesen. Aber ich will mich nicht gleich nach meiner Ankunft allzu neugierig nach den örtlichen Sitten erkundigen. Es wäre nicht klug, einen Streit mit einem Mann zu riskieren, der ein Gewehr hält, besonders dann, wenn es sich, wie bei vielen der 50 Millionen Paschtunen, um einen glühenden Anhänger der Taliban handelt.

Die Taliban, seit nun zwei Jahren im Islamischen Emirat von Afghanistan an der Macht, werden von vielen Nationen mit Geld, Waffen und militärischer Ausbildung unterstützt. An vorderster Stelle steht dabei Pakistan. Es gibt Quellen, nach denen in den regulären Einheiten der Taliban fast 40 % aus Pakistan stammende Paschtunen dienen, was keine Überraschung ist. Denn die Inter-Services Intelligence (ISI) Pakistans wirkte 1994 bei der Schaffung der Taliban mit. Ziel war es, in Afghanistan eine Regierung zu etablieren, die Islamabad gegenüber freundlich eingestellt war. Von da an bis 1999 kämpften geschätzt 80 000 bis 100 000 Paschtunen aufseiten der Taliban in Afghanistan gegen die Truppen von Ahmad Shah Massoud.

Nach 30 Jahren ausländischer Interventionen und ständiger Kämpfe zwischen den eingesessenen Warlords glauben viele, dass die Taliban ein gewisses Maß an Ordnung, Rechtsstaatlichkeit und Einheit in »Paschtunistan« schaffen könnten. Ihre Gesetze, gegen die es keinen Widerspruch gibt, mögen extrem konservativ, fundamentalistisch und brutal sein, aber vielleicht brächten sie ein wenig Stabilität, auch wenn sie nicht immer mit den traditionellen Werten der Paschtunen vereinbar sind. Das zumindest ist Armans Meinung. Er steht zu seinem Gott, seiner Familie, seinem Clan und – wenn es sein muss – zu den Taliban.

Ich zweifle ein wenig an der behaupteten Stabilität, nicht nur hier im Gebiet der Paschtunen, sondern in ganz Pakistan. Indien hat vor Kurzem fünf nukleare Gefechtsköpfe gebaut und getestet. Als Antwort darauf hat Islamabad letzte Woche sechs selbst gebaute Atombomben im Testgelände Changai gezündet. Alle im Land feiern »Pakistans stolzeste Stunde«, wie sie in einer Verlautbarung des Außenministeriums genannt wird, also die Tatsache, als erstes Land der islamischen Welt zur Atommacht geworden zu sein. Alle, nur ich nicht. Ich kann mich über Atombomben nicht freuen. Ein paar Tage später, nach einem leckeren Lammbraten, frage ich Arman nach seiner Meinung. Wir haben die Gewohnheit, im Hof des Gästehauses mit seinen Freunden und der Verwandtschaft, natürlich in rein männlicher Gesellschaft, gemeinsam zu essen. Ausgenommen ist seine Tochter, die wie ein Pingpongball von einem ausländischen Gast zum nächsten hüpft, ihn mit Fragen löchert und ihr Englisch übt.

»Sind wir hier sicher?«, frage ich.

»Selbstverständlich«, sagt er, als sei das die natürlichste Sache der Welt. »Islamabad hat hier in der nordwestlichen Grenzprovinz nichts zu sagen, Indien ist weit weg, und die Angelegenheiten der Taliban berühren euch nicht. Außerdem steht ihr hier unter meinem persönlichen Schutz«, fügt er hinzu und klopft auf sein Gewehr.

Damit will er sagen, dass alle in seinem Haus von der Melmastia profitieren, vom Gesetz der Gastfreundschaft im Paschtunwali, und der Verpflichtung, allen, die Hilfe brauchen, Schutz zu gewähren. Wenn uns irgendetwas zustoßen würde, wäre er zu Badal, das heißt Rache, verpflichtet. Und sicher, er würde sie kalt servieren. Es verwundert, dass unsere Medien diesen faszinierenden Aspekt des paschtunischen Wertesystems ausblenden: Wie viele europäische Hotelbesitzer wären bereit, ihr Leben für einen Gast zu riskieren?

So beruhigt, verbringe ich 87 Tage in Pakistan. Das Wetter ist prächtig, die Landschaft bezaubernd und die Menschen – von ein paar Ausnahmen abgesehen – einzigartig. Mit meinem Motorrad erkunde ich von Peschawar aus die Hügel, Berge und Täler im Norden und besuche Afghanistan über den Khyberpass und Torkham. Fast überall laden mich die Dorfbewohner zum Essen und zu zahllosen Tassen Tee ein. Solange ich mich an ein paar simple Anstandsregeln halte, die, wie ich glaube, auch für andere Kulturen gelten, werde ich wie ein Khan behandelt. Die wichtigste ist die, als Fremder die Zunge im Zaum zu halten. Die Paschtunen mögen es gar nicht, wenn sie ein Westler belehren will. Auch ist es nicht ratsam, ihre politische Einstellung, ihre Religion oder ihre Sitten zu kritisieren. Nach meiner Erfahrung fährt man am besten, wenn man sich wie ein Schüler im Klassenzimmer verhält und die Lehrer respektiert. Wenn man eine Frage hat, sollte man seine Worte mit Bedacht wählen, damit sie nicht verletzend wirken, und wenn man antworten muss, so sollte man das in aller Bescheidenheit tun. Das heißt nicht, dass man zu lügen genötigt wäre, es genügt, diplomatisch zu sein.

Wird man nach seinem Glauben gefragt, so wird eine Antwort wie »In meinem Land sind die meisten Menschen Christen, aber ich habe den höchsten Respekt vor der Lehre Mohammeds, des Propheten Allahs« sicher lieber gehört als »Ich glaube, nur Jesus kann uns erlösen«. Erkundigt sich jemand, was der Fremde über die Bewegung der Taliban denkt, so ist es klüger zu sagen: »Entschuldigen Sie, ich bin nur zu Gast in Ihrem schönen Land. Nur Sie selbst können entscheiden, was für Ihren Clan und Ihre Familie das Beste ist«, als: »Meiner Meinung nach sind das verdammte Terroristen.« Das ist insbesondere dann zu beachten, wenn der Gastgeber selbst die Taliban unterstützt.

Ehrlich gesagt begegnen mir hin und wieder auch Dinge, die nur schwer zu schlucken sind, vor allem in Dörfern, in denen die Taliban das Sagen haben und eine besonders strenge Form der Scharia durchsetzen. Dort kann man öffentlich verprügelt werden, wenn man das Gebet zu den festgesetzten Zeiten versäumt. Zum Missfallen vieler Paschtunen – mögen sie nun Anhänger der Taliban sein oder nicht – betreffen die Verbote auch das Fernsehen, alle Arten von Spielen und das Hören von Musik. In manchen Teehäusern sind die Radios und Fernseher durch Vogelkäfige ersetzt worden. In den meisten von mir besuchten Gebieten ist das jedoch eher die Ausnahme als die Regel.

Was Taliban und Paschtunen nie verbieten, sind Waffen. Fast jeder, der mir begegnet, hat seinen Schießprügel. Ein Gewehr zu besitzen ist festgeschriebenes Recht, Bestandteil der Kultur und ein Zeichen von Mannesehre. Waffen sind immer von Nutzen, gleich ob die Zeiten gut oder schlecht sind. Bei meinen Fahrten durch die Provinz sehe ich in den Straßen oft Gruppen, die sich damit amüsieren, zehn Salven in die Luft zu feuern. Vielleicht feiern sie eine Hochzeit, einen Atomwaffentest, die Geburt eines Sohnes oder das schöne Wetter, wer weiß. Auch vor der Haustür eines Mädchens kann man in die Luft schießen, während man ihren Namen ruft. Dieser Brauch, Ghagh genannt, bedeutet für die Familie, dass nur der Schütze die Heirat mit der Angebeteten beanspruchen darf.[26] Etliche der Waffen stammen noch aus den Achtzigerjahren, als die USA jährlich bis zu 65 000 Tonnen Kriegsgerät zur Unterstützung der afghanischen Kämpfer gegen die Sowjets verteilten. Die meisten aber werden vor Ort fabriziert, kaum eine Fahrstunde von Peschawar entfernt: Darra Adam Khel ist eine Stadt, die sich ganz dem Waffenhandel verschrieben hat.

Darra Adam Khel hat eine ganz spezielle Atmosphäre. Einheimische und ausgewanderte Westler kommen hier oft zum Schaufensterbummel zusammen. Die Afghanen komplettieren ihr Waffenlager, gleich für welchen Konflikt es zu gebrauchen sein mag. Bei den Touristen ist es teils reine Neugier, andere hoffen auf einen Adrenalinschub, etliche möchten ein Foto von sich mit einem Granatwerfer machen, und manche wollen in den Sandsteinhügeln der Umgebung mit einer Kalaschnikow herumballern. Ein Vergnügungspark ist Darra aber keineswegs. Hier stellt man Waffen her, die auch zu ihrem eigentlichen Zweck eingesetzt werden, nicht nur zur Dekoration auf einem Rambo-Foto, das die Freunde zu Hause beeindrucken soll. Innerhalb weniger Tage kann ein Waffenschmied aus Darra fast jedes Gewehr nachbauen, von dem er ein Muster hat. Man scherzt hier, man brauche ihm nur eine Atombombe zu geben, und er würde bis zum folgenden Wochenende ein Duplikat liefern.

---

[26] In Deutschland könnte das alle eifersüchtigen Streitereien um eine Freundin beenden. Aber ich fürchte, Ghagh ist mit den deutschen Gesetzen nicht vereinbar.

Während ich in einer kleinen Werkstatt Tee trinke, beobachte ich mit Erstaunen, wie ein Junge von höchstens zwölf Jahren auf einer primitiven Drehbank den Lauf einer Beretta herstellt. Die fertige Waffe wird dann für 20 000 pakistanische Rupien oder etwa 160 Euro verkauft. Wer nicht so viel Geld hat, kann aber schon für weniger als 16 Euro einen Revolver im Sonderangebot bekommen. An den Wänden um mich herum hängt ein Arsenal, mit dem man ein ganzes Bataillon Söldner ausrüsten könnte. In den Ecken, neben den Werkbänken, liegen Haufen von durcheinandergewürfeltem Rohmaterial: Abschnitte von Eisenbahnschienen, Autoteile, Stahlstangen. Darra beherbergt keine Hightech-Industrie, sondern um die 2000 Familienbetriebe, die in den baufälligen Arkaden entlang der Hauptstraße zu finden sind. Der Vater des Jungen gibt mir zwei Glock-Pistolen, ein Original und ein Duplikat. Ich bin kein Waffenkenner und kann deshalb auch keinen Unterschied erkennen.

»Für eine Schießübung können wir nach draußen gehen. Sie brauchen keine Angst zu haben.«

Die habe ich – trotz seiner Beteuerungen. Für mich ist eine Waffe kein Spielzeug, und ich möchte nicht das Versuchskaninchen sein, wenn eine neue Pistole ausprobiert wird. Es wäre ja möglich, dass der Handwerker gepfuscht hat.

Zurück in meiner Unterkunft erzähle ich Arman von meinen Erlebnissen und bereite zugleich meine Abreise vor. Ich danke ihm für seine großartige Gastfreundschaft, trage ihm herzliche Grüße an seine Frau auf, die ich nie zu Gesicht bekommen habe, wünsche ihm und der ganzen Familie eine leuchtende Zukunft, und dann umarmen wir uns bärenhaft. Eine Träne rinnt über seine Wange. Sogar treue Talibananhänger weinen manchmal.

»Warte«, sagt er, »ich habe ein Abschiedsgeschenk für dich.« Eine Minute später kommt er wieder mit einem Kugelschreiber in der Hand. »Wenn du einmal in Gefahr sein solltest, kann dir das da nützlich sein.«

Meint er, ich solle damit einem eventuellen Angreifer das Auge ausstechen? Aber nein, der Kugelschreiber ist in Wirklichkeit eine Miniaturpistole, wie sie James Bond verwenden könnte. Arman zeigt mir, wie man das Ding aufschraubt, die Mine entnimmt und die Patrone einsetzt. Nach dem Zusammenbau entsichert man die Waffe, indem man den Drücker herauszieht. Der Schuss geht los, wenn man die Halteklammer eindrückt. Es gibt hiervon drei Versionen, erklärt er mir, eine für acht, eine für 16 und eine für 24 Euro.

»Die billigste sollte man nicht nehmen, die explodiert manchmal in der Hand. Die hier ist das Qualitätsmodell aus Darra. Mit der kannst du mir aber auch eine Ansichtskarte schreiben.«

Von seiner Tochter kann ich mich nicht mehr verabschieden. Gestern noch hat sie mit den Gästen und mit den Motorradschlüsseln gespielt, die ich um den Hals getragen habe, heute schon ist sie verschwunden. Arman erklärt, sie sei jetzt eine Frau und möchte sich nicht mehr wie ein kleines Mädchen benehmen. Seiner Meinung nach ist sie sehr stolz, dass sie die Pflichten einer Frau übernehmen und ihrer Mutter in der Küche helfen darf. Ich denke mir meinen Teil im Stillen und werde ihr Kichern vermissen.

Zurück im Juli 2014

Willkommen zurück in der Gegenwart, an einem Abend ohne Fisch im Wachantal. Haben Sie die Zeitreise genossen? Ich gebe zu, dass die Gegend um die pakistanisch-afghanische Grenze vor 16 Jahren etwas vom Wilden

Westen an sich hatte, immerhin aber brauchte der Reisende damals weder Drohnenangriffe noch Selbstmordattentäter zu fürchten. Wo ich auch hinkam, fühlte ich mich sicher. Heute benötigt man eine Sondererlaubnis des Innenministers, um Peschawar besuchen zu können. Zu den Stammesgebieten ist der Zutritt verboten, und selbst das liebliche Swattal war bis vor Kurzem wegen der groß angelegten Militäroffensive gegen die Taliban gesperrt.

Vielleicht verstehen Sie jetzt besser, warum ich melancholisch werde, wenn ich heute nach Süden blicke. Wie traurig ist es doch, dass bemerkenswerte Menschen, die eine unglaublich reiche Kultur besitzen und in einer landschaftlich spektakulären Gegend leben, schon seit vielen Jahrzehnten in einer so schwierigen Lage sind. Arman hatte sich getäuscht, als er der Illusion anhing, dass »alles besser wird, nachdem jetzt die Taliban die Kontrolle übernommen haben«. Das Islamische Emirat von Afghanistan hörte 2001 zu existieren auf. Aus ihm wurde die Islamische Republik von Afghanistan mit Hamid Karsai als Präsident. Seither gab es einen dauernden Wechsel von Aufständen und darauf folgenden Drohnenangriffen.[27] Zwischen 2007 und 2012 wurden allein in Khyber

[27] Wer sich ins Grenzgebiet zwischen Pakistan und Afghanistan begeben möchte, für den hat die amerikanische Regierung ein paar Tipps zur Sicherheit: »Sehen Sie ein über Ihnen kreisendes Flugzeug, legen Sie sich nicht auf den Boden, deuten Sie nicht auf das Flugzeug und lassen Sie nichts auf die Straße fallen (es könnte vermutet werden, dies sei Sprengstoff). Jegliches derartiges Verhalten kann dazu führen, dass das Flugzeug das Feuer eröffnet. Halten Sie sich von Personen fern, die möglicherweise die Taliban unterstützen; sie sind Angriffsziele. Hören Sie ein summendes Geräusch wie von einem Rasenmäher, so ist das eine sich nähernde Drohne.« Die Liste mit den Sicherheitshinweisen erwähnt nicht, ob Sie sich zumindest in diesem Fall auf den Boden legen und den Kopf bedecken dürfen.

Pakhtunkhwa 186 Selbstmordattentate verübt. Ich kann nur hoffen, dass Arman, seine Tochter und alle meine sonstigen paschtunischen Bekannten überlebt haben. Was für politische Meinungen auch kursieren mögen, ich selbst kann nichts anderes denken, als dass da MENSCHEN waren, Väter, Mütter und Familien, die mich gastlich aufgenommen hatten.

Unsere Welt ist gefährdet, und die Geschwindigkeit, mit der sie sich ändert, kann einem Angst einflößen. Auf der letzten Etappe unserer Reise mit Matilda ahnten weder Laura noch ich, dass die ganze arabische Welt vor einem Frühling genannten Umbruch stand, in dessen Verlauf viele Regierungen stürzen sollten. Auch in Syrien, durch das wir im Mai 2010 fuhren, konnten wir keine Anzeichen eines Bürgerkriegs erkennen, obwohl wir zu den letzten Reisenden gehörten, die die berühmten historischen Stätten des Lands besichtigen durften: das antike Palmyra, den Basar von Aleppo, das alte Stadtzentrum von Damaskus. Palmyra mit seinen 2000 Jahre alten Tempeln und Kolonnaden wurde von der Artillerie beschossen. Aleppos Souk al-Madina, der weltgrößte überdachte Basar, wurde zerstört. Damaskus, die zauberhafte Stadt des Jasmins liegt in Trümmern.

Schon in den 22 Monaten seit unserem Aufbruch aus Deutschland hat sich das Gesicht der Erde verändert. Die Krim, zuvor Teil der Ukraine, ist von Russland annektiert worden. Der neue Präsident des Iran, Hassan Rohani, wagte einen überraschenden Neubeginn in den Beziehungen zum Westen, indem er mit Washington telefonierte. Es war das erste direkte Gespräch zwischen einem iranischen und einem amerikanischen Staatsoberhaupt seit

30 Jahren. Das Bild, das Indien in der Welt abgibt, hat sich nach einer Reihe brutaler Vergewaltigungen, von denen auch viele Ausländerinnen betroffen waren, verdüstert. Mohammed Mursi, der erste demokratisch gewählte Präsident in der Geschichte Ägyptens, wurde aus seinem Amt vertrieben. Nelson Mandela ist gestorben und in Venezuela Hugo Chavez. Im Irak erstarkten die Dschihadisten des ISIS, deren hemmungslose Gewalt die Taliban moderat erscheinen lässt.

Was sich anscheinend nicht geändert hat, ist zum einen die deutsche Regierung (Angela Merkel erfreut sich einer dritten Amtszeit), zum anderen die ausbleibende internationale Antwort auf Menschenrechtsverletzungen Israels gegen die Palästinenser. Gerade vor wenigen Tagen begann erneut eine Offensive gegen Gaza, in der Israel bisher 1657 palästinensische Zivilisten, darunter 237 Frauen und 438 Kinder, getötet hat. Die Opfer unter der israelischen Zivilbevölkerung? Zwei. Unabhängig davon, welches Land für die Krise verantwortlich zeichnet, Palästina oder Israel, ist die Situation etwa vergleichbar mit der von Kindern, die Steine gegen einen Panzer werfen. Angela Merkel wird nicht müde, zu wiederholen, dass Israel ein Recht auf Selbstverteidigung hat. Wenn ich das richtig verstehe, sagt sie, dass dem Panzer erlaubt werden muss, das Feuer zu eröffnen.

Uns Reisenden bleibt letztlich nur, alle Schönheiten der Welt und alle Begegnungen mit Menschen in vollen Zügen zu genießen. Man muss sich dabei bewusst sein, dass man zwar an einen Lieblingsort oder zu einer vertrauten Gruppe von Personen zurückkehren kann, es aber vielleicht nie mehr so sein wird wie beim ersten Mal.

Pastorale

Gespielt mit ländlichem Charakter

Kirgisistan, 15.7.2014

Es sieht so aus, als hätten wir es gerade noch rechtzeitig geschafft, aus Tadschikistan herauszukommen. Einen Tag, nachdem wir Khorog am 21. Mai verlassen hatten, gab es in der Stadt eine Schießerei zwischen der Polizei und drei mutmaßlichen Drogenhändlern. Zwei davon waren sofort tot, der dritte und ein Polizeibeamter starben später an ihren Verletzungen. Es dauerte nicht lange, bis Gefolgsleute des örtlichen Drogenbosses und Warlords Mamadbokirov – der, wie ich vermute, ein wichtiger Mann in Khorog ist – einen Marsch zum Nationalen Sicherheitsbüro in der Stadt veranstalteten, um gegen den Polizeieinsatz und die darauf folgende Verhaftung von Mamadbokirovs Bruder zu protestieren. Der weitere Fortgang ist unklar. Regierungstreue Zeugen sagen, dass die etwa 50 Demonstranten die Polizeistation sofort angegriffen und eine Handgranate hineingeworfen hätten. Dann hätten sie das Feuer auf die Beamten eröffnet und das Gebäude in Brand gesteckt. Die Sympathisanten Mamadbokirovs behaupten dagegen, dass die Gewalt von der Polizei ausgegangen sei, die in die Menge der 700 friedlich versammelten Einheimischen gefeuert habe. Wie auch immer, die Regierung Tadschikistans beschloss, den Pamir Highway für Ausländer so lange zu sperren, bis wieder Frieden eingekehrt ist.

Hier in Kirgisistan, oft als das ruhigste aller Stans bezeichnet, ist auch nicht alles in Butter. Noch kaum 24 Stunden im Land und auf dem Weg nach Norden, von der Grenze bei Kyzylart nach Osch, gibt es einen etliche Kilometer langen Stau, der gar nicht recht in die wunderbare, idyllische Berggegend passt. Vorsichtig schlängeln wir uns durch die nicht enden wollende

Reihe der Autos und Lastwagen. Ihre Fahrer, die im Schatten ihrer Fahrzeuge dösen oder auf dem Teer ein Picknick veranstalten, blicken uns neidvoll nach. Als wir uns dem vorderen Ende der Schlange nähern, erkennen wir den Grund für die Blockade – es ist eine große Protestveranstaltung. Einige Hundert Einheimische aus den umgebenden Dörfern haben mitten auf der Straße vier Jurten aufgestellt und zu allem Überfluss eine Lkw-Ladung Schutt abgekippt. Seit drei Tagen wurde hier niemand mehr durchgelassen! Die Demonstranten sind über die unrechtmäßige Gefangennahme von Akhmatbek Keldibekov empört, der Angehöriger der Opposition und Parlamentsabgeordneter aus der Region ist. Sie weigern sich, von der Stelle zu weichen, bevor er nicht freigelassen wird. Ein Bataillon Militärpolizei steht in der Nähe Wache und wartet auf Befehle von oben. Ich hoffe, die Situation eskaliert nicht. Kirgisistan ist, wie alle Länder, durch die wir seit Aserbaidschan (dieses mit eingeschlossen) gekommen sind, ein prekärer Staat. Alle Stans haben autoritäre Präsidenten und einen entsprechenden Personenkult, sie führen Wirtschaftsreformen allenfalls widerwillig durch, schränken die Pressefreiheit ein und drängen die Opposition an den Rand, wenn sie nicht ohnehin verboten ist.

Sicher, ich verstehe, dass es keine leichte Aufgabe ist, eine Nation aufzubauen, aber es wäre schön, wenn man in der Region hier wenigstens ein bisschen echten Fortschritt erkennen könnte. Die meisten von denen, die mit der Unabhängigkeit an die Macht kamen, regieren noch heute. In Kasachstan herrscht Präsident Nasarbajew, seit 1990 im Amt, über ein Land, das auf der Skala der wahrgenommenen Korruptheit[28] von 175 erfassten Ländern Platz 126 innehat. Auch heißt es, dass die Lebens-

---

[28] Transparency International, eine NGO, veröffentlicht den sogenannten Korruptionswahrnehmungsindex seit 1995. Neuseeland, Dänemark und Finnland belegen dabei häufig die ersten Ränge (am vertrauenswürdigsten), während Somalia und Nordkorea am Ende (am korruptesten) zu finden sind.

erwartung politischer Gegner sehr eingeschränkt sei. Nicht nur ein paar sind bisher ermordet worden. Usbekistan steht nicht besser da: Staatsoberhaupt seit 1991 ist Islom Karimov. Er ist der eigentlich Verantwortliche für das Massaker von Andijon, bei dem 2005 einige Hundert demonstrierende Zivilpersonen von Regierungstruppen getötet wurden. Emomalii Rahmon, der angeblich im Drogenhandel mitmischt, ist dank Wahlfälschungen seit 1994 Präsident von Tadschikistan. Und wie steht es mit Kirgisistan? Unser derzeitiges Gastland ist eine Ausnahme in dem Sinn, dass nach Bürgeraufständen einige wenige Regierungswechsel stattfanden. Höhepunkt war der Aufruhr von Osch im Jahr 2010, bei dem möglicherweise über 1000 Menschen getötet und bis zu 400 000 vertrieben wurden.

Zurzeit ist Almasbek Atambajew am Ruder, und wenn ich ihn richtig einschätze, ist es äußerst empfehlenswert, um jede Demonstration gegen ihn einen weiten Bogen zu machen. Da diese Straße hier aber die einzige ist, die von der Grenze nach Norden führt, müssen wir uns irgendwie durchmogeln. Wir schalten die Motoren ab und schieben unsere Motorräder zur vordersten Linie des Protests, wo wir sogleich von den Anführern umringt werden. Ich lächle deren Sprecherin, einer mächtigen Walküre, höflich zu. Mit ihrer Haltung scheint sie anzudeuten, dass sie lieber in einer Schlacht sterben würde, als uns durchzulassen.

»Dürfen wir bitte nach Osch weiterfahren? Wir sind Touristen aus Deutschland und sehr müde«, flehe ich.

»Nein! Ihr müsst hier übernachten«, bellt die kirgisische Brünhilde in perfektem Englisch. Zustimmendes Brummeln ist aus dem Kreis der Umstehenden zu hören. »Warum müsst ihr denn überhaupt in unser Land kommen?«

»Wir haben davon gehört, dass in eurem schönen Land Gäste freundlich und mit offenen Armen aufgenommen werden, und deshalb wollten wir die Menschen hier kennenlernen.«

Jetzt sehe ich, dass einer oder zwei der Anwesenden leicht lächeln, während viele andere mit dem Kopf nicken. Nicht so die Walküre.

»Nichts da! Meine Leute wollen euch nicht durchlassen! Ihr habt zu warten, bis die Regierung auf unsere Forderungen eingeht!«

Ich beobachte, wie sich Lager der Befürworter und der Gegner in der Menge bilden, aber es ist unmöglich zu sagen, wer die Mehrheit gewinnen wird. Ein älterer Herr klopft mir auf die Schulter und spricht längere Zeit zu der Versammlung. Ich verstehe kein Wort, aber seine Rede zeigt Wirkung. Hat er an die Herzen und die Gastfreundschaft der Leute appelliert? Hat er gemeint, wenn man schon für die Freiheit kämpfe, dann könne man sie auch gewähren? Was auch immer der Grund ist, die Menge teilt sich – sogar die Sprecherin tritt zur Seite – und man hilft uns, die Barrikade aus Schutt zu überwinden.

Schon zum zweiten Mal in dieser Woche preisen wir uns glücklich und machen uns geschwind aus dem Staub. Es wird am besten sein, eine Gegend anzusteuern, wo die Zahl der Tiere die der Menschen übersteigt – die Natur macht seltener Probleme. Als wir vor dem Hintergrund leuchtend grüner Hügel und schneebedeckter Gipfel die ersten Jurten erblicken, wissen wir, dass wir einen geeigneten Rückzugsraum gefunden haben. In Tadschikistan beginnt die Weidezeit später, doch hier auf geringerer Höhe sind die tragbaren Behausungen schon wie Pilze aus dem Boden geschossen. Und überall gibt es Pferde, mehr als ich zählen kann.

Noch heute, 1000 Jahre, nachdem die ersten Clans von Sibirien her in diese Berge eingewandert sind, führen die meisten ihrer Angehörigen ein Nomadenleben. Die wandernden Hirten treiben ihre Herden im Mai von den Winterquartieren auf die Hochweide, wo sie bis Ende September bleiben. Nur wenige der

Pferde dienen als Reittiere, die meisten werden als Lieferanten von Milch und Fleisch gezüchtet. Wenn eine Nomadenfamilie noch ein wenig nebenbei verdienen möchte, kann sie Übernachtungen in der Jurte anbieten, Reitpferde vermieten oder durchreisende Touristen dazu bewegen, sich mit einem Jagdfalken auf der Hand fotografieren zu lassen. Wenn die Pferde fohlen, verkaufen sie auch Kumys, vergorene Stutenmilch mit etwa 3 % Alkohol. Das ist das Nationalgetränk mit einem Geschmack, der wie der von Buttertee gewöhnungsbedürftig ist. Bei der nächstbesten Jurte halten wir an, damit Laura davon trinken kann. Wenn ihr Buttertee schmeckt, dann mag sie vielleicht auch Kumys.

Die zahlreichen Regeln, die ein Besucher einer Nomadenbehausung beachten sollte, kenne ich gut. Sie unterscheiden sich nicht von denen der entfernten Verwandtschaft in der Mongolei. Fasse alles, insbesondere das Essen, nur mit der rechten Hand an; ziehe die Schuhe vor dem Eintreten aus; gehe immer nur hinter den Leuten, die auf dem Boden sitzen, vorbei; weise nie mit den Füßen auf jemanden, wenn du deinen zugewiesenen Platz auf dem Teppich einnimmst und so weiter. Kurz bevor wir eintreten, gebe ich Laura eine kleine Übersicht über die wichtigsten Vorschriften. Eine Frau von unbestimmbarem Alter mit einem faltigen, sonnenverbrannten Gesicht begrüßt uns mit einer flachen Schüssel, einer Piala, in der Hand. Es sieht aus, als habe sie uns bereits erwartet – im Gefäß ist Kumys, wie wir uns das gewünscht hatten. Die Jurte selbst ist sauber und mit verschiedenen Truhen, Kissen und Pferdegeschirr ausgestattet. An den kreisrunden Wänden aus Holzgeflecht sind viele Teppiche und Matten befestigt. Sie halten Wind und Kälte ab, nehmen aber auch die intensiven Gerüche auf, die einem Kanonenofen im Zentrum des Zelts entströmen. Da Holz in der Gegend eine Seltenheit ist, werden Pferdeäpfel zum Heizen verwendet. Ein großer Teil des Rauchs entweicht zwar durch eine

Öffnung an der oberen Spitze der Jurte, aber doch nicht aller. Die Nomadenbehausung ähnelt einer gemütlichen – genauer gesagt stinkgemütlichen – Hobbithöhle aus Leinwand.[29]

Wir lassen uns auf dem Boden nieder und trinken. Für einen liebenswerten Gast ist die Schale mit dem Kumys sozusagen bodenlos. Es wird in infinitum nachgeschenkt, insbesondere dann, wenn man den wunderbaren Geschmack des Getränks so preist, wie dies jeder richtige Gast tun sollte. In jedem Fall ist höfliche Unaufrichtigkeit besser als ehrliche Unhöflichkeit. Gern bietet uns die Frau in der Jurte auch Essen an. Es gibt zweierlei Sorten. Die eine ist Kurat, Murmeln aus passiertem und getrocknetem Joghurt, an denen man sich die Zähne ausbeißen kann. Unter Reisenden wird heiß diskutiert, ob diese Kugeln wirklich ein essbarer Snack für unterwegs sind – sie halten sich monatelang, vielleicht sogar jahrelang »frisch« – oder ob sie einst von Dschingis Khan erfunden wurden, um seine Feinde zu dezimieren. Vielleicht könnte man diese Steinmurmeln in extremen Notsituationen als Parmesanersatz verwenden, wenn man sie mit der Kettensäge zerspant, doch in ihrer ursprünglichen Form halte ich sie für weitgehend ungenießbar. Ich lächle unsere Gastgeberin an, während ich an einer davon lutsche und mich frage, ob ich es schaffe, sie am Stück herunterzuschlucken.

---

[29] Das Luftloch heißt Shanrack, der Rauchabzug Tündük. Für die Kirgisen symbolisiert der Tündük ihre traditionelle Lebensweise. Er ist sogar in der Mitte der Landesflagge abgebildet. Sollten Sie auch zu Hause gern in einer Jurte leben wollen, so können Sie eine echt kirgisische für etwa 4000 Euro bestellen. In einigen europäischen Ländern kann man damit die strengen und hohe Kosten verursachenden Bauvorschriften umgehen. Es ist möglich, eine Jurte auf eigenem Grund und Boden aufzustellen, auch wenn es sich nicht um Bauland sondern zum Beispiel um ein Landschaftsschutzgebiet handelt. Denn im Sinne des Gesetzes zählt eine Jurte in den meisten Ländern als Zelt und nicht als Haus.

Das zweite Gericht ist Schafsuppe – aber sicher nicht so, wie man sie in Europa zubereiten würde. Es ist keinerlei Fleisch drin. Stattdessen schwimmen im Topf Stücke von Hirn, Zunge, verschiedenen Innereien und Schwanzfett durcheinander. Diese gelten in Kirgisistan als die größten Leckerbissen, während mageres Fleisch vor allem für die Hunde ist. Diese unterschiedliche Wertschätzung schlägt sich auch in den Preisen nieder. Ein Kilo Schafschwanz kostet ein Mehrfaches eines schönen, fettfreien Stücks Lende, wenn man dieses denn überhaupt irgendwo auftreiben könnte. Einige Teile haben auch symbolische Bedeutung. Es heißt, dass man ein eloquenterer Sprecher wird, wenn man auf Zunge kaut, und dass man besser sieht, wenn man an Schafsaugen lutscht. Und wer im Bett der Größte sein möchte, findet sicher auch sein Teil in der Suppe.

Beim Zelten im Winter meine ich weniger zu frieren, wenn ich mir einen tropischen Strand vorstelle, während ich in den Schlafsack schlüpfe. Bei mir zumindest klappt diese Taktik der Autosuggestion. Analog dazu beschwöre ich jetzt in meinem Geist den Geschmack eines göttlichen, ungarischen Gulaschs, meditiere kurz darüber und beiße dann in einen Klumpen Fett. Mist. Hat nicht geklappt. Ich muss Zuflucht beim Schnellessen suchen. Je schneller ich mit meinem Teller fertig bin, desto kürzer muss ich leiden. In der Mongolei war das Essen der Nomaden besser. Dort habe ich die feinsten marinierten Kamelsteaks der Welt genossen. Dass aber im Westen bald ein kirgisisches Restaurant eröffnet, möchte ich stark bezweifeln. Ich bin heilfroh, als ich endlich meinen »Amin« machen darf. Dazu erhebe ich die Hände mit der Essschale und führe sie dann vor meinem Gesicht nach unten. Das ist ein Zeichen des Danks und bedeutet, das Mahl ist für mich – zum Glück – beendet.

Die Einheimischen hier machen nicht nur Seltsames mit dem Essen, sondern auch mit ihren Pferden. Ein Mensch in Europa, dessen einzige Wege die gewohnten von und zur Arbeit sind, mag denken, dass zu einem Leben als nomadischer Viehhirte ein Aroma von Exotik und Abenteuer gehört. In der Realität ist die Kommunikation zwischen Mensch und Schaf jedoch eine zähe Angelegenheit – Tiere zu hüten ist kein besonders spannender Beruf. Das sehen die meisten Nomaden auch so. Um die Langeweile erträglicher zu machen, haben sie deshalb eine Fülle von Pferdespielen wie Ulak Tartysh erfunden. Das ist wie Rugby im Sattel mit einer geköpften Ziege als Ball. Am Anfang des Spiels besteht die Aufgabe darin, möglichst schnell dorthin zu galoppieren, wo der Kadaver liegt. Dann geht es darum, ihn aufzunehmen, um eine Stange herumzureiten und ihn dann in einen Kreis zu werfen, bei dem es sich auch um einen alten Lastwagenreifen handeln kann. Bislang ist diese Sportart noch nicht olympisch ... Wenn ein Spiel mit toten Tieren nicht Ihr Bier, Verzeihung, Ihr Kumys, sein sollte, können Sie sich den Nachmittag auch mit Kyz Kuumai vertreiben. Das ist ein Pferderennen zwischen einem Jungen und einem Mädchen. Wenn er sie einholt, ist sein Lohn ein Kuss. Wenn nicht, darf sie ihn mit der Peitsche verfolgen. Weiter gibt es da noch Oodarysh, einen Ringkampf auf Pferden, bei dem die beiden Kontrahenten versuchen, sich gegenseitig aus dem Sattel zu werfen. Wie man sieht, gibt es in Kirgisistan raue Burschen mit rauen Sitten.

Einige der europäischen Traditionen würden einem kirgisischen Nomaden allerdings mindestens ebenso seltsam erscheinen. So haben zum Beispiel bis vor etwas mehr als zehn Jahren die Bauern im österreichischen Vorarlberg Kühe mit Schießpulver gesprengt, wenn sie auf abgelegenen Weiden zu Tode gekommen waren. Zugegeben, das war nicht einfach ein Spaß (obwohl ich etliche österreichische Bauern kenne, die es gern haben, wenn es richtig kracht), sondern ein billiges und probates Mittel zur Entsorgung von Kuhkadavern. Die einzige Alternative wäre gewesen, sie mit dem Hubschrauber in eine Abdeckerei zu fliegen. Kuhfladenroulette dagegen ist ein echter, netter Zeitvertreib in den ländlichen Gegenden von Deutschland, Österreich und der Schweiz. Dazu wird eine Wiese in Quadrate aufgeteilt, die nummeriert werden. Die Teilnehmer wetten auf eines davon oder kaufen ein Los, das sie aus einem Hut ziehen dürfen. Dann wird eine Kuh auf die umzäunte Wiese geführt, die Zuschauer schauen ihr voll Ungeduld beim Grasen zu und warten darauf, dass sie etwas fallen lässt. Das Quadrat, auf dem der erste Kuhfladen landet, hat gewonnen, und der mit der richtigen Losnummer bekommt den Inhalt des Jackpots. Versuchen Sie mal, das einem kirgisischen Nomaden zu erklären!

Was den Nomaden allerdings mehr vom Durchschnittsbürger des Westens unterscheidet als Essgewohnheiten und praktizierte Sportarten, ist seine Fähigkeit, ohne unseren gewohnten Komfort bestens leben zu können. Ich denke dabei nicht an WLAN-Internet oder Geschirrspülmaschinen, sondern an Grundlegendes wie Steckdosen. Vor nicht allzu langer Zeit wurde in Deutschland ein Forschungsprojekt »Acht Wochen ohne Strom« durchgeführt, das die möglichen Folgen eines lange andauernden Stromausfalls im ganzen Land ans Licht bringen sollte. Könnten wir den ohne Hilfe von außen überstehen? Was würde geschehen, wenn sich die Panne nicht im Sommer, sondern im Winter ereignete? Die vorhergesagten Folgen sind gravierend. Es zeigte sich, dass unsere Gesellschaft kollabieren würde, wenn Infrastruktur, Kommunikationssysteme, Bank- und Gesundheitswesen lahmgelegt wären. ALLE gesellschaftlichen Strukturen sind voneinander und in letzter Konsequenz von der Energieversorgung abhängig. Ohne elektrischen Strom kommt kein Benzin an die Tankstelle, kein Wasser ins Haus, das Transportwesen und die Produktion von Nahrungsmitteln brechen zusammen, Notdienste von Polizei, Feuerwehr und Krankenhäusern sind nicht über Telefon erreichbar. Abertausende würden an Krankheiten, Hunger und

Gewaltausbrüchen sterben, von den Teenagern einmal ganz zu schweigen, die Selbstmord begehen würden, wenn sie nicht auf Facebook zugreifen könnten. Der kirgisische Nomade hingegen kann sich und seine Familie ohne Probleme durchbringen, auch wenn er keine Steckdose an der Wand hat. Ich wäre der Letzte, der ein radikales Zurück zur Natur predigen möchte – ich liebe es, auf meinem Laptop Bücher schreiben zu können –, aber es schadet nicht, im Notfall mit einer mechanischen Schreibmaschine umgehen zu können.

Wir verlassen die Jurte und gehen zu unseren Motorrädern. Unsere Klamotten und Haare sind gesättigt mit dem Geruch von Pferdeschweiß und dem Rauch des brennenden Dungs. Ich selbst empfinde eine solche Mischung nicht als unangenehm, vielleicht wegen meiner Liebe zu Tieren und der freien Natur oder auch, weil mir etliche Geruchsnerven fehlen. Möglicherweise wäre es eine gute Geschäftsidee, Körperpflegeartikel für Overlander anzubieten. Statt Chanel N°5 würde die Kollektion für Fernreisende Dinge wie Engine Oil – Wet Sock Blend N°7 oder Stray Dog Drool – Campfire Blend N°9 umfassen. Auch wenn Sie kein Overlander sind, könnten Sie dann zumindest wie ein solcher riechen und einen Hauch der endlosen, freien Straße verbreiten.

Die »endlose, freie Straße« führt uns zum Issyk Kul, dem nach dem Kaspischen Meer zweitgrößten Salzwassersee der Welt. Hier liegt der Ursprungsort der schlimmsten Pestwelle der Geschichte. Als im 14. Jahrhundert die wilden Horden der Mongolen auf der Seidenstraße nach Westen zogen und alle Handelsstädte auf ihrem Weg eroberten, folgte ihnen ein Heer infizierter Ratten. Um ihre Feinde zu terrorisieren, wandten die Mongolen unter anderem die Taktik an, ihre eigenen Pestleichen über die Stadtmauern zu schleudern. Ein trauriges Beispiel dafür war der italienische Handelsposten Caffa auf der

Krim. Die Folgen dieser frühen Art einer »biologischen Waffe« waren katastrophal. Die Kaufleute flüchteten, doch sie wussten nicht, dass sich auf ihren Schiffen, die sie zum sicheren Hafen Genua führen sollten, ein blinder Passagier verbarg, nämlich der Indische Rattenfloh *Xenopsylla cheopis*. In den folgenden sechs Jahren starben Schätzungen zufolge 60 % der europäischen Bevölkerung.

Wie bizarr, dass ein See, mit dem man todbringende Pestflöhe assoziiert, zu einem Touristenziel ersten Rangs geworden ist, mit allem, was dazugehört: zahlreiche Spas, Ferienanlagen und Strandhotels. Wir suchen uns am Nordufer ein ruhiges Plätzchen, nehmen ein Sonnenbad, spielen mit den Zehen im Wasser und denken daran, in Frieden ein Buch zu lesen. Die Ruhe währt nicht lange. Kaum habe ich zwei Seiten meiner Geschichte gelesen, rollen hinter unseren Campingstühlen fünf Autos und ein Pferdekarren heran. Aus den Autos quellen fünf Familien, Russischstämmige aus dem nahen Kasachstan auf einem Wochenendtrip. Sie legen ihre Badetücher im Umkreis von zehn Metern um unser vormals ruhiges Plätzchen aus und beginnen, sich auszuziehen. Man gestatte mir die Bemerkung, dass es auf dieser Erde kaum etwas gibt, was weniger appetitlich wäre als ein halbes Dutzend riesiger, bier- und wodkabäuchiger Russen mit starker Körperbehaarung, die in superknappen Badehosen auf Tuchfühlung gehen und Schweiß und Sonnenöl auf mein Buch tröpfeln lassen. Gut, ich gebe zu, dass es freundliche Kerle sind. Einer der Männer reicht uns eine Flasche Baltika-7-Bier, und eine der Frauen schenkt uns ein Handtuch aus ihrer Heimatstadt als Andenken.

Die Leute auf dem Pferdekarren sind Kirgisen aus der Gegend, die hier picknicken wollen, drei Männer, drei Frauen, vier Kinder und ein Schaf. Warum ein Schaf? Die Sitten sind verschieden. Deutsche würden vielleicht ein paar belegte Brote und eine

Schüssel mit Obst zu einem Picknick mitnehmen, hier packen sie Vieh in ihren »Picknickkorb«. Die Familie legt eine Decke aus, gräbt eine Feuergrube, zerrt das jämmerlich blökende Tier vom Karren und schneidet ihm die Kehle durch. Fertig. Stellen Sie sich vor, Sie würden so etwas im Nordbad von Tutzing am Starnberger See machen! O Gott, das gäbe ein Theater. Kinder und Halbwüchsige würden sich die Lungen aus dem Leib schreien, die Hälfte der Eltern bekäme einen Herzanfall, und die andere Hälfte würde Sie lynchen. Hier ist das völlig normal – die kirgisischen Kinder haben ihren Spaß daran, den Körper des Schafs zu zerteilen und sich dabei das leckere Barbecue vorzustellen. Zwei Seelen streiten in meiner Brust. Auf der einen Seite denke ich nüchtern und kann keinen großen Unterschied erkennen, ob man ein Sandwich mit Scheiben eines toten Tiers aus dem Supermarkt an den Strand mitnimmt oder ob man den Sandwichbelag von Anfang bis Ende selbst herstellt. Das läuft auf dasselbe hinaus. Auf der anderen Seite aber wünsche ich doch sehr, dass das Schlachtfest nicht gerade direkt hinter uns stattfände. Der Wunsch obsiegt; wir packen unsere Sachen und suchen uns eine weniger blutrünstige Umgebung.

Bald werden wir nach China aufbrechen und müssen Puck und Pixie unbedingt in Topform bringen. Da viele Reparaturen nur in einer großen Stadt möglich sind, kehren wir nach Osch zurück. Auch sehnen wir uns nach ein wenig zwischenmenschlicher Kommunikation, und zwar mit Angehörigen unseres Stammes. Es ist schon sehr lange her, dass wir zum letzten Mal Reisende getroffen haben, mit denen wir bei einem Glas Wein philosophieren konnten, in der eigenen Sprache sprechen und über Scherze lachen, die wir verstehen. Wenn Laura und ich nach extrem langen Zeiten fern vom eigenen Stamm ein europäisches Reisefahrzeug entdecken, werfen wir uns den Insassen fast wie lang vermisste Verwandte in die Arme. Die herzliche Begrüßung wird meist ebenso erwidert. Touristen auf Kurzurlaub benehmen sich kaum jemals so. Sie wären ziemlich entgeistert, wenn wir beide plötzlich aus dem Gebüsch auftauchten, um sie zu umarmen, während sie mit Sightseeing beschäftigt sind.

Unsere gesellschaftliche Oase finden wir im Biy Ordo Guesthouse. Hier ist alles proppenvoll mit Overlandern aus dem Westen. Wie in Südamerika oder in Afrika sind es Träumer, Schwärmer und Abenteurer. Zentralasien ist allerdings erst seit Kurzem ein wichtiges Reiseziel und scheint noch eine sehr spezielle Spezies von Reisenden anzuziehen. Dimitri, der sich mit uns im Biy Ordo aufhält, meint: »Hier trifft man all die total Durchgeknallten.« Die Ironie der Bemerkung liegt darin, dass er von den anderen spricht, während kaum ein Overlander durchgeknallter ist als er selbst. Dimitri ist Franko-Amerikaner und betrachtet es als seine Aufgabe, die Welt allein aus eigener Muskelkraft zu umrunden. Er radelt, wandert und paddelt; Busse, Eisenbahnen, Schiffe und Flugzeuge lässt er nicht gelten. Natürlich auch keine Motorräder, obwohl wir unser Bestes geben, ihn davon zu überzeugen, dass Puck und Pixie in gewisser Weise auch handbetrieben sind, denn ohne den kleinen Dreh aus dem Handgelenk kommen wir mit unseren Motorrädern nirgendwohin. Dimitri macht seine Reise in einzelnen Etappen, ist über die zugefrorene Beringstraße gewandert und wird, sobald er Afrika erreicht hat, mit seinem aufblasbaren Kajak über den Atlantik paddeln.

Ich könnte auch von dem jungen Mann berichten, der mit seinem Hund zu Fuß von Deutschland nach Osch gegangen ist und für die Strecke weniger lang gebraucht hat als wir. Oder von Gerome, der in einem Land Cruiser von Sydney nach London fährt, obwohl er gelähmt ist und normalerweise im Rollstuhl sitzt. Weiter sind da Jordan und Magdalena, die auf ihrer Bala genannten Royal Enfield von Indien nach Spanien fahren, auch wenn ihnen alle Motorradfans erzählt haben, dass ein indisches

Motorrad das niemals schaffen wird. Sie sind noch nicht viel länger als einen Monat unterwegs, und Bala scheint bereits in den letzten Zügen zu liegen. Aber wenn zwei wie diese so fest entschlossen sind, ist alles möglich. Jeden Tag vereinen sich die berufenen Mechaniker unter uns im Hof der Unterkunft und lassen alle ihre Tricks spielen. Bei Bier, Kaffee und Sandwiches schaffen wir es irgendwie, Bala zu reparieren, sodass Jordan und Magdalena wieder losfahren können. Werden sie es bis Barcelona schaffen? Todsicher. Schon sehr bald sind wir ein verschworener Haufen, arbeiten zusammen, bekochen uns gegenseitig und tauschen Meinungen und subtile Gedanken aus. Unser Bikerklub scheint ein schrulliger Zwitter aus Hells Angels und *Die Brady Family* zu sein. Selbst Neuankömmlinge, die zunächst nur einmal übernachten wollten, bleiben am Ende viele Wochen, wie Arjen aus Holland, der als Einziger unserer Gruppe nicht spinnt, sondern eine neue GS1200 fährt. Die Atmosphäre in unserer Gemeinschaft ist einmalig. Da wird der Abschied schmerzen.

Irgendwann kommt dann unser dänischer Freund Michael, der uns auf der 60-tägigen Durchquerung Chinas begleiten wird, mit seiner Honda Africa Twin nach Osch. Mit seiner Ankunft geht die Zeit in Zentralasien zu Ende. Hinter Naryn und dem Torugart-Pass wartet nun das Reich der Mitte auf uns, wo alles, buchstäblich alles, ganz anders sein wird.

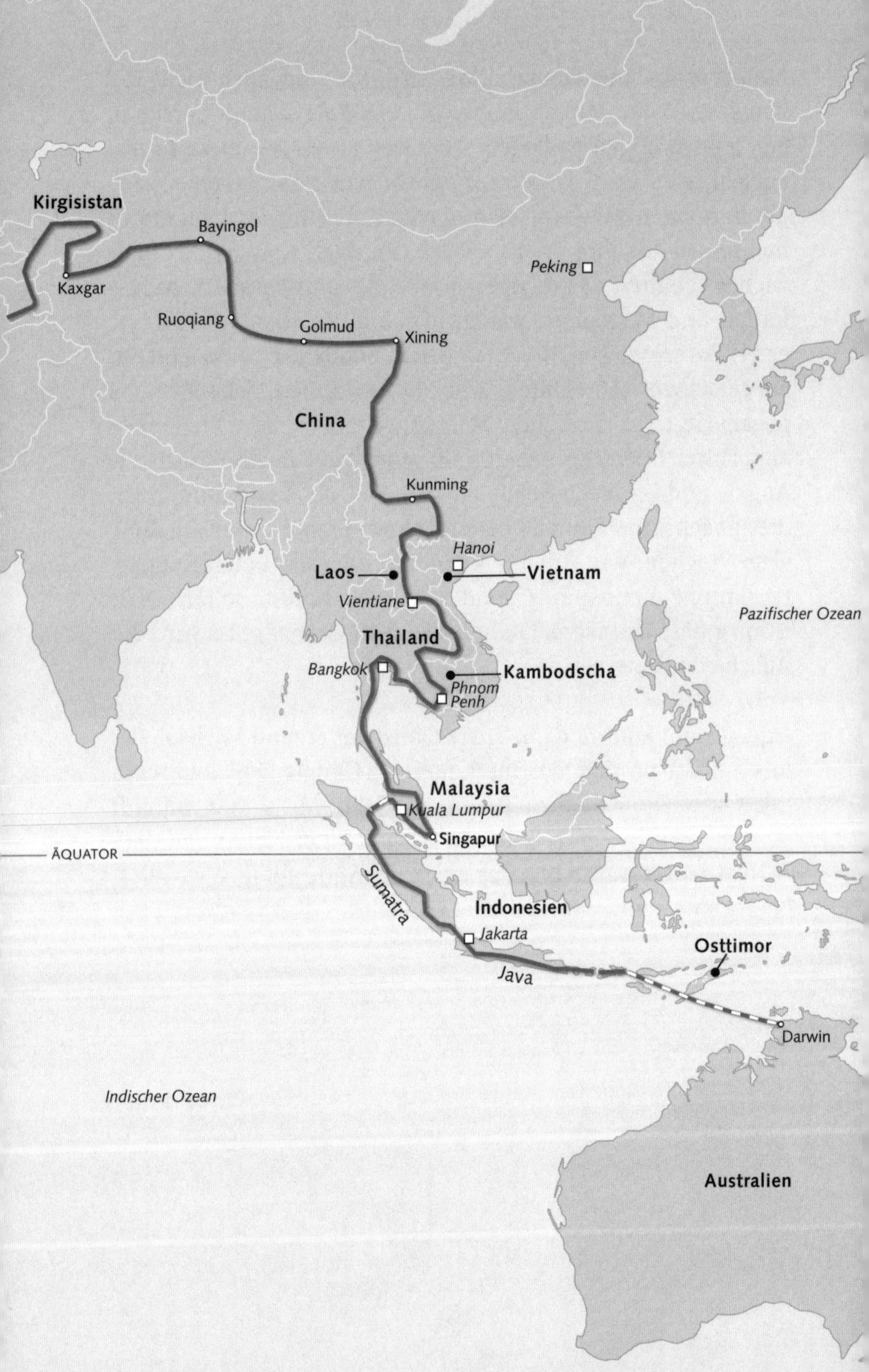
Kirgisistan
Bayingol
Kaxgar
Peking
Ruoqiang
Golmud
Xining
China
Kunming
Hanoi
Laos
Vietnam
Vientiane
Pazifischer Ozean
Thailand
Bangkok
Kambodscha
Phnom Penh
Malaysia
Kuala Lumpur
Singapur
ÄQUATOR
Sumatra
Indonesien
Jakarta
Osttimor
Java
Darwin
Indischer Ozean
Australien

China und Fernostasien

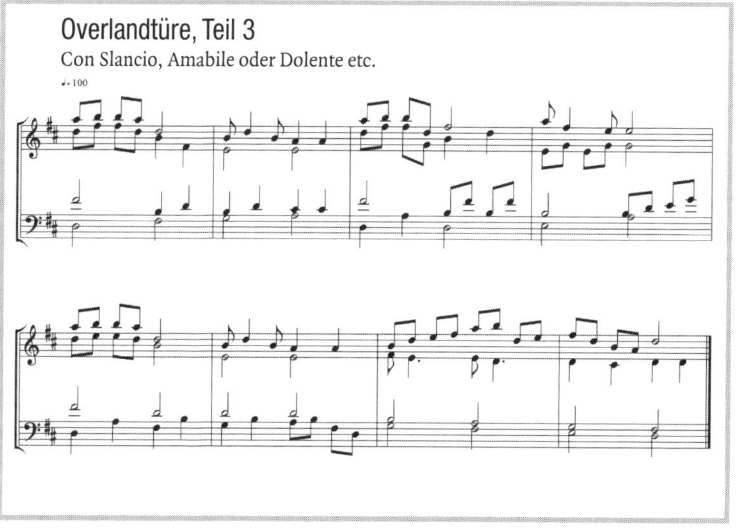

INTERMEZZO 8

Overlandia: An- und Weiterreise

Ich habe ja behauptet, dass es für eine Weltreise nur weniger Vorbereitungen bedarf. Man braucht einen gültigen Pass, etwas Geld und keine Bindungen, die einen im Heimathafen festhalten. Wenn es, wie in unserem Fall, für die Reise kein Zeitlimit gibt, können die Visa unterwegs besorgt werden, Verschiffungen organisiert man bei der Ankunft am Hafen, und alle übrigen Probleme werden gelöst, sobald sie entstehen. Nun aber sehe ich mich genötigt, eine Ausnahme einzuführen: All das gilt nur, wenn Sie nicht vorhaben, China mit dem eigenen Motorrad oder Auto zu durchqueren. Es genügt nicht, an der Grenze zu erscheinen und freundlich um Einlass zu bitten. Zuerst müssen in einem langwierigen Antragsverfahren Dutzende von Genehmigungen besorgt werden.

Warum also haben wir uns die Scherereien nicht erspart und einen anderen Weg nach Osten gewählt? Die Antwort ist einfach: Wenn wir Asien der ganzen Länge nach auf dem Landweg durchqueren wollen, gibt es kaum eine Alternative. Das drittgrößte Land[30] der Erde hält die Schlüssel für eine der zwei Türen nach Südostasien in der Hand. Die

---

[30] Das drittgrößte zum Beispiel nach der Encyclopaedia Britannica, das viertgrößte nach dem CIA World Factbook. Der Streit darum begann 1997, als die USA Anspruch auf die Bronzemedaille erhoben, indem sie die Küstengewässer zur Landesfläche hinzuzählten, die entsprechenden Ansprüche des Konkurrenten aber ignorierten. Mit einem Mal wuchsen die USA auf diese Weise um 300 000 km², was fast der Größe Deutschlands entspricht. Das genügte, um China den dritten Platz streitig zu machen. So jedenfalls denkt man in Amerika.

andere Route führt durch Myanmar. An einer dieser beiden Türen muss jeder Overlander anklopfen, wenn er von Europa nach Thailand, Laos oder Vietnam fahren will. Wir haben uns für China entschieden, weil mich dieses Land seit jeher fasziniert hat. Allerdings wollte ich nach meinem Gusto durchreisen, gemütlich und frei, wie ich das gewohnt bin. Ich möchte wild zelten, wo immer es mir behagt, und überall dort anhalten, wo etwas meine Aufmerksamkeit erregt. Und an diesem Punkt beginnen die Schwierigkeiten.

Für motorisierte Overlander kann die Welt in vier Zonen eingeteilt werden. Zur Gruppe A zählen die Nationen, für die man an der Grenze sofort und oft kostenlos das Visum und die Papiere für die Einfuhr des Fahrzeugs bekommt. Die meisten Länder fallen in diese Kategorie, nämlich alle in Nord-, Mittel- und Südamerika, vier in Zentralasien und etliche in Afrika und Südostasien. Zur Gruppe B zählen Länder, für die ein Carnet de Passage erforderlich ist, also ein Dokument, das von den Automobilclubs ausgegeben wird und den zeitlich begrenzten Import des Fahrzeugs erlaubt, ohne dass an der Grenze eine Kaution hinterlegt werden muss. Vorgeschrieben ist es zurzeit in 35 Staaten, von denen sich die meisten in Afrika oder auf dem indischen Subkontinent befinden. Dazu kommen noch Indonesien, Australien und Neuseeland. Gruppe C umfasst lediglich drei Länder, für die besondere Einschränkungen gelten. Dies sind Nordkorea, Myanmar und unser nächstes Ziel China. Gruppe D wird schließlich von Ländern gebildet, dic wie Vietnam keine festen Regeln für Overlander haben. Manchmal wird man eingelassen, ein anderes Mal nicht. Das hängt von der politischen Lage ab oder auch davon, ob der Zollbeamte seinen Morgenkaffee verschüttet hat und deswegen sauer ist.

Vor 2500 Jahren baute China die Große Mauer, um unerwünschte Eindringlinge fernzuhalten, heute bedient man sich zu diesem Zweck der Bürokratie, und das mit gleichem Erfolg. Der Unterschied ist nur der, dass die Unerwünschten heute keine Nomadenstämme sind, die eine Invasion planen, sondern schlichte Fernreisende. Wir hatten 2013 begonnen, Informationen aus Websites, Reiseblogs und Reiseführern zu sammeln, und dabei war uns der Mut gesunken. Überall hieß es, dass eine Durchquerung von China für Ausländer mit einem im Ausland zugelassenen Fahrzeug nur dann möglich sei, wenn man bei einem chinesischen Reisebüro eine geführte Gruppenreise bucht. Die Buchung, so wurde gewarnt, dauere von Anfang bis Ende mindestens drei Monate und läuft folgendermaßen ab:

Als Erstes ist das Reiseunternehmen über die Absichten des Besuchers zu informieren, wo und wann er in China einreisen und aus China ausreisen will und was er unterwegs zu besichtigen wünscht. Dann kommen mit der Antwort eine festgelegte Route und ein Preisangebot. Ist beides nach dem Geschmack des Reisenden und hat er den Rechnungsbetrag überwiesen, dann fordert ihn die Reiseagentur auf, ihr seine Dokumente zuzuschicken, damit die Bürokratie in Gang gebracht werden kann. Erforderlich sind Kopien des Reisepasses, chinesische Visa, internationaler Führerschein, die Police einer Auslandskrankenversicherung, der letzte TÜV-Bericht des Fahrzeugs und dessen Zulassungsbescheinung. Dann geht es ins Detail. Der Beruf des Touristen interessiert ebenso wie alle Eigenschaften des Fahrzeugs: Modell, Farbe, Fahrgestellnummer, Motornummer, Jahr und Ort der Herstellung, Zahl der Zylinder, Kraftstoffart und so weiter. Zu guter Letzt müssen noch hochauflösende Fotografien eingeschickt werden, die das Fahrzeug von allen Seiten zeigen, und dazu ein Passfoto des Fahrers vor einem weißen Hintergrund, und zwar – man höre und staune – nur von vorn. Den Hinterkopf will die chinesische Regierung gerade noch nicht begutachten.

Ist all dies erledigt, kann das Reiseunternehmen die Einreisepapiere, die Zolldeklaration für die Einfuhr des Fahrzeugs und das Zertifikat für den Export bearbeiten. Hinzu kommen Bewilligungen für alle zu durchreisenden Provinzen, ausgestellt von den regionalen Einwanderungsbehörden, den Polizeidienststellen und den regionalen Zweigstellen für Tourismusangelegenheiten. Wenn Monate später das Reiseunternehmen Bescheid gibt, dass alle Dokumente vorliegen und man die Grenze passieren kann, bauen sich hinter dieser neue Hürden auf: Das Fahrzeug muss eine technische Prüfung bestehen, der Fahrer eine medizinische, gefolgt von einer chinesischen Fahrprüfung. Ausgestattet mit chinesischem Führerschein, chinesischen Nummernschildern und einer Haftpflichtversicherung darf dann losgefahren werden. Selbstverständlich gibt es einen Führer, der während des gesamten Aufenthalts nicht von der Seite des Touristen weicht. Wie die Blogs der meisten Reisenden enthüllten, kümmert sich dieser meist nur um sein eigenes Wohlergehen, das heißt um einen gesunden Schlaf auf dem Rücksitz, und hilft gerade ein wenig an Polizeiposten und beim allabendlichen Check-in im Hotel.

Als Laura und ich das ganze Hin und Her für die geplante Chinadurchquerung überblickten, sahen wir uns ratlos an. Die Bürokratie schreckte uns dabei noch nicht besonders, wir hatten Ähnliches schon früher erlebt. Was den Führer betraf, so würde dieser unseren Motorrädern in einem Leihwagen mit Chauffeur den ganzen Tag lang vorausfahren. Am meisten aber störte uns, dass wir in einer Gruppe fahren sollten und wahrscheinlich nicht wild zelten durften. Außerdem war die Reisedauer auf einen Monat begrenzt. Wie um alle Welt sollten wir es schaffen, eine Strecke von 7500 Kilometern von Kirgisistan nach Laos in 30 Tagen zurückzulegen? Wir hatten vor, viel länger zu bleiben, damit die Tour nicht nur auf Fahren, Essen und Schlafen beschränkt wäre. Wir wollten einmal hier, einmal dort übernachten, Atmosphäre schnuppern, etwas besichtigen, über die Kultur des Landes lernen und gemütlich mit Einheimischen zusammensitzen.

Trotz allem kontaktierten wir 32 seriöse chinesische Agenturen, die auf Overlander wie uns spezialisiert sind. Als wir die Angebote erhielten, haute es uns fast vom Hocker. Die Kosten waren astronomisch. Für eine Gruppe mit zwei Fahrzeugen veranschlagten die Unternehmen etwa 10 000 Euro, für eine mit drei um die 13 000 Euro. Das Teuerste daran waren der Führer mit 80 Euro pro Tag und das Auto mit 170 Euro pro Tag, das wir für ihn hätten mieten müssen. Das ist eine GEWALTIGE Summe für etwas, das wir gar nicht haben wollten. Alles in allem konnten wir leicht abschätzen, dass uns die 30 Tage in China fast 6000 Euro pro Person kosten würden, da wir neben den von den Agenturen genannten Kosten noch für unseren Sprit, unsere Unterkunft und Verpflegung selbst aufkommen müssten. Das ist mehr, als ich in einem Jahr verdiene! Nun konnte ich gut verstehen, warum fast alle Overlander mit dem Ziel Südostasien den Landweg durch China mieden. Sie zogen es vor, mit dem Schiff von Indien oder

Russland nach Singapur zu fahren oder das Motorrad im Flugzeug von Nepal nach Thailand transportieren zu lassen. Das kostet zwar auch einiges, ist aber bei Weitem nicht so teuer. An diesem Punkt angelangt, begann ich, Rucksacktouristen und Radfahrer zu beneiden. All diese Probleme stellten sich ihnen nicht.

Wir hatten noch viel Zeit, um Alternativen zu finden. Für den Bruchteil einer Sekunde blitzte die Idee auf, illegal einzureisen. Es machten Gerüchte die Runde, dass Overlander ihr Motorrad zerlegt und die Teile versteckt in einem kirgisischen Lastwagen mit Ziel Kashgar über die Grenze gebracht hätten. Einmal dort, hätten sie es wieder zusammengebaut. Andere schafften es, mit der Bahn von der Mongolei oder aus Kasachstan nach China zu kommen. Sie gaben an, ihr Motorrad sei ein Transitgut. Einmal über der Grenze, zahlten sie Schmiergeld, um es am ersten chinesischen Bahnhof abladen zu dürfen. Nicht wenige dieser Overlander durften dafür längere Zeit in einem chinesischen Gefängnis einsitzen. Nein, das ist nichts für uns, auch wenn solche Geschichten sehr nach großem Abenteuer klingen, wenn sie abends am Lagerfeuer erzählt werden. Wir entschlossen uns daher, in jedem Fall legal durchzureisen. Ich bin der Ansicht, dass die vor Ort gültigen Vorschriften im Ausland einzuhalten sind, selbst wenn sie lächerlich erscheinen, denn ich erwarte auch von Touristen, die nach Deutschland kommen, dass sie sich an die deutschen Gesetze halten. Es hilft niemand, illegalen Aktivitäten nachzugehen, am allerwenigsten der Overlander-Gemeinschaft! Manche Länder könnten nämlich für künftige Reisende die Restriktionen weiter verschärfen – und das ist das Gegenteil von dem, was wir uns vor allem wünschen: BEWEGUNGSFREIHEIT!

Nachdem die Überlegungen so weit gediehen waren, kam mir spontan der Gedanke, an Hertz, e-Hai und CAR (China Auto Rental) in Beijing zu schreiben. Vielleicht hatten sie Zweigstellen in der Provinz Xinjiang und könnten einen preisgünstigen Van an den Torugart-Pass bringen? Mein verrückter Plan war es, die Motorräder hinter den Sitzen zu verstauen, sie als Transitgut zu deklarieren und den Wagen für die einfache Strecke an die laotische Grenze zu mieten. Dazu bräuchten wir nach meiner Schätzung immer noch einen einheimischen Fahrer, und so viel Spaß wie auf den Motorrädern würde das Reisen im Van auch nicht machen, aber womöglich wäre es günstiger als mit den Reisebüros. Ich schickte also einige E-Mails und hatte bald eine Antwort:

»Wir danken Ihnen, dass Sie CAR gewählt haben. Möchten Sie das Fahrzeug mit oder ohne Fahrer mieten?«

Ohne Fahrer? Durfte man das als Tourist? Ich fragte nach, und die Antwort beschleunigte meinen Pulsschlag. Seit Februar 2013 – und das lag wenige Monate zurück – dürfen Ausländer ohne Inlandswohnsitz JEGLICHES Fahrzeug ungehindert durch China steuern, vorausgesetzt, sie haben einen gültigen chinesischen Führerschein. Führer sind nur für Tibet obligatorisch und, wenn Unruhen ausgebrochen sind, in der Provinz Xinjiang. Dies waren die neuen rechtlichen Vorschriften aus Beijing.

Hatte ich da ganz unverhofft den Universalschlüssel für Chinas Eingangstür gefunden? Das ganze kommende Jahr schickten wir zahlreiche E-Mails an die chinesischen Zollbehörden und besuchten zudem jede chinesische Botschaft auf unserem Weg von Griechenland bis nach Zentralasien, um Erkundigungen einzuziehen. Unsere harte Arbeit zahlte sich aus. Im Frühjahr 2014 hatten wir alles, was wir brauchten, schriftlich. Nun kontaktierten wir ein zweites Mal alle 32 Reisebüros, sandten ihnen alle Dokumente, die wir von den chinesischen Botschaften erhalten hatten, und baten um ein Angebot wie vordem, nur OHNE Wagen und Führer. Gern hätten wir sie allesamt umgangen, doch das war leider unmöglich. Beim jetzigen Stand (Herbst 2014) kann nur ein zugelassenes chinesisches Reisebüro die zahlreichen Genehmigungen und Einwilligungsschreiben beantragen. 29 der 32 Firmen lehnten es rundweg ab, uns zu helfen. Die meisten behaupteten, nichts von den Änderungen der Vorschriften erfahren zu haben, was für mich danach klang, dass sie das auch lieber weiterhin nicht wissen wollten. Ein paar antworteten etwas aufrichtiger, stellten aber klar, dass sie REISEN organisieren und nicht nur beim Grenzübertritt helfen. Das konnte ich verstehen. Warum sollten sie uns unterstützen, auf 13 000 Euro (für drei Personen – wir und unser Freund Michael) verzichten und sich mit einem Bruchteil davon zufriedengeben?

Das Problem war also nicht länger die chinesische Gesetzgebung, sondern bestand darin, überhaupt eine Firma zu finden, die uns helfen wollte. Drei Agenturen waren schlussendlich bereit, mit uns zu reden und zu verhandeln. Sie kannten die neuen Vorschriften gut, hatten aber Angst, als die ersten Abtrünnigen dazustehen. Darüber hinaus galt es auch zu bedenken, dass es auf sie zurückfallen würde, falls wir während unserer Reise durch China ein einziges Gesetz brächen, wodurch sie dann unter Umständen sogar ihre Lizenz verlieren könnten. Sie machten sich außerdem Sorgen um uns: Wie sollten wir uns zurechtfinden, wenn wir weder die Landessprache beherrschten noch die Straßenschilder lesen konnten? Würden wir uns da nicht hoffnungslos verirren?

Wir erklärten ihnen in aller Ausführlichkeit, dass und wie wir seit vielen Jahren mehr als 100 Länder bereist, uns immer an die gültigen Vorschriften gehalten und daher noch nicht mal einen einzigen Strafzettel für zu schnelles Fahren bekommen hätten. Dies war dann der Moment, in dem die Agentur China Tierra de Aventura uns ihre Zustimmung signalisierte. Ihr Inhaber, Ricard Tomas Herrero, war ein spanischer Geschäftsmann und Motorradfan, der schon sein halbes Leben lang in China gearbeitet hatte. Er führte mehrere gut gehende Unternehmen, und obwohl China Tierra de Aventura nur sein Hobby war, das er nebenher betrieb, hatte die Agentur schon seit einem Jahrzehnt regelmäßige Motorradtouren von Madrid nach Beijing organisiert. Wir vertrauten ihm sogleich, so wie auch er es uns zutraute, die erste völlig legale unbegleitete Tour durch das Reich der Mitte durchzuziehen.

Ricard bot uns an, alle Dokumente zu besorgen und einen chinesischen Agenten zu bestellen, der uns von der Torugartgrenze bis zur ersten chinesischen Stadt, Kashgar, begleiten sollte, wo wir Führerschein und Nummernschilder erhalten konnten. Danach wären wir für die nächsten 7500 Kilometer frei. Bei der Ankunft in Mohan an der Grenze zu Laos, 60 Tage später, würde uns ein anderer Agent bei der Ausreise helfen. Sollten wir unterwegs auf Hindernisse stoßen, so hatte er in jeder Provinz Motorradfreunde, die wir anrufen und um Hilfe bitten könnten. Noch immer kostete die Tour wegen der Bewilligungen für die Provinzen Xinjiang, Qinghai, Sichuan und Yunnan rund 2000 Euro pro Person, gleich ob sie einen Monat oder zwei Monate dauerte. Aber in jedem Fall hätten wir unsere Freiheit, und die geht mir über alles.

Wir sagten zu und überwiesen das Geld. Zudem benachrichtigten wir unseren dänischen Freund Michael, der in die gleiche Richtung unterwegs war. In unserem Antrag schlugen wir eine Route entlang der tibetischen Grenze vor, die aber Tibet selbst nicht berührte. Wir wollten 60 Tage bleiben, das war die maximale Gültigkeitsdauer des chinesischen Führerscheins. Unsere 30-Tage-Visa müssten wir in der Stadt Shangri-La verlängern. Das ginge ohne Probleme, und es wäre auch möglich, Geld zu sparen, indem wir wild zelteten und selbst kochten. Es gab nun nichts mehr zu tun, als ein paar Monate auf die Genehmigung unseres Antrags durch Beijing zu warten.

...

Und jetzt sitzen wir vier – Laura, Michael, Ricard und ich – mit einer gleichen Zahl von Bierflaschen in einem Restaurant in Naryn, eine Tagesreise von der Grenze zu China entfernt. Ricard war zufällig geschäftlich in Kirgisistan unterwegs und kam hierher, um uns zu verabschieden. Er hat einen Stapel Dokumente dabei, 38 Seiten stark, und er will sichergehen, dass wir jedes Wort darin verstehen.

Beschränkungen betreffen vor allem unsere Motorräder, kaum uns selbst. Wir müssen in etwa gerader Linie von einer zur anderen Stadt auf der genehmigten Route fahren. Gibt es einen Tempel, einen See oder eine andere Sehenswürdigkeit, die einige Kilometer davon entfernt ist, können wir sie ohne Weiteres besuchen, aber wir dürfen dabei unter keinen Umständen in eine andere Provinz geraten. Das können wir akzeptieren. Bei den Strecken, die wir zurücklegen müssen, können wir ohnehin keine großen Abstecher machen. Weiter gilt, dass wir, Laura,

Michael und ich, zusammenbleiben müssen, die Provinzgrenzen oder die Landesgrenze dürfen wir nur gemeinsam überschreiten. Und schließlich müssen wir die Provinz Xinjiang innerhalb einer Woche verlassen haben.

In Chinas westlichster Provinz kann es von Zeit zu Zeit Unruhen geben, die durch die Spannungen zwischen den muslimischen Uiguren und der chinesischen Regierung ausgelöst werden. Erst vor Kurzem wurde der Imam von Kashgar ermordet, was Massendemonstrationen zur Folge hatte. Die Regierung ordnete daraufhin an, dass alle durch Xinjiang reisenden Ausländer von einer Militäreskorte begleitet werden müssen. Diese Auflage bestand nur für zwei Wochen und wurde wieder aufgehoben, als sich die Lage beruhigte. Dennoch rät uns Ricard, rasch zu reisen und den Kopf einzuziehen, bis wir in der Nachbarprovinz Qinghai ankommen. Auch sollten wir in jeder Stadt Xinjiangs seine Motorradfreunde anrufen und uns mit ihnen treffen, damit sie uns im Fall der Fälle vor unschönen Entwicklungen warnen könnten.

Keine Sorgen bereitet uns die Führerscheinprüfung, deren Anforderungen in den meisten chinesischen Provinzen viel geringer sind als in Deutschland. Um den temporären Führerschein für ein Motorrad in Kashgar zu erhalten, muss man lediglich eine Faust machen und dann die Hand wieder öffnen, womit man zeigt, dass man den Lenker halten kann und nicht gelähmt ist. Kein Wunder, dass dies nur zwölf Euro kostet.

Wir verstauen die Dokumente, um die wir uns fast zwei Jahre lang bemüht haben, erheben unsere Gläser und prosten uns auf gutes Gelingen zu. Ricard wünscht uns eine sichere und angenehme Fahrt, und dann geht es los. Trotz meiner vielen Jahre auf Achse habe ich doch ein wenig Bammel. Was ist, wenn man die örtliche Polizei noch nicht über die Vorschriften für ausländische Motorradfahrer informiert hat? Nimmt man uns vielleicht fest? Ich bemühe mich, mir diese Ungewissheiten aus dem Kopf zu schlagen. Was auch immer passiert, unsere Pioniertat ohne Begleitung verspricht, Erfahrungen mit sich zu bringen, die man nur einmal im Leben macht! Und vielleicht, vielleicht macht eine erfolgreiche Durchquerung die große chinesische Mauer für künftige Individualreisende ein wenig durchlässiger und schafft so eine der notwendigen Voraussetzungen für eine neue und erschwingliche Reiseroute nach Südostasien.

Con Slancio
Mit Schwung

China, 15.10.2014

Xinjiang

Ich ahne nichts Gutes, als wir uns der Höhe des Torugart-Passes und dem mit Stacheldraht bewehrten Tor nähern. Besucher hat China im Lauf seiner Geschichte nie mit offenen Armen empfangen. Welches andere Land könnte sich schon einer Großen Mauer oder einer VERBOTENEN Stadt rühmen? Bis 1912, als der letzte Kaiser Puyi vom Drachenthron gestürzt wurde, konnte mit dem Tod bestraft werden, wer ohne Einladung in den Palast von Beijing eindrang. Und heute? Um was es sich auch handelt, das Demonstrationsrecht, die Erlaubnis, trotz Einkindpolitik ein zweites Kind zu haben, auf Google zuzugreifen oder als Overlander mit dem eigenen Fahrzeug frei zu reisen – China hat immer noch einen starken Hang, Dinge zu verbieten. Mein Bauchgefühl sagt mir, dass wir nicht eingelassen werden.

Unsere Ankunft wird von Überwachungskameras und schwer bewaffneten Soldaten beobachtet. Ich habe starke Zweifel, dass hier Ta'arof ebenso gut wie in Aserbaidschan funktioniert. Die Regeln der Höflichkeit und der Wahrung des Gesichts existieren in China unter dem Namen Limao. Nach meinen Informationen aber haben Vorschriften Priorität vor Gastfreundschaft, sodass wir uns darauf gefasst machen müssen, mit bestimmten, aber höflichen Worten nach Kirgisistan zurückgeschickt zu werden. Zu bemerken ist dabei auch, dass es bei Limao vor allem darum geht, mit guter Erziehung Eindruck zu schinden ... Eindruck, den eine Maschinenpistole in der Hand sehr verstärkt.

Ein Mann in Zivil winkt uns zu und kommt näher. Das ist Tayir, den Ricard uns geschickt hat und der uns der Vorschrift gemäß so lange begleiten wird, bis wir einen chinesischen Führerschein erhalten.

»Laura Pattara, Italien? Michael Stummann, Dänemark? Christopher Many, Deutschland? Bitte folgen Sie mir!« Erfreut sehe ich, dass die Soldaten den Weg frei machen.

In den folgenden drei Stunden, die wir durch den 113 Kilometer langen Sicherheitskorridor fahren, gibt es drei Straßensperren. An der ersten werden die Zollformalitäten erledigt und die Fahrzeuge desinfiziert, die zweite ist die Meldestelle und die dritte das Einwanderungsbüro. Noch vor der Passkontrolle erfolgt eine medizinische Untersuchung – zumindest nennt sie der »Arzt« so. Er macht nichts weiter, als uns ein elektronisches Gerät an die Stirn zu drücken. Misst er unsere Körpertemperatur oder ist das die chinesische Gehirnwäsche, die jeden Neuankömmling zum Fan der Kommunistischen Partei wandelt? Wie dem auch sei, die ganze Prozedur geht schnell, in freundlicher Atmosphäre und, besonders bemerkenswert, ohne dass ein Schmiergeld gefordert wird. Alle unsere Befürchtungen haben sich als unbegründet erwiesen.

Bald rollen wir in die Stadt Kashgar hinein, wo wir bis zum nächsten Tag warten müssen, um den noch ausstehenden Papierkram auf der Verkehrsbehörde zu erledigen. Tayir setzt uns an einer Jugendherberge ab, wo wir sofort todmüde ins Bett fallen. Die Grenze war kein Problem, sich durch den Stadtverkehr zu schlängeln aber schon. Zwar hat der Ort nur 350 000 Einwohner, aber uns, die wir so lange Zeit in freier Natur zugebracht haben, erscheint er zehnmal größer. Sich im Verkehrsgewirr zurechtzufinden und dabei keinen der wild über die Straße rennenden Fußgänger anzufahren, ist wirklich nervenaufreibend. Überall gibt es Einkaufszentren, Hochhäuser, Baustellen und zahllose blinkende Leuchtreklamen, die uns mit nicht zu entziffernden Botschaften bombardieren. Schon nach wenigen Minuten tropft kalter Schweiß von meiner Stirn in den Helm. Wir werden langsam in diese riesige chinesische Wanne mit 1,37 Milliarden Menschen einsteigen müssen.

Was wahrlich langsam ist, erleben wir am nächsten Morgen, als uns Tayir zur Verkehrsbehörde begleitet. Die Herren, die dort für die Ausstellung von Führerscheinen und technischen Prüfzertifikaten zuständig sind und zuletzt die Nummernschilder ausgeben sollen, bewegen sich so flink wie beinamputierte Schildkröten. Eine tatsächliche Prüfung gibt es nicht, niemand untersucht, ob unsere Motorräder verkehrstauglich sind, und unsere Fähigkeit, den Lenker umfassen zu können, müssen wir auch nicht beweisen. Alles, was gebraucht wird, sind ein Drucker, ein Laminiergerät und eine Person, die sich entschließen könnte, diese einzuschalten. Sogar Tayir, der sich auf dem Parkplatz Stunde um Stunde die Zeit vertreiben muss, wird allmählich ungeduldig.

»In Xinjiang dauert alles ewig«, beklagt er sich. »Im übrigen China weiß man, was arbeiten heißt. Aber Beijing will auf die Beamten hier keinen Druck ausüben. Die Provinz ist so instabil, dass man ihnen vier Stunden Mittagspause genehmigt, um sie bei Laune zu halten.«

Laura und ich haben bemerkt, dass mit den Uhren in Kashgar etwas nicht stimmt, und bald erfahren wir auch, dass Xinjiang nach zwei Zeitzonen rechnet: Es gibt die Beijing-Standardzeit, die offiziell im ganzen Land gilt, und eine ihr um drei Stunden nachhinkende Lokalzeit. Für Uneingeweihte, die wissen wollen, wann die Bank geöffnet hat oder wann es im Hotel Frühstück gibt, kann das recht verwirrend sein. Die Einheimischen stellen ihre Uhren nach der Zeit, die ihnen besser gefällt, und wenn man fragt, wie spät es ist, geben sie Auskunft, aber nicht, auf welche Zone sie sich beziehen. Nicht wenige Touristen haben schon ihren Zug um neun Uhr Lokalzeit versäumt, weil sie erst mittags am Bahnhof erschienen sind.

»Könnte es sein, dass die Angestellten um acht Uhr Kashgarzeit zur Arbeit kommen, zwischen zwölf Uhr Beijingzeit und 13 Uhr Kashgarzeit zu Mittag essen und um 17 Uhr Beijingzeit heimgehen?«, frage ich Tayir. »Dann brauchen sie an einem neunstündigen Arbeitstag nur zwei Stunden zu arbeiten. Ich würde das jedenfalls so machen.«

Die Gründe für diese Besonderheit sind geografischer und politischer Natur. Viele in Xinjiang boykottieren die offizielle Zeit mit dem leicht einzusehenden Argument, dass sie nicht im Dunkeln zur Arbeit gehen wollen. Die Entfernung zwischen Kashgar im Westen und Schanghai im Osten entspricht der zwischen San Francisco und New York, nämlich etwa 4200 Kilometer. Die 48 zusammenhängenden Bundesstaaten der USA, ohne Alaska und Hawaii, sind vernünftigerweise in vier Zeitzonen unterteilt – wäre dies nicht der Fall, und gälte nur die Zeit am Atlantik, so würde die Sonne über der Golden Gate Bridge um zehn Uhr vormittags auf- und im Winter um Mitternacht untergehen. Nach dem Zweiten Weltkrieg legte der Große Vorsitzende Mao aber mehr Wert auf die nationale Einheit als auf den gesunden Menschenverstand. China war politisch im Umbruch, und einige Volksgruppen, gerade die in Xinjiang, waren nahe daran, abzuspalten. Aus diesem Grund führte Mao eine Reihe von Reformen durch, welche im ganzen Land Gültigkeit haben sollten, damit alle Bürger, gleich wo sie lebten und welcher Ethnie sie angehörten, sich zuallererst und gleichermaßen als Chinesen fühlten. Dazu gehörte auch das Dekret über die einheitliche Zeitzone, das bis heute in Kraft ist.

Diese Reformen reichten nicht aus, um für Ruhe im Land zu sorgen. Die muslimischen Uiguren, die wichtigste Volksgruppe in Xinjiang, wollen mehr Autonomie, teilweise sogar die vollständige Unabhängigkeit von China. Während der letzten Jahrzehnte ist die Zentralregierung jedoch in Xinjiang ähnlich vorgegangen wie einst in Tibet: Han-Chinesen, die 91% der chinesischen Gesamtbevölkerung ausmachen, wurden angesiedelt, um die Zahlenverhältnisse der Ethnien zu verändern, und Religion und Sprache der Uiguren wurden unterdrückt. Identische Maßnahmen hatten in Tibet Wunder bewirkt. Heutzutage werden T-Shirts mit »Free Tibet«-Aufdruck fast ausschließlich von Menschen aus dem Westen getragen; die Tibeter selbst haben solche Unabhängigkeitsbestrebungen kaum noch. Das ist auch nicht verwunderlich, wenn man bedenkt, dass schon 63 Jahre vergangen sind, seit China dieses Land für sich beansprucht hat. Souverän war Tibet allerdings auch schon lange davor nicht mehr, eine Tatsache, die viele vergessen.

Unumstritten ist, dass Tibet zwischen dem siebten und zehnten Jahrhundert ein eigenständiges, starkes Königreich gewesen ist. Danach durchlebte die Region jedoch jahrhundertelang eine wechselvolle Geschichte. Mal war Tibet unabhängig, wenn auch nicht immer geeint, mal unterstand es mongolischer, dann wieder chinesischer Herrschaft. Das letzte Mal, dass sich das Land de facto von China loslösen konnte, war die Zeit zwischen 1912 und 1951, als der Dalai Lama die staatliche Unabhängigkeit proklamierte und China keine ernsthaften Anstrengungen dagegen unternahm. Allerdings bedeutet unter juristischen Gesichtspunkten das Fehlen einer effektiven chinesischen Kontrolle nicht, dass Tibet dadurch automatisch zum souveränen Staat wird. Denn dazu bedarf es der internationalen Anerkennung. Dass keine Regierung einer einzigen bedeutenden Nation Tibet je als souverän anerkannt oder offiziell festgestellt hat, dass China Tibet besetzt hat, macht es Rechtsexperten daher schwierig, für die tibetische Exilregierung Partei zu ergreifen.

Alte Tibeter erinnern sich wohl noch an die Grausamkeiten und die Missachtung der Menschenrechte, die sie erdulden mussten, als die Kommunistische Partei Chinas die Macht in

Lhasa übernahm, aber selbst sie sehen in der Regel ein, dass die Provinz in der heutigen Welt ohne China wirtschaftlich nicht überleben könnte. Was kann ein Land schon exportieren, das auf einer Höhe von 4500 Metern über Normalnull liegt? Yakbutter und Gebetsmühlen? Das kann man vergessen. Die tibetische Jugend hängt zu sehr an ihren iPhones und Karaokebars, um diese »Errungenschaften« – oder vielleicht gar die Han-Freundin – für die Unabhängigkeit zu opfern. China hat Schnellstraßen und Eisenbahnlinien in Tibet gebaut, den Lebensstandard angehoben (zumindest, was die verfügbaren Geldmittel betrifft), und die Lebenserwartung hat sich dank des Aufbaus moderner medizinischer Einrichtungen von 35 auf 67 Jahre nahezu verdoppelt. Am schwersten aber wiegt die Tatsache, dass Beijing den Leuten eine Konsummentalität eingeimpft hat. Wenn das einmal gelingt, will kaum jemand die Uhr zurückdrehen und sich mit einem »primitiven« Lebensstil zufriedengeben. Selbst der Dalai Lama ruft heute nicht mehr laut nach Unabhängigkeit.

Unter den Uiguren hingegen sind viele noch kampfbereit. Die Weigerung, die Standardzeit zu akzeptieren, ist eine Art, dem Dissens mit der Zentralregierung Ausdruck zu verleihen. Eine andere ist die starke Betonung des Religiösen. Als Beijing die Uiguren kürzlich aufforderte, während des Ramadan nicht zu fasten, damit ihre Arbeitsleistung zum »Wohle der Allgemeinheit« erhalten bliebe, vervielfachte sich die Zahl der Gläubigen in den Moscheen. Letztes Mittel des Protests ist die Gewalt. Das jüngste solche Ereignis war die Ermordung des obersten Imams von Kashgar am 30. Juli 2014. Der Grund für die Tat, die von uigurischen Aktivisten begangen wurde, war die Verdammung der von Separatisten ausgeübten Gewalt durch den Imam. Für uns hätte das einschneidende Folgen haben können, denn Beijing stoppte daraufhin fast den gesamten Tourismus nach Xinjiang.

Zurzeit scheint wieder Frieden zu herrschen. Wir – Laura, Michael und ich – fühlen uns sicher, als wir am Nachmittag durch die Straßen schlendern, um ein Lokal zu finden, wo wir unsere neuen chinesischen Führerscheine feiern können. Gegen uns haben die Uiguren nichts, nur gegen die Regierung. Der erste negative Eindruck, den die Stadt bei uns hinterlassen hat, erweist sich als voreilig: Kashgar besteht nicht nur aus Hochhäusern und Reklameschildern. Es gibt ein historisches Viertel, das gerade renoviert wird, und auch einen faszinierenden abendlichen Basar. Bald verlieren wir uns im Gewirr der Gassen und Imbissstände, probieren hie und da Häppchen undefinierbarer Art, saugen die Düfte der vielfarbigen Gewürze ein und lauschen dem Gefeilsche bei den Gemüsehändlern. Eier, Obst und Tiere, lebende und geschlachtete, werden jeden Tag frisch von den Bauernhöfen der Umgebung geliefert. In einem anderen Teil des Markts werden Haushaltwaren, T-Shirts und Krimskrams aus Plastik angeboten. Nichts davon muss importiert werden, ist doch China selbst der Ursprung all dieser billigen Massenware, die wir auch im Westen kaufen. Am Ende werden uns das Gedränge und die Körperausdünstungen Tausender aber zu viel. Wir überlassen uns dem Fluss der Menschen und lassen uns vom Strom in ruhigere Buchten tragen, wie Treibholz, das dem offenen Meer zusteuert.

Wir wollen so viel sehen und haben so viele Fragen, doch es bleiben nur zwei Monate Zeit, um alles zu »machen« und die Antworten zu finden. Auf der Landkarte markieren wir auf unserer Route abwechselnd interessante Orte mit einem Kreis. Wir sind uns einig, dass das Hauptaugenmerk den landschaftlichen Schönheiten Chinas gelten soll, insbesondere weil die Eintrittskarten für berühmte Stätten wie die Große Mauer und die Terrakottaarmee in Xi'an exorbitant teuer sind. Laura seufzt bloß, als ich ihr sage, wie hoch der Preis für das Knuddeln eines Pandas im Chengdu Panda Reserve ist. Das wollte sie unbedingt machen, doch leider müssen für eine zehnminütige Begegnung 249 Euro hingelegt werden. Ich versuche sie damit zu trösten, dass sie als Ersatz ein kugelrundes tibetisches Mönchlein knuddeln kann, sobald wir die buddhistischen Regionen Chinas erreichen, aber sie meint, das wäre nicht das Gleiche. Ein weiterer Grund für unsere Routenwahl ist der, dass wir die Natur und die kleinen Dinge des Lebens oftmals mehr genießen als architektonische Meisterwerke. Sicher macht die Große Mauer Eindruck, aber Sonnenaufgänge über der Wüste, Nächte unter der Milchstraße und – auf der menschlichen Ebene – nette Begegnungen, interessante Gespräche und ein freundliches Lächeln schätzen wir ebenso hoch.

Kurz vor unserem Aufbruch schickt uns Ricard eine E-Mail. Zwei seiner Motorradfreunde machen sich gerade von Kashgar aus auf den Heimweg, und er würde es aus Sicherheitsgründen sehr begrüßen, wenn wir uns ihnen bis ins fünf Fahrstunden entfernte Bachu anschließen. Wir sagen zu, schließlich haben uns seine Kameraden zum Abendessen eingeladen. Schon bald erscheinen Herr Wuu und Herr Juin vor unserer Unterkunft. Sie sind Han-Chinesen mit einer Figur wie Schwarzenegger, und ich kann die beiden noch weniger unterscheiden als Chinesen im Allgemeinen. Wie die meisten Europäer habe auch ich Schwierigkeiten, meinen Blick so zu schärfen, dass ich an vielen Asiaten große Unterschiede im Aussehen bemerken kann. Im Fall von Wuu und Juin gibt es allerdings etwas, das mich entschuldigt. Sie sind eineiige Zwillinge, ein Pärchen, dessen Eltern es gelang, der chinesischen Einkindpolitik ein Schnippchen zu schlagen.

Viele Regelungen in China erscheinen uns Westlern grausam und als Verstoß gegen die Menschenrechte. Die Einkindpolitik fällt da zu allererst ins Auge. Um das rasante Anwachsen der Bevölkerung zu bremsen, müssen die Bürger Chinas ihren

Wunsch nach Kindern nach geltendem Recht beim Amt für Bevölkerungskontrolle und Familienplanung eintragen lassen. In vielen Fällen wird nur ein Kind genehmigt. Ein Verstoß wird mit schweren Strafen geahndet: Je nach Einkommen kann ein »illegales« zweites Kind mehrere Hunderttausend Euro kosten! Das »Kleingedruckte« übersehen die Bewohner des Westens dabei in der Regel, und so entgeht ihnen, dass die Vorschrift nicht für jedermann gilt und außerdem ständig gelockert wird.[31] Es gibt in China 56 verschiedene Ethnien, und die gegenwärtige Einkindregel betrifft nur die Han. Tibeter können zum Beispiel auch ein Dutzend Kinder haben, wenn sie das wollen (und manchmal wollen sie tatsächlich). Auch den Han ist ein zweites Kind erlaubt, wenn ein Elternteil keine Geschwister hat oder wenn sie in einer dünn besiedelten, ländlichen Gegend leben. Auch Mehrlingsgeburten – wie im Fall von Wuu und Juin – werden von Beijing nicht beanstandet. Zurzeit ist kaum ein Drittel der Chinesen von der Einkindpolitik betroffen, und über die Gesamtbevölkerung heißt es, dass sie zu drei Vierteln damit einverstanden ist. Es entgeht ihnen nicht, dass in ihrem Land extrem viele Menschen mit begrenzten Ressourcen auskommen müssen. Ich stelle mir daher folgende Frage: »Wenn in einem Land eine große Mehrheit ihre Rechte nicht verletzt sieht, dürften wir als Ausländer dann die betreffende Regierung dazu zwingen, der westlichen Vorstellung von Menschenrechten nachzukommen? Oder wären dann wir diejenigen, die auf diese Weise Menschenrechte verletzten?« Schwere Entscheidung.

Was nur wenige Chinesen gut finden, sind die Einschränkungen des Internets durch Beijing. Viele Websites und fast alle

[31] Am 29. Oktober 2015 wurde die Einkindpolitik von der chinesischen Regierung offiziell für beendet erklärt. Ab Januar 2016 soll eine Zweikindpolitik gelten, nach der alle Familien, auch die Han in den Städten, zwei Kinder haben dürfen.

sozialen Netzwerke sind gesperrt, auch Google und Facebook. Die Gründe für die Zensur liegen auf der Hand: Die Regierung möchte jegliche Kritik an der Kommunistischen Partei zum Verstummen bringen und zudem der Öffentlichkeit alle Informationen vorenthalten, die zu unerwünschten Ansichten führen könnten. Beschränkungen solcher Art gibt es nicht nur in China. Der türkische Premier Erdogan ließ vor den letzten Wahlen am 10. August 2014 Twitter und Facebook sperren. Der tadschikische Präsident zog YouTube den Stecker, nachdem dort ein Video gezeigt worden war, in dem er betrunken auf der Hochzeit seines Sohnes tanzte. Auch Usbekistan und sogar die USA blockieren immer wieder bestimmte Websites. Das ist nicht neu; Reporter ohne Grenzen führt die USA zusammen mit Iran, Pakistan, Russland und Saudi-Arabien auf der Liste der Feinde des Internets, also der Länder mit sehr strenger Zensur und Überwachung der Nutzer.

Dafür nun gibt es VPNs (Virtual Private Networks). Ich bin vielleicht ein Ignorant, was Computer betrifft, aber unser Freund Michael ist das keineswegs. In ein paar Minuten installiert er ein Programm namens Ultrasurf auf unseren Laptops, das, wie er sagt, die Zensur umgeht, indem es den Datenverkehr über einen Proxyserver umleitet, sodass wir durch Chinas digitale »Große Mauer« hindurchtunneln können. Ich verstehe nur Bahnhof, aber es funktioniert. Wir haben nun Facebook auch in China, ebenso wie Millionen von Chinesen. Ich lasse das Programm auf meinem Rechner, für den Fall, dass wir irgendwann nach Europa zurückkehren. Es würde mich nicht wundern, wenn auch in unseren Ländern daheim die Regierenden einige Informationen vor uns verstecken möchten.

Ein autoritäres Regime in einem Einparteienstaat, starke Einschränkungen bei den Medien, Vollzug der Todesstrafe, minimale politische Freiheiten, Inhaftierungen ohne Verfahren, erzwungene Geständnisse – vieles an China könnte glauben machen, dass wir durch eine Diktatur reisen. Vielleicht ist China das auch, das hängt von der Definition ab. Es gibt aber auch eine andere Seite Chinas, die ich sehr liebenswert finde, die friedfertige Außenpolitik nämlich. Es mag in Xinjiang und in Tibet interne Streitereien geben, Zank um den Status von Taiwan und Rüpeleien gegenüber Japan wegen einiger Felseninseln weit draußen im Meer; was aber die Beziehungen zu anderen Ländern angeht, agiert China relativ anständig. Die Außenpolitik Beijings basiert auf dem Leitsatz »Harmonie ohne Gleichmacherei« und auf den »Fünf Prinzipien der friedlichen Koexistenz von Premier Zhou Enlai«. Letztere verlangen, die territoriale Integrität und die Unabhängigkeit eines jeden Landes zu respektieren, auf gegenseitige Aggressionen zu verzichten und sich nicht in die inneren Angelegenheiten eines Landes einzumischen. Bislang hat die Volksrepublik ihr Wort gehalten. Von einigen Grenzkonflikten abgesehen, hat China in den letzten 60 Jahren keinen Krieg geführt. Im gleichen Zeitraum unternahmen die USA 123 militärische Operationen auf fremdem Boden und haben über mindestens 27 Ländern Bomben abgeworfen.

China hat das größte stehende Heer der Welt und scheint doch nicht die Gewohnheit zu haben, politische Ziele mit militärischen Mitteln durchzusetzen. Stattdessen nutzt es seine wirtschaftliche Potenz, um diplomatische Verbindungen auch mit Staaten zu knüpfen, in denen völlig andere Ideologien herrschen. Auch bei der Entwicklungshilfe und im Außenhandel ist Chinas Haltung ehrlicher als die manch eines Landes im Westen. Es werden keine humanitären Absichten geheuchelt, hinter denen doch nur politische Ziele stecken. Da ist nur ein klarer, kapitalistischer Handel nach dem Motto: »Wir bauen euch Schnellstraßen, Kraftwerke und rüsten eure Bergwerke aus. Wir liefern alles, von Maschinen für die Landwirtschaft bis zur Hochtechnologie, zu einem fairen Preis. Ihr zahlt entweder in bar oder mit euren Rohstoffen.« Hätte ich persönlich die Wahl zwischen einer militärischen und einer wirtschaftlichen Dominanz, wäre meine Entscheidung klar. Sollte China je die USA als führende Supermacht ablösen, würde die Welt vielleicht zu einem friedlicheren Ort für Reisende. Zumindest die guten Straßen würden den Overlandern Freude bereiten.

Auf einer nagelneuen, vierspurigen Autobahn, einer in einem Netz von 85 000 Kilometern im Land, folgen wir den Herren Wuu und Juin aus Kashgar hinaus. China ist weitgehend eine Nation der Ersten Welt, in der es viele moderne Annehmlichkeiten gibt, die dem Standard des Westens gleichkommen oder ihn sogar übertreffen. Es hat die größte Autoindustrie der Welt, den zweitgrößten Flughafen und Hochgeschwindigkeitszüge wie den Shanghai Maglev, der bei einer Testfahrt 501 Stundenkilometer erreicht hat. Wir staunen fast ehrfürchtig über die enormen Unterschiede zu Zentralasien: Zum ersten Mal seit der Türkei brettern wir mit Vollgas über Straßen höchster Güte.

Offiziell dürfen Motorräder die Schnellstraßen gar nicht benutzen, es sei denn, man hat Dokumente, die freie Fahrt gewähren. Dank unserer Motorradfreunde ist das bei uns der Fall. Herr Wuu und Herr Juin klären uns auf, wie das »System« in China funktioniert. In Europa ist Vorschrift Vorschrift, hier ist man aber flexibel. Kennt man die richtigen Leute, so kann man für fast alles »Sondergenehmigungen« erhalten. Auch wenn man diese nicht hat, kümmert sich die Polizei in den abgelegeneren Gebieten kaum um kleinere Übertretungen. Oft aus den Metropolen im Osten hierherversetzt, vertreiben sich die Polizisten die Zeit mit Kartenspielen, oder sie drehen mit ihren tollen Streifenwagen Runden in der Wüste, um die Langeweile erträglicher zu machen. Das verspricht auf jeden Fall mehr Spaß, als Bauern mit Eselskarren zu stellen, die zur Abkürzung auf dem Heimweg die Schnellstraße benutzen. Zuerst haben wir unsere Zweifel, aber nachdem wir, ohne zu zahlen, schon fünf Mautstellen direkt vor der Polizeistation und gerade unter dem riesigen »No Motorbikes«-Schild passiert haben, ändern wir unsere Meinung. Keiner der Beamten will unsere Dokumente sehen, sie lächeln uns nur zu und winken uns durch.

»So läuft das hier«, sagt Herr Wuu oder Herr Juin, das kann ich nicht unterscheiden. »Die Chinesen sind ein bürokratisches Volk, aber nicht allzu dienstbeflissen. Man darf nur nicht die dünne Grenze zwischen harmlosen Verstößen und Straftaten überschreiten. Im Alltag haben wir eine Menge Freiheiten ... ihr werdet bald verstehen, was ich meine.«

Was wir nicht haben, so heißt es, sei die Erlaubnis, an einer Zapfsäule zu tanken. Als wir das erste Mal bei einer Tankstelle vorfahren, gibt uns der Tankwart einen Teekessel mit fünf Liter Inhalt und verweist uns auf ein Gelände weit außerhalb. Diese Regelung gilt in den meisten Provinzen. Vielleicht ist irgendwann einmal ein Motorrad explodiert, vielleicht aber wollen die Tankstellen nicht, dass Hunderte von Motorrollern die Autofahrer aufhalten, die tanken wollen. Die Sache bleibt uns ein Rätsel. Jedenfalls müssen alle, die auf zwei Rädern unterwegs sind, mit einem Teekessel zwischen Motorrad und Zapfsäule hin- und herlaufen – zwölf Mal in unserem Fall, da in die Tanks unserer drei Motorräder gut und gern 60 Liter passen. So dauert das Tanken immer eine halbe Stunde oder länger.

Als wir Bachu erreichen, laden uns die Zwillinge in ihr Heim ein, damit wir die Familie begrüßen und das Quad und die Yamaha V-Max in ihrer Garage bewundern können. Das ist Chinas neue Mittelschicht, die zurzeit ein Drittel der städtischen Bevölkerung ausmacht. Nach einem Test der Fahrzeuge in der Einfahrt geht es an das versprochene Abendessen. Wuu, Juin und seine Frau, zwei Kinder und sieben gute Freunde lotsen uns in ihr bevorzugtes Han-Restaurant. Dort geleitet uns eine Kellnerin in einen Raum, der 15 hungrigen Menschen Platz bietet. Viele bessere Restaurants in China haben Ähnlichkeit mit Hotels: Jede Gesellschaft bekommt ein eigenes Zimmer und kann die Tür hinter sich schließen. Mir gefällt dieses Konzept, und ich frage mich, warum man diese Idee nicht auch in Deutschland umsetzt. Wenn man mit Familie und Freunden feiert, hat man zumindest seine Ruhe und wird nicht von herumrennenden und brüllenden Kindern vom Nebentisch belästigt.

In der Mitte des Zimmers steht ein riesiger, runder Tisch mit einem drehbaren Glastablett, auf dem sich bald die bestellten Salate und Gemüse türmen. Dazu kommen Nudeln, stark gewürzte Soßen in zehn Varianten, Suppen, Reisgerichte und Teile von Ente, Schwein und Rind, von denen ich nicht wusste, dass man sie essen kann. Marinierte Entenzungen? Eintopf vom Ochsenziemer? Ein Spruch hier besagt, dass Chinesen alles essen, das vier Beine hat, außer Tischen und Stühlen. Ich bin entzückt. Kein Plov mehr und kein Laghman, sondern Kreationen, die meine wildesten Träume übersteigen! Mein Wunsch, alles auszuprobieren, überwindet jegliche Hemmung vor der exotischen Kost. Jedes Gericht ist faszinierend und völlig verschieden von dem, was ich aus den chinesischen Restaurants in meiner Heimat kenne. Wuu erklärt uns, dass das Essen in allen Provinzen verschieden ist und auf mehr als tausendjährige Traditionen zurückgeht. Mein Gaumen ist wie verliebt, und es stört mich nicht im Mindesten, dass ich nicht selbst entscheiden konnte, was auf den Tisch kommt. Den üblichen Sitten folgend, stellt einer das Menü für alle zusammen. Dass jeder für sich sein Essen selbst aussucht, ist völlig ungebräuchlich.

Zum guten Ton gehört es auch, das Bierglas des Tischnachbarn vor dem eigenen zu füllen. Alle Viertelstunden steht einer auf, um mit einem lauten »Ganbei!« einen Toast auszubringen und eine kurze Ansprache zu halten. Das ist ähnlich wie in Georgien, dauert aber weniger lang. Ich vermute, dass alle bald weiteressen wollen, und so wird denn auch bei jedem Toast auf ex getrunken. Wir tun unser Bestes, aber schaffen es dennoch nicht, das ganze Festessen zu bewältigen. Zu viel zu bestellen, mag Absicht gewesen sein, denn in China ist es gang und gäbe, groß aufzutischen. Nicht Gegessenes wird den Hunden vorgeworfen, auch wenn man das, angesichts des Hungers in der Welt, im Westen als Verschwendung tadeln mag. Die Hunde freut es jedenfalls. Vor jeder Gasthausküche haben wir wohlgenährte und recht gesund aussehende Streuner schwanzwedelnd warten sehen.

Wir legen die Essstäbchen weg, ein jeder rülpst breit grinsend, dann werden Zigaretten in der Runde ausgeteilt. Die Chinesen rauchen wie die Schlote. Im Jahr werden rund 100 Milliarden Päckchen verkauft. Das Rauchen gehört fest zur Kultur, und einem Freund oder auch einem Fremden bei der Begrüßung eine Zigarette anzubieten, ist so normal, wie ihm die Hand zu geben. Ich vermute, dass ich am Ende der Chinadurchquerung alle hier hergestellten Sorten probiert haben werde, von den billigen für 30 Cent das Päckchen bis zu den luxuriösen für zehn Euro. Die verwendete Marke ist auch ein Indikator dafür, welchen Status der Schenkende hat und welche Bedeutung er einem Treffen beimisst. Man kann das mit dem Wein vergleichen, den man in Europa überreicht, wenn man einen Freund besucht. Bei einem Geburtstag oder einer Hochzeit bringt man in der Regel keinen Tetrapack bulgarischen Fusels für zwei Euro mit.

Nicht länger von der Nahrungsaufnahme abgelenkt, lasse ich meinen Blick durch den von Zigarettenqualm vernebelten Raum schweifen. Das Fünftel des Tischs, an dem wir sitzen, ist sauber, die vier Fünftel unserer Gastgeber gleichen einem Chaos. Überall sind Essensreste, auf dem Tablett, dem Tischtuch, den

Stühlen, dem Boden. Die Tischsitten der meisten Chinesen sind sehr weit von dem uns Gewohnten entfernt. Schlürfen, räuspern und ausspucken sind normal. Tabu ist dagegen, sich in ein Taschentuch zu schnäuzen. Wenn ein scharfes Essen die Nase zum Tropfen bringt, muss man den Raum verlassen und sich mit der Hand schnäuzen, oder man bleibt sitzen und zieht den Rotz donnernd hoch. Zum Reinigungspersonal eines chinesischen Restaurants möchte ich nicht gehören – das muss eher eine Höllenstrafe als ein Job sein.

Auch in unserem Hotel ist ein gewisser Mangel an »verfeinerter Etikette« nicht zu übersehen. Das Viersternehaus, das wir uns niemals hätten leisten können, gehört einem Freund von Juin, und wir sind wieder einmal eingeladen. Es ist das eine der beiden Hotels am Ort, die draußen ein Schild mit der Aufschrift »Approved for Aliens« hängen haben. Ausländer – und, nach dem Schild zu urteilen, auch Marsmännchen – dürfen nur in bestimmten Hotels absteigen, die durchweg vier bis fünf Sterne haben. Das gilt überwiegend für Xinjiang und Qinghai, aber nicht für Sichuan und Yunnan. Unser Zimmer entspricht durchaus den Ansprüchen, die man an ein Haus dieser Kategorie stellt, das Verhalten der chinesischen Gäste aber nicht. Wir sind hingerissen von der Luxusbadewanne und dem Kingsize-Bett, doch trotz der sogenannten schalldichten Wände ist kaum Schlaf zu finden. Die ganze Nacht durch hören wir Räuspern, Rufe, laute Musik und zuschmetternde Türen. Als ich nachts um zwei Uhr aufstehe, um zu sehen, was vor unserem Zimmer los ist, trete ich als Erstes in einen großen Speibatzen. Rundum sieht es aus, als hätte ein Tsunami gewütet. Die Leute von nebenan stehen im Gang herum und trinken Bier, heben die Hemden, um sich den nackten Buddha-Bauch zu reiben, spucken in regelmäßigen Abständen aus und werfen brennende Zigaretten auf den Marmorboden. Und das sind nicht nur unsere Nachbarn. Um mit sauberen Füßen zum Aufzug am anderen Ende des Korridors zu gelangen, müsste ich zwischen Abfall und Schleimhäufchen »Himmel und Hölle« spielen. Jetzt verstehe ich, warum die Gäste beim Einchecken immer eine Kaution hinterlegen müssen, deren Höhe oft die Kosten der Übernachtung übersteigt. Es könnte ja sein, dass das Hotel nach der Abreise von Grund auf renoviert werden muss.

Solch (schlechtes) Benehmen ist dermaßen üblich, dass sich die chinesische Regierung vor Kurzem veranlasst sah, ein 64 Seiten starkes, illustriertes Büchlein mit Anstandsregeln für verreisende Einheimische herauszugeben. Es heißt *Richtlinien für zivilisiertes Reisen im Ausland* und enthält Tipps wie nicht in der Nase zu bohren, nicht in aller Öffentlichkeit auszuspucken, die Schwimmwesten im Flugzeug nicht mitgehen zu lassen, sich nicht auf Kloschüsseln zu stellen, die zum Sitzen gedacht sind, nicht aus Essschüsseln zu schlürfen, nicht in Schwimmbäder oder auf öffentlichen Plätzen zu pinkeln oder gegenüber Menschen mit den Fingern zu schnalzen als wären sie Hunde, die Männchen machen sollen. Diese Aktion der Regierung war eine Reaktion darauf, dass Hotels im Ausland chinesische Gäste oft abweisen, und ein Versuch, das schlechte Bild des Landes in der ausländischen Presse zu verbessern.

Um fair zu sein, sollten aber meiner Meinung nach auch einige Touristen aus dem Westen ein entsprechendes Anstandsbrevier benutzen, um Fauxpas zu vermeiden. So schlecht sich viele Chinesen im Ausland benehmen mögen, ist es aber auch wahr, dass jeder Reisende Fehler macht, auch ich (hoffentlich nur ein Mal). Denn andersherum werden Chinesen Westler genauso unzivilisiert finden, wenn sie in einer Moschee die Schuhe nicht ausziehen, nicht in der Landessprache Danke sagen können, in Thailand einen anderen Menschen am Kopf berühren, in Laos die Beherrschung verlieren, im Sudan nackte Schultern zeigen, wie Voyeure das Privatleben von Einheimischen fotografieren, ohne um Erlaubnis gebeten zu haben, oder in China, wenn sie eingeladen sind, den Ochsenziemer nicht wenigstens probieren.

Ich sollte toleranter werden, wenn ich einem Chinesen begegne, der ausspuckt oder im Gespräch mit uns das Hemd anhebt, um seinen Bauch zu reiben. Solange er nicht meinen reibt, ist das ja nicht schlimm. Ich bin hier nicht in Europa, sondern Gast in einem fremden Land mit fremden Sitten. Also ziehe ich mich wieder zurück, verriegle die Tür und falle ins Bett. Endlich kann ich trotz des ganzen Lärms einschlafen. Es ist erstaunlich, wie rasch sich ein Reisender an widrige Umstände gewöhnt, wenn es nicht anders geht.

Am nächsten Morgen begleiten uns die Herren Wuu und Juin bis zur Autobahn, geben uns die Telefonnummer eines Freundes in der nächsten Stadt und versprechen, uns zu einem Sanddünenrennen mit dem Quad mitzunehmen, wenn wir wieder einmal nach China kommen. Mit zwei mächtigen Umarmungen werden wir schließlich auf unsere einsame Fahrt geschickt. Die nächsten drei Tage, über 800 Kilometer, reicht man uns in allen größeren Städten von Freund zu Freund weiter. Wir brauchen nur anzurufen, sobald wir angekommen sind, und schon wird für alle unsere Bedürfnisse bestens gesorgt. Sofort holt man uns mit allen denkbaren Zweirädern ab: Pie-Ta mit seiner Suzuki-Enduro, Onan mit einem Soundiffer-Elektromoped und Bao-Bao mit seiner 150-Kubikzentimeter-Honda. Wir werden zu ihnen nach Hause eingeladen, wir schwelgen mit ihnen und ihren Freunden in den besten Restaurants, und nie dürfen wir für Essen und Trinken bezahlen. Sogar Motoröl bekomme ich. Als ich bei Puck Öl nachfülle, schenken mir unsere Motorradfreunde mehr, als ich für einen kompletten Ölwechsel brauche. Die 2000 Euro, die wir für die Reisedokumente ausgeben mussten, waren sicher ein Haufen Geld, aber wenn es mit der

Gastfreundschaft so weitergeht, werden wir bald Geschenke im gleichen Wert bekommen haben.

Die angenehmen Begegnungen enden jedoch hinter der Stadt Korla am Rand der Taklamakan-Wüste. Hier hat niemand mehr Bekannte, aus dem einfachen Grund, dass die Gegend nahezu unbewohnt ist. Die Taklamakan ist ein 1000 Kilometer langer und 400 Kilometer breiter Sandkasten mit gewaltigen Wanderdünen. Zwei Schnellstraßen, eine im Norden und eine im Süden, führen am Rand der Wüste entlang. Wir haben zunächst die Nordroute gewählt, die dem Verlauf der einstigen Seidenstraße folgt. Jetzt aber müssen wir auf eine der wenigen, die Wüste durchschneidenden Straßen abbiegen, um unser nächstes Ziel, die Provinz Qinghai, zu erreichen.

Zwar können wir kein einziges chinesisches Straßenschild lesen, aber verirren werden wir uns nicht: Es gibt nur die eine Straße, der wir bis zu ihrem Ende folgen müssen. Auch um Proviant müssen wir uns keine Sorgen machen. In regelmäßigen Abständen gibt es Minimärkte, aber nur selten kaufen wir mehr als Grundnahrungsmittel, Getränke und Kekse. Was auf dem Ladentisch angeboten wird, ist uns zur Hälfte so ungewohnt, dass wir weder wüssten, wie es zu kochen, noch wie es zu essen wäre, etwa die Vakuumbeutel mit Hühnerfüßen oder Entenmägen. Nirgends zu bekommen sind hingegen manche Dinge, die in Europa jeder kleinste Tante-Emma-Laden anbietet: Ketchup, Spaghetti, Käse, Mayonnaise und Brot gibt es nicht.

Etwa auf halbem Weg durch die Wüste entdecken wir in einiger Entfernung ein Meer hoher Dünen und beschließen, die Straße zu verlassen, um uns das genauer anzusehen. Der Ort ist ideal, um dort zu campen. Seine Weichheit und Nachgiebigkeit macht den Sand fast ebenso angenehm wie eine Matratze aus Memoryschaum. Er schmiegt sich dem Schläfer an und wärmt ihn während der Nacht. Wäre da noch das Meer vor unserem Zelteingang, dann wäre die Sache perfekt. Nach Michaels GPS ist der Ort aber nahe am sogenannten Pol der Unzugänglichkeit, das heißt dem Punkt, der am weitesten von jeglichen Küsten entfernt ist. Hier liegen die nächsten in fast genau 2640 Kilometer Distanz. Der entsprechende Ort in Afrika wäre nahe der Stadt Obo in der Zentralafrikanischen Republik, in Nordamerika läge er im Staat Norddakota, in Südamerika bei Arenápolis in Brasilien und in Australien bei Alice Springs. Ich mühe mich eine 30 Meter hohe Düne hinauf, rutsche bei zwei Schritten vorwärts einen Schritt zurück und blicke schließlich von ihrem Scheitel zum Horizont. Das Gefühl, hier so weit vom Meer entfernt zu stehen, ähnelt dem, das ich vor langer Zeit hatte, als ich über den Atlantik segelte. Auf einer Reise über den Ozean gibt es drei Momente, die immer im Gedächtnis bleiben: der eine, wenn das Land hinter dem Heck des Schiffs verschwindet, der andere, wenn nach Wochen auf See wieder Land in Sicht kommt. Und schließlich gibt es jenen magischen Augenblick auf halber Strecke, wenn einem zum ersten Mal beim Betrachten der Seekarte bewusst wird, wie absurd es ist, auf einer winzigen Nussschale inmitten einer gewaltigen Wasserfläche zu dümpeln.

Allmählich begreife ich, was die Herren Wuu und Juin meinten, als sie über das Gefühl von Freiheit in ihrem Land sprachen. Es ist so riesig, und viele Orte sind so abgelegen, dass keine Regierung dieser Welt, auch nicht die autoritärste, es mit eiserner Faust führen könnte. Es wäre unmöglich, ein Sechstel der Weltbevölkerung zu kontrollieren, selbst dann, wenn alle brav in einer Reihe stünden. Unsere westlichen Medien bezeichnen China oft als Überwachungs- oder Präventionsstaat, und in der Tat sieht man in den Städten und auf den großen Straßen viele Kameras – wenn auch weniger als in Europa –, und auch die Polizei zeigt hohe Präsenz. Aber sollen wir den Medien glauben, dass der chinesische Geheimdienst sich unter den Dünen versteckt, um zu dokumentieren, wann wir pinkeln gehen? Das ist völliger Quatsch. Überraschenderweise wirkt die Polizei, wenn wir ihr denn begegnen, hilfsbereit und nicht im Mindesten einschüchternd.

Unterwegs müssen wir zahlreiche Kontrollposten passieren, da die ganze Taklamakan samt ihrer Umgebung militärisches Sperrgebiet ist. Die Beamten aber, die uns anhalten, sind stets höflich und interessieren sich sehr für unsere Reise und unsere Motorräder. Sie scheinen geradezu erfreut, Ausländer ohne Begleitung durch ihr Land fahren zu sehen. Ich weiß nicht, wie sie reagieren würden, wenn wir nicht die entsprechenden Papiere hätten. Nachdem diese in Ordnung sind, werden wir immer rasch durchgewunken. Man könnte also sogar argumentieren, dass die hohe Polizeipräsenz ein Segen für Reisende ist. Verbrechen an Touristen sind in China fast unbekannt. Ich jedenfalls fühle mich hier sicherer als in Afrika, Zentralasien und Nord- und Südamerika und auch besser geschützt als in Teilen Europas.

Das »Chinavorurteil Nummer eins« mag also tatsächlich ein Vorurteil sein. Hier ist kein flächendeckender Überwachungsstaat – zumindest nicht mehr und nicht weniger als irgendwo im Westen. Die Kommunistische Partei Chinas hat in ihrer Geschichte die Freiheit von Regimekritikern brutal unterdrückt und dafür gesorgt, dass kein Same der Unbotmäßigkeit je aufblühen kann. Seit einiger Zeit aber lässt sie die Zügel deutlich lockerer. Selbst Hardliner haben mittlerweile eingesehen, dass man in der modernen Welt nur dann konkurrenzfähig ist, wenn notwendige soziopolitische Reformen durchgeführt werden. Aus Sicht der Herren Wuu und Juin, die zu einer Mittelschicht mit Quads in der Garage gehören, ist das Leben gut. Aus der Sicht eines Overlanders, wenn ich nur nach dem urteile, was ich selbst unterwegs gesehen habe, ist dies hier eines der entspanntesten Länder, das ich je erlebt habe. Wir können unsere Zelte in der Natur aufschlagen, wo wir wollen, und mit der Verkehrspolizei vor Ort habe ich weitaus weniger Ärger als zum Beispiel in Deutschland.

In der Nähe von Mangnai Zhen verlassen wir Xinjiang und erreichen die Provinz Qinghai. Die Straße vor uns scheint in den Himmel hinaufzuführen, weiter noch als der Pamir Highway in Tadschikistan. Die Moscheen weichen mit einem Mal buddhistischen Tempeln, der Typus der Menschen ändert sich, und die Straßenschilder tragen neue, aber für uns immer noch völlig unentzifferbare Zeichen, nämlich tibetische. Dies ist nicht mehr das Land der Uiguren. Wir nähern uns dem Dach der Welt, dem Hochland von Tibet.

Qinghai und Hochland von Tibet

China hat 22 Provinzen (23, wenn man Taiwan dazuzählt), fünf autonome Regionen, vier Stadtstaaten und zwei relativ unabhängige Verwaltungsbezirke (Hongkong und Macau). Die meisten dieser Regionen sind uns im Westen weniger geläufig – wer kennt denn schon die Provinz Heilongjiang? Eine ist jedoch weltberühmt: TIBET kennt jeder! In den letzten Jahren haben die Menschen, die im Schatten des Mount Everest leben, ein beachtliches Maß an Autonomie erreicht – wenigstens für chinesische Verhältnisse. Tibeter können sogar Kommunalwahlen abhalten, allerdings unter den wachsamen Augen Beijings. Die chinesische Regierung hat die Möglichkeit, jeden Kandidaten zurückzuweisen, der als Bedrohung der Stabilität der Nation erachtet wird. Ewig auf der Hut vor dem Unvorhergesehenen, wittert die Kommunistische Partei hinter jeder Ecke Gefahren. Ganz unbegründet ist diese Ängstlichkeit nicht. Es ist nicht einfach, ein Land mit so vielen Volksstämmen, Sprachen, Religionen und Ideologien zusammenzuhalten.

Was die Stabilität in Tibet angeht, so fürchtet China neben oppositionellen Gruppen noch eine weitere Gefahr, nämlich den Touristen aus dem Ausland. So gern wir Lhasa einen Besuch abstatten möchten, es wird uns nicht erlaubt, zumindest nicht ohne Führer und Sondergenehmigungen für einige Tausend Euro. Ich habe keine Ahnung, wie zwei Männer und eine Frau auf Motorrädern eine Gefahr für eine der mächtigsten Nationen dieser Welt darstellen sollten, und so bin ich teils vor den Kopf gestoßen, teils traurig, dann aber auch geschmeichelt, dass uns Beijing so stark einschätzt. Uns bleibt nichts übrig, als im benachbarten Qinghai am Rand Tibets entlangzufahren und sehnsüchtig über die Grenze zu schauen. Erfreulicherweise ändern sich die Landschaft und die Bevölkerung nicht plötzlich an einer von Menschen gezogenen Linie auf der Karte, und so hoffen wir, dass uns auch hier nicht allzu viel »Tibetertum« entgeht.

Man kann das Hochland, das wir queren, als einen 4500 Meter hohen Tisch von der sechsfachen Größe Deutschlands betrachten. Er steht an der Wand des Himalaya und ist sechs von zwölf Monaten von einem weißen Tischtuch aus Frost oder Schnee bedeckt. Auf ihm stehen Schüsseln von Brackwasserseen, Teller von trockener Steppe und sonst wenig, was die Natur hervorbringt. Wäre dies ein Restaurant, so kann man sich bei dieser mageren Kost nicht vorstellen, dass viele Gäste kommen, und in der Tat ist es fast leer. Nur einige Hartgesottene wurden hier Stammgäste, Leute, die ähnlich zäh sind wie die Tuareg in Nordafrika oder die Inuit in Grönland. Wir sehen sie in ihren farbenfrohen Mänteln, die von einer Schärpe über der Taille gehalten werden, wie sie auf den kargen Gründen Yaks hüten oder vor ihren Jurten Gebetsmühlen drehen. Auf dem Kopf tragen sie oft Cowboyhüte im Wildweststil als i-Tüpfelchen ihres exotischen Aussehens. Scharfe Gesichtszüge, ausgeprägte Wangenknochen und eine sonnengegerbte Haut wie Yakleder könnten glauben machen, dass sie entfernte Vettern der nordamerikanischen Indianer seien. Nach Aussagen der Genetiker besteht aber keine direkte Verwandtschaft. Das also sind die Tibeter, die ethnische Minderheit, die von so vielen aus dem Westen aus Gründen, die ich nicht ganz nachvollziehen kann, überaus bewundert werden. Welcher Europäer stand schon einmal einem Tibeter direkt gegenüber? Nicht viele, schätze ich. Warum hat man sie also so sehr ins Herz geschlossen?

Ich vermute, das ist vor allem der guten Vermarktung durch die Firma »Dalai Lama Nr. 14, Inc.« zu verdanken. Die 74. Inkarnation Avalokiteshvaras[32], der berühmte Mönch aus der Gelug-Schule des Buddhismus, predigt den Weltfrieden ... ein heiß begehrtes Produkt. Ich bin ihm zweimal begegnet, einmal bei einem Kongress in Deutschland und davor, 1998, im indischen Dharamsala, wo der Dalai Lama im Exil lebt. Besonders er wird von der chinesischen Regierung als Gefahr für die Stabilität erachtet und darf Tibet nicht betreten. Wir konnten uns damals eine Weile unterhalten, doch statt tiefschürfende philosophische Themen abzuhandeln, wollte er über Motorräder sprechen. Ich mochte diesen Mann sofort. Er ist so unglaublich erdverbunden, bescheiden und frei von allem Gewaltsamen, dass ihm niemand widerstehen kann. Dennoch scheint mir, dass man im Westen aufgrund seiner liebenswerten Person und des mit ihm verbundenen Kults dem gesamten tibetischen Volk eine überdurchschnittliche Weisheit und Sanftmut zuschreibt. Ich fürchte jedoch, dass das nicht sehr realistisch ist. Auf meinen Reisen habe ich nie ein Land oder eine Ethnie erlebt, wo die Weisheit auf dem Makroniveau existiert hätte. Aber ich halte die Augen offen, denn nichts auf der Welt würde mich mehr freuen.

[32] Bodhisattva (»Erleuchtungswesen«) des universellen Mitgefühls.

Irgendetwas ganz Besonderes muss aber doch an Tibet sein, denn es kommt mir so vor, als ob alle Welt dorthin strömte, wir freilich ausgenommen. Wir stellen unsere Motorräder bei der Abzweigung nach Lhasa nahe Golmud ab und beobachten den nicht abreißenden Strom der Touristen in Bussen und nagelneuen Allradautos nach Süden. Alle ohne Ausnahme sind Chinesen, für die keine Reisebeschränkungen gelten. Auch zahlreiche tibetische Pilger sehen wir, die sich auf weit mühsamere Weise fortbewegen. Sie gehen nicht einfach, sondern werfen sich auf die Erde, um jeden Meter Weg bis zum Potala in Lhasa mit ihrem Körper auszumessen. Erst sinken sie in die Knie, strecken sich auf dem Boden aus, stehen wieder auf und gehen drei kleine Schritte. Das wiederholen sie 700 000-mal oder auch noch öfter. Auf dem Straßenschild an der Abzweigung steht »Lhasa 1142 km«. Mit dieser Angabe kann man ausrechnen, wie oft sich ein Pilger niederwerfen muss. Verschärfend kommt hinzu, dass die Tibeter meist sehr klein gewachsen sind. Und wer weiß, wie lange sie bereits gepilgert sind, um hierherzukommen ... Wochen? Monate? Ihr Tag beginnt bei Sonnenaufgang damit, dass sie ihre Decke einrollen, das Zelt einpacken und alles zusammen mit den Lebensmittelvorräten in einem Rucksack oder auf einem kleinen Wägelchen verstauen. Dann legen sie einen Knieschutz aus Leder und dicke Handschuhe an und messen für die nächsten zehn, zwölf Stunden Meter für Meter aus. Sie schaffen dabei kaum mehr als sechs Kilometer am Tag, da sie sich mit einem Rucksack oder Wägelchen nicht gut zu Boden werfen können. Die stellen sie deshalb am Straßenrand ab und holen sie nach, sobald sie eine Strecke von vielleicht 100 Metern mit dem Körper ausgemessen haben. Viele werden ihre Reise am Thron des 14. Dalai Lama beenden, den dieser im Jahr 1959 verlassen musste und nach Indien floh. Sie pressen zum Zeichen der Verehrung ihre Stirn daran und kehren schließlich per Anhalter wieder nach Hause zurück. Sollte da jemand behaupten, das Reisen eines Overlanders sei eine harte Sache, dann möchte ich ihm vorschlagen, nur einmal einen Kilometer nach Art dieser Pilger zurückzulegen. Wie schon gesagt, die Tibeter sind ein zähes und unermüdliches Volk.

Auch »normale« Overlander sehen wir hie und da, und alle stammen aus dem großen Reich der Mitte. Die Idee, mit dem Motorrad, Jeep oder Fahrrad durchs Land zu fahren, wird immer populärer. Nur Wohnmobile sind noch selten, da auch richtige Zeltplätze fehlen. Wir freuen uns sehr, wenn wir einheimische Reisende treffen. Trotz unserer unterschiedlichen Mentalitäten und Ideologien erhalten wir hier den Nachweis einer Gemeinsamkeit, das Verlangen nämlich, die Welt zu erkunden. In all den Monaten in Zentralasien, zwischen Georgien und Kirgisistan, haben wir genau EINEN Einheimischen gesehen, der einen größeren Trip mit dem Motorrad unternahm. Hier in China fühlen wir uns fast wieder wie »in den eigenen Stamm« zurückgekehrt.

Einer dieser Overlander ist Shao-Bing, der gerade mit seiner 150-Kubikzentimeter-KTM aus Lhasa kommt und auf dem Weg nach Hause, nach Schanghai, ist. Wir verbringen einige wunderbare Tage miteinander, bevor sich unsere Wege wieder trennen. Durch ihn erfahren wir, welche Gemeinsamkeiten und Unterschiede es zwischen dem Verhalten des typischen chinesischen Overlanders und unseren westlichen Gewohnheiten gibt. Unsere Campingausrüstung ist fast identisch: Vom Salewa-Zelt bis zum MSR-Benzinkocher verwenden wir gleiches Material. Die Packlisten für alle anderen Sachen aber sind verschieden. Nach Shao-Bing sind viele Chinesen Hypochonder und führen deshalb Verbandskästen und Medikamente mit, die für ein kleineres Krankenhaus ausreichen würden. Was Werkzeuge betrifft, denkt unser neuer Bekannter wie der Dalai Lama, der glaubt, dass Einfachheit für das Glück wesentlich ist. Shao-

Bing hat nichts dabei als einen einzigen Schraubenzieher. Und beim Essen scheint er vakuumierte Entenmägen etwas höher zu schätzen als wir.

Wir sind die allerersten Overlander aus dem Westen, denen er je begegnet ist, und erstaunt entdeckt er auf der Fahrt mit uns manche ihm bisher unbekannten Seiten Chinas. Shao-Bing zeltet ebenso wie wir meistens wild, aber hie und da sucht er sich ein billiges Hotel, in dem er duschen kann. Er hatte nicht gewusst, dass uns die Möglichkeit, für weniger als zehn Euro zu übernachten, oft versperrt ist. Es betrübt ihn, dass wir ihn ohne die nötigen Dokumente nicht in Schanghai besuchen können und dass uns die Regierung für alle möglichen Genehmigungen viel Geld zahlen lässt. Ähnlich wie wir schätzt auch er die Art der Tibeter nicht, uns jedes Mal hautnah zu belagern, wenn wir für einen Imbiss anhalten. Der großen Aufmerksamkeit, die wir in den Dörfern erregen, wird er schließlich überdrüssig. Er gibt Gas und lässt uns hinter sich.

»Wenn ihr die Provinz Yunnan erreicht, seht ihr mehr Han wie mich, die euch in zivilisierter Weise behandeln werden«, teilt er uns zum Abschied mit.

Bei der Querung der Hochebene merken wir bald, dass die Tibeter nicht alle weise Klone des Dalai Lama mit sanften Stimmen sind. Ganz im Gegenteil: Die Reise durch ihren Kulturraum, der sich auch weit nach Qinghai, Sichuan und Yunnan hinein erstreckt, kann für Ausländer, die Aufdringlichkeit nicht gewohnt sind, stressig werden. Wenn wir zum Essen anhalten, dauert es nur Sekunden, bis sich eine Menschentraube um uns gebildet hat. Kaum sind wir abgestiegen, ist schon ein Tibeter bereit, sich aufs Motorrad zu schwingen. Andere wühlen derweil alle unsere Koffer und Taschen durch, soweit sie nicht durch Vorhängeschlösser gesichert sind. Sie umringen uns wie Käfigtiere im Zoo, starren uns einfach an oder holen ihre

Digitalkameras, iPhones und iPads heraus und fotografieren wie verrückt. Wir sind völlig baff, welches Hightech-Spielzeug sich in den tiefen Falten der traditionellen tibetischen Kleidung verbirgt. Die farbige Schärpe um die Taille stützt auf dem Pferd den Rücken, und zugleich kann man dahinter das iPad stecken.

Wir sehen uns zu einem Taktikwechsel gezwungen, um der Behandlung als Zootiere zu entgehen. Zunächst steigen wir zum Essen in tibetischen Lokalen ab. Die Speisen sind nie berauschend – immer dieselben Momo-Teigtaschen und dazu heißes Wasser –, aber bei einem Preis von weniger als einem Euro wären wir die Letzten, die sich beklagen. Die mangelnde Sauberkeit stört uns auch nicht groß. Es stimmt, dass die tibetischen Kellnerinnen in den kleinen Dörfern oft Triefnasen haben, wie auch die Kleinkinder, die in den Ecken der Gaststube liegen. Das kommt wohl von der abgrundtiefen Abneigung gegen Taschentücher, die hier ebenso herrscht wie in Xinjiang. Es stimmt auch, dass Tischplatten und Boden vermutlich noch vor der Kulturrevolution zum letzten Mal gewischt worden sind. Und schließlich die Toiletten. Sie ähneln den schleimverschmierten Geburtskammern, in die Ridley Scotts Alien seine Eier gelegt hat. Wen stört's? Das ist uns überall auf der Welt schon oft begegnet, und wir leben immer noch. Wirklich auf die Palme treibt uns aber, wenn die Leute, die erst draußen alle Schalter am Motorrad ausprobiert haben, ins Restaurant kommen. Da stehen sie dann um unseren Tisch, glotzen und machen nicht einmal einen Versuch, mit uns zu reden. Noch viel schlimmer: Die tibetischen Frauen folgen Laura aufs Klo und gucken, wie sie die Momos von gestern ihrer Bestimmung zuführt. Tibetische Toiletten kennen keine Trennwände – man kackt in der Gruppe.

Wir ziehen es dann irgendwann vor, in Han-Restaurants zu wechseln, von denen es in jedem tibetischen Ort der Provinz

Qinghai wenigstens eines gibt. In 4500 Meter Höhe sind die Speisen bei Weitem nicht so raffiniert wie die, die wir in Xinjiang genießen konnten, aber dennoch recht schmackhaft. Das Interieur der Han-Restaurants unterscheidet sich nicht groß von dem der tibetischen. Es gibt die gleichen Thermoskannen mit heißem Wasser auf den Plastiktischen und in der Mitte des Raums die gleichen Kanonenöfen, an denen sich die Gäste die Hände wärmen können. Die Tische könnten eine Reinigung gut gebrauchen, doch zumindest das Besteck ist sauber, wenn auch nicht sehr umweltfreundlich. Pappbecher und hölzerne Essstäbchen werden weggeworfen, und die Teller sind mit Haushaltsfolie überzogen, auf der das Essen serviert wird und die man danach entsorgt. So muss nie etwas abgespült werden.

Insgesamt ist dieser Wechsel ein Fortschritt. Die Eigentümer der Han-Restaurants lassen die Türen für Tibeter, die uns nur anstarren, aber nichts bestellen wollen, geschlossen. Das Hausverbot hält sie natürlich nicht vom Starren ab. Sie begeben sich in Massen vor das große Frontfenster und drücken sich für die nächste halbe Stunde an der Scheibe die Nasen platt. Damit verstellen sie uns die freie Sicht auf unsere Motorräder, die wir eigentlich immer im Auge behalten sollten, denn es ist nur eine Frage der Zeit, bis sie eines umwerfen. Am Ende bleibt uns nur die Wahl, Essen zum Mitnehmen zu bestellen und aus der Stadt in die freie Natur hinauszufahren, die es nicht kümmert, dass wir Fremde sind. Dort finden wir endlich unseren Frieden.

Es fällt schwer, sich daran zu gewöhnen, dass man wie ein Mondkalb angeglotzt wird. Die Gründe dafür wechseln in den verschiedenen Weltgegenden von der reinen Langeweile über den Versuch, den Fremdling zwecks Steigerung der eigenen Weltläufigkeit nachzuahmen, bis zur überbordenden Neugier von Leuten, die noch nie ein Bleichgesicht erblickt haben. In China ist dies häufiger der Fall, als man das im 21. Jahrhundert für möglich hält. Das Land war so lange Zeit isoliert, dass es mich wundern würde, wenn auch nur die Hälfte der ländlichen Bevölkerung je einem Bewohner einer anderen Provinz, geschweige denn eines anderen Kontinents, begegnet wäre. Ich komme den Leuten hier so fremd vor wie mir Elche, die neugierig mitten durch Wien laufen. Da würde ich auch glotzen! Fairerweise muss ich aber sagen, dass ich nie den Eindruck hatte, dass die Tibeter in den Dörfern, die wir besucht haben, auch nur im Entferntesten daran dachten, dass ihr Benehmen als respektlos empfunden werden könnte. Die Vorstellungen der Han, zumindest was das Verlangen nach Privatsphäre angeht, scheinen hingegen eher mit unseren europäischen vergleichbar: Sie winken uns höchstens zu und gehen dann ihres Weges.

Warum können wir den Tibetern nicht in aller Ruhe erklären, dass sie uns beim Essen in Frieden lassen sollten? Der Grund ist einfach der, dass das nicht klappt. Laura ist Meisterin der Pantomime, ich kann mit Stift und Papier zum Ausdruck bringen, was ich denke, und Michael hat sein iPhone mit Übersetzungssoftware. Trotz all dem erleben wir in Qinghai einen Kollaps jeglicher Kommunikation, wie ich ihn nie erwartet hätte. Sicher ist es auch nicht immer leicht, sich Han oder Uiguren mitzuteilen – nur wenige Menschen in China sprechen mehr als ein paar Worte Englisch – aber hier ist die Lage eine ganz andere.

In Xinjiang konnten wir in einem Restaurant ohne Schwierigkeiten bestellen. Die Köche nahmen Laura einfach mit in die Küche, damit sie in die Töpfe gucken konnte, und die Leute im Speisesaal ließen sie von ihren Tellern probieren, damit sie sicher ging, dass ihr das Bestellte auch zusagte. Das war ein Spiel, an dem alle ihren Spaß hatten und bei dem es stets ein großes Gelächter gab. In vielen Gasthäusern im Hochland von Tibet jedoch ist es ein großes Problem, dem Personal klarzumachen, was wir wollen – und was können wir schon wollen, wenn es nichts außer Momos gibt? Man deutet darauf, hält ein paar Yuan in die Höhe, und schon ist der Handel perfekt? Irrtum! Die Reaktionen der Kellnerinnen erschöpfen sich in nervösem Kichern, langen Monologen in ihrer Muttersprache, meist aber darin, dass sie uns komplett ignorieren.

Das Scheitern jeglicher Kommunikation ist nicht unbedingt die Folge mangelnder Bildung – das chinesische Schulsystem ist, auch in Tibet, zwar von dem im Westen verschieden, im Allgemeinen aber recht gut. Ein Teil des Dilemmas liegt sicher in der sehr unterschiedlichen Körpersprache, die alle Versuche, sich durch Pantomime mitzuteilen, vollkommen sinnlos macht. Weder Han, Uiguren noch Tibeter begleiten das Sprechen mit Handbewegungen. Sie sind das genaue Gegenteil von Laura, die wie viele Italiener während einer Unterhaltung nicht still halten kann. Es ist lustig: Wenn ich mit Laura und einigen Freunden an einem Tisch sitze und Schwierigkeiten habe, zu Wort zu kommen, weil sie gerade in Fahrt ist, muss ich nur ihre Hände greifen und auf die Tischplatte drücken. Mit offenem Mund verstummt sie sofort.

Das nervöse Kichern zeigt vielleicht, dass die betreffende Person noch nie einem Ausländer begegnet ist. Der Gedanke, wir könnten nicht Chinesisch sprechen, ist für unseren »Gesprächspartner« scheinbar so unvorstellbar, dass wir wie Schwerhörige behandelt werden. Es kann sein, dass er ein Blatt Papier mit chinesischen Schriftzeichen vollkritzelt und meint, jetzt müssten wir es endlich kapieren. Das genaue Gegenteil kann aber ebenso passieren. So berichten einige Reisende, die sich die Mühe machten, Mandarin zu lernen, dass das in sehr abgelegenen Regionen keine Verständigung garantiert, selbst wenn sie die Sprache fließend beherrschen. Eine Bekannte aus Großbritannien, die seit über 20 Jahren in Kunming arbeitet, erzählte mir Dinge, die so skurril anmuten, dass ich sie kaum glauben konnte. Obwohl sie Chinesisch besser als manch Einheimischer spricht, gibt es nach ihrer Erfahrung in China Gegenden, wo man sie einfach nicht versteht, nur WEIL sie eine Ausländerin ist. Offensichtlich gibt es unter Chinesen, die selten mit der übrigen Welt in Berührung kommen, das tief verwurzelte Vorurteil, dass Nichtchinesen physisch und geistig nicht in der Lage sind, ihre Muttersprache zu lernen. Dieser Glaube sitzt so fest, dass sie mit dem, was sie tatsächlich hören, keinen Sinn verbinden wollen. Um in den betreffenden Ortschaften kommunizieren zu können, brauchte meine Bekannte eine »Übersetzerin«, eine befreundete Han-Chinesin, die das, was sie sagte, einfach Wort für Wort wiederholte!

Es gibt für dieses Phänomen eine denkbare Erklärung. So ist allgemein bekannt, dass die Augen mitessen. Neurowissenschaftler führten Experimente durch, bei denen sie beliebte Speisen mit geruchs- und geschmacklosen Farben verfremdeten, also beispielsweise purpurne Schnitzel herstellten. Die Freiwilligen, die so etwas verkosten sollten, beschrieben den Geschmack mehrheitlich als eklig. Wird vielleicht auch unser Gehör durch das beeinflusst, was wir sehen? In einer Studie der Universität von Utah deckten Biotechniker auf, dass bei der Spracherkennung das Gehirn neben dem Gehörten auch das Visuelle verarbeitet ebenso wie Gefühle und frühere Erfahrungen. Wäre es da nicht denkbar, dass sichtbare Indizien wie die Erscheinung eines Fremden über das Gehör mancher Chinesen triumphieren?

Michael glaubt, dass wir bessere Chancen auf Ruhe und Frieden haben, wenn wir in ein buddhistisches Kloster gehen. So eines zu finden, ist kein Problem: Wohin wir auch schauen, überall gibt es reich verzierte Tempel mit goldenen Dächern, Maniwände und leuchtend weiße Stupas. Manchmal, wenn wir an solchen mit Gebetsformeln gravierten Steinmauern und Reliquienschreinen vorbeirollen, sehen wir einige Mönche.

»Tashi Delek«, rufen sie. Das ist der übliche Gruß und bedeutet etwa »möge es dir wohlergehen«.

Geschätzte 15 % der Chinesen betrachten sich als Buddhisten, 4 % sind Christen und 1 % Muslime. Mehr als zwei Drittel der Bevölkerung sind Agnostiker. Der relative Anteil der verschiedenen Glaubensrichtungen mag gering erscheinen, wegen der riesigen Gesamtbevölkerung aber leben in China zurzeit mehr Katholiken als in Italien.

Das Kloster, das wir besuchen wollen, ist beeindruckend. Hinter einer schweren, doppelten Tür in den festungsähnlichen Mauern öffnet sich der Hof. Er ist voll mit Buddha geweihten Tempeln, Schreinen mit süß duftendem Räucherwerk, Altären, auf denen die Gläubigen mit kleinen Opfergaben ihr Schicksal zum Guten wenden, Hunderten Gebetsmühlen in allen Größen, Elefantenstatuen mit vergoldeten Stoßzähnen, Blumenbeeten, flatternden Gebetsfahnen und aromareichen Butterlampen. Was mich am meisten freudig erstaunt, sind die Fotos des 14. Dalai Lama, die in allen Tempeln an den Wänden hängen – hatte ich doch geglaubt, die chinesische Regierung würde das Zeigen seines Bilds verbieten. Das Kloster beherbergt angeblich fast 1000 Mönche, doch zurzeit scheint es verlassen zu sein. Einzig ein paar Dutzend Hunde haben es sich im Schatten bequem gemacht, ein uralter Mann sitzt auf einer Bank und lässt Gebetsperlen durch die Finger gleiten, und ein anderer geht im Uhrzeigersinn um eine zehn Meter hohe Gebetsmühle, um sie anzutreiben. Ich höre seinen leisen Gesang »Om mani padme hum«, das Mantra, das meist mit »gepriesen sei das Juwel in der Lotosblüte« übersetzt wird. Bei jeder Umdrehung der Gebetsmühle wird eine Glocke angeschlagen, die dem Frommen anzeigt, dass ein geringes Gewicht von seinem Selbstbezug abgefallen ist und sein Radius von Mitgefühl, Großzügigkeit und Toleranz anderen gegenüber erweitert wurde. Jetzt ist er der Vollkommenheit um einen winzigen Schritt näher gekommen, doch die Leiter, die zur Erleuchtung hinaufführt, ist nahezu unendlich lang. Ich leiste ihm auf einigen Runden Gesellschaft. Zwar glaube ich nicht ans Karma, an Buddhas, Götter oder Seelen und kann mit Spiritualität und Religion nichts anfangen, aber dieses Tappen im Kreis hat eine wohltuende Wirkung auf mich. Ich gehe oft herum, wenn ich an einer Idee herumkaue oder ein Problem mit dem Motorrad lösen will.

Michael hatte recht: Alles ist von Frieden und Harmonie gesättigt. Ich könnte hier den ganzen Tag verbringen. Vielleicht hätte ich das wirklich gemacht, doch plötzlich öffnet sich die Tür des Refektoriums und die Mönche quellen zu Hunderten heraus. Sie entdecken unsere Motorräder, und wieder einmal werden wir zu Gefangenen eines großen Spektakels. Obwohl einige hier Englisch verstehen, hat niemand ein Interesse daran, mit uns zu sprechen. Alles, was die Mönche wollen, gleich ob alt oder jung, ist, unsere Helme aufzusetzen, auf unseren Motorrädern zu sitzen und Fotos von sich und von uns mit ihren iPhones zu machen. In der Tat dürfen wir auf diese Weise – und das völlig kostenlos – einige kugelrunde Mönchlein knuddeln. Aber ich muss Laura zustimmen: Mit Pandas wäre es netter gewesen. Wir halten eine Stunde lang durch, weil wir hoffen, sie würden irgendwann das Interesse verlieren, doch stattdessen wächst die Menge nur noch weiter an. Die Gebetsmühle ist vergessen, Yamaha, Honda und BMW sind jetzt die neuen Buddhas, welche Erleuchtung versprechen. Es ist fast unmöglich, sich einen Weg zum Ausgang zu bahnen. Als wir die Straße erreichen, werfe ich einen Blick in den Rückspiegel. In diesem seltsamen Land jagen keine Hunde, sondern Mönche hinter Motorrädern her.

Meiner Meinung nach ist der höchste der Tempel, in dem allein wahre Harmonie und Frieden zu finden sind, die Natur. Die

Murmeltiere, die über die grasige Ebene huschen, belästigen uns nicht, die Füchse spucken nicht vor unserem Zelt aus, und die Adler, die hoch oben kreisen, haben mit Bürokratie nichts am Hut. Zu unserem Glück sind das Hochland von Tibet, Qinghai und ein großer Teil des übrigen Chinas ein Naturparadies. Mehr als 550 Arten von Säugetieren leben in oder um die 2349 Nationalparks, die eine Fläche von 1,5 Millionen Quadratkilometern bedecken. Das entspricht der Größe von Deutschland, Österreich, der Schweiz, Frankreich, Italien und Großbritannien zusammen! Laura und ich haben seit vielen Jahren nicht mehr so viele frei lebende Tiere gesehen. Nicht weit hinter dem Kloster erblicke ich sogar einen Wolf, der neben uns an der Straße entlangläuft.

Es stimmt, dass der Freiraum der Tiere hier, wie überall auf der Welt, durch den Menschen eingeengt wird. Manche Arten in China sind durch die Zerstörung ihres Lebensraums bedroht, andere werden gewildert, sei es zur Zubereitung als Nahrung oder für die traditionelle Medizin. Im Großen und Ganzen aber haben die Tiere mehr Platz als genug zum Herumstreifen. Nach fast einem Monat im Land kann ich erleichtert bestätigen, dass das »Chinavorurteil Nummer zwei« nicht der Wahrheit entspricht: Das ist hier keine übervölkerte Betonwüste, in der es nichts gibt als von Abgasen verseuchte Städte. Hier oben auf der Tibetischen Hochebene, in den Wüsten von Xinjiang, von den Wäldern der Inneren Mongolei bis zum tropischen Dschungel in der Provinz Yunnan, stellt sich der Reisende immer wieder die Frage, wo sich hier denn ein Sechstel der Weltbevölkerung versteckt. Die meisten Menschen findet man in einem kleinen Teil des Lands, in den Städten, die sich entlang der 14500 Kilometer langen Küste des Gelben, des Ostchinesischen und des Südchinesischen Meers reihen. China hat mehr als 170 Millionenstädte. Die größte davon ist Schanghai, wo mit 22,3 Millionen fast ebenso viele Menschen leben wie in ganz Australien.

90 % der Chinesen drängen sich auf 33 % der Landesfläche, und so bleiben zwei Drittel davon fast leer. Die einseitige Verteilung macht China zugleich zu einem der am dichtesten und am dünnsten besiedelten Länder der Erde.

Wer denkt an China, wenn es um die besten Ziele für Trekker, Felskletterer, Radfahrer, Wildwasserspezialisten und andere Outdoorfans geht? Über Hunderte von Kilometern sind die einzigen Menschen, die wir sehen, einzelne Mönche und gelegentliche Nomaden. Das ist ein Paradies fürs Buschcamping – solange man nicht das Zelt oben auf einem der vielen Bergpässe aufstellen will. Hier hat die Zivilisation, oder genauer gesagt die Religion, ihre Spuren hinterlassen. Der Buddhismus in seiner tibetischen Spielart ist nicht immer ein umweltfreundlicher Glaube.

Die Passhöhen sehen wir schon von Weitem. Das liegt nicht nur an ihrer exponierten Lage, sondern vor allem an ihrem Schmuck aus farbenfrohen Windpferden, tibetischen Gebetsfahnen. Wir nähern uns einem der letzten Pässe, einer Hürde von 4797 Meter Höhe, und danach geht es über den breiten Rand des Plateaus auf einer kurzen Strecke fast drei Kilometer in die Tiefe. Es ist eigentlich ein schöner Gedanke, Tücher mit Mantras auf allen Bergeshöhen aufzuhängen. In der tibetischen Mythologie ist das Windpferd der Bote zwischen Himmel und Erde. Mit der Zeit verwittern die Fahnen in Wind und Wetter. Faden um Faden wird der Stoff zusammen mit den Gebeten auf dem Rücken des Sturms – eines galoppierenden Pferdes, wie die Tibeter glauben – davongetragen. Mit ihm fliegt die Hoffnung, die Mantras werden von göttlichen Wesen gelesen und der Welt Glück und Frieden bringen. Wenn es die Menschen schon drängt, etwas oben auf den Bergen aufzustellen, so sind die Fahnen unbestreitbar von höherem ästhetischem Reiz als die Kreuze, die die Europäer allenthalben aufpflanzen. Versetzen Sie sich in die Lage eines ausländischen Kletterers, der nichts von christlicher Symbolik weiß und beim Erreichen des Gipfels als Erstes einen geschundenen Leichnam sieht, der an ein Stück Holz genagelt ist. Er könnte so erschrecken, dass er sich die Nordwand hinunterstürzt.

Lästig werden die Windpferde nur dann, wenn allzu viele Buddhisten allzu viele Wünsche haben. Zusammengekauert im Windschatten einer Manimauer, um ein wenig Schutz vor dem Wind und der bitteren Kälte zu haben, blicken wir über ein Meer von sich auflösenden Fahnen. An Felsen und Stangen befestigt, ähneln sie am Boden kriechendem Efeu, der seine Triebe ringsum verbreitet, so weit das Auge blicken kann. Eine noch weit größere Fläche bedecken wenige Zentimeter große, quadratische Zettel mit Gebeten. Das sind nicht Tausende, die da vom Wind aufgewirbelt werden, sondern Millionen. Verkauft werden sie üblicherweise in Schachteln, die 500 Stück enthalten und etwa einen Euro kosten. Aus den Fenstern aller Autos, Busse und Lastwagen werden sie bei Erreichen der Passhöhe hinausgeworfen. In den Tibetläden des Westens werden Windpferde aus Papier oft angepriesen als »100 % natürliche Ökofahnen, handbedruckt auf nachhaltigem Seidelbastpapier«. Es stimmt zwar, dass sie sich innerhalb weniger Monate zersetzen, aber das ist nicht schnell genug, um die Berge von Altpapier daran zu hindern, kleine Annapurnas zu werden. Manche Gipfel wandeln sich so von malerischen, mit einigen farbigen Fahnen geschmückten Orten zu stinkenden Abfallhalden. Meiner Meinung nach wäre es viel umweltfreundlicher, an einem windgeschützten Platz und unter einem tiefblauen Himmel das Bergpanorama zu bewundern und über »Om mani padme hum« zu meditieren. Und es würde wohl den gleichen Zweck erfüllen. Aber was weiß ich? Ich bin kein Buddhist.

»Chris, könnten wir nicht allmählich talwärts fahren?«, fragt Laura. »Entweder das oder du musst einen elektrisch beheizten

BH erfinden. Und warum liegen hier so viele Plastikflaschen mit gelblichem Inhalt herum? Schaut wie Fanta aus.«

»Glaub mir, du solltest das nicht trinken wollen«, warne ich sie. »Das ist alles andere als Fanta. Das sind die Pinkelflaschen der Lkw-Fahrer, die keine Zeit zum Anhalten haben. Vorhin bin ich fast getroffen worden, als ich einen Lastwagen in dem Augenblick überholt habe, als der Fahrer gerade eine solche Flasche aus dem Fenster geworfen hat.«

Bald geht es von der Hochebene weit hinunter. Wir sind im Landeanflug auf Xining, das von seiner Größe her mit Rom oder Paris vergleichbar ist. Die Einheimischen aber betrachten die Provinzhauptstadt mit ihren 2,2 Millionen Einwohnern als eine eher kleine Stadt. »Hier reden wir erst ab zehn Millionen Einwohnern von einer Großstadt«, ist die gängige Überzeugung. Diese Einstellung wirkt sich auch auf die Karten des Landes aus. Auf einer kirgisischen Karte markiert ein kleiner Punkt eine Ansiedlung mit einem Dutzend Häusern, während derselbe Punkt auf einer chinesischen Karte gut eine Stadt mit 200 000 Menschen bedeuten kann. Manchmal waren solche Städte, als sie kartografiert wurden, wirklich erst kleine Dörfer. Touristen, deren vorige Reise nach China mehr als ein Jahr zurückliegt, sagen nach der Rückkehr stets, sie hätten die damals besuchten Orte nicht wiedererkannt. Der Fortschritt in China ist schwindelerregend: Man blickt über Reisfelder und ein paar elende Hütten, blinzelt zweimal, und schon stehen an derselben Stelle ein Dutzend Wolkenkratzer.

Wie in Kashgar sind wir betäubt vom Gedränge, dem Lärm und dem Verkehrschaos. Wir befinden uns wieder inmitten der Zivilisation, und schon sehnt sich ein Teil von mir nach dem Hochland von Tibet. An die letzten Wochen habe ich so viele angenehme Erinnerungen: an Nächte unter freiem Himmel in der erfrischenden Höhenluft, an eine Menge wild lebender Tiere und an das Hüpfenlassen von Steinen über den Spiegel des Qinghai-Sees, zusammen mit einer unglaublich freundlichen tibetischen Familie, die dort am Ufer ein Camp mit Jurten hatte. Doch es hilft nichts, manchmal müssen wir in eine Stadt fahren. Wir brauchen Geldautomaten, um unsere leeren Börsen wieder zu füllen, eine Waschmaschine, damit wir unseren Landstreichergeruch loswerden, und anständige Betten, um uns von den Strapazen der durchschnittlich 250 Kilometer langen Tagesetappen zu erholen. Ein preisgünstiges Hotel zu finden, das uns auch einlässt, ist von jetzt an einfach. In Xining wird Tourismus groß geschrieben, ebenso in den beiden folgenden Provinzen Sichuan und Yunnan. Zum ersten Mal seit zwei Jahren ändern wir auch unsere Fahrtrichtung. Nach 25 000 Kilometern in östlicher Richtung biegen wir nun rechts ab. Jetzt geht es südwärts, so weit die Räder uns tragen, nach Kunming, Laos und weit darüber hinaus.

Sichuan und Yunnan

Die Straßen in der Provinz Sichuan sind ein Albtraum. Es gibt hier eine trockene Jahreszeit und die nasse Monsunzeit. Wir sind leider in der zweiten, das heißt im Dauerregen, unterwegs. Das wäre nicht weiter schlimm, wenn wir auf Teerstraßen fahren könnten. Nun hat die Regierung aber beschlossen, das gesamte Straßennetz in Sichuan bis Ende 2015 zu erneuern, und die Bauarbeiten haben bereits begonnen. Anders als in Europa, wo einzelne Straßenabschnitte nacheinander repariert werden, zieht man es in China vor, alles in einem Aufwasch zu erledigen. Gewaltige Heere von Arbeitern werden angeheuert, die die gesamte Provinz im Handumdrehen in eine schlammige Baustelle verwandeln. Das Arbeitstempo der Chinesen nötigt uns Respekt ab. Es ist der große Vorteil eines Einparteiensystems und einer autoritären Regierung, dass Entscheidungen blitzschnell gefällt und weitreichende Initiativen sofort angeschoben werden können. Wie lange dauert nun schon die Diskussion über eine Geschwindigkeitsbeschränkung auf

34

34 In Usbekistan flicke ich zum 13. Mal auf dieser Reise einen platten Reifen.

35

36

35 In Tadschikistan entdecken Hirten unser Zelt und kommen auf ein kleines Schwätzchen herüber. Ihre Schafe, Ziegen und Kühe trotten derweil unbehütet die Straße hinunter.

36 Der Pamir Highway ist ein Nebenarm der Seidenstraße und fast ebenso berühmt wie diese. Er gilt zu Recht als eine der landschaftlich schönsten Routen der Welt.

37

38

37 Einer der zahlreichen Pässe auf dem Pamir Highway ist der 4655 Meter hohe Ak-Baital.

38 Hier oben wächst fast nichts, und vieles muss aus den fruchtbaren Tälern über Hunderte von Kilometern herangeschafft werden.

39 Im kirgisischen Naryn ist es Sommer geworden. Erste grüne Flecken erscheinen inmitten der ockerfarbenen Berge.

40 Wildes Buschcamping im Pamir auf 4000 Meter Höhe, natürlich ohne Büsche.

41 Die Weidesaison dauert von Mai bis September. Die kirgisischen Nomaden treiben ihr Vieh auf die Hochweiden und stellen ihre Jurten wie hier am Song-Kul-See auf.

39

41

42 Der Issyk Kul in Kirgistan ist nach dem Kaspischen Meer der zweitgrößte Salzwassersee der Welt. Wir suchen uns ein ruhiges Fleckchen am Ufer und beobachten einen heraufziehenden Sturm. Zwei Jahre sind wir nun schon unterwegs.

43 Hinter dieser Bastion von Bergen liegt China: Wir dürfen das Land ohne Führer auf unseren Motorrädern durchqueren. Michael, ein Freund aus Dänemark, begleitet uns.

42

43

44

44 Die Fahrt geht über den Torugart-Pass, durch die Provinzen Xinjiang und Qinghai auf die Tibetische Hochebene. Novizen eines buddhistischen Klosters begrüßen uns lachend.

45 Wohin wir auch sehen, überall leuchten die goldenen Dächer buddhistischer Tempel.

46 In der Ferne dehnt sich ein Meer hoher Dünen. Wir verlassen die Straße und stellen die Zelte auf. Camping in China ist Spitze!

45

46

47

48

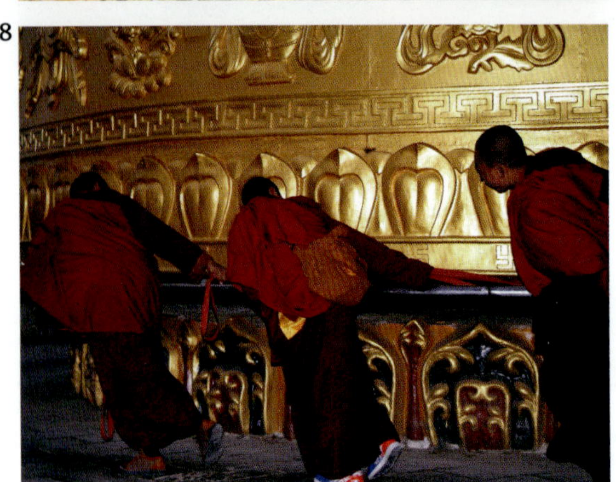

47 Auf jedem Pass wehen Windpferde, tibetische Gebetsfahnen.

48 Die Mönche rezitieren das Mantra »Om mani padme hum«, während sie im Uhrzeigersinn den Zylinder einer großen Gebetsmühle drehen.

49 »Tashi Delek!« Eine künftige Bikerin und Overlanderin!

50 Alte Tibeter mit Gebetsperlen und kleinen Gebetsmühlen bereden das Neueste auf einem Dorfplatz.

51 Die Natur spricht zu uns. Oft ist ihre Stimme ein Flüstern, kaum lauter als raschelndes Herbstlaub – doch manchmal brüllt sie mit Macht. Der Jangtsekiang entspringt auf der Tibetischen Hochebene und durchschneidet das Land mit einem 3900 Meter tiefen Canyon, der Tiger Leaping Gorge.

49

50

51

52 Im zauberhaften Shuhe in der Provianz Yunnan verläuft man sich in Gässchen mit Kopfsteinpflaster. Das Zentrum ist liebevoll restauriert.

53 Nach einer langen Fahrt auf staubigen Straßen braucht Laura eine Dusche.

54 Nach chinesischen Maßstäben ist die Provinzhauptstadt Kunming mit 6,5 Millionen Einwohnern nur mittelgroß.

53

52

54

deutschen Autobahnen? Über 40 Jahre, seit 1973 die Automobilclubs »Freie Fahrt für freie Bürger« gefordert hatten? Wären wir nur ein paar Monate später nach Sichuan gekommen, hätten wir mit Sicherheit alle größeren Straßen perfekt neu geteert vorgefunden. Leider aber sind wir zu früh dran und müssen jetzt für die nächsten 1000 Kilometer zwischen schweren Baumaschinen Slalom fahren.

Dass etwas getan werden musste, war offensichtlich, nachdem die Regierung ihre Haltung gegenüber dem privaten Besitz von Kraftfahrzeugen geändert hatte. Bis Mitte der 1980er-Jahre galt es als falsch, dem gewöhnlichen Volk den Besitz von Luxusgütern zu gestatten. China war das Land der Fahrräder, und Autos blieben den Eliten vorbehalten. Als die Zügel gelockert wurden, dauerte es nicht lange, bis das Auto zum begehrtesten Statussymbol wurde. 1985 produzierte die gesamte Autoindustrie des Lands gerade einmal 5200 Pkw, doch 2013 waren bereits 100 Millionen Fahrzeuge auf den Straßen unterwegs. Kein Wunder, dass die Straßenbauer mit dem Teeren kaum nachkommen.

In jedem dritten Auto, das wir überholen, sitzt ein Fahranfänger hinter dem Lenkrad, und das trägt nicht wenig zu Chaos und Stau bei. An Baustellen gibt es Umleitungen, die über steile Böschungen und Äcker führen, wo selbst ein erfahrener Allradpilot stecken bleiben könnte. Der Fortschritt ist so rasend schnell, dass die Menschen kaum mit ihm Schritt halten können. Das zeigt sich nicht nur an Autobesitzern, die nicht genug Fahrpraxis haben, sondern auch im Tourismussektor. 2013 kamen 55,7 Millionen Gäste aus aller Welt nach China, fast ebenso viele wie Frankreich, Spanien oder die USA besuchten. In Yunnan, das Einheimische und Fremde unisono als eine der schönsten Provinzen bezeichnen, gibt es jetzt an den neuen Straßen Schilder mit chinesischem UND englischem Text, was uns das Leben sehr erleichtert. Auch gibt es riesige Hinweistafeln, die die Touristen auf alle potenziellen Sehenswürdigkeiten aufmerksam machen. Das geht von der berühmten Tiger Leaping Gorge bis zu leicht dubiosen Sensationen wie Himmel-des-Schäferspiel-Kinos, dem Harmoniefeld der Apfelernte und dem Themenpark für die Dörfer der ethnischen Minderheiten. Die meisten Chinesen sind allerdings nur auf den inländischen Tourismus eingestellt und nicht auf einen Ansturm ausländischer Besucher. Es dauert Jahre, bis man lernt, richtig für die Bedürfnisse westlicher Urlauber zu sorgen, was schon mit der Notwendigkeit beginnt, sich mit ihnen zu verständigen. Die Schilder an den Straßen, in den Hotels und Restaurants mögen englische Aufschriften tragen, aber die Leute an der Rezeption und die Kellner sprechen oft kein einziges Wort einer Fremdsprache.

Wenn es eine Region gibt, wo die Beschäftigten in der Tourismusbranche verstanden haben, was von ihnen in Zukunft erwartet werden wird, dann die der viel besuchten Stätten Yunnans zwischen Shangri-La, Shaxi, Lijiang und Dali, wohin auch uns der Weg führt. Ins sagenumwobene Shangri-La würden auch dann noch Scharen von Besuchern kommen, wenn es sich nicht seiner alten Bauwerke rühmen könnte oder wenn es nicht die größte Gebetsmühle der Welt besäße (ein goldglitzerndes Monstrum von 24 Meter Höhe und einer Masse von 100 Tonnen, zu dessen Antrieb acht Menschen benötigt werden). Denn der Name dieses Ortes ist spätestens seit James Hiltons fiktiver Erzählung *Der verlorene Horizont* weltberühmt. In dieser beschreibt Hilton Shangri-La als ein paradiesisches Tal, in dem die Menschen in einem Lamakloster ein biblisches Alter erreichen, ohne sichtbar zu vergreisen. Sie leben, freiwillig abgesondert von der übrigen Welt, als die letzten Verteidiger von Kultur und Wissen in ewiger Glückseligkeit. Wow! Wer möchte schon auf ein solches Fünfsterneziel verzichten?

Unsere Beschreibung von Shangri-La fällt gegen die Hiltons ein wenig ab. Trotzdem ist es ein wunderbarer Ort mit einem Stadtbild, das ganz dem Klischee eines Historienfilms über China entspricht. Das haben auch die geschäftstüchtigen Chinesen erkannt und den gesamten Kreis Zhongdian 2001 zur Förderung des Tourismus offiziell in Shangri-La umbenannt, mit der Begründung, dass mit James Hiltons Beschreibung nur diese Gegend gemeint sein könne. Wie auch immer, die altertümliche Stadt ist auch bekannt dafür, dass man hier am leichtesten sein Visum verlängern kann. Wir bekommen die Genehmigung für einen weiteren Monat ohne Probleme in unsere Pässe gestempelt. Jetzt können wir das Tempo drosseln und haben Muße für unsere letzte chinesische Provinz. 6000 Kilometer liegen hinter uns, nur noch 1500 Kilometer zu fahren!

Die nahe gelegenen Städte Shaxi, Lijiang und Dali sind architektonisch ebenso reizvoll. In ihren Zentren findet man Häuser mit bewundernswertem Schnitzwerk, elegante Höfe hinter dicken, roten Türen und Gassen mit Kopfsteinpflaster, auf denen man zwischen Souvenirständen Spießruten laufen kann. Der Stadtrat hat sogar die Abfallkörbe mit ziegelgedeckten Dächern und die Gullydeckel mit eingravierten Tier- und Blumenmotiven schmücken lassen. Trotz aller Schönheit aber fehlt etwas. Dieser für den Tourismus herausgeputzte Teil Chinas ähnelt allzu sehr den Hochglanzbildern in den Reisemagazinen – und wohl auch dem, was viele Chinesen glauben, den Besuchern aus dem Ausland bieten zu müssen. Wir sind noch nie hier gewesen, und dennoch kommt uns alles vertraut vor. Und wenn etwas genau den Erwartungen entspricht, kann sich der Zauber des Neuen in einem Land nicht entfalten. Hier gibt es keine Uiguren mit eurasischen Merkmalen wie in Xinjiang und nicht die scharf geschnittenen Gesichtszüge der Tibeter wie in Qinghai und Sichuan. Fast alle sind nun Han-Chinesen, die genau so aussehen, wie man sich einen typischen Chinesen vorstellt.

Die Straßen sind gesäumt mit Hotels und Restaurants, die teils von Einheimischen, teils von Ausländern betrieben werden und Namen wie »Green Emu« oder »Hungry Buddha« tragen.[33] Jetzt endlich können wir die Zimmerpreise und die Speisekarten lesen, was aber auch bedeutet, dass wir keinen Spaß mehr mit »Überraschungsmenüs« haben werden.

Wir sitzen neben einem Paar steinerner Löwen, das den Eingang zu einem Fast-Food-Restaurant bewacht, und beobachten das Kommen und Gehen der modernen Han-Teenager. Die jungen, nach Yak duftenden Nomadinnen sind hier Mädchen gewichen, die Schminktäschchen tragen, Tonnen von Make-up aufgelegt haben und mit ihren Freundinnen auf High Heels durch die Boutiquen stöckeln. Da ist kein Unterschied zu den Jugendlichen im Westen. Auch in der Menge sieht man zahlreiche europäische Touristen, die ersten »Langnasen« seit Kashgar, wo wir auf der Verkehrsbehörde einige Overlander getroffen haben. Eine Gruppe belgischer Motorradfahrer kommt zusammen mit ihrem Führer vorbei. Sie sind von der Mongolei her eingereist, haben eine 30-tägige Tour für 10 000 Euro gebucht und sind entsprechend in Eile: Übermorgen müssen sie bereits in Laos sein. Einige beglückwünschen uns zu unserer Unabhängigkeit, andere sind auf unsere Freiheiten äußerst neidisch. Kann ich verstehen.

Zerstreut spiele ich mit der losen Kugel im Maul eines der Löwen. Der Steinmetz hat ihr gerade eine solche Größe gegeben, dass ich sie nicht herausnehmen kann. Wem dies gelänge, der bekäme – nach einem verbreiteten Aberglauben – alles, was er sich nur wünschen möge, sei es großer Reichtum oder die Hochzeit mit einer Prinzessin. Das ist ein bisschen wie in

[33] Nur ein Ausländer kann auf so einen Namen kommen. Man stelle sich vor, in Europa würde ein Imbiss »Hungriger Jesus« heißen.

der Legende von Excalibur und dem Stein. In jeder Stadt gibt es Tausende solcher Löwen, welche Glück bringend vor vielen Gebäuden wachen. Ich ziehe kräftig an der steinernen Murmel, aber der Löwe beißt die Zähne zusammen und lässt sein Spielzeug nicht los. Schade, denn sonst würde ich mir eine Rückkehr in jenes China wünschen, das ich so viel anziehender gefunden habe. Hier, vor einer Burgerbude, inmitten einer Wolke billigen Teenagerparfüms und einem ununterbrochenen Klingeln von iPhones, vermisse ich mit einem Mal die »rückständigen« Provinzen, durch die wir gekommen sind.

Laura schilt mich: »Du kannst nicht alles haben. Ja, in Xinjiang, Qinghai und Sichuan war es eher ein Abenteuer, aber es war zuweilen auch ganz schön stressig. In der ersten dieser Provinzen hatten wir es mit ethnischen Konflikten zu tun, in der zweiten mit der großen Höhe und in der dritten mit einem grauenhaften Straßenzustand. Hier ist es friedlich und warm, und wir stehen nicht mehr im Rampenlicht. Du musst zugeben, dass das Reisen jetzt viel bequemer ist.«

Natürlich hat sie recht. Ich bevorzuge zwar das Reisen abseits der modernen Zivilisation, aber wenn ich ehrlich bin, dann darf meine utopische Wildnis ruhig an jedem See einen WLAN-Hotspot haben und an jeder zehnten Fichte eine Steckdose, damit ich mich dort auch bei einem längeren Aufenthalt wohlfühlen kann.

»Hey, ich habe gehört, dass es in der Stadt einen McDonald's gibt. Sollen wir hingehen und seine Toiletten aufsuchen?«, frage ich. Es ist Ewigkeiten her, dass wir ein sauberes und funktionierendes WC gesehen haben.

Ich lasse dem Löwen seine Murmel, und Hand in Hand ziehen wir ab, auf der Suche nach den Vorteilen des modernen Lebens. Das sind Annehmlichkeiten, die unserer Aufmerksamkeit leider zu oft entgehen. Schönheit liegt nur in den Augen des Betrachters, und wenn jemand sorgfältig hinsieht, vielleicht sogar in einer Kloschüssel.

Auf unserer weiteren Reise begegnen uns Apfelplantagen, Nadelwälder, Bambusfelder und Kleinstädte, wo die Bewohner eben fleißig die Ernte einbringen. Es ist Herbst geworden in Yunnan, die Straße bedeckt ein Quilt aus farbigen Blättern, und die Luft ist mit Gerüchen von feuchtem Holz und frisch gemähtem Gras gesättigt. Wenn wir am Morgen den Zelteingang öffnen, liegt ein weißes Nebelmeer still in den Tälern, an deren Flanken grüne Hügel aufragen, während in der Ferne die aufgehende Sonne wild gezackte Berge vergoldet. Wir müssen nun keine hohen Pässe mehr bezwingen oder gegen tiefe Temperaturen kämpfen. Wir befinden uns am 25. nördlichen Breitengrad, auf derselben Höhe wie Luxor in Ägypten.

Die Natur spricht zu uns. Oft ist ihre Stimme ein Flüstern, kaum lauter als raschelndes Herbstlaub – doch manchmal brüllt sie mit Macht. Diese anmutige Landschaft wird von mächtigen Strömen durchschnitten, die im Hochland von Tibet entspringen, vom Jangtsekiang, dem drittlängsten Fluss der Welt, und vom Mekong. Der Jangtsekiang zeigt der Menschheit auf einschüchternde Weise, dass ihr angestammter Platz im Welttheater in den hinteren Reihen liegt. Er rast auf 16 Kilometer Länge durch einen 3900 Meter tiefen Canyon, der so schmal ist, dass es heißt, einst sei ein Tiger darüber hinweggesprungen. Von dieser Geschichte leitet sich der Name »Tiger Leaping Gorge« her. Wir klettern einen steilen Pfad hinunter und überqueren eine wenig vertrauenerweckende Hängebrücke zu dem Felsen, von dem der Tiger angeblich abgesprungen sein soll. Tief beeindruckt erleben wir, wie die Fluten unter uns dahindonnern. Über unseren Köpfen tanzen im Gischt bezaubernde Regenbogen, doch nur ein kleiner Ausrutscher und wir würden ein sekundenschnelles Ende finden, zerschmettert an den Wänden der Schlucht.

Es ist bekannt, dass sich die chinesische Regierung nicht mit der Rolle eines Zuschauers in den hinteren Reihen begnügt, wenn es um die Umwelt geht. Sie will die Kräfte der Natur so gut es geht nutzbar machen, und so träumt sie von Wasserkraftwerken im Superlativ und von Staudämmen am Rand des technisch Machbaren. Nicht alle diese Projekte haben positive Wirkungen. Einst spielte weiter flussabwärts der Baiji genannte Süßwasserdelfin im Jangtsekiang. Im Jahr 2006 musste man ihn für ausgestorben erklären, als eine Suchexpedition zurückkehrte, ohne einen einzigen überlebenden Baiji gefunden zu haben. Zu einem Teil tragen daran die Dämme Schuld, zu einem anderen die Abfälle aus Industrie und Landwirtschaft. 40 % der Gewässer im Land sollen verseucht sein, und die Megacitys liegen oft unter einer Smogglocke, die Atemwegserkrankungen verursacht, an denen Schätzungen zufolge jährlich eine Million Menschen stirbt. Dennoch sind die Umweltprobleme in China nicht die Tragödie, wie sie unsere Medien beschwören. Ich bin vielleicht nicht in der Lage, das »Chinavorurteil Nummer drei« zu widerlegen, dass das Land nämlich mit schweren Umweltschäden zu kämpfen hat, aber ich kann die Perspektive zurechtrücken. Es stimmt, dass China den größten Energieverbrauch aller Länder der Welt hat und infolgedessen auch einer der größten Luftverschmutzer ist ... aber wir sprechen hier nicht von Liechtenstein. Ein Sechstel der Weltbevölkerung ist in China zu Hause, und das muss man berücksichtigen. Sieht man nicht auf den Gesamtausstoß von Kohlendioxid, sondern auf die Zahlen pro Kopf, so findet man, dass der ökologische Fußabdruck eines Chinesen weit kleiner ist als der eines durchschnittlichen Deutschen.

Wie ist das möglich? Ein Grund sind die Regierungsinitiativen für erneuerbare Energien. China ist der weltweit größte Investor in Wasser-, Wind- und Solarenergie und der größte Produzent entsprechender Anlagen. 2013 wurden 46,2 Milliarden Euro in diesen Sektor gepumpt, was über den Ausgaben GANZ Europas für saubere Energie (43,5 Milliarden Euro) liegt. Wohin wir auch in den von uns bereisten Provinzen sahen, überall gab es große Solar- und Windparks. Sogar die Straßenlaternen tragen in vielen Städten an der Spitze ein kleines Solarmodul und einen Propeller. Warum gibt es das in Europas Städten noch nicht? Ähnliche Fragen könnte ich zur Elektromobilität stellen. Fast zehn Millionen Elektroroller wurden 2013 in China verkauft, in Deutschland waren es in der gleichen Zeit nur 3000. Ein Hauptgrund für diesen Unterschied ist der Kaufpreis. Ein Elektroroller mit einer Höchstgeschwindigkeit von 60 Stundenkilometern und einer Reichweite von 100 Kilometern kostet hier weniger als 300 Euro, in Europa aber – als chinesische Importware – das Zehnfache. Könnte Berlin die Elektromobilität nicht ähnlich subventionieren wie Beijing? Das autoritäre Regime ist hier im Vorteil. Die chinesische Regierung verordnete einfach, dass alle größeren Städte grüner werden sollten. Sie verbot Zweitaktmotoren in den Zentren und befahl der Autoindustrie, Hybrid- und Elektrofahrzeuge herzustellen und zu bewerben. Fertig. In Europa wird die heiße Kartoffel zwischen den führenden Politikern, der Industrie und den Wirtschaftswissenschaftlern weiter und immer weiter gereicht, jahrelang, ohne Ergebnis.

Ich glaube für meine Person, dass wir den mahnenden Finger gegen uns selbst erheben sollten, bevor wir Halbwahrheiten über andere Nationen verbreiten. Umweltprobleme und regionale Bevölkerungsdichte stehen meist in direktem Zusammenhang. Das bedeutet im Falle Chinas, wo die Mehrheit der Bevölkerung in den östlichen Provinzen lebt, dass zwei Drittel des Lands ausgesprochen »grün« sind. Seit Kashgar konnten wir keine bedeutenden Umweltverschmutzungen erkennen. Afrika, Indien und Brasilien sind in einem beklagenswerteren Zustand. Auch in Italien und vielen anderen Ländern im Mittelmeerraum fanden wir nicht so viel unberührte Natur wie hier.

Als wir allerdings in der Provinzhauptstadt Kunming ankommen, sehen wir die ersten Smogschwaden. Wir hätten den Ort wahrscheinlich links liegen gelassen, aber hier wollen wir Helen treffen. Helen ist eine Han, die zusammen mit Sabrina in Schanghai und mit Ricard den Kern von China Tierra de Aventura bilden, der Gesellschaft also, die uns geholfen hat, alle Dokumente für unsere Reise zu besorgen. Sie hat uns zum Abendessen eingeladen, und wir werden auch bei ihr, in ihrer Wohnung im 27. Stockwerk eines Hochhauses, übernachten dürfen. Den Nachmittag nutzen wir erst einmal zu einem Bummel, bei dem wir die Atmosphäre der Stadt genießen – Atmosphäre metaphorisch gesprochen. Die reale Luft sollte man lieber nicht allzu tief einatmen.

Für Liebhaber des Stadtlebens gibt es sicher schlechtere Orte als Kunming. Man findet hier Carrefours, Pizza Huts und Starbucks wie in jeder westlichen Stadt, und auch eine ausgedehnte Fußgängerzone mit Boutiquen, Einkaufszentren und eleganten Nachtclubs. Die Architektur unterscheidet sich ein wenig von der in Europa – einige der Wolkenkratzer zeigen Elemente von Feng-Shui, und statt der Springbrunnen findet man auf den Plätzen Goldfischteiche mit kleinen Tretbooten für Kinder –, ansonsten aber ist Kunming einfach eine Großstadt wie viele andere auf der Welt. Die größte Attraktion, wenn man sie so nennen will, ist der Tiermarkt, auf dem man nicht nur Hunde und Katzen kaufen kann, sondern auch Chinchillas, Eichhörnchen, flauschige Entlein, Reptilien und mehr Salzwasserfischarten fürs Aquarium, als man beim Schnorcheln im Great Barrier Reef zu sehen bekommt. Haustiere sind sehr beliebt, und nicht selten trifft man dreiköpfige Familien auf einem Elektroroller, die einen Hund vor den Füßen liegen haben und ein Frettchen im Einkaufskorb. Als Fußgänger muss man beim Überqueren der Straße höllisch aufpassen. Die elektrisch angetriebenen Zweiräder sind fast lautlos, es sei denn, ihre Besitzer haben riesige Lautsprecher auf dem Gepäckträger, aus welchen die gerade aktuellen Popsongs dröhnen. Etliche Fahrer sind noch kaum zehn Jahre alt. Es gibt kein Mindestalter fürs Rauchen oder für den Alkoholgenuss in China (erst seit 2006 gibt es eine Altersgrenze für den Kauf von Tabak und Alkohol), und mir scheint, dass dies auch für die Fahrerlaubnis der Elektroroller gilt. Entweder das oder die Polizei drückt bei minderjährigen Fahrern beide Augen zu.

Von der Luftverschmutzung abgesehen ist Kunming erstaunlich sauber, besonders wenn man die wenig hygienischen Gewohnheiten vieler Chinesen bedenkt. Auch hier spucken die Einheimischen aus, rauchen wie die Schlote und werfen Kippen und Abfall in den Rinnstein. Es dauert dann aber nur wenige Minuten, und schon kommt ein Kehrwagen angefahren, der sich mit einer lieblichen Melodie ankündigt, oder eine kleine Armee Straßenkehrer marschiert auf. Bei Letzteren handelt es sich meist um ältere Frauen, manchmal aber auch um junge Akademiker, die ihren Doktor gemacht haben und die, von der Stadt angestellt, um die 180 Euro im Monat verdienen. Sie sind nicht als Unterschicht stigmatisiert; die Regierung preist sie im Gegenteil als »vorbildliche Angehörige der Arbeiterklasse«. Faulheit ist in China geächtet, und wer in seinem Lebenslauf schreiben kann, er habe einen Dienstleistungsjob für die Gesellschaft ausgefüllt, hat in der Zukunft bessere Chancen auf eine ihm angemessene Arbeit.

Auf der anderen Seite gilt auch Erholung als wichtig. Im Green Lake Park, dem botanischen Garten der Stadt, sehen wir dieselben Szenen wie in allen anderen Städten, durch die wir gekommen sind. Leute allen Alters sitzen auf den Bänken und spielen Mah-Jongg, Schach oder Karten, andere tanzen zu Dutzenden um künstlich angelegte Seen oder praktizieren Qigong oder Tai-Chi. Viele absolvieren ihre Übungen jeden Tag vor Arbeitsbeginn, ein Anblick, der einem Fremden vielleicht sonderbar erscheint. Geschäftsleute mit Anzug und Krawatte, vom Alter gekrümmte Großmütter, junge Studenten beiderlei Geschlechts und Stadtbedienstete in ihrer Arbeitskleidung versammeln sich um sieben Uhr morgens und veranstalten eine halbe Stunde lang ein anmutig synchronisiertes Ballett zu Musik von der CD. Das ist gesund, so glauben sie, und wenn es Leib und Seele gut geht, dann kann man auch rundum glücklich sein.

Wenn man diese Menschen beobachtet und sie nach ihrer morgendlichen Übungseinheit anspricht – es gibt in jeder größeren Gruppe zumindest einige, die Englisch können –, dann muss man sich fragen, ob unsere Sicht, dass das Volk in China unterdrückt würde, nicht ein politisch motiviertes Konstrukt ist – vielleicht ein »Chinavorurteil Nummer vier«. Bisher haben wir keinen Menschen, zumindest keinen Han, gefunden, der behauptete, er sei elementarer Menschenrechte beraubt worden. Wir haben einige Uiguren und Tibeter getroffen, die sich beklagten. Dazu kommen noch etliche Bewohner von Hongkong, doch im Großen und Ganzen hatten wir nie das Gefühl, untergründig herrsche Missmut in der chinesischen Gesellschaft. Wer meint, unsere Einschätzung beruhe auf einer unter der Bevölkerung herrschenden Angst, die eigene Regierung lautstark zu kritisieren, liegt falsch. Zwar ist es nicht ohne Weiteres möglich, Demonstrationen abzuhalten, und auch die Medien müssen sich mit Kritik stark zurückhalten, aber auf der Straße wird ebenso gern über Politik gesprochen, wie bei uns in Europa, und auch mit Fremden. Was wir hörten, war ein gewisses Murren über steigende Preise, Umweltverschmutzung und unzureichende medizinische Versorgung, aber von Unterdrückung war nie die Rede. Es mag unglaublich klingen, aber das Gegenteil ist der Fall. Aktuelle internationale Studien (zum Beispiel die Pew Global Attitudes Survey) ergaben, dass zwischen 80 und 95 % der Chinesen zwischen ziemlich und außerordentlich mit der Regierungsarbeit zufrieden sind. Die entsprechende Zahl für Deutschland lag – nach einer ARD-Deutschlandtrend-Umfrage vom 7. August 2014 – übrigens bei 59 % Zufriedenheit. Das wurde seltsamerweise als ein Allzeithoch GEFEIERT ... bis eine folgende T-Online-Umfrage nach der 100 000. Stimmabgabe zeigte, dass Merkel und Co. bei 91 % der Bevölkerung KEINE Zustimmung finden.

Hat die Propaganda bei allen Chinesen eine Gehirnwäsche bewirkt, sodass sie jetzt glauben, in ihrem Leben liefe alles perfekt? Oder ist die Mehrheit so zufrieden, weil Beijing Resultate liefert? Erst Anfang Oktober hat der Internationale Währungsfonds verkündet, dass China die USA als größte Volkswirtschaft der Welt überholt hat, wenn man die Kaufkraft in beiden Ländern vergleicht. Noch vor wenigen Jahrzehnten hätten die meisten Chinesen eine solche Leistung für unmöglich gehalten. Das System funktioniert anscheinend, so sagen viele, auch wenn manche Regierungsmaßnahmen zunächst hart erscheinen. Seit Maos Tod im Jahr 1976 hat die Kommunistische Partei immerhin viele Einschränkungen der persönlichen Freiheit der Bürger gelockert und eine freie Marktwirtschaft eingeführt, dabei aber Schlüsselindustrien unter staatlicher Kontrolle belassen. Der Lebensstandard verbessert sich Jahr für Jahr. Der Demokratisierungsprozess hingegen ist unglaublich langsam, und die Lage der Menschenrechte noch weit von dem entfernt, was wir für erforderlich erachten, aber dennoch ist der Fortschritt im Land nicht zu übersehen. Im Westen jedoch ist das Wirtschaftsmodell in der Krise und manche Rechte und Absicherungen unterliegen der Erosion. Ist die chinesische Regierung kompetenter? Sollten unsere politischen Führer vom chinesischen Staat lernen, statt ihn dauernd zu kritisieren? Gewiss würde in Deutschland niemand (oder fast niemand) wollen, dass Angela Merkel als Diktatorin eine autoritäre

Regierung führt, aber über einige chinesische Konzepte könnte sich ein Nachdenken lohnen. Vielleicht sähen wir dann jeden Morgen Gruppen von Deutschen auf dem Marienplatz in München oder vor dem Brandenburger Tor tanzen.

Helen ist nicht allzu glücklich. Ihre Familie hat vor ein paar Wochen ihren Hund verspeist. »Ich kann's immer noch nicht glauben«, entrüstet sie sich, als sie uns am Abend die Geschichte ihres unglücklichen Haustiers erzählt. »Ich musste wegen meiner Arbeit in die Stadt umziehen. Da die Hausverwaltung meiner neuen Wohnung keine Hunde erlaubt, ließ ich meinen Liebling bei meiner Familie, die ein hübsches Häuschen auf dem Land hat. Als ich das nächste Mal zu Besuch kam, war mein Hund fort. ›Wo ist mein Hündchen?‹, fragte ich. Die Antwort war: ›Oh, er war so fett, da haben wir ihn gegessen‹, so, als sei das die normalste Sache der Welt. Ich glaubte zu spinnen. Aber es ist meine eigene Schuld. Als kleines Mädchen hatte ich eine Ente, ein Hühnchen und einen Hamster. Meine Familie hat sie alle aufgegessen, sobald ich zum Studium an die Universität ging. Warum sollten sie bei meinem Hund anders handeln? Ich hätte es kommen sehen müssen. Jetzt habe ich eine Katze.«

Wir sind entgeistert. »Hast du keine Angst, dass die Familie auch die aufisst, wenn du einmal in Urlaub gehst?«

»Nein. Sie mögen Katzengeschmack nicht, und sie haben versprochen, Coco nichts zu tun.«

Laura, Michael und ich sehen uns verblüfft an. Ich hoffe zum Wohl von Coco, dass Helen recht hat.

Das ist nun leider ein Vorurteil, das ich nicht entkräften kann. Wie schon erwähnt, kann alles, was vier Beine hat, theoretisch auf einem Teller landen. So essen denn einige Chinesen Hunde ... und auch Katzen. So weitverbreitet, wie es westliche Tierschützer glauben machen wollen, ist das aber nicht. Allgemein ist das Leben von Streunern in China sogar sehr viel besser als in allen südamerikanischen und afrikanischen Ländern. Meist werden sie einfach nicht beachtet und dürfen auf allen Türschwellen und in allen Tempeln sitzen. Manchmal haben die Angestellten der Restaurants nicht einmal etwas dagegen, wenn ein Straßenhund, der vor dem Küchenfenster auf ein Stück Fleischabfall wartet, ungeduldig wird und ins Lokal spaziert. Auch die Gäste spitzen nicht sogleich ihre Essstäbchen, sondern geben ihm ihre Essensreste. Ob Mischling, Pekinese oder Tibetanischer Mastiff, sie alle sehen recht gesund und wohlgenährt aus. Das mag ein Grund dafür sein, dass wir nie Kämpfe unter den Hunden auf der Straße gesehen haben. Auch jagen sie keine Katzen und greifen keine Hühner an. Zwei Verhaltensweisen aber finde ich äußerst bemerkenswert: Anders als in allen Ländern, die ich kenne, hetzen chinesische Hunde nicht hinter Zweirädern her. Und zum Zweiten wissen sie nicht, was knuddeln ist. Wir können Hundelaute von uns geben, so viel wir wollen, sie lassen sich nicht anlocken, damit wir ihnen den Rücken streicheln können.

Zusammen mit Laura habe ich auf dem Weg von Kashgar bis Kunming stets Ausschau nach Lokalen gehalten, in denen Hundefleisch angeboten wird. Auch Einheimische habe ich danach gefragt, aber zu unserer Erleichterung konnten wir kein Restaurant mit Wauwau auf der Speisekarte finden.

»Hundefleisch ist passé«, sagten uns alle. »Vielleicht findet ihr es noch in sehr kleinen Dörfern. In den letzten zehn Jahren haben sich die Einstellungen in den Städten stark verändert. Das hat möglicherweise mit der Einkindpolitik in den hanchinesischen Regionen zu tun. Für viele Chinesen ist ein Hund mittlerweile Kinderersatz und wird innig geliebt.«

Was auch immer der Grund für die Veränderung der kulinarischen Vorlieben sein mag, wir sind sehr froh darüber und spenden den vielen chinesischen Protestierenden Beifall, die von der Regierung ein Verbot des Handels mit Hunde- und Katzenfleisch verlangen. Sollte uns jemand fragen, warum wir uns für Hunde einsetzen, aber keine Schuld empfinden, wenn wir Schweine, Kühe, Schafe und Metazoa auf dem Salatblatt verspeisen, so antworte ich, dass dafür die rechte, für Emotionen zuständige Hirnhälfte verantwortlich ist. Die analytisch denkende linke Hemisphäre kann einen Asiaten, der Geschmack an Hündchen gefunden hat, nicht tadeln, zumindest nicht mehr als einen Europäer, dem sein Wiener Schnitzel schmeckt. Ich schäme mich ein wenig, so parteiisch zu sein, aber einer Tierart, die ich besonders gern habe, lasse ich auch eine bessere Behandlung angedeihen. Immerhin bin ich selbst ein Hund, jedenfalls nach dem chinesischen Kalender. Geburtstage zwischen dem 6. Februar 1970 und dem 26. Januar 1971 fallen unter das Tierkreiszeichen des Hundes.

Unser Tischgespräch beim Abendessen dreht sich darum, was wir über Helens Land gelernt haben, und wir müssen dabei erkennen, dass wir noch viele Wissenslücken haben. Auf manchen Gebieten ist China unglaublich fortschrittlich. Einige der leistungsfähigsten Supercomputer der Welt wurden in China gebaut, und allein 2013 hat die Regierung 123 Milliarden Euro für die Forschung ausgegeben. Schließlich ist China eine von nur drei Nationen, die eine eigenständige bemannte Raumfahrt betreiben. Auf der anderen Seite ist den Chinesen manches fremd geblieben: Als McDonald's 2005 Drive-in-Restaurants eröffnete, war das für die Kunden so ungewohnt, dass sie ihre Essenspakete abholten, das Auto abstellten und dann mit ihren Burgern ins Restaurant zurückgingen, um sie dort zu verspeisen. In der hoch entwickelten chinesischen Gesellschaft wurde im Lauf der Geschichte fast alles erfunden, was es gibt: das Papier, der Kompass, das Schießpulver, das Wasserrad und, was meine höchste Bewunderung verdient, die Eiscreme. Dieselbe »hoch entwickelte Gesellschaft« vollstreckt zugleich mehr Todesurteile im Jahr als die ganze übrige Welt zusammen, nämlich geschätzte 10 000. Bis 2012 gab es dazu eine beliebte Realityshow im Fernsehen. Der Showmaster interviewte den Gefangenen noch wenige Augenblicke vor der Hinrichtung, um künftige Täter abzuschrecken. Wie sehr ich mir auch den Kopf zerbreche, kann ich doch nicht begreifen, was da in der uns Europäern so fremd erscheinenden chinesischen Mentalität vor sich geht.

Am nächsten Morgen beobachten wir durch das Fenster von Helens Wohnung im 27. Stock den Sonnenaufgang über der Skyline von Kunming. Die Farben sind ein wenig vom Smog verfälscht, aber doch recht schön. Wir sind nun so weit im Osten, dass die Beijing-Zeit vernünftig erscheint. Es ist sieben Uhr morgens – in Kashgar ginge die Sonne erst gegen Mittag auf. Tief unter uns machen um die 50 Leute ihre Tai-Chi-Übungen, während andere schon Beton gießen oder auf die Baukräne klettern, um die Arbeit an den vielen neuen Wolkenkratzern fortzusetzen. Es heißt, dass China während der nächsten 15 Jahre das Äquivalent von zehn New York Citys im Land errichten wird. Die Atmosphäre ist gesättigt mit Ehrgeiz, Zuversicht und Geld. Ich habe viele Nationen und Völker kennengelernt, die in der Vergangenheit leben und ihre Landesgeschichte romantisch verklären, andere, die einfach die Gegenwart genießen, ohne dabei an morgen zu denken ... China aber und die Chinesen blicken nach vorn, in die Zukunft.

Wir verabschieden uns, hüpfen auf unsere Motorräder und folgen dem Mekong in Richtung Grenzregion zu Vietnam, Laos und Myanmar. Hier grüßen uns auch Spuren aus der Vergangenheit des Lands. Es geht vorbei an idyllischen Dörfern und Reisterrassen, wo Bauern mit spitzen Strohhüten ihre Felder noch mithilfe von Wasserbüffeln pflügen. Alle Erzeugnisse der Landwirtschaft werden durch Hundertschaften von Frauen zum Markt transportiert, von Bäuerinnen, die tief gebeugt unter der Last der beiden vollen Weidenkörbe an den Enden einer langen Bambusstange dahingehen. Wie abwechslungsreich und erstaunlich war doch die Reise durch diese Nation, in der man es geschafft hat, kommunistische und kapitalistische Ideologien zu verschmelzen und sich innerhalb weniger Jahrzehnte mit einem gewaltigen Sprung in die Moderne zu katapultieren!

Laura, Michael und ich werfen uns so gut es geht in Schale, denn heute ist der Tag, an dem wir die Mohan-Grenze nach Laos überschreiten wollen. Wir hoffen, dass die Maskerade einen guten Eindruck auf die Grenzbeamten macht. Was wir nach unserer entspannten Fahrt am wenigsten brauchen könnten, wäre Ärger im letzten Moment. Wie bei der Einreise werden wir vor der Grenze von einem von Ricards Leuten erwartet. Es gibt zwischen ihm und den Beamten einen kurzen Disput, ob wir 400 Euro »Ausreisegebühr« berappen müssen, dann werden unsere Pässe gestempelt, und wir dürfen weiterziehen. Natürlich haben wir keinen Cent zahlen müssen – ich möchte fast wetten, dass die Frage nach einer Zahlung gar nicht entstanden wäre, wenn wir keinen zweisprachigen Begleiter gehabt hätten. Dessen Gegenwart verlockte die Grenzer wohl zum Versuch, uns ein Abschiedsgeschenk aus der Tasche ziehen zu wollen.

Hinter uns schließt sich der Schlagbaum, und wir fallen uns in die Arme. Ich kann es noch nicht glauben, dass wir es wirklich geschafft haben! 7500 Kilometer sind wir drei in 60 Tagen gefahren, ohne Führer und ohne Probleme. Nach meiner Ansicht war diese Durchquerung Chinas nicht schwieriger als eine Tour mit dem Motorrad durch die Mongolei, Bolivien oder auch nur Österreich. Schade nur, dass wir nicht genug Zeit hatten, um mehr vom Reich der Mitte zu erforschen. In zwei Monaten konnten wir kaum die Oberfläche ritzen. Um ein so riesiges und komplexes Land im Kern zu verstehen, würden wir Jahre brauchen.

...

Während unseres Aufenthalts haben wir vor allem gelernt, dass China ein Land der Gegensätze ist. Es ist zugleich ein Land der Ersten und der Dritten Welt, es ist liberal auf einigen Gebieten und repressiv auf anderen, es hält alte Traditionen hoch und vergöttert daneben moderne Technologie. Ein einheitliches Bild existiert nicht. An einem Tag scheinen die Einheimischen rücksichtsvoll, diskret und introvertiert, am nächsten laut, arrogant und pragmatisch. Als Fremder hat man es schwer, die eigene Position richtig einzuschätzen. Einerseits muss man hohe Summen für die »Ehre« zahlen, China mit dem Privatfahrzeug besuchen zu dürfen, andererseits wird man tagtäglich von den Menschen im Land mit Zeichen von Großzügigkeit und Gastfreundschaft willkommen geheißen. Jedenfalls ähnelt China keiner Nation, die ich bisher bereist habe, und zumindest für mich war der Besuch ein absoluter Hochgenuss!

Ein Grund, warum Laura, Michael und ich eine so gute Zeit hatten, war sicher, dass wir ohne Gruppe und Führer reisen durften. Nur von der grob vorgegebenen Route durften wir nicht allzu weit abweichen, wozu wir sowieso keine Zeit gehabt hätten. Ansonsten waren wir frei, zu tun und zu lassen, was wir wollten. Die große Frage lautet nun aber: Werden China Tierra de Aventura oder andere chinesische Reiseunternehmen das individuelle Fahren auch in Zukunft erlauben? Wird vielleicht sogar Beijing die Bestimmungen noch weiter lockern?

Es freut mich deshalb besonders, wenn die Nachricht von unserer Reise in den Medien und den Reiseforen mit Überschriften wie »OVERLANDING CHINA: SELF-DRIVE AND WITHOUT A

GUIDE ... IT'S NOW POSSIBLE« auftaucht. Ganz so leicht ist es natürlich nicht – schließlich haben Laura und ich fast zwei Jahre gekämpft, bis wir die richtigen Genehmigungen hatten. Es wird wohl noch viel Zeit vergehen, bis das Reich der Mitte ein Reiseland wird, wo man einfach an der Grenze auftaucht, sein Visum bekommt und frei wie der Wind dahinzieht.

Wie die Zukunft des Reisens in China ausschaut, hängt aber nicht nur von den Agenturen und Beijing ab, sondern auch von der Overlandergemeinschaft. Bereits wenige Wochen nach unserer Ausreise bietet auch Hendrik von Tibetmoto, einer Motorradtourfirma in Dali, direkt auf seiner Website einen Service für Overlander ohne Guide an. Nur leider währt die Freude darüber nur kurz. Hendriks erste Kunden, die selbstständig von Laos in die Mongolei fahren wollten, waren seine letzten. Denn die Overlandergruppe hat sich leider unverantwortlich verhalten und die Regierungsvorschriften auf den Permits missachtet. So ist sie von der erlaubten Route abgewichen und in ein nicht erlaubtes Gebiet gefahren. Natürlich wurden sie von der Polizei erwischt. Ihre Fahrzeuge wurden fast konfisziert, und es drohte der Lizenzentzug für Tibetmoto. Hendrik entschloss sich daraufhin – ganz zu Recht – seinen Sonderservice für Overlander einzustellen. Traurig, dass einige wenige unverantwortliche Reisende so viel Schaden innerhalb der ganzen Overlandergemeinschaft anrichten können. Wie ich ganz zu Anfang erwähnt habe: Es ist ungemein wichtig, die Gesetze in einem Gastland zu beachten, sonst kann es passieren, dass künftige Reisende Probleme haben. Laura, Michael und ich waren so vorsichtig! Tja, nach dieser Aktion der Tibetmotokunden müssen wir abwarten, ob es bezüglich des Reisens ohne Guide nun »Zwei Schritte vor, einen Schritt zurück« heißt oder umgekehrt.

Laura und ich freuen uns nun auf Tage, in denen wir es langsamer angehen können, doch wir sind auch recht melancholisch gestimmt. Wir haben all denen, die uns die letzten beiden Monate so gut umsorgt haben, kaum den gebührenden Dank aussprechen können. Das Wichtigste an jedem Land sind seine MENSCHEN. Das zumindest ist meine Meinung ... denn, unabhängig vom Reiseziel, eine Weltreise wäre doch traurig, wenn es nicht all diese wunderbaren, zufälligen Begegnungen gäbe. So sage ich denn all den Han, Hui, Bai, Dai, Dong, Hani, Li, Yao, Yi, Miao, Uiguren, Tujia und Tibetern 1 366 000 000-mal »Herzlichen Dank«. Wir werden die Erinnerungen an euch hochhalten, und ich hoffe, euch eines Tags wiederzusehen. Eines nämlich ist sicher: Das war nicht unser letzter Besuch Chinas.

Amabile
Lieblich

Laos, 15.1.2015

Es gibt den Spruch »Glück kann man nicht kaufen, aber Eiscreme. Und das ist irgendwie dasselbe«. Darin liegt zweifelsohne eine gehörige Portion Weisheit und Wahrheit, und doch behaupte ich, dass eine Steigerung möglich ist, indem Eiscreme durch saftige Ratburger (eingedeutscht: Ratzburger) ersetzt wird. Sie stimmen dem nicht zu? Gut, aber Sie dürfen mir glauben, dass ich gewichtige Gründe dafür habe. Sollten Sie mein vorhergehendes Buch gelesen haben, verstehen Sie das vielleicht besser. In der Einleitung erwähne ich einen Burger, den ich 1999 in Laos probiert habe ... einen ganz besonderen, gefüllt mit einem sehr speziellen Nagetier, nämlich der laotischen Flussratte. Bis heute erinnere ich mich daran als an eine der feinsten Mahlzeiten, die ich je genossen habe.

Damals kam ich in der Nähe des Dorfs Vang Vieng an einem kleinen Restaurant vorbei, von dem aus man den Mekong überblicken konnte. Draußen, auf der Speisekarte, konnte ich lesen, dass Hamburger angeboten wurden. Die Erwähnung einfacher westlicher Gerichte kann in einem Reisenden, der Jahre in Asien verbracht hat, ein Verlangen von ungeahnter Heftigkeit wecken. Also bestellte ich, und der Burger war delikat. Beim Verlassen des Lokals blickte ich zufällig zum Dach hinauf. In sauberen Reihen lagen da Dutzende großer Rattenfelle, die an der Sonne trockneten. Neugierig geworden ging ich wieder hinein und fragte den Kellner nach dem seltsamen Dachschmuck. Er antwortete mit einem einzigen Wort: »Hamburger.« Die Moral von der Geschichte ist klar: Wir sind alle stark durch unsere Erziehung geprägt, und unsere vorgefassten Meinungen entsprechen nicht immer der vollen Wahrheit. Um zu prüfen, ob eine Aussage über ein fremdes Land zutrifft, gibt es nur eine Möglichkeit: selbst dorthin reisen. Ebenso verhält es sich mit dem Geschmack eines Ratburgers. Um ihn zu erleben, gibt es auch nur eine Möglichkeit – hineinbeißen.

Nun bin ich also zum zweiten Mal in Laos, wieder mit Puck, meinem Motorrad, doch 15 Jahre nach dem ersten Besuch. Sogar die Lederjacke, die ich trage, ist dieselbe wie 1999. Ich bin sehr gespannt, was sich in meiner langen Abwesenheit alles verändert hat und ob meine geliebten Ratburger noch immer auf den Speisekarten zu finden sind. Wir beide, Laura und ich, freuen uns auch auf etwas Erholung nach unserem chinesischen Intermezzo. Hier können wir einen Gang zurückschalten und uns drei Monate lang aufhalten. Denn wie in den meisten Ländern Südostasiens bekommt man in Laos ein leicht zu verlängerndes Visum direkt an der Grenze.

Das erste Dorf, das wir besuchen, ist Luang Namtha. In meiner Erinnerung ist es ein verschlafenes Häuflein von Pfahlbauten inmitten von Reisfeldern, in dem freundliche Einheimische leben. Vor der Jahrtausendwende gab es in dem Weiler nur eine einzige, unbefestigte Straße, und das Leben dort ging einen unglaublich gemächlichen Gang. Nackte Kinder spielten in schlammigen Pfützen, Frauen aus den verschiedenen Stämmen der Gegend verkauften Gemüse auf dem Markt, und die vorherrschenden Transportmittel waren der Ochsenkarren und das Fahrrad. Banken oder Internetcafés gab es ebenso wenig wie Scharen von Farangs (Ausländern). Da waren nur ein paar Läden und eine Handvoll Imbissbuden und Unterkünfte, und telefonieren konnte man nur im Postamt. Mein Hostel galt damals als das beste am Ort: In den Zimmern hingen Ventilatoren an der Decke, und im Garten stand ein Dieselgenerator, der die häufigen Stromausfälle in Luang Namtha überbrückte. Was für ein Luxus! Außerhalb der touristischen Zentren von

Vientiane, Vang Vieng und Luang Prabang war es normal, dass man auf Bodenmatten unter einem Moskitonetz schlief, ein Hockklosett aufsuchte und sich an einem gemeinschaftlichen Wassereimer wusch. Ich empfand dieses primitive Leben als sehr anregend. Sicher, jahrein, jahraus hätte ich nicht so leben mögen, aber von Zeit zu Zeit tut es gut, »zu den Wurzeln« zurückzukehren.

Die meisten Menschen in Laos waren arm, aber anscheinend zufrieden mit einem Leben, in dem es nicht in erster Linie ums Geldverdienen ging. Nicht ein einziges Mal wurde ich übers Ohr gehauen oder genötigt, Souvenirs zu kaufen. Natürlich starrten die Leute erstaunt, wenn ich mit meinem Motorrad daherkam, und einmal, bei einem Bergstamm im Norden, erregte der leichte Haarflaum auf meinen Armen große Verwunderung, haben doch die Menschen in Südostasien kaum Körperbehaarung. Ich erinnere mich noch lebhaft, wie ich mit einem Bier an einer Bar saß und mit einem Mal fühlte, wie Finger über meinen Unterarm strichen. Wäre mir das im Westen passiert, hätte ich sofort meinen Arm zurückgezogen und den Übeltäter harsch angefahren. In Laos aber konnte ich das nicht übers Herz bringen. Neben mir saß ein junger Mann, der offensichtlich von unseren körperlichen Differenzen hypnotisiert war. Unsere Blicke kreuzten sich, er lächelte über beide Ohren, grüßte und setzte dann das tranceähnliche Streicheln fort. Was hätte ich tun sollen? Ich seufzte, nahm einen Schluck aus der Flasche und ließ ihn in seiner Neugier gewähren. Er tat mir nichts Böses, und nach einer Viertelstunde erlahmte sein Interesse schließlich.

Jetzt, im November 2014, erkenne ich von all dem nichts mehr, als wir durch Luang Namtha rollen. Die Straßen sind geteert, entlang der Hauptverkehrsader reihen sich Banken, Geldautomaten, Restaurants und Dutzende von Touristenbussen. Als wir vor einem uns preiswert erscheinenden Hostel absteigen, werden wir sofort von einer schnatternden Frauenschar aus einem nahen Bergdorf umzingelt, die uns ihre Schätze vor die Nase hält.

»Kauf Schal! Hübsch! Kauf Armband! Steht gut dir!«, schreien sie. Dann, ein wenig leiser: »Marihuana? Koka?«

Eine höfliche Art, sie loszuwerden, fällt mir nicht ein, und so bahne ich mir meinen Weg zur Rezeption mit sanfter Gewalt. Dort begrüßt mich eine Laotin, auf deren T-Shirt der Schriftzug »I love bitches« prangt. Wo, zum Teufel, bin ich gelandet? Ich habe Laos als ein traditionsreiches und konservatives Land in Erinnerung. Früher war westliche Kleidung außerhalb der großen Städte die Ausnahme, die Frauen trugen farbenprächtige, lange Kleider und niemals ärmellose T-Shirts.

Unser Gästehaus hat in jedem Zimmer WLAN, eine Dusche, eine Toilette im europäischen Stil und eine Klimaanlage, und das alles für sechs Euro pro Person im Doppelzimmer. Wer mehr ausgeben möchte, kann dazu noch einen Fernseher mit Flachbildschirm und einen Kühlschrank haben. Allerdings wirkt die Einrichtung mit modernen Möbeln ein wenig steril. Verschiedene Aktivitäten, mit denen man sich die Langeweile vertreiben kann, werden ebenfalls angeboten: Es gibt Ökotrekking, Elefantenreiten, Seilrutschen durch den Dschungel für Möchtegerntarzans, Mietscooter und vieles mehr. Merkwürdig, der Hauptgrund, weshalb ich Laos 1999 so einladend fand, war gerade, dass es dort wenig Aktivitäten gab, außer zu chillen, Beer Lao zu trinken und über den Sinn und Unsinn des Lebens zu meditieren. Es gibt hier nichts »Spektakuläres«; man darf keine Taj Mahals, Pyramiden oder Grand Canyons erwarten. Warum strebt Laos nun Derartiges an, indem künstlich Attraktionen geschaffen werden? Ich verstehe das nicht. Schließlich ist es ein ganz normales Land, in dem es ganz normale Leute, eine prächtige Natur und ein höchst angenehmes Klima gibt. DAS ist es, was Laos auszeichnet.

Michael, der uns bis hierhin begleitet hat, verlässt Luang Namtha nach ein paar Tagen. Laura und ich wollen ein wenig länger bleiben und wieder Kräfte schöpfen. Bei dieser Gelegenheit machen wir neue Bekanntschaften: Ellen und Jonas kommen mit ihrem Land Rover an, Sandra und Markus mit ihrem VW-Camper. Beide Paare reisen über Land von Europa nach Singapur und haben wie wir China durchquert.

»Beim Aufwachen habe ich Vögel zwitschern gehört! Kein Geschrei, keine zugeschmetterten Türen, kein Schleimrasseln und Räuspern mehr wie in den chinesischen Hotels!«, ruft Laura erfreut.

Wir alle stimmen ihr zu. Trotz allen Betriebs ist es hier deutlich friedlicher als in Kunming und im Süden von Yunnan. Zum Glück hat sich im Lauf der letzten 15 Jahre eines nicht verändert, nämlich die freundliche Art der Laoten. Gut, manchmal werden wir von Souvenirverkäuferinnen belästigt, aber das ist eher die Ausnahme als die Regel. Die meisten Leute sind sanftmütig, diskret und ruhig. Die Laoten sind generell keine Trinker und das am wenigsten aggressive Volk, das ich kenne. Nur ganz selten sieht man Menschen, die sich auf der Straße laut streiten. Thailand nennt sich Land des Lächelns, aber es wäre meiner Meinung nach richtiger, Laos diesen Titel zu verleihen. »Bor pen nyang« drückt die weitverbreitete Haltung aus, was man etwa mit »kein Stress, kein Problem« übersetzen könnte. Nach einer Weile im Land färbt diese Mentalität auf den Reisenden ab: Die Hektik lässt nach, der Mittagsschlaf wird länger, quälende Gedanken verflüchtigen sich, und man beginnt, selbst zu lächeln. Aus diesem Grund habe ich Laos einst in meine Liste der Top-Ten-Reiseziele aufgenommen, und zu meiner Freude kann es dort auch bleiben.

Nach zwei Wochen in Luang Namtha glaube ich, dass Laos in seiner heutigen Gestalt etliche Vorteile bietet, auch wenn ich der 1999er-Version immer noch den Vorzug geben würde. Das liegt nicht nur daran, dass wir dank Kühlschrank ein schön kühles Bier haben. Die Menschen sind zum Beispiel jetzt besser ausgebildet und sprechen meist gut Französisch und Englisch, sodass Sprachbarrieren wegfallen. Daher konnte ich in der kurzen Zeit, die wir jetzt erst hier sind, wahrscheinlich mehr von den Ortsansässigen über die Kultur und das Land erfahren als in all den Monaten meiner früheren Reise, und das ist eine prima Sache.

Noch etwas hat sich in den letzten 15 Jahren verändert: Mir scheint, dass Laos sich einige kapitalistische Ideen zu eigen gemacht hat. Offiziell ist es weiterhin ein kommunistisches Land marxistisch-leninistischer Prägung – eines der wenigen, die es noch gibt. Die anderen sind China, Vietnam, Kuba und, mit starken Einschränkungen, Nordkorea, dessen Regierung offiziell eine sozialistische Chuch'e-Ideologie verfolgt. Wie in allen kommunistischen Staaten existiert auch in Laos nur eine einzige Partei, die Laotische Revolutionäre Volkspartei, die seit 1975 an der Macht ist. Diese beschloss vor nicht allzu langer Zeit, das Land für Außenhandel und Investitionen zu öffnen, was erhebliche gesellschaftliche Auswirkungen hatte. So hob Präsident Obama 2009 Handelsbeschränkungen für laotische Firmen auf, und die Export-Import-Bank der USA gewährte ihnen Finanzhilfen. Auf der anderen Seite aber haben sich nun Fast-Food-Ketten wie Kentucky Fried Chicken und McDonald's im Land angesiedelt. Einige werden wohl sagen, dies sei ein Fortschritt, da ja Kommunismus schlecht und Kapitalismus gut ist. Ich bin mir da nicht so sicher. Manche der Einheimischen und auch viele Reisende, die das Leben in Laos vor der Jahrtausendwende genossen haben, stellen fest, dass die kapitalistischen Normen die traditionellen Werte nach und nach zerstören. Einige gehen sogar so weit, zu behaupten, dass Laos ruiniert sei.

Ich selbst meine, dass ruinieren ein zu hartes Wort ist. Die liberalere Wirtschaftspolitik des Politbüros wird Laos aber ohne

Zweifel bald vor sehr ernste Probleme stellen, die ganz denen der westlichen Nationen entsprechen. Die Schere zwischen Reich und Arm öffnet sich, und Kriminalität und Drogenkonsum nehmen zu. In den größeren Städten floriert auch die Prostitution – obwohl Ausländern außerehelicher Sex mit Einheimischen verboten ist –, und die Umwelt leidet unter der Ausbeutung für kommerzielle Zwecke. Der wachsende Energiebedarf soll nach dem Willen der Regierung durch Wasserkraftwerke am Mekong gedeckt werden. Viele befürchten, dass dadurch das Gleichgewicht der Natur gestört werden wird, ebenso wie durch die tiefen Schneisen, die in die einst unberührten Wälder geschnitten wurden, um die ausländische Nachfrage nach Tropenholz und dessen Produkten zu befriedigen.

Auch die Kosten für das tägliche Leben steigen, wenngleich sie hier immer noch niedriger sind als in den Nachbarländern Thailand, Kambodscha und Vietnam. Die Tage, an denen man für fast nichts durch Laos reisen konnte, sind vorüber. Einen Anstieg der Preise kann man aber in der gesamten Welt feststellen, und abhängig vom Job, den einer hat, nehmen die Reisekosten schneller als das eigene Einkommen zu. Wer erinnert sich noch an die Reiseführer von Frommer aus der Zeit vor *Lonely Planet*? Der 1957 gedruckte trug den Titel *Europe on 5$ a Day*. Mein Vater hatte ein paar Frommers in seinem Bücherregal. Sie wandten sich in erster Linie an konventionelle Reisende, die preisgünstig unterwegs sein wollten, nicht an fast mittellose Rucksacktouristen, die in einem Schlafsaal übernachten, oder an Overlander, wie wir das sind. Dennoch veranschaulicht das Durchblättern der älteren Ausgaben den globalen Preisanstieg. Das gilt auch dann, wenn man berücksichtigt, dass fünf US-Dollar vor einem halben Jahrhundert eine wesentlich größere Kaufkraft hatten als heute.[34] 1957 kos-

[34] Nach dem Inflationsrechner der *Times* hatten fünf US-Dollar im Jahr 1957 dieselbe Kaufkraft wie 41 US-Dollar im Jahr 2014.

tete etwa ein herzhaftes Essen in einem Londoner Restaurant 0,42 US-Dollar, was damals etwa 1,75 Deutschen Mark oder 0,88 Euro entsprach! Im Lauf der Zeit musste die Frommer-Serie die Summen immer wieder anpassen, um mit der Inflation Schritt zu halten. Der Band des Jahrgangs 1987/1988 hatte den Titel *Europe on 25$ a Day*, 2004 hieß es schon *Europe on 85$ a Day*. Die letzte Ausgabe aus dem Jahr 2007 trug auf dem Umschlag eine 95. Danach wurde die Serie eingestellt – kein Wunder, denn mit einer dreistelligen Zahl kann man das Prädikat preisgünstig kaum in Verbindung bringen. Uns würde ein solcher Reiseführer ohnehin nichts nützen: Wir können höchstens 125 US-Dollar (115 Euro) ausgeben, und zwar nicht am Tag, sondern in der WOCHE!

Es gibt aber auch erfreuliche Neuigkeiten aus der Welt des Reisens. Zwar ist es schwieriger, heutzutage mit wenig Geld auszukommen, doch zum Ausgleich hat sich an der Logistik viel verbessert. Für immer weniger Länder benötigt man für die Einreise ein Carnet de Passage (wir haben auf der ganzen Strecke bisher keines gebraucht), und Visen kann man häufig online beantragen, statt bei der Botschaft Schlange stehen zu müssen. Mittlerweile ist die Landesgrenze zwischen Sudan und Ägypten offen, und im Oktober 2014 wurde zwischen Panama und Kolumbien endlich eine Fährverbindung eingerichtet, die demnächst regelmäßig verkehren soll. Das alles sind für Overlander sehr positive Entwicklungen!

Bald haben wir uns so weit ausgeruht, dass wir unsere Fahrt auf der Suche nach Orten fortsetzen, an denen sich vielleicht Reste des Landlebens der guten alten Zeit erhalten haben. Ellen, Jonas, Sandra und Markus begleiten uns. Ein Kandidat ist das kleine Dorf Muang Ngoi Nuea am Nam-Ou-Fluss, das vor 2013 weder elektrischen Strom noch eine befahrbare Straße hatte. Auch die jetzige Piste ist nach dem Regen der vergangenen Tage ein einziger Morast. Wir nehmen deshalb in Nong Khiaw ein Langheckboot, um den Ort zu erreichen. Als wir dort ankommen, müssen wir feststellen, dass Muang Ngoi Nuea mittlerweile Teil des sogenannten Banana Pancake Trails geworden ist. So bezeichnet man Gegenden in Indien, Nepal und Südostasien, in denen sich der Einfluss wenig bemittelter Backpacker stark auf die örtlichen Geschäfte ausgewirkt hat. Der Banana Pancake Trail ist so etwas wie eine Neuauflage des Hippie Trails, der in den 1960er- und 1970er-Jahren von Europa nach Indien führte. Wo hinreichend viele Reisende auftauchen, richten sich die Herbergen und Restaurants nach den Wünschen der Kunden. Es wird WLAN-Internet installiert, und in den Lokalen gibt es westliches Essen – die allgegenwärtigen Bananenpfannkuchen (mit oder ohne Nutella) eingeschlossen.

Den Ausdruck »Banana Pancake« will ich hier nicht in abschätziger Weise verstanden wissen. Die Leute in Muang Ngoi Nuea freuen sich über das Nebeneinkommen aus dem Billigtourismus. Weil der Ort als Touristenziel aufblüht, wurde auch eine Stromleitung gebaut, weshalb die Bewohner nachts nicht mehr im Dunkeln sitzen müssen. Die Aufgabe der politisch Verantwortlichen ist es nun, das rechte Gleichgewicht zu finden: »ja« zu Elektrizität, Schulen und besserer medizinischer Versorgung, »nein« zu Kriminalität, Drogen und dem Verlust traditioneller Werte. Für viele Gemeinden bedeutet das eine Gratwanderung. In Muang Ngoi Nuea und Nong Khiaw wissen die Menschen, dass sie aufpassen müssen, damit sich ihre Orte nicht bald in ähnlicher Weise entwickeln wie Luang Nam Tha oder Vang Vieng. Im Moment ist noch alles in Ordnung. Wir sitzen auf der Veranda eines Restaurants, schlürfen unsere Bananenmilchshakes und blicken über den Fluss. Langheckboote tuckern auf dem Nam Ou hin und her, Kinder hüpfen ins seichte Wasser, Fischer mit kegelförmigen Strohhüten werfen ihre Netze aus, und am anderen Ufer bearbeiten die Bauern ihre

Felder mit Ochsen vor dem hölzernen Pflug. Das Bild ist nicht mehr genau dasselbe wie 1999, aber doch sehr ähnlich. Eines allerdings fehlt: Auf der Speisekarte finde ich eine große Auswahl an lokalen und internationalen Gerichten ... aber keine saftigen Ratburger.

Muang Ngoi Nuea und Nong Khiaw liegen nicht nur am Banana Pancake Trail, sondern auch noch an einer anderen Route, dem Ho-Chi-Minh-Pfad. Die Erinnerung an die einstige Gewalt ist allgegenwärtig, trotz der friedlichen Atmosphäre des Lands und der lächelnden Gesichter. Man muss innehalten und für eine Weile die faszinierende Landschaft ausblenden, die Berge, den dichten Dschungel, die singenden Vögel und die bunten Schmetterlinge. Wer die Augen offen hält, dem können dann die auffallend vielen verkrüppelten Menschen und die fehlenden Gliedmaßen nicht entgehen. Auch wird er beim Blick über die Felder manchmal Leute mit Metalldetektoren zwischen den Reis anpflanzenden Bauern herumgehen sehen.

Der Grund ist der, dass hier, unter unseren Füßen, Millionen nicht explodierter Bomben aus dem andauernden Vietnamkrieg liegen, dem Krieg, der hier meist »Amerikanischer Krieg« genannt wird. Manchmal liegen Bombenfragmente auch offen rum, die die Laoten dann als Gartendekoration verwenden oder zu Souvenirs, zum Beispiel zu Messern und Bestecken, für Touristen umarbeiten. Ich spreche übrigens mit voller Absicht von einem »andauernden Krieg«. Die Geschichtsbücher und Lexika, die den Vietnamkrieg 1975 enden lassen, haben das falsch verstanden. Zu Ende war er vielleicht für die Amerikaner. Sie begannen, sich 1973 aus Südostasien zurückzuziehen, da Washington einsehen musste, dass sich die öffentliche Meinung gegen einen Krieg wandte, der zu viel Geld und allzu viele Leben von amerikanischen Soldaten kostete (58 220 nach den Archiven der USA). Für Vietnamesen, Kambodschaner und insbesondere für Laoten geht der Kampf aber bis heute weiter. Denn kein Tag vergeht ohne zivile Opfer durch amerikanische Blindgänger. Und ich kann, bei aller gebotenen Zurückhaltung, einen Konflikt nicht für beendet erklären, der immer noch Menschen tötet.

Die meisten Todesfälle ereignen sich auf dem früheren Ho-Chi-Minh-Pfad. Er war die Versorgungslinie für den kommunistischen Vietcong und die Nordvietnamesen, gegen die die Amerikaner, die Regierung von Südvietnam und einige wenige Alliierte kämpften. Über dieses Wegenetz, das durch Laos und Kambodscha führte, wurde Munition zu den kommunistischen Truppen an der Front transportiert. Um den Nachschub zu unterbrechen, zerbombten die USA diesen Teil von Laos vollständig. Die Operation wurde im Geheimen durchgeführt, da Laos nach den Genfer Konventionen von 1954 und 1962 ein neutraler Staat und nicht direkt am Vietnamkrieg beteiligt war. Krieg führende Staaten durften seine Grenze demnach nicht überschreiten. Keiner der Gegner nahm freilich viel Rücksicht auf solche Abkommen. Die Kommunisten bestritten die Existenz des Ho-Chi-Minh-Pfads, und die Amerikaner leugneten ihre Flächenbombardements und die verdeckten Operationen der CIA zur Ausbildung antikommunistischer Hmong-Kämpfer in Laos. In einer Welt noch ohne Internet, Twitter und lückenlose Medienpräsenz konnten Regierungen die Öffentlichkeit leicht über ihr wahres Tun täuschen. Die Akten zu den amerikanischen Bombenkampagnen blieben bis zum Jahr 2000 unter Verschluss. Erst dann machte Präsident Bill Clinton die Dokumente zugänglich.

Der Umfang der militärischen Aktionen ist kaum zu fassen. Zwischen 1964 und 1973 wurden 580 344 Angriffe geflogen, bei denen die USA zwei Millionen Tonnen Bomben – mehr als im Zweiten Weltkrieg auf Deutschland und Japan zusammen – und

270 Millionen Streubomben über Laos abwarfen. Das entspricht einer Flugzeugladung alle acht Minuten, neun Jahre lang, rund um die Uhr. Man könnte das vielleicht rechtfertigen, wenn die USA nur feindliche Truppen auf dem Ho-Chi-Minh-Pfad angegriffen hätten. Das aber war nicht der Fall. Die Piloten der B-52 machten keinen Unterschied zwischen Vietcong und laotischen Zivilisten. Noch deprimierender aber ist, dass bei einem Drittel der 270 Millionen Streubomben der Zünder versagte, sodass sie noch scharf im sumpfigen Boden des Dschungels und in den Reisfeldern versanken. Dort explodierten sie oft erst viele Jahre später, wenn Bauern oder ihre Kinder sie bei der Landarbeit zufällig auslösten.

Zwischen 1999 und 2008 gab es in Laos 2184 Vietnamkriegstote, und allein 2014 waren es nochmals über 300. 40 % der Opfer sind Kinder, wie das COPE-Zentrum berichtet, eine karitative Einrichtung, die durch Sprengkörper verletzte Menschen betreut und sie mit Prothesen versorgt. Bisher konnten Suchtrupps erst weniger als 1 % der Blindgänger aufspüren und unschädlich machen. Bei dieser Geschwindigkeit wird es Jahrhunderte dauern, bis die Gefahr vollständig beseitigt ist. Erst dann wird der Vietnamkrieg wirklich beendet sein, und kein Bauer wird mehr sein Leben riskieren müssen, um seine Familie zu versorgen.

Wer aber stellt die Suchtrupps? Für die Beseitigung von Blindgängern engagieren sich vor allem einheimische Freiwilligenorganisationen, die durch Spenden finanziert werden. Ich frage mich, warum, um alles in der Welt, nicht das dafür verantwortliche amerikanische Militär den Saustall aufräumen muss, den es hinterlassen hat? Zugegeben, die amerikanischen Zahlungen für die Räumung von Blindgängern in Laos beliefen sich zwischen 1995 und 2013 auf etwa drei Millionen Euro pro Jahr. Das ist aber eine lächerliche Summe, wenn man sie mit den knapp

18 Millionen Euro (umgerechnet auf den Wert der Währung im Jahr 2014) vergleicht, die die neunjährige Bombardierung pro TAG gekostet hat. Die Welt, in der wir leben, ist nicht gerecht.

Eines aber erstaunt mich noch mehr als die unglaubliche Hartnäckigkeit, mit der Washington umfassende Hilfe und Engagement verweigert: Warum nur sind die Laoten so verdammt nachsichtig? Wer könnte in ihrer Situation ähnlich reagieren? Ich sicher nicht. Hier aber existieren Animositäten gegenüber Besuchern aus dem Westen einfach nicht. Laos war im vorigen Jahrhundert ein Spielball für viele Nationen, nämlich Frankreich, Japan, Vietnam, Thailand und die USA. Dennoch sinnt niemand auf Vergeltung. Man sieht sogar Einheimische, die T-Shirts mit dem Aufdruck »I love America« tragen. Kann man sich vorstellen, New Yorker würden sich die afghanische Flagge auf den Balkon hängen? Oder wäre es denkbar, dass Bewohner von Darwin in Australien ein Abziehbild mit »Japan is Number One« hinten am Pick-up kleben haben? Können Juden jemals den Holocaust verzeihen oder Amerikaner den Schuldigen an 9/11? Die erstaunliche Fähigkeit der Laoten, die Vergangenheit ruhen zu lassen und der Geschichte nicht zu erlauben, das tägliche Leben zu bestimmen, verdient meinen höchsten Respekt. Ich bin der Meinung, dass die Welt von ihnen lernen sollte – könnte sie das, dann ginge es auf unserem schönen Planeten viel friedvoller zu.

Täglich beobachtet man, wie Laoten die Philosophie des Darbietens auch der anderen Wange verinnerlicht haben. Das gilt besonders für den Umgang mit den oft respektlosen ausländischen Touristen. Manchmal frage ich mich besorgt, ob hier nicht die Definition von Toleranz bis an die Grenze des Masochismus ausgeweitet wird. Als wir vor unserem Gästehaus in Luang Prabang unseren Morgenkaffee trinken, werden wir Ohrenzeugen einer Unterhaltung zwischen vier britischen Rucksacktouristinnen am Nebentisch. Deren komplette gemeinsame Bekleidung würde gerade mal reichen, um eine einzige Person halbwegs zu bedecken. Sie tragen Bikinioberteile, und ihre Höschen sind so kurz, dass die untere Hälfte der Pobacken zu sehen ist.

»Sollen wir erst in den Tempel gehen oder ein Bier trinken? Oder lieber anders herum?« Als sie auf die Straße hinausgehen, fragt eine andere: »Hey, meint ihr, wir sollten uns für den Tempel noch was anziehen?«

Man könnte meinen, die Antwort sei selbstverständlich, aber für Touristen, die mit Scheuklappen durchs Land laufen, ist sie es nicht. Vielleicht sind ihnen auch die Sitten und Gefühle der ansässigen Bevölkerung schnurzegal. Wie auch immer, Laura kann sich nicht zurückhalten, dreht sich zu den Mädchen um und ruft ihnen voller Ironie hinterher: »Meint ihr wirklich?!?«

Viele junge Ausländer benehmen sich hier, als wären sie auf Ibiza oder den Bahamas. Die männlichen gehen ohne Hemd durch die Stadt und in die Läden, und jede Nacht dröhnen sie sich mit Drogen und Alkohol zu. Die Einheimischen sagen zu all dem kaum je ein Wort. Nein, sie lassen es zu, dass wir ihre einst friedfertige Heimat versauen, und zum Schluss, wenn wir abreisen, danken sie uns noch fürs Kommen.

Es würde mich interessieren, ob diese Toleranz aus dem buddhistischen Glauben erwächst oder ob die Laoten dem Karma in voller Passivität erlauben, Gegenwart und Zukunft zu bestimmen. Vielleicht ist es aber auch eine Kombination von jai-yen, nahm-jai und gkrehng-jai. Jai-yen kann man am besten mit »ein kühles Herz« beschreiben, das sich durch Gelassenheit, Verzeihen und Geduld auszeichnet. Es geht dabei um die Vermeidung von Konflikten und die Wahrung des eigenen Gesichts auch bei Provokationen und gilt als Zeichen einer emotionalen Reife. Nahm-jai (Wasser, das vom Herzen fließt) meint Großzügigkeit ohne Erwartung einer Gegenleistung, und bei gkrehng-jai (fürchten) geht es darum, Respekt zu zeigen, höflich und rücksichtsvoll zu sein, sodass auch ein Gegenüber nicht in Gefahr gerät, das Gesicht zu verlieren. Es könnte aber auch sein, dass die Menschen hier inzwischen so an unmanierliche Fremde gewöhnt sind, dass sie diese gar nicht mehr wahrnehmen. Das Gemüt reagiert auf Wiederholungen wie das Auge auf zu helles Licht: Die Empfindlichkeit nimmt ab. Wer lange durch ein von Armut überzogenes Land reist, wird irgendwann dem Elend keine Beachtung mehr schenken. Und entsprechend preist man im Westen die Vorzüge von Strom und fließendem Wasser nicht jedes Mal, wenn man das Licht einschaltet oder den Wasserhahn aufdreht.

Wäre es denkbar, dass die laotische Toleranz ganz einfach dem Verlangen nach Touristendevisen geschuldet ist? Während der letzten 15 Jahre ist Laos bei den Backpackern zu einem unglaublich beliebten Ziel geworden. Es gibt zwar keine Strände, aber es ist warm und sonnig, man kann sich für wenig Geld betrinken und an jeder Ecke Gras kaufen. Fast die Hälfte der Landeseinnahmen stammt aus dem Tourismus. 2014 kamen 4,1 Millionen Besucher – viel im Vergleich zu einer Bevölkerung von 6,8 Millionen. 1998 zählte man hingegen nur 120 903 einreisende Ausländer (ausgenommen Besucher aus den Nachbarländern). Selbst dann, wenn sich alles nur ums Geld drehen würde, sollte meiner Meinung nach jeder Reisende sein Verhalten kritisch prüfen und sich der Macht über die örtliche Kultur bewusst sein, die er dank seines Portemonnaies ausübt. Es ist nichts dabei, wenn ein Trip Spaß macht – darum geht es am Ende ja immer –, aber bitte nicht auf Kosten der Gastgeber. Ich meine, dass wir Laos schon genug geschadet haben. Nicht?

Unsere Visa gelten noch zwei Monate, in denen wir so viel wie möglich sehen wollen, vor allem die Orte, die ich bei meiner ersten Reise ausgelassen habe. Da die Hauptstraßen in Laos nun ausgebaut und perfekt geteert sind, können wir an einem Tag Strecken zurücklegen, für die ich damals eine Woche gebraucht habe. Das Zelten allerdings ist immer noch ein Problem. Der Dschungel Südostasiens ist von den Mischwäldern Nordamerikas oder Europas grundverschieden. Während man sich in Letzteren mit dem Motorrad zwischen den Bäumen durchschlängeln kann, bis man einen schönen Platz zum Campen findet, ist hier der Bewuchs so dicht, dass man ohne Machete keine paar Meter eindringen kann. Außerdem ist das Übernachten im Busch alles andere als ein Vergnügen. Selbst jetzt in der kühlen Jahreszeit liegen die Nachttemperaturen im Tiefland bei rund 30 °C. Die Luftfeuchtigkeit ist erstickend, und es weht nicht das kleinste Lüftchen. Dazu kommen die Insekten. Ganze Heerscharen von Säbelzahntigermücken zwingen einen nach Einbruch der Dunkelheit, sich hermetisch von der Welt abzuschließen. Will man bis Mitternacht am Lagerfeuer sitzen, sollte man sich dick mit einem Repellent einschmieren oder Lederkombi, Handschuhe und Helm nicht ablegen. Anzumerken ist, dass man beim Feuermachen gut aufpassen muss. Die Einheimischen fachen es, wenn sie schlau sind, auf einem zuvor aufgehäuften Steinhügel an – die Hitze eines Feuers direkt auf dem Boden könnte darunter verborgene Munition zur Explosion bringen.

Nicht nur die Straßen, auch die Städte haben sich extrem verändert. In Vang Vieng erkenne ich das Lächeln der dort lebenden Menschen und die Bergzacken im Hintergrund wieder, sonst aber wenig. Früher war das einmal ein recht friedliches Dorf mit drei oder vier Hostels und einem einzigen Tourenanbieter, der Autoreifenschläuche vermietete, auf denen sich die Touristen den Fluss hinuntertreiben lassen konnten. Heute trägt die Hauptstraße der Stadt den Spitznamen Khaosan Road nach dem berüchtigten Backpackergetto in Bangkok. Eine Videobar steht neben der anderen, und drinnen glotzen die ausländischen Gäste x-fach wiederholte Folgen der alten Fernsehserie

Friends und berauschen sich an sogenannten Happy Shakes – Milchshakes mit halluzinogenen Pilzen. Drogenhandel und -konsum sind in Laos verboten, doch »Softdrogen« wie Marihuana und Magic Mushrooms werden von der Polizei geduldet, wenn es ihr gerade in den Kram passt. Bei dringendem Geldbedarf kann ein Polizist kiffenden Farangs jedoch jederzeit eine Strafe von 500 Euro abknöpfen. Auf dem Nam-Song-Fluss sind es mittlerweile Hunderte Touristen, die sich in aufgeblasenen Schläuchen von einer Uferbar zur anderen treiben lassen. Und das Restaurant, in dem ich meinen ersten Ratburger genossen habe? Es existiert nicht mehr.

In der Hauptstadt Vientiane machen wir für längere Zeit Halt. Das dritte Weihnachten seit unserer Abreise aus Deutschland steht vor der Tür, darüber hinaus bin ich aber das erste Mal auf unserer Reise ernsthaft krank geworden. Ich habe Amöbenruhr und Würmer obendrein. Dazu gehören üble Symptome wie Blut im Stuhl, Durchfall, Fieber und Muskelschmerzen. Die meisten Laoten kurieren Krankheiten mit ihrer traditionellen Medizin, teils wegen der hohen Kosten für Medikamente, teils weil sie daran glauben. Selbst in den kleinsten Dörfern kann man Mittelchen gegen alle nur denkbaren Leiden kaufen. Als ich auf meiner ersten Tour nach etwas gegen Kopfschmerzen fragte, wurde mir geraten, mir einen lebenden Frosch mit einer Schnur an die Stirn zu binden. Seither vertraue ich lieber auf die westliche Medizin. Sicher hätte ich auch mit einem Frosch am Kopf herumlaufen können, oder, falls das nicht geholfen hätte, auch mit einem Gecko oder einer Katze, aber Aspirin zu schlucken ist viel einfacher und stresst kein armes Tierchen. Erfreulicherweise gibt es in Vientiane ein gutes Krankenhaus, wo man mir einen ganzen Sack voll Antibiotika und anderen Tabletten mitgibt. Die nächsten Wochen soll ich täglich 18 Pillen schlucken. Ich hoffe, das hilft. Die Weihnachtsplätzchen möchte ich mir nicht entgehen lassen.

In meinem elenden Zustand darf ich an Essen nur denken. Mein Hunger ist gewaltig, doch wenn ich mehr als ein, zwei trockene Kekse zu mir nehme, meine ich, einen ganzen Schwarm Piranhas im Bauch zu haben. Ruhr ist eine Infektion durch Viren, Bakterien oder Parasiten, die man sich in der Regel durch kontaminierte Nahrung oder verseuchtes Wasser zuzieht. Wenn ich aber der hiesigen Volksweisheit glaube, so bin ich krank, weil meine 32 Khwan Urlaub genommen haben. Und dagegen hilft nur eine Baci-Zeremonie, auch Baisi- oder Sukhwan-Zeremonie genannt. Die in Laos vorherrschende Religion ist der Theravada-Buddhismus, der hier aber viele Elemente von Satsana Si enthält, einem animistischen Glauben, bei dem es vor allem um die Besänftigung von Geistern geht. Diese wohnen überall, in Reisfeldern, Höhlen, Bäumen, Gebäuden, Tieren und Menschen, und sind nicht zu übersehen. Fast jede laotische Wohnung hat einen Miniaturtempel auf einem Ständer vor der Tür stehen, der mit Gaben für die Geister versehen ist – Reis, Geld, Blumen, Räucherwerk und Coca-Cola. Viele Reisende werden auch einmal den erwähnten Khwan begegnen, wenn sie zu einem Baci eingeladen werden. Diese 32 Geister im Körper sind, ein wenig wie christliche Schutzengel, dafür verantwortlich, ihren Träger gesund zu halten. Leider haben sie die schlechte Angewohnheit, manchmal auszureißen. Dann muss man versuchen, sie zurückzurufen, wie einen Hund, der über den Zaun zum Nachbarn gesprungen ist.

Noch in Nong Khiaw hatten wir eine Einladung zu einem Baci erhalten, nachdem wir dort mit einem jungen Laoten Bekanntschaft geschlossen hatten, der sich gerade von einem schweren Motorradunfall erholte. Er hatte Flipflops und Shorts getragen und war mit dem Kopf voran in ein entgegenkommendes Auto geflogen. Motorradunfälle sind in Laos sehr häufig. Wenn man durch die Gegend fährt, sieht man alle paar Kilometer die Umrisse verunglückter Motorräder und ihrer Fahrer, die die

Polizei mit Kreide auf dem Asphalt markiert hat. Dennoch weigern sich die meisten Laoten IMMER NOCH, Helme zu tragen oder wenigstens lange Hosen anzuziehen, um ein klein wenig geschützt zu sein. Sie sind damit nicht allein. Auch Touristen, die es besser wissen sollten, fahren auf ihren Leihrollern barfuß, ohne Hemd und benebelt durch Geister aus der Flasche, denen sie gehuldigt haben. Kein Wunder, dass jeder zweite Backpacker bandagierte Knie und Ellenbogen hat.

Die Baci-Zeremonie erwies sich als eine umfangreiche und für die Laoten kostspielige Sache. Ob die Verwandten des armen Kerls das Geld nicht besser für den Kauf von Motorradhandschuhen als für die Besänftigung der Khwan verwendet hätten? Die Zeremonie begann damit, dass sich die Anwesenden im Kreis um eine riesige Schüssel voll Opfergaben und langer, weißer Baumwollschnüren versammelten, drumherum verschiedene Sorten Gebäck, aber auch Getränke, Reis, Eier und Räucherstäbchen. Das Amt des Zeremonienmeisters übernahm der Angesehenste unter den Anwesenden. Er entzündete einige Kerzen und lud dabei die Geister ein, am Fest teilzunehmen. Unter Mantragesang weihte er dann die weißen Schnüre mit geschmolzenem Kerzenwachs. Dann band er sie um das Handgelenk unseres laotischen Bekannten, 32 Schnüre, jede mit drei Knoten. Dadurch sollten nun alle 32 Khwan wieder an die Leine gelegt und an ihrem angestammten Ort befestigt sein. Damit nicht genug. Nachdem die Hauptperson versorgt war, bekam nun jeder der Reihe nach seine Schnüre, auch wir. Mit jedem Knoten erhielten wir einen Segen. Drei Tage lang sollten wir die Schnüre mindestens befestigt lassen, damit unsere Khwans Wurzeln schlagen konnten. Besser wäre es allerdings, die Schnüre so lange zu tragen, bis sie von selbst abfielen. Zum Abschluss der Baci-Zeremonie wurde dann alles verzehrt, was die Geister übrig gelassen hatten. Sie schienen keinen großen Appetit gehabt zu haben, denn nach meinem Dafürhalten war das so ziemlich alles.

Jetzt, in Vientiane, sind meine Schnüre längst abgefallen, und ich habe keine Ahnung, wo meine Geister sein könnten. Die Medikamente zeigen immerhin Wirkung, und bald bin ich wieder so fit, dass ich diese französisch angehauchte Stadt erkunden kann. Laos war einst ein Protektorat, und ich empfinde Vientiane als eine eigentümliche Mischung aus Europa und Südostasien. Als das erste Einkaufszentrum vor einigen Jahren errichtet wurde, kamen die Menschen aus allen Landesteilen, um das Parkhaus und die Rolltreppen zu bewundern. Die Zeitungen nannten Letztere »elektrische Leitern« und rühmten den Mut derer, die sie benutzten. Neben dem Zentrum befindet sich der Markt, auf dem man an improvisierten Ständen gefälschte Luxusuhren, Kleidung und elektronisches Spielzeug kaufen oder Essen für einen Euro mitnehmen kann. Die meisten Gerichte entsprechen auch dem westlichen Geschmack, etwa mok pa (gedämpfter Fisch in Bananenblättern), larb (Hackfleischsalat), vegetarische Frühlingsrollen und Klebereis in Bambus. Manchmal aber entfährt einem beim Probieren ein Schrei des Entsetzens: »Hey! Essen sollte sich auf dem Teller nicht bewegen!« Als Laura ein vermeintlich hart gekochtes Ei aufschlägt, blicken sie zwei kleine Äuglein an. Es ist khai look, ein 17 Tage alter Hühnerembryo, eine laotische Delikatesse, die perfekt zu einem kühlen Beer Lao passen soll. Laura verschmäht es, und ich muss mich ohnehin an trockene Kekse halten.

Am 31. Dezember gehen wir hinunter zum Mekong und suchen uns ein ruhiges Fleckchen am Flussufer, um den Sonnenuntergang über der thailändischen Seite zu betrachten und auf das Feuerwerk zu warten. So gewaltig wie in Sydney oder in Dubai wird es nicht werden, denn das laotisch-thailändische neue Jahr beginnt Mitte April und das vietnamesisch-chinesische Anfang Februar.

Da – eine Rakete! Und noch eine! Eine Gruppe Ausländer schwenkt Wunderkerzen. Das neue Jahr ist da – sei gegrüßt 2015.

Dolente

Traurig, klagend

Kambodscha, 20.4.2015

Es wird Zeit, dass jemand ein Motorrad mit Klimaanlage erfindet. In den europäischen Alpen schneit es, aber hier im Süden von Laos herrscht eine Hitze, bei der es wehtut, den Fahrtwind einzuatmen. Ich fühle mich, als hätte ich einen elektrischen Fön in der Kehle. Zum Glück können wir uns auf dem Bolaven-Plateau ein wenig erholen. Auf diesem weitgehend unberührten Hochland sollen sich sogar einige wilde Asiatische Elefanten tummeln. Früher gab es davon sehr viel mehr. Bis zum 18. Jahrhundert hieß Laos »Lan Xang« oder »Land einer Million Elefanten« und nicht »Land einer Million Bomben«. Heute aber leben die meisten der grauen Riesen in Gefangenschaft. In den zahlreichen Ökolodges sind sie eine Attraktion für die Touristen, die dort auf ihnen reiten, einen Mahutkurs zur Ausbildung als Trainer absolvieren, oder auch nur filmen, wie die zu kurz angeketteten Elefanten sich zu Tode langweilen. Der Dschungel hingegen ist immerhin noch wild, und auch die vielen Hundert Wasserfälle, die von den Bergen herabstürzen, sind noch da. Alle paar Kilometer zweigt ein unbefestigter Weg von der Hauptstraße ab und führt zu einem von ihnen, der über mehrere Stufen zum untersten, hellgrünen Wasserbecken plätschert. Wir nutzen jede Gelegenheit, darin unterzutauchen und uns zu erfrischen. Im Tiefland werden wir erst wieder an der Südküste Kambodschas Abkühlung finden. Hier oben aber ist sogar das Zelten angenehm. Die Nächte sind so frisch, dass wir draußen sitzen können, und statt von den Moskitos aufgefressen zu werden, erfreut uns die Bioversion der Glühbirne: Die Luft ist erfüllt von Glühwürmchen, die mit einem winzigen, durch Luciferase angetriebenen Chemiereaktor auf dem Rücken unser Zelt beleuchten.

Leicht verfällt der Laosreisende in einen ewig gleichen Trott. Ein Tag ist wie der andere, wir liegen in den Hängematten, wenn wir nicht gerade am Fuß eines Wasserfalls baden, wir trinken Bananenshakes im Schatten der Palmen und strecken ansonsten alle viere von uns. Und seltsam, es stört uns nicht im Mindesten, dass dieser Trott ewig gleich ist! Laos ist hochgefährlich – Besucher des Lands mutieren allzu leicht zu Faultieren. Ich zweifle sehr daran, dass die Landessprache überhaupt Wörter für Stress oder Burn-out kennt. Diese Begriffe existieren übrigens auch in den meisten europäischen Sprachen noch nicht lange. So sucht man das Wort Burn-out in deutschen Wörterbüchern, die vor 1988 erschienen sind, vergebens, und Stress als physiologische Erscheinung kennt man erst seit 1936. Vorher war das ein physikalischer Fachausdruck für Zugkräfte, die in einem Festkörper wirken.

Wir würden es noch lange auf dem Hochplateau aushalten, da wir aber Gäste erwarten, müssen wir weiterziehen. Meine Eltern wollen uns für drei Wochen in Kambodscha besuchen, und schon bald werden sie auf dem Flughafen von Seam Reap ankommen. Nachdem ich ihnen von unserem südostasiatischen Lifestyle vorgeschwärmt hatte, wollten sie sich ebenfalls auf die faule Haut legen. Das dürfen sie sich auch gönnen. Mein Vater wird dieses Jahr 70; er hat sein Leben lang gearbeitet und ist immer noch in seinem Beruf tätig. Wenn nicht er eine Auszeit in der Hängematte verdient hat, wer dann?

Weder Vater noch Mutter mögen im Zelt übernachten. Wenn sie Urlaub machen, dann sollte einiger Luxus geboten sein, zumindest wenn man das mit unseren Ansprüchen vergleicht. Diese Neigung zum guten Leben hat vor allem drei Gründe. Der erste hängt mit dem Alter zusammen. Mit 70 hat man alle möglichen Wehwehchen, die es höchst unangenehm machen, bei 40 °C Hitze auf dem Boden zu schlafen. Zum Zweiten suchen meine Eltern Erholung vom Stress und der Verantwortung des Arbeitslebens, und keine Abenteuer. Am wichtigsten ist aber vielleicht der dritte Grund: Sie können sich eine Belohnung leisten, und ich meine, das sollten sie auch tun. Warum macht man ein halbes Jahrhundert lang seinen Job und verdient sein Geld, wenn man es dann nicht ausgibt? Günstig für Laura und mich ist dabei, dass sie uns, da ja Urlaub ist, dazu einladen, im gleichen Luxushotel zu übernachten wie sie – es wäre ja auch unsinnig, getrennte Quartiere zu beziehen. Ich würde lügen, wenn ich behauptete, mich nicht auf die kommenden 21 Tage zu freuen. Da werden wir in gemütlichen Betten schlafen, in seidenen Bademänteln herumlaufen und beim Frühstücksbüfett nach Herzenslust schlemmen. Es ist verdammt lang her, dass wir einmal ein Zimmer nicht mit den dort residierenden Schaben teilen mussten.

Zum Dank kümmern wir uns um die Organisation, sodass meine Eltern nicht viel mehr tun müssen, als aus dem Flugzeug zu steigen und zu genießen. Wir buchen die Transfers, suchen die besten Restaurants und schauen, welche Exkursionen angeboten werden: Ein Besuch der weltberühmten Tempel von Angkor, eine Bootsfahrt auf dem Mekong zu den schwimmenden Dörfern und ein Ausflug zum Strand.

So verabschieden wir uns also vom Hochland, überschreiten die kambodschanische Grenze und fallen meinen Eltern wenige Wochen später am Flughafen von Seam Reap in die Arme. Unser Hotel heißt Sofitel Angkor Phokeethra Golf and Spa Resort und bietet – mein lieber Schwan – sogar beheizte Klobrillen. Davon habe ich bislang noch nie gehört. Laura wirft ihre Motorradstiefel von sich und lässt sich sofort auf das große Doppelbett fallen, über dessen Bezug duftende Frangipaniblüten verstreut liegen. Ich selbst begebe mich auf den »Thronsitz« im Bad und spiele mit den Bedienknöpfen.

»Laura, ich glaube, ich werde den Weltrekord im Dauerklositzen brechen – diese Toilette ist fantastisch! Ich kann hier sogar fernsehen.«

Eigentlich besteht in einem tropischen Land kaum Bedarf an einem Aufbrutzeln der Pobacken. Nachdem ich aber die Klimaanlage auf 16 °C gestellt habe – nur so, weil ich das kann –, tut es doch recht gut.

»Schau nur«, ruft Laura, »ich hab Gänsehaut. Wusste gar nicht mehr, dass ich so was kriegen kann.«

Wir haben flauschige Hausschuhe, Schokolade im Kühlschrank, ein paar Hundert internationale Fernsehkanäle, die Handtuchhalter sind beheizt, und unser Zimmer ist so groß, dass wir darin Rad schlagen könnten. Jetzt aber klingelt das Telefon; Mutter und Vater sind schon an der Poolbar und fragen, ob wir zu einem Willkommenscocktail kommen mögen. Wie könnten wir so ein Angebot ablehnen?

Ehrlich gesagt möchte ich nicht lange Zeit in einem Sternehotel leben – ich hause lieber unter echten Sternen als unter solchen, die von Menschen vergeben werden. Aber für einen Monat alle paar Jahre ist es eine Wonne, die Batterien aufladen zu können und sich am Büfett verlorene Kilos wieder anzufuttern. Das gilt besonders jetzt, da ich mich langsam von der Ruhr erhole. Eigenartigerweise gibt es ein Gerücht um meine Person und um Reisende mit einem ähnlichen Lebensstil, das ähnlich zählebig ist wie das andere, ich sei ein glühender Umweltschützer. Viele Leute glauben nämlich, dass jeder, der zu einer Fernreise über Land aufbricht, ein überzeugter Kapitalismusgegner ist, der materialistische Ideologien hasst. Sie ziehen ihre Schlüsse offensichtlich aus dem zufriedenen Bild, das zum Beispiel ich abgebe, obwohl all meine irdische Habe in zwei Motorradkoffer passt. Da kombinieren sie nicht ganz richtig. Der einzige Grund für meinen geringen materiellen Besitz ist der, dass ich im Gegensatz zu meinen Eltern nie Karriere machen wollte. Meine Leidenschaft ist das Reisen, es ist für mich das Wichtigste. Und wenn jemand jahrelang ohne festen Job um die Welt fährt, dann sind seine Taschen eben leer – oder »dry as a dead dingo's donger«, wie man das in Australien ausdrückt. Hätte ich gern mehr Geld? Aber sicher! Bin ich bereit, mehr zu arbeiten und weniger zu reisen, damit ich mehr in der Tasche habe? Absolut nicht. Warum bin ich glücklich? Weil ich meinen Traum lebe und nicht, weil ich wenig besitze – das ist nur eine Nebensache. Der Grund, warum wir keine schicken Klamotten fürs Motorrad haben und uns nicht oft an Orten aufhalten, an denen die Klobrillen beheizt sind, hat nichts mit moralischen Vorbehalten gegenüber dem Materialismus zu tun. Das ist lediglich eine Folge unseres Wunschs, lange Zeit zu reisen. Ich LIEBE Geld – denn wie kann etwas schlecht sein, von dem man sich Schokolade und Motorradersatzteile kaufen kann? Meine persönliche Freiheit liebe ich allerdings noch mehr.

Hie und da begegnet man einem Reisenden, der meint, es sei sein gutes Recht, alle zu verurteilen, die sich ein Leben in Luxus und teure Urlaube leisten.

»Das ist nicht das wahre Reisen«, wird er predigen. »Das wahre heißt, in Privatquartieren statt im Luxushotel zu übernachten. In den kleinen Dörfern trifft man die echten Einheimischen und kann etwas über das Land lernen, das man gerade besucht.«

Manchmal frage ich mich, ob solche Leute nicht einfach neidisch sind. Selbstverständlich kann man echte Kambodschaner auch in einem Hotel wie dem Sofitel Angkor Phokeethra antreffen. Jeder Angestellte dort, vom Portier über die Putzfrauen bis zum Küchenpersonal, ist authentisch. All diese Leute können eine Geschichte erzählen und werden sich mitteilen, wenn man ihnen die richtigen Fragen stellt. Als Mitarbeiter im Gastgewerbe sprechen die meisten von ihnen Englisch und können einem Ausländer oft auch komplizierte Themen viel besser erläutern als die Eigentümer ländlicher Unterkünfte. Man kann demnach die Meinung vertreten, dass man in einem Haus der gehobenen Klasse mehr von den Gastgebern lernt, als wenn man sich mit dem Rucksack durch den Busch schlägt. Eine andere Sache ist es natürlich, dass sich nur die wenigsten Gäste eines teuren Hotels mit dem Personal anfreunden. Im Allgemeinen stehen sie lieber an der Poolbar herum.

Die Poolbar – das ist für mich eine Premiere. In einem Pool sitzend habe ich noch nie einen Drink genossen. Ich lasse Laura bestellen, denn das Einzige, was ich auf der Karte verstehe, ist »screwdriver«, nur als Wort. Ist das ein Drink? Was könnte da drin sein? Oder ist es das Gerät, mit dem der Barkeeper die Getränke umrührt? Laura meint, eine Piña Colada würde mir eher schmecken.

»Oder möchtest du Sex on the Beach«, fragt sie mit einem Augenzwinkern. Ich weiß überhaupt nicht, wovon sie redet. Eine Weinkarte kann ich lesen, aber dann endet mein alkoholisches »Expertenwissen« auch schon. Meine Eltern lassen sich schon mit den Gläsern in der Hand durch den Pool treiben. Sie sind entspannt und glücklich. Ich auch.

Das Glück. Wenn das persönliche Wohlbefinden nicht von anderen abhängt und wenn die Gehirnchemie ungestört ist und keine Depressionen verursacht, dann ist Glück nach meiner Meinung meistens leicht zu finden. Voraussetzung ist, dass man früh im Leben erkennt, was man will, dass die Träume halbwegs realistisch bleiben und dass man bereit ist, sich anzustrengen, um sie zu verwirklichen. Ob nun der Ehrgeiz zur Gründung einer Familie treibt, zum beruflichen Erfolg oder zum Bereisen der Welt – alle Träume haben den gleichen Wert. Ohne Zweifel gibt es Ausnahmesituationen, in denen einem unkontrollierbare äußere Einflüsse zum Verhängnis werden und jegliche Anstrengung vergebens ist. Das können alle kambodschanischen Hotelangestellten über 40 bestätigen. Ihr verhängnisvoller Fluch trug den Namen Rote Khmer.

Wie Laos geriet auch Kambodscha in den Strudel des Vietnamkriegs. Nordvietnamesen und Vietcong transportierten hier auf dem südlichen Teil des Ho-Chi-Minh-Pfads Nachschub durch das Land, Südvietnam und die USA griffen ein, und das entstandene Chaos nutzte eine kommunistische Gruppe mit dem Namen Rote Khmer, um der Regierung die Kontrolle über das Land zu entreißen. 1975 nahmen die Roten Khmer die Hauptstadt Phnom Penh ein und begannen fast zeitgleich, eine der schlimmsten humanitären Katastrophen aller Zeiten herbeizuführen. Pol Pot, der Führer der Gruppe, und seine Gefolgsleute wollten die Gesellschaftsordnung Kambodschas völlig umkrempeln und das Land in einen egalitären Bauernstaat verwandeln. Die gesamte Bevölkerung der Hauptstadt wurde deportiert und zu Zwangsarbeit auf den Feldern verurteilt. Wer sich widersetzte, wurde hingerichtet, ebenso die Intellektuellen, Ärzte, Lehrer und Wissenschaftler, die als Bedrohung für das Regime angesehen wurden. Schon das Tragen einer Brille genügte als Grund für die Festnahme und die Exekution auf den Killing Fields, den Orten, an denen man die Todesstrafen vollstreckte. Schulen wurden in Gefängnisse umgewandelt und deren Insassen oft so lange gefoltert, bis sie Freunde und Familienangehörige als Staatsfeinde denunzierten. Das Bild des Landes begann, an Goyas furchterregendes Gemälde *Saturn verschlingt seinen Sohn* zu erinnern. In kaum vier Jahren ermordeten die Roten Khmer schätzungsweise rund zwei Millionen Menschen, was fast einem Drittel der Bevölkerung entsprach. Ich kann mir solche Zahlen auch nicht ansatzweise vorstellen – übertrüge man sie auf die USA, so hieße das, Washington würde 100 Millionen Amerikaner töten.

Erst 1979 endete die Schreckensherrschaft, nachdem Pol Pots Truppen Vietnam überfallen hatten, um das historisch zum Khmerreich gehörende Mekongdelta zu besetzen. Vietnam antwortete darauf mit einer Invasion Kambodschas, besiegte die Roten Khmer innerhalb weniger Monate und befreite das Land. Die Anhänger Pol Pots flohen ostwärts und verbargen sich im Dschungel an der thailändischen Grenze. Von dort setzten sie bis in die 1990er-Jahre ihren Guerillakrieg fort. Als ich kurz vor dem Jahrtausendwechsel in Südostasien war, konnte man in Kambodscha noch kostenlos mit der Eisenbahn fahren, wenn man einen Sitz im ersten Wagen wählte – denn der wurde in die Luft gejagt, wenn die Guerillakämpfer die Gleise vermint hatten.

Und jetzt liege ich hier faul im Pool, neben mir Laura und meine Eltern. Ich schlürfe eine Piña Colada und der Barkeeper, der sie mir gebracht hat, war wohl ein Teenager, als die Roten Khmer an die Macht kamen. Wie kann er nur mit einer solchen Vergangenheit klarkommen? Sind seine Eltern umgebracht worden, wurde er selbst verhaftet und gefoltert, war er gezwungen worden, auf den Killing Fields andere hinzurichten? Musste er, um zu überleben, seine Eltern verraten, oder ihnen gar mit einer Machete die Kehlen durchschneiden, während er selbst den Gewehrlauf eines Roten Khmer im Rücken hatte? Kann nach solchen Erlebnissen jemals noch etwas wie Glück gefunden werden? Es ist hart, wenn man in einem Konflikt körperliche Schäden erlitten hat, aber zuletzt vernarben die Wunden. Wie aber könnte bei seelischen Traumata Erste Hilfe geleistet werden? Mit Heftpflaster ist es da nicht getan.

Die Regierung Kambodschas und die UN haben versucht, den Heilungsprozess zu unterstützen, indem sie das Rote-Khmer-Tribunal an den Außerordentlichen Kammern der Gerichte von Kambodscha eingerichtet haben, vor dem die Führungsriege der Roten Khmer angeklagt werden soll. Die Mühlen der Justiz mahlen jedoch mit quälender Langsamkeit: Bis heute sind nur drei Personen wegen Kriegsverbrechen verurteilt worden. Die meisten Roten Khmer, die damals leitende Positionen einnahmen, sind entweder bereits an Altersschwäche gestorben oder zu senil, um noch verhandlungsfähig zu sein. Warum dauerte es 30 Jahre, bis die Prozesse begannen? Ein Grund dafür war der Kalte Krieg in den 1980er-Jahren. Während seiner Dauer konnte im UN-Sicherheitsrat keine Resolution passieren, mit der ein Kriegsverbrechertribunal hätte eingerichtet werden können. Ein anderer Grund ist die mangelnde Bereitschaft der kambodschanischen Regierung zur Kooperation. Premierminister Hun Sen war einst selbst ein Kommandeur der Roten Khmer. Er kam 1998 ins Amt und hat es dank Wahlfälschung, Bestechung und Inhaftierung von Oppositionellen immer noch inne. Bei alledem muss man beachten, dass es nicht die vordringliche Aufgabe des heutigen Tribunals ist, Schuldige hinter Gitter zu bringen. Das Hauptaugenmerk liegt auf etwas anderem: Ähnlich wie die Wahrheits- und Versöhnungskommission in Südafrika will das Gericht, dass die Opfer den Tätern, den Richtern und der Welt ihre Geschichten erzählen. Die Hoffnung dabei ist, dass diese Berichte künftige Gräuel verhindern helfen. Die Verhandlungen gegen die Roten Khmer könnten für den Heilungsprozess – als Gegenstück des juristischen Prozesses – vielleicht nützlich sein. Ich hoffe das jedenfalls.

Zerstörung von innen heraus wie hier, von außen kommender Tod wie in Laos – die Gewalt scheint so alt zu sein wie das Menschengeschlecht. Ich glaube nicht, dass ein Spieler auf unsere Humanität wetten würde. Viele Einzelne haben ein großes Herz, aber es gibt auch genügend Menschen, die kaum so viel Empathie aufbringen wie eine Malariamücke. Als Reisende hoffen wir stets, mehr von der ersten und weniger von der zweiten Sorte zu treffen. Doch halt, statt über die dunklen Seiten der menschlichen Seele nachzugrübeln, sollte ich während unseres Familientreffens positivere Gedanken hegen. Ich steige aus dem Pool, trockne mich ab und mache mich zusammen mit den anderen zu unserem heutigen Ausflug bereit. Angkor Wat und die Tempel der Umgebung stehen ganz oben auf der Liste der Sehenswürdigkeiten. Auch die Geschichte dieser großartigen Bauten ist mit Krieg und Blutvergießen verbunden, doch wiegt diese Bürde, viele Jahrhunderte nach ihrer Errichtung, nicht mehr schwer. Selbst die seelischen Wunden einer Gesellschaft kann die Zeit heilen; es dauert nur wenige Hundert Jahre.

Die meisten kambodschanischen Tempel wurden während der Blütezeit des Khmerreichs auf Geheiß der zwischen dem 9. und 15. Jahrhundert regierenden Gottkönige errichtet. Ursprünglich waren sie hinduistischen Gottheiten geweiht, wurden aber später, als der Buddhismus die Oberhand gewann, umgewidmet. Die Tempelanlage Angkor Wat war der Mittelpunkt der Hauptstadt des Reichs Angkor. Auf einer Fläche von 3000 Quadratkilometern waren in der riesigen Stadt bis zu einer Million Menschen zu Hause. Zur gleichen Zeit hatte London lediglich 15 000 Einwohner. Im Jahr 1432, 60 Jahre vor der Ankunft von Christopher Kolumbus in Amerika und 174 Jahre, bevor Willem Janszoon den Fuß auf australischen Boden setzte, wurden die Tempel größtenteils aufgegeben, als die Hauptstadt in die Nähe des heutigen Phnom Penh verlegt wurde.

Wir erkunden die verstreuten Stupas, in denen die Gebeine einstiger Könige ruhen, betrachten die rund 200 steinernen Antlitze von Avalokiteshvara in Bayon und steigen die Stufen zu den hoch aufragenden, zentralen Heiligtümern hinauf ... zusammen mit dem heutigen Kontingent der zwei Millionen Menschen, die Angkor jährlich besuchen. Der Ort ist eine der bekanntesten Touristenattraktionen weltweit und entsprechend überlaufen, weshalb es nicht immer einfach ist, seine Atmosphäre gebührend zu würdigen und zu genießen. Tha Promh ist vielleicht das einzige Baudenkmal, das meiner Fantasie Nahrung gibt: Es sind nicht die von Menschen geschaffenen Strukturen, die mich faszinieren, sondern die Erkenntnis, dass auch das mächtigste Reich nichts gegen die Natur vermag. Anders als die meisten Tempel hier wurde Tha Promh nicht aufwendig restauriert, sondern dem wuchernden Dschungel überlassen. So scheint dieser Tempel als einziger zu »leben«, mit Wänden, die von Ranken und Moos bedeckt sind, mit Türmen, die von der Umarmung der Bäume erdrosselt werden. Wir zwängen uns durch die zahlreichen Korridore und Hallen, die oft durch herabgefallene Steinblöcke versperrt sind, und bestaunen ehrfürchtig die Kraft, die in den Samen der Pflanzen ruht und selbst die stärksten Bollwerke bricht und zu Fall bringt.

Als Nächstes wollen wir den verschlafenen, von Palmen bestandenen Inseln des Mekong einen Besuch abstatten und uns dann ans Meer begeben, um ein wenig zu schwimmen. In die Wellen gestürzt haben wir uns das letzte Mal in der Türkei, vor mehr als 18 Monaten. Der beste Ausflug aber, auf den ich mich am allermeisten freue, ist unser allmorgendlicher Sturz ans Frühstücksbüfett. Vanilledonuts, Pfannkuchen mit Ahornsirup, Speck und Eier, Roquefort, scharf, aber gut – mein Motto ist »nichts darf übrig bleiben«. Nach Jahren im Zelt sind wir sehr froh über die Gelegenheit, uns etwas Gutes zu tun.

Auch einen doppelten Geburtstag gilt es zu feiern. Mein Vater wird bald 70, ich selber 45. Ein Teil von mir möchte es wie die Kambodschaner machen, die überhaupt keine Geburtstage feiern. Als wir in Deutschland aufgebrochen sind, hatte ich erst zwei graue Haare im Bart, nun habe ich schon fünf. Und vor Kurzem musste ich mir erstmals eine Lesebrille kaufen. Was aber tun? Im Periodensystem bin ich jetzt Rhodium, ein silberweißes Übergangsmetall mit 45 Protonen. Das passt zu mir;

mit meinen halben 90 stehe ich zweifellos am Übergang ins hohe Alter. Trotz allem zaubern mir der Kuchen, den Laura und meine Eltern für mich organisiert haben, und der Geschenketausch ein breites Lächeln ins Gesicht. Dieses Jahr will ich darüber hinaus der islamischen Tradition folgen, die mich verpflichtet, meiner Mutter an meinem Geburtstag ein Geschenk zu machen. Es ist ein Zeichen des Danks dafür, auf die Welt gebracht worden zu sein. DAS ist nun ein Ritual, das mir gefällt!

Später schwelgen wir in Erinnerungen, was immer für einiges Gelächter sorgt. »Erinnerst du dich, wie du mich andauernd gefragt hast, wann ich endlich erwachsen werde, Vernunft annehme und mir eine anständige Arbeit suche?«, frage ich meine Mutter.

»Aber ja, manchmal möchte ich das immer noch gern wissen«, neckt sie mich. »Also, sag mir, wann du Laura heiratest und ihr mir zu einem Enkelkind verhelft?«

Manches ändert sich zwischen Eltern und ihren Kindern nie, schätze ich.

Laura und meine Mutter lassen sich massieren und besuchen danach einen Kochkurs. Ich begebe mich mit meinem Vater an die Bar, wo wir nach alter Sitte über das Lebens philosophieren. Wir beide verstehen nicht, was all die Kräuterdämpfe, Reflexzonenbehandlungen, Aromatherapien und Thaimassagen sollen, an denen unsere Frauen so großen Gefallen finden, obwohl es durchaus sein kann, dass uns etwas Tolles entgeht. Wir überbieten uns mit Ideen für exotische Varianten, zum Beispiel eine mongolische, eine botswanische oder gar eine gefürchtete bayerische Massage, und krümmen uns vor Lachen. Was einen da wohl erwarten würde?

Bevor wir uns versehen, neigt sich der Besuch meiner Eltern dem Ende entgegen, und bald schon fliegen sie wieder zurück nach München. Die Zeit, die wir zusammen sein konnten, ist viel zu schnell vergangen – nun wird es wohl eine ganze Weile dauern, bis wir uns wieder sehen werden.

...

Zurück in den Sätteln von Puck und Pixie, fahren wir Slalom zwischen den Unmengen Fahrzeugen in Phnom Penh und suchen einen Platz, wo wir Unterschlupf finden können. Es gibt größere Städte auf der Welt, aber – mit Ausnahme von Indien vielleicht – nirgendwo einen chaotischeren Verkehr. Alles, was Räder hat, ist ein Beförderungsmittel oder zu einem solchen umgestaltet. Wir sehen Dreiräder im Thaistil, bekannt als Tuk Tuks, Motorroller mit Anhänger und Fahrradrikschas, auf denen die Passagiere entweder vorn oder hinten mitfahren. Dass vier Leute auf einem Roller für zwei sitzen, ist normal, der Rekord, soviel ich gesehen habe, liegt aber bei sechs: drei auf dem Sitz, ein Kind auf dem Lenker und zwei Kleinkinder in Eimern, die einer der Mitfahrer links und rechts in den Händen hält. Frauen fahren meist im Damensitz auf den Motorrädern, wie einst die Damen des Viktorianischen Zeitalters auf ihren Pferden, und gar mancher Mitfahrer macht auf dem Motorroller ein Nickerchen, ohne herunterzufallen. Bei ihrem Schlingerkurs und der völligen Unaufmerksamkeit an Kreuzungen könnte ich fast schwören, dass auch die Fahrer selbst manchmal einschlafen.

Man glaubt, dass jeder Verkehrsteilnehmer hier wenigstens zehn Unfälle täglich bauen müsste – aber dem ist nicht so. Möglicherweise herrscht in diesem Chaos eine geheime Ordnung, die ich nur nicht erkennen kann. Die mathematischen Biowissenschaften haben untersucht, wie Individuen in Vogelschwärmen, Fischschwärmen und Ameisenvölkern interagieren und kommunizieren. Das Ziel war es, eine Gesetzmäßigkeit zu finden, die die kollektive Fortbewegung so steuert, dass sich keine Zusammenstöße ereignen. Die Experimente ergaben zugrunde liegende Muster, die Funktionen der Statistik folgen. Machen es die Südostasiaten ebenso? Lernen sie in der Fahrschule die Algorithmen für die Optimierung von Ameisenvölkern? Sicher sagen kann ich nur, dass man nach wenigen Monaten in Kambodscha besser und sicherer Motorrad fahren lernt, einfach weil man jeden Moment das Unerwartete erwartet. Im Westen geschehen viele Unfälle, da die Fahrer wissen, dass sie Vorfahrt haben, und deshalb an Kreuzungen oder bei grüner Ampel nicht aufpassen. Missachtet dort ein anderer Fahrer die Vorschriften, kracht es. Hier gibt es keine Regeln, zumindest hält sich keiner an sie, und so muss man ständig aufmerksam sein.

Endlich finden wir ein brauchbares Hostel und checken dort ein. In puncto Komfort ist das ein großer Schritt abwärts, wenn man es mit dem Resort vergleicht, das wir mit meinen Eltern bewohnt haben. Wände und Fenster sind so dünn und der Straßenlärm so höllisch, dass wir kaum schlafen können. Die ganze Nacht hören wir eine wahre Kakofonie, gespielt von einem Orchester aus hupenden Tuk-Tuks, Discos, Karaokebars, Videospielhallen und raufenden Betrunkenen. Anders als einen Laoten stört es einen Kambodschaner nicht im gleichen Maß, wenn er das Gesicht verliert, indem er öffentlich vor Wut brüllt. Das Echo dieses Durcheinanders grenzt in unserem Zimmer an Folter. Man stelle sich vor, mit den Fingernägeln über eine Schultafel zu kratzen, während man auf einem Stück Alufolie kaut – das gibt eine Idee von dem, was wir mitmachen. Der Gipfel ist schließlich, dass mir im Bett jemand den großen Zeh annagt. Wir haben eine Maus im Zimmer.

Am nächsten Morgen wanken wir mit Kaffeetassen in der Hand auf den Balkon hinaus, um uns die Nachbarschaft von oben anzusehen. In der Regel bin ich kein schlechter Panegyriker[35],

[35] Jemand, der Lob huldigt, dass der Honig nur so fließt.

aber in diesem Fall gibt es nichts zu lobpreisen. Zwielichtig ist vielleicht das Adjektiv, das am besten zu unserer Straße passt. Überall gammeln Abfallhaufen vor sich hin, Betrunkene torkeln heimwärts oder pinkeln an die Laternenmasten. Am Straßenrand zähle ich ein gutes Dutzend Prostituierte, die auf morgendliche Kunden warten. Ein anderer Frühaufsteher gesellt sich zu uns auf den Balkon. Er kommt ursprünglich aus England, lebt aber seit Jahren hier und sieht aus, als wäre er soeben aus einem Gully gekrochen. Sein Geruch ist dementsprechend, seine Haare sind fettig und wirr, seine Wangen eingefallen, und obwohl es erst sieben Uhr in der Frühe ist, trinkt er schon ein Bier und raucht Gras.

»Sua s'dei«, grüßt er uns auf Khmer. »Was für eine Party gestern Nacht. Man muss diese Stadt einfach lieben.«

Ich schätze, einige Leute mögen diese Stadt tatsächlich, sonst würden nicht so viele Ausländer hier leben. Aber was zieht sie an? Nach einigen weiteren Tassen Kaffee und einer kalten Dusche fühlen wir uns wach genug für einen Spaziergang. Bald schon haben wir den Königspalast gefunden und auch die Silberpagode. Deren Gärten quellen über von Frangipanibäumen, und aus den Tempeln strömen in Orange gehüllte Mönche. Sie schwärmen jeden Morgen mit ihren Essschalen aus, um von den Einwohnern Phnom Penhs Gratisspeisen zu erbitten, die ihr einziges Mahl am Tag darstellen. In den Becken vor den goldenen Gebetshallen schwimmen Blüten, Mosaike auf Säulen zeigen meditierende Bodhisattvas, und Buddhastatuen wachen über den Ort. Die wunderbare Stille spendet Trost nach der Hektik des Stadtlebens. Irgendetwas aber sagt mir, dass die Tempel nicht der Grund sind, warum sich so viele Ausländer hier für lange Zeit niederlassen. Auch würde ich wetten, dass die Anziehungskraft der Stadt nichts mit der Promenade am Fluss Tonle Sap zu tun hat und auch nicht mit dem Hafen, wo man Fahrten in den Sonnenuntergang buchen kann. Die Westler treiben sich nämlich vor allem in einem ganz anderen Viertel von Phnom Penh herum, auf der Rue 172, die bekannt ist für eine ganze Reihe Bars, wo billiger Sex und noch billigere Drogen zu haben sind. Ist das wirklich ein Grund, den Westen zu verlassen und sich hier niederzulassen?

Als armes Land kennt Kambodscha zahlreiche gesellschaftliche Probleme. Die Situation wird durch die berüchtigte Bestechlichkeit der Beamten, die Unterdrückung der politischen Freiheit und durch die Schmiergelder, die den Einheimischen abverlangt werden, wenn sie ein Geschäft betreiben wollen, verschärft. Die Arbeitsbedingungen in vielen Fabriken sind haarsträubend, vor allem in der Textilindustrie, die mehr als die Hälfte zum landesweiten Exportumsatz beiträgt. Die Arbeiterinnen, die Modeartikel für Nike, Adidas und Gap herstellen, bekommen zurzeit etwa 100 Euro Monatslohn. Nach Angaben unabhängiger Experten lagen die Lebenshaltungskosten in Phnom Penh 2014 bei mindestens 170 Euro. Jedes Mal, wenn die Fabrikarbeiter für eine Lohnerhöhung auf die Straße gehen, gibt es Tote, da die Sicherheitskräfte mit scharfer Munition in die Menge schießen. Das bekannteste gesellschaftliche Problem in Kambodscha ist aber wohl seine florierende Sexindustrie, insbesondere die Kinderprostitution. Man kann in einigen Städten tatsächlich schon für zehn Euro pro Stunde ein Kind »mieten«.

Wir schlendern die Rue 172 hinunter und sehen sie dort vor den Pubs sitzen: blutjunge, kaum bekleidete Mädchen auf dem Schoß siebzigjähriger Westler. Ist dieses Problem importiert? Ja und nein. Es stimmt, dass viele Ausländer wegen billigem Sex ins Land kommen, aber die Kunden sind in der Mehrzahl Kambodschaner, und es sind ausschließlich Einheimische, die ihre Dienste anbieten. Die Drogendealer, die Nutten und die Zuhälter sind alle aus Phnom Penh, ebenso die Beamten, die deren

Treiben dulden, und die Familien, die ihre Töchter ans Sexgeschäft verkaufen. Nach Schätzungen der UNICEF gibt es fast eine Million Kinderprostituierte in Asien, und wenn man einer Umfrage aus dem Jahr 2014 Glauben schenkt, dann sehen drei Viertel der Kambodschaner Prostitution als normal und nicht als entwürdigend an. Da kann es nicht verwundern, dass sich landesweit 100 000 Menschen in diesem Metier tummeln.

Plötzlich zieht mich Laura am Ärmel und ruft: »Schau doch nur Chris, der tote Mann da.«

Nur ein paar Meter von uns entfernt liegt irgendein armer Kerl im Straßengraben, bekleidet mit einem Poloshirt, Shorts und einer einzelnen Sandale. Sein genaues Alter lässt sich schwer abschätzen, denn irgendwer hat sein Gesicht bereits mit einer roten Serviette zugedeckt. Nach seinen bleichen, sommersprossigen Unterarmen zu schließen, ist er ein Ausländer, kein Khmer. Und als ob nichts geschehen wäre, sitzen die Gäste eines nahen Straßencafés einfach da, lachen, reden gelassen weiter und stopfen sich mit Croissants voll.

»Ich fühle mich mies«, sagt Laura, »komm, lass uns ins Hotel zurückgehen.«

Später erfahren wir, dass das der zweite westliche Besucher ist, der in diesem Monat auf der Rue 172 gestorben ist, ob infolge seines Alters oder wegen einer Überdosis Viagra, weiß niemand.

Anders als der Auswanderer, dem wir am Morgen auf dem Balkon begegnet sind, kann ich an dieser Stadt nichts Attraktives wahrnehmen. Nach der Rückkehr in unser Zimmer wollen wir als Erstes duschen, um all den Schmutz abzuwaschen. Mag auch das Wasser klar sein, wir fühlen uns nicht sauber. »Das Schöne, das einem begegnet, macht das Leben lebenswert« ist einer meiner Wahlsprüche ... aber man kann es hin- und herwenden, wie man will, hier können wir nichts Schönes erblicken. Es wird besser sein, weiterzureisen.

Nachdem wir die Stadt hinter uns gelassen haben, machen wir Halt beim Tuol-Sleng-Genozidmuseum und bei den Choeung Ek Killing Fields. Diese Orte, die mich an die Gedenkstätten in Ruanda erinnern, die ich während meiner Reise mit Matilda gesehen habe, wollte ich meinen Eltern nicht zumuten. Das Museum ist eine frühere Highschool, die von den Roten Khmer in ein Foltergefängnis umgewandelt wurde, und Choeung Ek, das Feld, auf dem 17 000 Insassen ermordet wurden, ist heute eine malerische Obstplantage mit einer Gedenkstätte, in der 8000 Schädel aufbewahrt werden. Im Vergleich zu den späten Siebzigerjahren ist Phnom Penh heute ein Paradies. Damals, so sagt man mir, lagen Tote nicht nur im Rinnstein, sondern trieben jeden Tag den Fluss hinab. Was mich besonders bedrückt, ist das unheimliche Gefühl, dass hier, ganz anders als in Laos, die brutale Gewalt wieder explodieren könnte. Ich hoffe, ich täusche mich.

Wir fahren durch das zentrale Tiefland, unsere Nasen nehmen einen Hauch von Salzluft wahr, aus den Reisfeldern werden Mangroven, und schließlich sehen wir durch eine Lichtung das endlose, bis zum Horizont reichende Blau des Meers. Die Küste Kambodschas bildet den nördlichen Rand des Golfs von Thailand, eine ausgedehnte, aber flache Bucht, die sich zum Südchinesischen Meer hin öffnet. In den nächsten fünf Monaten wollen wir ihr folgen, von Kambodscha über Thailand bis nach Malaysia: 3000 Kilometer Strand, tropische Inseln und gegrillte Garnelen.

Eine erste Rast machen wir in Kep, einem Urlaubsort am Meer, wo sich in der Kolonialzeit einst die französische Elite aufhielt. Ihre Villen sind längst verschwunden, und die Stadt ähnelt eher einem verschlafenen Dorf mit einem kleinen Fischereihafen, einem Krabbenmarkt und einer Reihe Buden am Strand, wo es Fisch vom Grill, Tintenfisch am Stock und in der Pfanne gebratene Insekten gibt. Sihanoukville, unsere nächste Station, ist weitaus belebter. Da wir keine Fullmoonpartys besuchen wollen, fahren wir zu dem Strand, von dem es heißt, er sei der ruhigste und am wenigsten ausgebaute. Er nennt sich Otres und passt am besten zu Reisenden, die sich selbst als moderne Hippies betrachten. Ihr Aussehen ist noch das der 1970er-Jahre, nur der Piepton, wenn eine Nachricht auf ihrem iPhone eintrifft, ist neu. Die meisten haben Rastafrisuren, und fast ohne Ausnahme sind sie rundum tätowiert. Ich habe mit Hippietum ebenso wenig am Hut wie mit Tattoos, aber manchmal gefällt mir die Atmosphäre dieser alternativen Kultur. Die Menschen hier zu beobachten, ist mindestens so interessant wie ein Besuch des Louvre in Paris. Man muss sich nur einen Stuhl vor den eigenen Bungalow stellen und die Körperkunst vorbeiziehen lassen. Es ist erstaunlich, oft sogar schön, was einige Leute für Gemälde auf ihrer Haut tragen.

Das Meer spielt da nur eine Nebenrolle; zur Weltspitze zählen diese Strände nicht. Der Golf von Thailand ist so seicht, dass sein Wasser nicht kälter ist als der Tee, den man trinkt. Erst nach einem halben Kilometer Marsch geht das Wasser wenigstens bis zu den Knien. Wir mieten ein Boot und fahren zu den Inseln vor der Küste, um zu schnorcheln. Es gibt ein paar Riffe mit bleichen Korallen, in denen eine vielfältige Unterwasserfauna lebt. Mit dem Roten Meer, Australiens Great Barrier Reef oder anderen bekannten Tauchgebieten aber kann das alles nicht mithalten. Die meisten Gäste wollen in Otres nur entspannen oder ein wenig Meditation und Yoga praktizieren. Ich ersetze das durch das Verspeisen von Pizzas mit Meeresfrüchten und durch Rauchen. Für mich ist das ungefähr dasselbe, auch wenn ich jemanden, der diese Meinung teilt, erst noch finden muss.

Leider wirft die Zivilisation selbst in diesen entlegenen Winkel ihre Schatten. Im Gästehaus findet man Schilder wie diese:

»Vorsicht! Die meisten Straßenkinder sind Taschendiebe.« »Verzichten Sie bitte auf einen Besuch der Waisenhäuser in Sihanoukville. Die Kinder dort sind von armen Familien gemietet oder gekauft worden, um Touristen zu Spenden zu bewegen.« »Es wird davor gewarnt, nachts allein über den Strand zu gehen.« Wirklich, nur wenige Tage nach unserer Ankunft, werden alle Hostel-Bungalows, mit Ausnahme des von uns gemieteten, aufgebrochen. Die Diebe machen sich dabei nicht einmal die Mühe, die Türschlösser zu knacken, sondern steigen durch die strohgedeckten Dächer ein. Uns lassen sie in Ruhe, weil wir keine Partygänger sind und schon um neun Uhr im Bett liegen.

In der gleichen Woche werden zwei weitere Hostels von Diebesbanden geplündert und das, in dem wir logieren zum zweiten Mal. Wir denken, dass das mehr als genug ist, und packen unsere Siebensachen, auf dass sie nicht zu Sechs- oder Nochwenigersachen werden.

Kambodscha war in mehrerlei Hinsicht eine intensive Erfahrung: Mit meinen Eltern schwelgten wir Tage in Luxus, in Phnom Penh knabberte ein Nagetier an meinen Zehennägeln, in Angkor sahen wir Wunder der Baukunst, und über den Killing Fields lagerte Entsetzen. Bei so viel Auf und Ab sehnen wir uns nun nach ruhigerem Fahrwasser. Ich glaube, Thailand könnte da gerade das Richtige sein.

INTERMEZZO 9

Overlandia: Warum man noch heute aufbrechen sollte

45 Jahre alt. Heiliger Ratzburger! Und knapp die Hälfte der Zeit – genau gesagt, die letzten 40 % – war ich fast nonstop auf Weltreise. Bei dieser meiner Lebensweise lässt sich nichts vorhersagen. Wer weiß, was als Nächstes geschieht, wen wir treffen und wo wir uns abends schlafen legen. So mag ich das. Eine tägliche Dosis Chaos, und das Leben bleibt spannend. Eine Stunde aber gibt es jeden Tag, in der ich die Routine weitaus höher schätze als den Zufall: Sie beginnt 30 Minuten vor Sonnenaufgang und endet 30 Minuten danach. Dies ist die Zeit meines Aufwachrituals, an dem ich unerschütterlich festhalte. Ich schätze, dass jeder Mensch in seinem Leben einen Nordstern braucht, an dem er sich orientiert. Ich habe sogar zwei. Der eine ist Laura, der andere mein gewohnter Morgen, der im Universum meiner Reisen den Koordinatenursprung bildet, von dem ich die Zufallsstrahlen des Tags ausgehen lasse.

Klingelt mein innerer Wecker, stemme ich mich auf die Ellenbogen, öffne den Zelteingang und stecke den Kopf ins Freie, um zu sehen, ob die Welt noch da ist. Zu meinem großen Entzücken bin ich bisher nie enttäuscht worden. Das Letzte, was ich als Erstes am Morgen brauchen könnte, wäre die Erkenntnis, dass die Welt verschwunden ist. Ich wüsste nicht, was in so einem Fall zu tun wäre, besonders nicht vor meinem ersten Schluck Kaffee. Es ist eine nicht zu leugnende Tatsache, dass meine neurologischen Funktionen ziemlich lange brauchen, um in die Gänge zu kommen. Ich ähnle da einem alten Series Land Rover an einem kalten Tag: Bei dem steckt man nicht einfach den Zündschlüssel ins Schloss und fährt los. Auf meinen Reisen mit Matilda musste ich nach richtig kalten Nächten erst die Zündkerzen herausschrauben und sie über meinem Kocher aufheizen. Waren sie wieder eingesetzt, machte ich eine Tasse voll Benzin warm, gab ein Schnapsglas davon in den Vergaser, holte die Anlasserkurbel und drehte wie ein Verrückter. Meinen Gehirnmotor anzuwerfen, bedarf eines vergleichbaren Aufwands. Vielleicht haben einige Eigenheiten Matildas auf mich abgefärbt. Man sagt oft, dass Hundehalter nach längerem Zusammenleben ihren Tieren zu ähneln beginnen. Warum sollte das nicht auch für Fahrer und ihre Fahrzeuge gelten? Auf der jetzigen Reise sitze ich auf einem japanischen Motorrad. Wie wird mich das wohl verändern?

Habe ich mich der fortgesetzten Existenz der Welt versichert, werfe ich erst einen Blick auf Laura und dann zwei weitere auf Puck und Pixie (immer in dieser Reihenfolge), um sicherzugehen, dass sie niemand gestohlen hat. Dann krieche ich halb aus dem Schlafsack, taste nach der Stirnlampe, zünde unseren Benzinkocher an und bringe einen Liter Wasser zum Kochen. Das klingt so, als wäre nichts dabei, aber ich darf daran erinnern, dass ich zu dieser Zeit noch halb im Koma liege. In meinem Gehirn rotieren nicht mehr als drei einsame Neuronen, und die Koordination von Auge und Hand ist jämmerlich. Nun habe ich in meinem Leben schon so oft Kaffee gekocht, dass ich für diese Aufgabe keinen Beistand durch höhere Fähigkeiten des Gehirns mehr benötige. Wie beim Gehen oder beim Radfahren hat sich die Tätigkeit so eingeprägt, dass sie voll automatisiert abläuft, ohne das Bewusstsein aufzuwecken. Eine Miniaktivität im Kleinhirn, in den Basalganglien und im Hirnstamm reicht aus – denn dies sind die Regionen, die die überlebenswichtigen Prozesse steuern, zu denen zweifelsohne auch die Fähigkeit zum Kaffeekochen gehört.

Wenn meine innere Uhr richtig getickt hat und ich am Abend vorher das Zelt korrekt ausgerichtet habe, sollte die aufgehende Sonne gerade dann auf meine Seite des Zelts scheinen, wenn ich das kochende Wasser eingieße. Ich wünsche ihr einen guten Morgen, schaufle vier gehäufte Teelöffel Nescafé in meinen Kaffeebecher, dazu ebenso viel Zucker (falls zur Hand) und rühre acht Mal im Uhrzeigersinn um. Dann kommt der erste Schluck. Die Wirkung macht sich schnell bemerkbar: Der Nebel im Gehirn lichtet sich, die Synapsen feuern, und die Sprechfähigkeit erwacht. Ich wende mich zu Laura und flüstere: »Buon giorno; il caffè è pronto.« Sie blinzelt mit einem Auge, streckt sich, deutet ein Lächeln an und gähnt dann so herzhaft, dass selbst abgebrühte Chasmologen[36] bezaubert wären. Meine Aufwachprozedur ist damit aber noch längst nicht beendet. Es dauert weitere 30 Minuten, bis mein Gehirn auf Hochtouren läuft und ich mich selbst für vorzeigbar halte. Dazu benötige ich zwei weitere Tassen Kaffee im Campingstuhl vor dem Zelt, eine Morgenzigarette und ein Sudoku, mit dessen Lösung ich mir beweise, dass ich meine Denkfähigkeit nicht während der Nacht in eine falsche Schublade gelegt habe.

Das Gehirn ist schon ein erstaunliches Maschinchen! Durch seine Vermittlung sehen wir die Welt und können

[36] Chasmologie ist die Wissenschaft vom Gähnen.

sogar versuchen, sie zu verstehen. Der übrige Körper besteht, wie Douglas Adams einst sagte, im Grunde nur aus Klumpen von weichem Gewebe, die an 206 zerbrechlichen und durch Gelenke verbundenen Knochen befestigt sind. Die Zentraleinheit ganz oben aber ist höchst erstaunlich. Niemand weiß sicher, wie sie genau funktioniert. Auf alle Fälle gibt es in unserem Schädel rund 100 Milliarden (10^{11}) Neuronen, die über 100 Billionen (10^{14}), vielleicht auch 500 Billionen ($5x10^{14}$) Synapsen miteinander kommunizieren. Die Neurokybernetiker sind uneins, wenn es um die Speicherkapazität unserer Festplatte geht. Nach den vorsichtigsten Schätzungen haben wir rund zehn Terabytes (10 000 GB) Speicher, nach den kühnsten bis zu 2,5 Petabytes (2 500 000 GB). In jedem Fall ist das eine ganze Menge. Dabei braucht dieses Gerät zum Betrieb weniger als 20 Watt Leistung, so viel wie Pucks Blinkerglühbirnchen.

Freilich sagt die Speicherkapazität allein nicht viel über die Rechenleistung aus, und ein Vergleich zwischen Gehirn und Computer hinkt in jedem Fall. Die dem menschlichen Gehirn einprogrammierte »Maschinensprache« ist kein Binärcode mit den Zuständen »ein« und »aus« für jede Synapse. Zudem werden viele Synapsen zur Datenverarbeitung und nicht zur Speicherung gebraucht, was dazu führt, dass von der gewaltigen, theoretisch möglichen Kapazität nur ein kleiner Teil als freier Speicher verfügbar ist.[37] Wenn es stimmt, dass die Größe des freien Speichers

[37] Es gibt Versuche, einen Schaltplan des Gehirns, ein Schema seiner »Verdrahtung«, genannt Human Connectome, zu entwerfen. Ein solcher Plan existiert bisher nur für ein Tier, den Fadenwurm *Caenorhabditis elegans*, der lediglich 302 Neuronen besitzt. Sollten die Forscher erfolgreich sein, können wir vielleicht besser verstehen, warum du »du« bist und ich »ich« bin.

dem entspricht, was die meisten Neurowissenschaftler derzeit (2015) annehmen, nämlich 500 000 GB, würde das genügen, um 120 Millionen PDF-Exemplare von *Hinter dem Horizont rechts* abzuspeichern ... obwohl es über meinen Horizont geht, warum jemand das wollen sollte.

Mit einer so großen Rechenleistung vollführen Menschen verblüffende Kunststücke – die einen sehr, die anderen weniger gut. An der Spitze stehen die »erstaunlichen Savants«, Personen wie Kim Peek. Er inspirierte zu dem Film *Rain Man* und hatte den exakten Inhalt von 12 000 Büchern im Kopf. Beim Lesen scannte er die linke Seite mit dem linken Auge und gleichzeitig die rechte mit dem rechten. Eine Enzyklopädie konnte er so in ein bis zwei Stunden auswendig lernen. Ein anderer Savant ist Stephen Wiltshire, der ganze Städte aus dem Gedächtnis auf eine Leinwand zeichnet, nachdem er sie kurz mit dem Hubschrauber überflogen hat. Da stimmt jedes Detail, von der Zahl der Fenster in den Wolkenkratzern von New York bis zu jeder Pantheonsäule in Rom. Daniel Tammet, ein weiterer dieser Gilde, kann die ersten 22 514 Stellen der Zahl Pi aufsagen. Sollten Sie das auch versuchen wollen, so empfehle ich, das Buch *The Value of Pi to 1 000 000 Decimal Places* von J. Guilloud und M. Bouyer zu kaufen. Es beginnt auf der ersten Seite mit 3,14... und endet 415 Seiten später mit ...58151. Es gibt Leute, die sagen, das sei das langweiligste Buch der Welt. Es wurde vom Commissariat à l'Énergie Atomique in Frankreich herausgegeben – und Sie sollten selbst dann in der Lage sein, es zu lesen, wenn Ihr Französisch schauderhaft ist.

Ich kann Pi nicht auf eine Menge Stellen hersagen, vergesse vielleicht einmal, wo ich meine Motorradschlüssel hingelegt habe, und am Morgen dauert es ewig, bis ich auf Hochtouren laufe. Trotzdem liebe ich mein Gehirn. Da sind jede Menge coole Dinge drin: Lieblingsorte, Menschen, Erfahrungen. Ein paar Dateien sind vielleicht unlesbar, ein paar andere in versteckten Ordnern verschwunden, aber das finde ich nicht tragisch. Ich passe so gut es geht auf meinen Kopf auf und füttere ihn fortwährend mit neuen, interessanten Daten. Und daher hat es mir große Sorgen bereitet, als sich kurz vor unserer Reise ein Virus im Betriebssystem gezeigt hat.

An einem strahlend schönen Morgen in Deutschland wachte ich auf und wollte mich an meine gewohnte Aufwachprozedur machen, doch irgendetwas stimmte nicht. Mein halbes Gesicht war vollkommen gelähmt. Ich konnte das linke Auge nicht schließen, nicht lächeln, beim Kaffeetrinken rann mir ein Teil gleich wieder aus dem Mund, und als ich Laura »Buon giorno« wünschte, klang ich wie Sylvester Stallone. Mein erster Gedanke war, dass ich in der Nacht einen Schlaganfall gehabt hätte. Sofort lief ein Film meiner Zukunft vor meinem inneren Auge ab[38] ... in wenigen Wochen wollte ich mit Laura zu unserer Motorradtour aufbrechen! Auf der Fahrt zum Arzt begann ich, mir einen Plan B zu überlegen. Welche Lebensträume würde ich aufgeben müssen, wenn die Sache ernst wäre? Ich kam zu keinem Schluss, denn ich hatte nie daran gedacht, dass meine Gesundheit einmal beeinträchtigt sein könnte.

---

[38] Manche Leute behaupten, in einer lebensbedrohlichen Situation laufe der Film der Vergangenheit vor den Augen ab. Das habe ich nie kapiert. Die Vergangenheit ändert sich nicht, gleich, ob man überlebt oder nicht. Die Zukunft dagegen sieht düster aus, wenn man stirbt.

Der Neurologe befestigte Elektroden an meinem Kopf und jagte 10 000 Volt durch mein Gehirn, um zu sehen, warum seine eine Hälfte nicht arbeiten wollte. »Sie haben Bell-Lähmung, idiopathische Fazialisparese!«, sagte er. Ich wusste nicht, was das war. Etwas Schlimmes? Schon fürchtete ich, der Arzt würde mir ein Schild mit »Außer Betrieb« ans linke Ohr hängen, doch nein. Er gab mir eine Menge Kortisontabletten und bat mich um Geduld. In der Regel ist einer von 60 Menschen einmal im Leben von der Bell'schen Parese betroffen. Diese entsteht in etwa 75 % der Fälle, wenn ein bisher verkapseltes Virus aufgrund einer Schwächung des Immunsystems reaktiviert wird und dann den siebten Hirnnerv angreift. Der geht nahe dem Ohr durch ein enges Loch im Schädel hinaus und teilt sich dann in viele Zweige auf. Schwillt dieser Nerv nun an, kommen aus dem Gehirn keine Daten mehr durch das Loch, und die Muskeln der betroffenen Gesichtshälfte sind gelähmt. In 80 % aller Fälle erholt man sich innerhalb eines Jahrs vollständig. Bei den restlichen 20 % bleibt die Lähmung, mehr oder weniger stark ausgeprägt, für immer erhalten.

Ich hatte Glück. Nach zwei Monaten waren die Symptome vollkommen verschwunden. Unsere Reise musste nicht ausfallen, nur ihr Beginn hatte sich ein wenig verzögert. Ich habe aus dieser Erfahrung gelernt. Das nächste Mal könnte es etwas Ernsteres sein. Das Leben ist fragil, und die Wahrscheinlichkeit zu sterben liegt fast unendlich nahe bei eins. Natürlich habe ich das auch schon vorher gewusst. Bei meinen Bergabenteuern bin ich so oft von Felsen gestürzt, dass ich mich nicht mehr dran erinnern mag, und auf meinen Reisen bin ich immer wieder in lebensbedrohliche Situationen geraten. Diesmal aber war die Gefahr eine andere. Ich hatte keinen Einfluss auf sie. Es ging nicht um die Wahl einer Route in den Alpen, die zu meiner Kletterkunst passte, und auch nicht um die Vermeidung gefährlicher Regionen auf einer Reise. Die Wahrscheinlichkeit für einen Schlaganfall, für Krebs, Diabetes, Arthritis und viele andere Krankheiten steigt exponentiell mit dem Alter, und leider kann ich die Uhr weder anhalten noch zurückdrehen.

Als Masochist ging ich auf eine Internetseite mit einer Lebensuhr, um zu erfahren, wie hoch meine Lebenserwartung ungefähr sein könnte. Zuerst muss man da eine lange Liste persönlicher Daten eingeben: Alter, Essgewohnheiten, Krankheiten in der Familie und so weiter. Einige Fragen waren in meiner Situation wenig sinnvoll, wie etwa die, ob ich beim Fahren immer den Sicherheitsgurt anlege. Matilda hatte keine Gurte, und auf einem Motorrad gibt es sie noch viel weniger. Nachdem ich auf »Senden« geklickt hatte, erschien eine den Bildschirm füllende Uhr, die Jahre, Tage, Stunden, Minuten und Sekunden anzeigte und rückwärts lief: ein makaberer Todes-Countdown. Für mich zeigte sie an, dass ich noch 43 Jahre, 226 Tage und 3 Stunden zu leben habe. Ich sah ein paar Minuten lang zu, wie meine Zeit entschwand, und schaltete dann ab. Nach dieser Rechnung war mein Leben zur Hälfte um. Ob dies nun stimmte oder auch nicht, sicher war, dass der verbleibende Rest sich seit dem Anklicken der Internetseite um 20 Minuten verkürzt hatte.

Das Leben ist ein »Spiel« zum Zeitvertreib, und seine Regeln sind einfach: Es gibt nichts weiter zu tun, als jede Stunde so lohnend wie möglich zu verbringen, bevor man den Löffel abgibt – dies aber im klaren Bewusstsein, dass unsere Reise durchs Leben eine ähnliche Hyperbelbahn bescheibt wie der Komet des Jahres 2007, McNaught C/2006P1. Der berühmte Halleysche Komet umkreist die Sonne und erscheint alle 76 Jahre wieder. Nicht so McNaught. Er durchquerte unser Sonnensystem nur ein einziges Mal, zeigte sich kurz und war dann für immer verschwunden. Dass auch wir lediglich einen Vorbeiflug haben, ist nur dann deprimierend, wenn man mit seinem Zeitvertreib unglücklich ist. Wenn Sie gelernt haben, jede Sekunde Ihrer Lebensreise freudig zu begrüßen, haben Sie das Spiel gewonnen.

Ich erinnere mich an einen Zeitungsartikel, in dem eine Altenpflegerin die letzten Gedanken der Sterbenden zusammengefasst hat. Nach ihren Angaben wurden vor allem drei Dinge bedauert. Zum einen wünschten die Alten, sie hätten den Mut gefunden, ihr eigenes Leben zu leben, statt das zu tun, was andere von ihnen erwartet hatten. Sie ließen in Gedanken all die Träume Revue passieren, die sie immer und immer wieder aufgeschoben hatten, bis sich ihr gesundheitlicher Zustand so verschlechtert hatte, dass es dafür zu spät war. Zum anderen wünschten sie, sie hätten mehr Zeit mit den ihnen Nahestehenden verbracht, statt ihr Leben in der Tretmühle der Berufsarbeit zu vergeuden. Schließlich bedauerten sie, dass sie ihre Gefühle nicht so offen gezeigt hatten, sondern sie unterdrückt und wichtige Dinge unausgesprochen gelassen hatten.

Das Gute ist, dass diese Reue vermieden werden kann, wenn man sich früh genug aufrafft. Was immer Sie auch tun mögen, warten Sie nicht bis zuletzt, um existenzielle Fragen an sich selbst zu stellen. Was wollen SIE für sich und Ihre Lieben? Wenn der Aufbruch zu einer Weltreise durch Ihre Träume geistert, dann starten Sie besser heute als morgen. Und wenn Ihnen dieses Buch nicht gefällt, legen Sie es weg. Sie haben Wichtigeres zu tun, als es zu lesen. Denken Sie daran, dass die Uhr tickt.[39]

[39] Es gibt EINE Methode, um die Uhr langsamer gehen zu lassen. Reisen hält jung – und es gibt dafür einen wissenschaftlichen Beweis. Einsteins spezielle Relativitätstheorie sagt eine Zeitdilatation voraus. Ein Mensch, der immer an Ort und Stelle bleibt, altert schneller als einer, der sich von A nach B bewegt. Bedeutend wird eine solche Zeitdehnung erst nahe der Lichtgeschwindigkeit. Dennoch wird sich der Zeitfluss sogar auf einem Motorrad verlangsamen. Für alle Geschwindigkeiten v kann man die Zeitdilatation durch den folgenden, genäherten Ausdruck wiedergeben: $T= tx(1-v^2/c^2)^{1/2}$. Auf meine achtjährige Fahrt mit dem Land Rover angewandt (4000 Fahrstunden mit durchschnittlich 50 Stundenkilometern) kann ich nun stolz behaupten, dass ich im Vergleich zu den Daheimgebliebenen um 0,0000000154 Sekunden weniger gealtert bin. Hurra!

Piacevole

Gefällig

Thailand, 1.8.2015

Die junge Frau bei der Passkontrolle verbeugt sich anmutig mit gefalteten Händen, als würde sie beten. Als ihre Fingerspitzen die Stirn berühren, sagt sie, begleitet von einem bezaubernden Lächeln: »Sawadee ka, willkommen in Thailand.«

Wie ist es möglich, einem profanen Gruß solche Eleganz zu verleihen? Wie viel mehr drückt dies aus als ein normaler Händedruck! Es scheint von vergangenen Tagen zu künden und eher einem Königshof als einem Grenzposten angemessen zu sein. Und was besonders erstaunlich ist: Die Gebärde ist nicht künstlich oder gezwungen, sondern von herzlicher Aufrichtigkeit. Oder täusche ich mich?

Diese traditionelle Begrüßung heißt »Wai« und ist das Erste, was Thailandbesuchern als Ritus begegnen wird. Von da an sieht man den Wai überall und jederzeit. Sogar die Statuen von Ronald vor dem Eingang zum McDonald's erheben ihre Hände in dieser gebetsartigen Weise, um die Besucher hereinzubitten. Wenn schon die Begrüßung so bemerkenswert ist, wie steht es dann erst mit der Gastfreundschaft? Wird unser Terminkalender bald überquellen mit Einladungen von uns völlig unbekannten Personen zum Essen, zu Hochzeiten und ins traute Heim, wie das rund um die Welt immer wieder vorgekommen ist?

Auf dem Weg nach Süden folgen wir der Küste durch üppige, tropische Landschaften. Ein Monat vergeht wie im Flug und dann noch einer. Hie und da machen wir Abstecher ins Landesinnere, oder wir laden unsere Motorräder auf eine Fähre und gehen auf einer der vielen Inseln vor der Küste zum Schnorcheln. Im Allgemeinen scheint die Gastfreundschaft in Thailand mit dem Wai zu beginnen, um dann mit höflichen, aber nie überschwänglichen Zeichen von Freundlichkeit gleich wieder zu enden. Nur ein einziges Mal werden wir auf einen Kaffee eingeladen, nämlich in einem Zollhaus in Krabi, die ganze übrige Zeit bleibt es beim Anlächeln. Dass dem nichts folgt, könnte bedeuten, dass viele Einheimische nicht wollen, dass Farangs in ihre Privatsphäre eindringen. Man verstehe mich nicht falsch: Wir ERWARTEN keine Einladungen. Doch im Hinblick auf Thailands Ruf als eines der gastfreundlichsten Reiseziele der Erde bin ich leicht verwundert. Denn es scheint, was das angeht, lediglich »normal« zu sein, was bedeutet, dass man die Gastfreundschaft mit der in Deutschland, Frankreich und den meisten westlichen Nationen vergleichen kann. In München werden doch auch nur wenige Touristen von Bayern verfolgt, die ihnen als Dank für den Besuch unbedingt Tüten voller Bratwürste aufdrängen wollen. In vielen anderen Ländern machen Einheimische aber so etwas!

Wenn ich bedenke, in welch gutem Ruf Thailand steht, muss ich mich doch fragen, ob wir nicht etwas falsch machen. Wir verhalten uns eigentlich wie immer, zeigen Respekt, ziehen uns angemessen an und lächeln stets freundlich. Lächeln wir vielleicht auf eine falsche Art? Wir erfahren, dass es in Thailand ein Dutzend Varianten des Lächelns gibt, von denen jede ihren besonderen Namen hat. An der Grenze hat es sich wahrscheinlich um ein höfliches yim thak thai gehandelt, das für Leute bestimmt ist, die man kaum kennt. Ein Taxifahrer in Bangkok, der vorhatte, uns übers Ohr zu hauen, lächelte wohl ein yim mee lessanai, das im Fall übler Absichten angebracht ist. Als ich meinen platten Reifen flickte, beobachtete mich ein Einheimischer und grinste ein yim yae-yae, das ungefähr »sieht nicht gut aus, aber es könnte auch schlimmer sein« bedeutet. Thais können all diese Varianten im Gesichtsausdruck ihres Gegenübers unterscheiden; Farangs, wie ich einer bin, fehlt das nötige Wissen. Als das Tourismusministerium Thailands »Das Land des Lächelns« als offiziellen Slogan wählte, hat es da vielleicht mehr an Quantität als an Qualität gedacht?

Dass Thailand sehr normal ist, wird klar, wenn man um eine tatkräftige Unterstützung bittet, die mehr als eine Selbstverständlichkeit ist. Ein Ferienhäuschen zu buchen ist einfach. Hat aber der Bankautomat am Wochenende die Kreditkarte verschluckt, könnten Sie sich im gleichen Dilemma befinden wie ein Ausländer in Mitteleuropa. Passiert Ihnen etwas Ähnliches hingegen im Iran, dann verwette ich mein Motorrad, dass innerhalb von zehn Minuten ein völlig Fremder Sie unter seine Fittiche nimmt, Ihnen Essen und Bett anbietet und Ihnen obendrein noch genügend Geld leiht, damit Sie überleben können, bis die Bank wieder öffnet. Hier in Thailand sind solche Rettungsaktionen nicht unmöglich, aber doch eher selten. Wenn Sie in der Klemme sind, können Sie nach unseren Erfahrungen in der Regel nicht mehr tun, als ein yim-soo-Lächeln aufzusetzen (das Lächeln im Angesicht einer aussichtslosen Sache) oder vielleicht ein yim mai awk (ich möchte gern lächeln, kann aber nicht). Und dann müssen Sie versuchen, Ihr Problem entweder selbst zu lösen oder sich einem Farang zuwenden.

An Ausländern, die in Thailand leben, herrscht kein Mangel: Schätzungsweise 3,5 Millionen gibt es. In der Mehrzahl kommen sie aus den Nachbarländern Myanmar und Kambodscha, doch haben sich auch etliche Männer aus dem Westen hier angesiedelt, da sie das entspannte Leben in Asien vorziehen. Viele sind zunächst mit einem Touristenvisum angekommen, haben dann eine Thai geheiratet und in ein Restaurant, einen Pub oder ein Hotel investiert.

»Genau so ist es«, sagt uns Tom, ein ausgewanderter Brite, der uns bei Hua Hin zu Hilfe kommt. »Thailand ist wunderbar. Man lebt günstig, angenehm, und die Strände sind großartig. Wenn man aber hier wohnt und nicht nur Urlaub macht, entdeckt man die Kehrseite der Medaille, dass nämlich viele Thais fremdenfeindlich eingestellt sind. Das bekommen die, die aus China oder Indien stammen, besonders zu spüren. An einigen Hotels hängen sogar Schilder, die deutlich machen, dass bestimmte Nationalitäten unerwünscht sind. Ihr habt sie sicher schon gesehen.«

Haben wir. Viele Pensionen und Strandbars haben im Fenster Zeichen mit rotem, durchgestrichenem Kreis und in der Mitte eine Aufschrift »No Russians« oder »No Chinese«. Als wir Maria aus Athen treffen, die ein griechisches Lokal betreibt, erzählt sie uns von ihren Erfahrungen:

»Es hat zwei Jahre gedauert, bis ich halbwegs akzeptiert war und ein Thai mich zum ersten Mal eingeladen hat. Da tat es nichts zur Sache, dass meine Kinder hier zur Schule gehen und zwei hiesige Familien in meinem Betrieb angestellt sind. Thaifamilien halten fest zusammen und haben es üblicherweise nicht gern, wenn sich Ausländer einmischen. Das gebietet ihnen der Stolz auf ihr Land und auf ihre Unabhängigkeit.«

Daran mag etwas Wahres sein. Denn schließlich ist Thailand die einzige Nation in Südostasien, die nie unter europäischer Kolonialherrschaft stand. Franzosen mischten in Laos und Vietnam mit, Briten in Myanmar, und Thailand diente als neutrale Pufferzone zwischen den kolonialen Widersachern.

In Sam Roy Yot begegnen wir Graham. Auch er stammt aus Großbritannien, ist aber schon vor vielen Jahren nach Südostasien gezogen. Er lebt hier mit seiner Partnerin, einer katoey (oder ga-teu-i), also einem Ladyboy. Sie sitzt neben uns auf einem Barhocker und hat schon so viele Operationen zur Geschlechtsumwandlung hinter sich, dass mir am Anfang gar nicht aufgefallen ist, dass sie als Mann zur Welt gekommen ist.

»Als Farang kann ich weder Land erwerben noch eine unbefristete Aufenthaltsgenehmigung erhalten. Da spielt es keine

Rolle, wie lange ich schon hier bin. Man braucht sich nur die beiden ersten Zeilen der Nationalhymne anzuhören. Sie lauten: ›Thailand versammelt in seinem Herzen alle Menschen von thailändischem Blut. Jeder Zoll Thailands gehört den Thais.‹[40] Da steht nichts von Thais UND Farangs. Theoretisch kann jeder Ausländer jederzeit aus Thailand ausgewiesen werden. Als Tourist bekommt man das kaum mit, aber dieses Land ist alles andere als stabil.«

Er hat recht; bis vor wenigen Wochen hat sich Thailand noch im Ausnahmezustand befunden. 2014 hatte das Militär erfolgreich geputscht und die demokratisch gewählte Regierung abgesetzt – das zwölfte Mal seit 1932, als das Königreich Thailand in eine konstitutionelle Monarchie umgewandelt worden war. Heute ist der Premierminister wieder ein Militär: General Prayut Chan-o-Cha.

Während unserer gesamten Diskussion bleibt Grahams Freundin stumm, die möglicherweise gar kein Ladyboy mehr ist. Denn der Begriff »katoey« wird für Personen verwendet, die sich zwar als Frauen kleiden und fühlen, aber noch einen Körper mit männlichen Merkmalen haben. Wenn an Sophee schon alle Eingriffe durchgeführt worden sind, die heute bei einer Geschlechtsumwandlung möglich sind, dann erfüllt Grahams Freundin alle Kriterien, die für eine Frau gelten, bis auf eines: ihr Genom.

In Thailand sieht man vielleicht mehr Ladyboys als sonst irgendwo auf der Welt. Dazu kommen zahlreiche Toms (Frauen, die sich als Männer kleiden und fühlen und sich manchmal

---

[40] Thailand hat noch eine zweite Hymne: die Königshymne oder Sansoen Phra Barami. Sie wird zweimal täglich, um acht und um 18 Uhr, in allen Radio- und Fernsehprogrammen gespielt, ebenso vor jedem Kinofilm. Es ist gesetzlich vorgeschrieben, dass sich dabei alle erheben, auch die Ausländer. Wer sitzen bleibt, kann schwer bestraft werden, unter Umständen sogar mit Gefängnis.

auch chirurgisch umwandeln lassen), Adams (Männer, die Beziehungen zu Toms unterhalten), Dees (Frauen mit Beziehungen zu Toms), Cherries (Frauen, die Ladyboys lieben), »klassische« Lesben und Schwule und einige andere noch dazu. Für viele westliche Touristen ist das ganz schön verwirrend, da sie häufig noch glauben, dass es nur Männlein und Weiblein, Heteros und Homos gibt. Das ist blanker Unsinn, als ob unter Menschen auch nur IRGENDETWAS so simpel wäre! Aber in etlichen westlichen Ländern wird immer noch endlos darüber diskutiert, wer wen heiraten darf – stellen Sie sich vor, Sie lebten in Thailand!

Thailand akzeptiert diese bunte Vielfalt, und Ladyboys, Toms und alle anderen begegnen einem täglich. Das heißt aber längst nicht, dass Menschen, die nicht der Norm entsprechen, seitens der thailändischen Gesellschaft Anerkennung finden. Viele leiden in der Arbeitswelt unter Belästigungen und Erniedrigungen, falls sie denn einen Job außerhalb der Vergnügungsindustrie gefunden haben. Im öffentlichen Dienst muss jeder Angestellte so gekleidet sein, wie es dem Geburtsgeschlecht entspricht, das im Pass dokumentiert ist. Die empfundene IDENTITÄT spielt vor dem Gesetz keine Rolle, was meiner Meinung nach absurd ist. Die medizinischen Möglichkeiten für eine Geschlechtsumwandlung sind heutzutage sehr gut. Das geht so weit, dass Ladyboys oft femininer aussehen als normale Thaifrauen. Anzug und Krawatte stehen ihnen nicht mehr, und das Gleiche gilt umgekehrt für Toms, für die feminine Kleidung nicht mehr passt. So gesehen erscheint die Kleiderordnung in Thailand, einem buddhistischen Land, in dem Toleranz und Mitgefühl herrschen sollten, unfair. Ich bin mir sicher, dass diese traditionellen Werte von vielen Thais hochgehalten werden, in der gesellschaftlichen Realität, so fürchte ich, gehen sie aber oft in einem Tsunami von Homophobie und Fremdenfeindlichkeit unter.

Auf dem Weg nach Malaysia sind unsere Gefühle zwiespältig. Da ist auf der einen Seite die Faszination durch die Natur mit ihren tiefgrünen Dschungeln und auf der anderen eine merkliche Ernüchterung. Wir hatten gewusst, dass Thailand nicht das »große Abenteuer« bieten würde, aber doch etwas mehr erwartet als Städte, die vor allem aus 7-Eleven-Geschäften bestehen, und Inseln, die häufig von Rucksacktouristen überlaufen sind, die nichts anderes im Sinn haben als allabendliche Besäufnisse. Viel lieber würde ich bei Vollmond still mit Laura an einem silbrigen Strand sitzen und den sich brechenden Wellen lauschen, als mit Bodypainting geschmückt an einer Vollmondparty teilzunehmen, wo einem die Technomusik fast das Trommelfell zerreißt. Doch jedem das Seine.

Eine ruhigere Insel, die ich von früheren Reisen nach Südostasien kenne, ist Koh Lanta in der Andamanensee. Sie wird vorwiegend von sunnitischen Muslimen bewohnt, und dank der islamischen Ächtung von Alkohol ist sie (noch) kein erstklassiges Reiseziel für Partygänger. Koh Lanta ist nicht die malerischste Insel Thailands. Da gibt es keine Kalksteinsäulen, die aus dem Meer aufragen, und an den Stränden findet man eher Fels als Sand. Zu alledem heißt es, das Wasser sei zurzeit voll mit giftigen Würfelquallen, die sich auf ihrer jährlichen Wanderung befinden. Auch einige Millionen Plastikbeutel mit einst tiefgefrorenem Tintenfisch schwimmen herum, denn erst vor ein paar Tagen ist ein großes, mit Meeresfrüchten beladenes Frachtschiff vor der Küste untergegangen. Dennoch wissen wir, dass wir uns hier wohlfühlen werden: Es gibt nämlich ein Tierschutzheim für Katzen und Hunde auf Koh Lanta, bei dem wir als Freiwillige für einen Monat arbeiten wollen.

Wir setzen mit Puck und Pixie auf der Fähre über, finden einen netten Bungalow, richten uns häuslich ein und suchen dann das Lanta Animal Welfare Center auf. Dutzenden von herrenlosen und verletzten Tieren wird dort ein Refugium geboten. Die Aufgabe der freiwilligen Helfer ist nicht einfach, da viele ortsansässige Muslime Hunden gegenüber sehr negativ eingestellt sind. Das liegt vor allem an den Hadithe, Überlieferungen von Aussagen und Handlungen von Mohammed sowie anderen Personen, die er stillschweigend gebilligt haben soll. Diese ursprünglich mündlichen Mitteilungen wurden oft erst viel später niedergeschrieben, widersprechen sich teilweise und können verschieden interpretiert werden. Manche verfügen, dass Muslime keine Hunde berühren oder gar als Haustiere halten dürfen. Andere heben hervor, nicht der Hund, sondern nur sein Speichel sei unrein, und es genüge, sich mehrmals die Hände zu waschen, wenn man damit in Berührung gekommen ist. Eine Überlieferung sagt, es sei gestattet, Hunde, insbesondere die schwarzen, zu töten, andere wiederum gestatten das Halten von Hunden zur Jagd und zum Schutz von Haus, Feld, Vieh und Familie. Der Koran ist da viel nachsichtiger. In der Sure Al-An'am, Vers 38 heißt es:

»Es gibt kein Tier, das auf Erden lebt oder von seinen Flügeln getragen wird, das nicht wie ihr zu einer Gemeinschaft gehört. Nichts aus dem Buch haben wir weggelassen, und am Ende wird Gott alle Geschöpfe bei sich versammeln.«

Das klingt in meinen Ohren ganz danach, als gebe es für unsere bepelzten Freunde ein Plätzchen im Himmel. Leider legen viele Muslime großen Wert auf bestimmte Hadithe und rechtfertigen ihre Misshandlung. Bei unserem ersten Besuch sehen wir Hunde, die vergiftet, angeschossen, mit Messern verletzt oder mit Angelhaken im Fressen gequält wurden. Ein Hoffnungsschimmer ist, dass sich die Haltung der Einheimischen langsam wandelt. Im Nachbarland Malaysia wurde 2014 sogar eine Veranstaltung mit dem Motto »Ich will einen Hund streicheln« organisiert. Auf diese Weise sollten die Vorurteile der Muslime in Kuala Lumpur abgebaut werden. Es kamen Hunderte von Besuchern, und der Erfolg war groß, auch wenn eine spezielle, zeremonielle Handwaschung durchgeführt werden musste, um dem islamischen Glauben Genüge zu tun.

Laura und ich nehmen die Hunde auf weite Spaziergänge mit oder spielen mit ihnen in ihren Gehegen, damit sie wieder Vertrauen in Menschen gewinnen und leichter jemanden finden, der sie adoptiert. Das sind zumeist ausländische Familien und keine Inselbewohner. Zwischendurch liegen wir am Strand, lesen, schreiben Tagebuch oder beobachten unsere Mitmenschen. Einheimische Urlauber baden fast ausschließlich voll bekleidet. Vielleicht haben sie Angst vor den Würfelquallen, vielleicht fürchten sie auch, von der Sonne gebräunt zu werden, denn eine geisterbleiche Erscheinung gilt in ihrer Welt als erstrebenswert. Im Westen zeigt eine gesunde Bräune, dass man sich einen Urlaub leisten kann, im größten Teil Asiens aber werden Dunkelhäutige für arme Bauern oder Bauarbeiter gehalten. Auf Koh Lanta könnte auch die Religion eine Rolle spielen, tragen doch die Frauen überwiegend Kopftücher und dezente Kleidung. Hie und da spielen wir Geschlechterraten, wenn ein Thai vorbeikommt, den das ungeübte Auge des Westlers nicht zuordnen kann. Es könnte ein Ladyboy sein, auch wenn Transsexuelle hier im Süden nicht sehr häufig sind, oder einer von jenen zahlreichen, jungen Thaimännern, die von Natur aus feminin wirken.

Mir fehlt allerdings die Gabe, wochenlang am Strand liegen zu können. Den nahen Lebensmittelmarkt finde ich da viel interessanter. An einer Reihe von Ständen gibt es gebackene Heuschrecken, Schaben und Bambuswürmer in Chili-, Zitronengras- und Sojasoße für umgerechnet eine Handvoll Cent. Im Westen konnte das Verspeisen von Insekten nicht Fuß fassen, und die sprichwörtliche Fliege in der Suppe ist nie als Bestandteil der Nahrung betrachtet worden. Ich frage mich, warum das so ist. In Südostasien und dem größten Teil Afrikas gelten viele

Insekten als schmackhaft, preisgünstig und nahrhaft. Außerdem sind sie äußerst reich an Eiweiß und Vitaminen. Selbst die UN haben 2013 einen Bericht herausgegeben, in dem Entomophagie als mögliche Lösung für die Überwindung des Hungers auf der Welt vorgeschlagen wurde. Freilich meinen die UN nicht, dass Hilfsorganisationen an die gegenwärtig 870 Millionen unterernährten Menschen Fliegenfänger verteilen sollten, damit sie Fliegen frittieren und essen können. Eine groß angelegte Insektenzucht könnte aber tatsächlich ein weit kostengünstigeres Mittel zur Welternährung sein als viele Alternativen.

Ich zweifle daran, dass diese Vorschläge fruchten werden. Eine Produktion im großen Maßstab würde die finanzielle Unterstützung durch reiche Nationen voraussetzen, also durch eben die Länder, die sich am wenigsten für den Verzehr von Krabbeltieren erwärmen können. Die Öffentlichkeit im Westen könnte sich an die berühmte Anekdote erinnert fühlen, die fälschlicherweise Königin Marie Antoinette zugeschrieben wird: Als sie erfuhr, dass die Bauern in Frankreich aus Mangel an Brot verhungerten, soll sie gesagt haben: »Dann sollen sie doch Kuchen essen.« Man stelle sich den Aufschrei vor, wenn unsere Medien über die Lieferung von Insekten an hungrige Afrikaner berichteten. »Lasst sie Fliegen fressen«, könnte man da in den Schlagzeilen lesen. Es ist auch gut möglich, dass die Regierungen der Entwicklungsländer Derartiges gar nicht begrüßen würden. Man erinnere sich an das Fiasko von 2006, als vier Millionen Kenianer nach einer Dürre vom Hungertod bedroht waren. Der neuseeländische Hersteller der Mighty Mix Dog Biscuits hatte ein kalorienreiches Nahrungsergänzungsmittel speziell für unterernährte Menschen entwickelt, das er kostenlos in den betroffenen Regionen verteilen wollte. »Raw Dry Nourish« hieß dieses Produkt, und man musste nur Wasser zugeben und umrühren. Kenias Regierungselite missfiel dieses Angebot und wies es vehement mit den Worten zurück, es komme von »rassistischen Westlern, die Afrikaner wie Hunde behandeln«. Was wohl diejenigen zu dem Ganzen gesagt hätten, die währenddessen Tierkot und Baumrinde aßen, um überhaupt überleben zu können? Leider wurden genau sie während des ganzen Medienrummels nie gefragt.

Was die Insekten angeht, finde ich, dass die meisten gar nicht so schlecht schmecken – ein wenig nussig oder wie Knuspergebäck mit Shrimpsaroma, nur dass dieses Gebäck kleine Beinchen hat. Sogar roh sind sie verzehrbar, wie jeder Motorradfahrer, der mit offenem Visier fährt, weiß. Eine versehentlich verschluckte Stubenfliege wiegt 50 Milligramm und liefert 0,27 Kalorien Energie. Wespen bringen etwas mehr, aber ich empfehle nicht, sie auf der Zunge zergehen zu lassen.

Als unser Dreimonatsvisum abläuft, machen wir einen letzten Spaziergang mit einigen Tierheimhunden und fahren dann zum nahen Taleban National Park, wo es einen Grenzübergang nach Malaysia gibt. Nein, der Park heißt nicht so, weil er Heimat bestimmter Extremisten wäre, aber es stimmt, dass die Gegend nicht die friedlichste ist. Ein in Thailands Süden andauernder Aufstand ethnischer Separatisten hat seit 2004 bisher über 6000 Menschenleben gefordert. Dazu kommt, dass die Grenzregion wegen des Menschenschmuggels verrufen ist, der von korrupten thailändischen Beamten begünstigt wird. In diesem Mai wurden zahlreiche Gräber entdeckt, in denen die Überreste von Hunderten Migranten aus Myanmar verscharrt waren. Offenbar hatten sie nicht genug Lösegeld dabeigehabt. Thailands Ruf als ein zauberhaftes Urlaubs- und Erholungsziel ist zweifelsohne gerechtfertigt[41], aber ohne Probleme ist auch dieses schöne Land nicht.

[41] Das hat sich wenige Tage später geändert, als am 17. August 2015 ein Bombenanschlag im Zentrum Bangkoks verübt wurde, bei dem 20 Menschen getötet und 125 verletzt wurden.

Ein Wai zum Abschied ist unser letzter Eindruck von Thailand, als der Grenzbeamte den Ausreisestempel in unsere Pässe drückt und dann die Schranke öffnet. Die Malaysier auf der anderen Seite aber laden uns auf einen Gratistee, eine Zigarette und ein Schwätzchen ein. Es erinnert mich fast an unsere Zeit in Zentralasien, als wir unsere Motorräder in Richtung Penang steuern. Die Fahrer in jedem zweiten Auto kurbeln das Seitenfenster herunter und winken uns zu.

»Terima kasih – danke«, rufe ich unter meinem Helm.

»Sama-sama«, antworten stets die Fahrer, »viel Vergnügen in Malaysia!«

Armonioso

Wohlklingend, harmonisch

Malaysia, 1.3.2016

Nach Malaysia einzureisen war nicht immer so einfach wie heute. Als ich im April 1999 mit Puck die Grenze passiert habe, gab es gleich beim Zoll einen FRISÖR, der allzu ungepflegt aussehenden Touristen die Haare schnitt. Das ist kein Scherz. Wer nicht anständig gekleidet und gestriegelt war, dem konnte die Einreise verweigert werden. Kam da jemand mit Dreadlocks an, stand er vor der Wahl: Schur oder zurück nach Thailand. Als Motorradfahrer hatte ich trotz Bart, langer Haare und Lederjacke keine Probleme. Die Grenzbeamten sahen ein, dass ich nach einem mühsamen Tag auf staubigen Straßen nicht wie aus dem Ei gepellt aussehen konnte.

Die Zeiten der Grenzfrisöre sind lange vorbei, ebenso die meisten Vorschriften, die es Paaren verboten, Zärtlichkeiten in der Öffentlichkeit auszutauschen. Malaysia ist ein nominell muslimisches Land, in dem der Tradition gemäß Zurückhaltung eine wichtige Rolle spielt. Früher wurde Händchenhalten am Strand missbilligt, und in Kelantan blieben im Kinosaal die Lichter an, damit die Besucher nicht im Dunkeln knutschen konnten. Das hat sich in den letzten 16 Jahren geändert. Malaysia ist nicht mehr so streng, obwohl ich niemandem raten möchte, sich auf einem öffentlichen Platz beim Zungenkuss mit der Freundin erwischen zu lassen. Auf Schildern in Parks und in Zügen wird gewarnt, dass neben dem Wegwerfen von Abfall und dem Tragen von Waffen auch unsittliches Verhalten gesetzwidrig ist und mit Gefängnis bestraft werden kann.

Das gilt, zumindest in der Theorie, auch für Atheisten. Als Ungläubiger könnte ich in etlichen islamischen Ländern schwer bestraft werden, wenn ich Zweifel an der Existenz Gottes säen würde. Das ist nicht nur in Malaysia so, sondern auch auf den Malediven, in Mauretanien, Nigeria, Pakistan, Katar, Saudi-Arabien und im Jemen. Muslime, die ihren Glauben widerrufen oder konvertieren, können in den malaysischen Bundesstaaten Kelantan und Terengganu laut dem Syariah-Strafgesetz II aus dem Jahr 1993 sogar mit dem Tod bestraft werden! Doch soviel ich weiß, ist noch kein reueloser Abtrünniger je hingerichtet worden, da dies der Verfassung widerspräche, welche jedem Bürger Religionsfreiheit garantiert. Auf der anderen Seite wird ein Übertritt ZUM Islam von der Scharia problemlos gestattet.

In Malaysia gibt es einige Vorschriften, welche Besuchern unrecht erscheinen mögen. Man muss aber verstehen, dass gewisse Aspekte der Gesetzgebung direkt der multiethnischen Zusammensetzung der Bevölkerung geschuldet sind. Hierbei ist es wichtig, zwischen Malaysiern und Malaien zu unterscheiden. Die Erstgenannten umfassen alle Staatsbürger Malaysias, gleich welcher Ethnie und Religion sie angehören, also auch alle Ureinwohner. Malaien dagegen sind laut Verfassung nur all die Staatsbürger, die sich zum Islam bekennen, fließend Bahasa Malaysia sprechen und die malaiischen Traditionen (nicht mit malaysischen Traditionen zu verwechseln!) bewahren. Außerdem müssen sie vor dem 31. August 1957 in Malaysia oder Singapur geboren bzw. an diesem Datum dort sesshaft gewesen sein. Nachkommen solcher Personen gelten dann auch als Malaien. Um das Ganze aber noch etwas komplizierter zu machen, gibt es auch die Ethnie »Malaie«, eine Volksgruppe, die heutzutage hauptsächlich auf der Malaiischen Halbinsel, in Indonesien, Thailand und dem Sultanat Brunei lebt, also nicht unbedingt die malaysische Staatsbürgerschaft haben muss.

Nach diesen Definitionen sind von den gegenwärtig 30 Millionen Einwohnern 50 % malaiische Malaysier (laut Verfassung),

23 % chinesische Malaysier, 12 % indigene Malaysier und 7 % indische Malaysier. Die chinesischstämmigen sind überwiegend Buddhisten und sprechen verschiedene chinesische Dialekte, die indischstämmigen zumeist Hindus, die sich mehrheitlich in Tamil unterhalten. Daneben gibt es, unabhängig von der ethnischen Abstammung, auch noch eine große christliche Gemeinschaft.[42] Schon in einem Land mit mehr oder weniger homogener Bevölkerung ist es für eine Regierung nicht leicht, eine verbindliche ideologische Norm festzulegen. Wie viel schwieriger aber ist ein Kompromiss zu finden, wenn die Menschen so verschiedene Religionen, Lebensweisen und Muttersprachen haben wie hier! Viele Deutsche fürchten um ihr Land und ihre Traditionen, weil mit einem Anwachsen des Bevölkerungsanteils, der nicht aus dem westlichen Kulturraum stammt, auch dessen Einfluss auf die Gesellschaft und die Politik zunehmen wird. Ähnliche Bedenken werden in Großbritannien und in den USA laut, und dabei sind sogar in diesen traditionell multikulturellen Ländern die Anteile ethnischer Minderheiten an der Gesamtbevölkerung noch relativ gering. Es mag zwar sein, dass jeder Fünfte in Deutschland seine Wurzeln im Ausland hat, doch stammen diese Menschen häufig aus dem gleichen oder einem ähnlichen Kulturkreis, sodass die Unterschiede nicht so groß sind, wie man glauben könnte. Nach besten Schätzungen sind lediglich 6 % der deutschen Gesamtbevölkerung Muslime, Hindus, Juden oder Buddhisten mit einem anderen kulturellen Hintergrund. Wie kämen die Bewohner Nordamerikas oder Europas mit einer Situation zurecht, in der jeder ZWEITE einer ihnen unvertrauten Kultur

---

[42] Dieser Versuch einer Einteilung nach Ethnie und Religion spiegelt sich sogar auf den malaysischen Personalausweisen und wird umgangssprachlich »MICO-Konstrukt« genannt. »M« sind Malaien, »I« indischstämmige Malaysier, »C« chinesischstämmige und »O« alle übrigen. Nachdem aber die Trennlinien zwischen den Ethnien nie scharf sind, ist eine derartige Einteilung danach in einem Land, in dem sie sich seit Jahrhunderten vermischen, kaum sinnvoll.

angehörte? Könnten sie friedlich zusammenleben? Vielleicht erfahren wir das bald, dank der Flüchtlinge, die derzeit über die Türkei nach Westeuropa strömen. Täglich kommen allein über die Westbalkanroute viele Tausende in die EU, und im Lauf der nächsten Monate werden mehr als eine Million aufgenommen werden müssen, von denen vermutlich etwa die Hälfte aus Syrien stammt. Mein Bauchgefühl sagt mir, dass die Flüchtlingskrise eine glückliche Lösung finden wird. Zu meiner großen Freude hat sich Deutschland gegenüber den Asylsuchenden außerordentlich zuvorkommend erwiesen. Aber auch die deutsche Haltung könnte sich wandeln, wenn die demografischen Verhältnisse sich so verändern, dass der Einfluss fremder Kulturen dermaßen stark wird, dass quasi neben jeder Kirche eine Moschee errichtet werden muss.

Das aber ist genau das Bild, das sich Besuchern von malaysischen Städten bietet. Als wir über die 16 Kilometer lange Brücke vom Festland nach George Town auf der Insel Penang rollen, sehen wir innerhalb einer einzigen Straße eine Moschee, eine Kirche und je einen hinduistischen und einen buddhistischen Tempel Seite an Seite! An jeder Ecke kochen multiethnische Essenstandbetreiber auf Teufel komm raus für hungrige Passanten. George Town ist als die Welthauptstadt der Straßenköche bekannt, und es gibt sogar einen »Battle of the Penang Hawkers Masters« genannten Wettbewerb, bei dem Hunderte von Anbietern um den Titel »Jedi of the Noodle« kämpfen. Am meisten aber fasziniert mich die Auswahl auf den Speisekarten der eigentlichen Restaurants. Malaiische Lokale bieten auch indische, chinesische und europäische Speisen an – und umgekehrt –, sodass im Schmelztiegel dieser Stadt jeder das Seine findet.

Erleben wir hier einen Blick in die ferne Zukunft der europäischen Gesellschaft? Einen Blick auf ein Deutschland, in dem die Biergärten neben Brezeln und Bratwurst auch würzige Samosas und Kebab anbieten? Auf ein England, in dem die Pubs außer Fish and Chips auch indische Currygerichte servieren? Als wir zum Mittagessen ein Restaurant besuchen, entrollt der Inhaber seine Gebetsmatte in einer Ecke der Gaststube und widmet sich seinem fünfminütigen, rituellen Gebet, ohne auf die Anwesenden zu achten. Niemand im Restaurant nimmt davon Notiz – hier ist es völlig normal, seinen Glauben öffentlich zu zeigen. Kann man sich vorstellen, in Europa würden Kellner in einem Lokal, die Bediensteten bei McDonald's oder die Angestellten einer Bank fünf Mal am Tag alles stehen und liegen lassen und den wartenden Kunden sagen: »Tut mir leid, Sie werden später bedient, aber jetzt muss ich beten?« Wird es dann auch in Hotels Pfeile an den Decken geben, die die Richtung nach Mekka anzeigen, und wird im Nachttisch neben der Bibel der Koran liegen? Werden im Supermarkt für Kunden, die Nicht-Halal-Produkte kaufen, gesonderte Kassen geöffnet sein, damit muslimische Angestellte nicht damit in Berührung kommen? In Malaysia sind die Metzger für Schweinefleisch immer chinesische oder indische Malaysier, aber nie Malaien, die ja dem Islam folgen. Die große Frage ist, ob die europäischen Bürger an derartigen, den demografischen Verhältnissen geschuldeten Regeln Anstoß nehmen werden oder ob sie die Veränderungen spannend finden.

Laura und ich sind fasziniert. Während der Sultan von Brunei eben eine Verordnung zum Verbot von Weihnachten erlassen hat, nach der diejenigen, die das christliche Fest feiern, mit bis zu fünf Jahren Gefängnis bestraft werden können, gibt es hier Bollywood und Burkas, Schweinshaxen und Scharia. Wo wir auch hinkommen, sitzen Menschen aus zahlreichen verschiedenen Kulturen nebeneinander auf den Parkbänken, während ihre Kinder herumlaufen und Seifenblasen aufsteigen lassen. Religiöse Feste wie Weihnachten, das chinesisch-buddhistische Neujahr und das Lichterfest Diwali der Hindus werden von allen gefeiert, erzählen uns Einheimische, sodass die Malaysier in den Genuss vieler Feiertage kommen.

Natürlich hat sich diese relative »Harmonie in Vielfalt« nicht von heute auf morgen etabliert. Die ersten Siedler kamen ums Jahr 100 aus China und Indien auf die Malaiische Halbinsel. Sie drängten die eingeborene Bevölkerung an den Rand der Gesellschaft, ganz ähnlich wie bei der Europäisierung von Australien und Nordamerika. Im 15. Jahrhundert löste der Islam Hinduismus und Buddhismus ab, die bis dahin vorherrschend waren. Bald darauf erschienen dann Invasoren aus dem Westen. Die Portugiesen eroberten 1511 die Hafenstadt Malakka, den Sitz eines malaiischen Sultans, 1641 kamen die Holländer und zuletzt, 1786, die Briten. Der größte Teil der Halbinsel wurde Protektorat des Britischen Reichs und blieb das bis zur Unabhängigkeit Malaysias im Jahr 1957. Im Lauf der Jahrhunderte kamen im Zuge mehrerer Wellen zahlreiche Einwanderer aus China und Indien ins Land, die sesshaft wurden und dabei ihre alten Traditionen bewahrten.

Trotz alldem bezweifle ich, dass es auf dieser Erde einen Ort gibt, wo Menschen mit unterschiedlichen Kulturen IMMER friedlich zusammenleben können. Tatsächlich war denn auch unser erster Eindruck eines harmonischen Malaysias leider ein wenig zu gut, um wirklich wahr zu sein. Hie und da kommen Spannungen ans Tageslicht, vor allem dann, wenn die Regierung Maßnahmen ergreift, um die sogenannten Bumiputeras zu fördern, sei es mit Hilfen bei Arbeitssuche und Bildung oder mit niedrigeren Mieten und Darlehenszinsen. Dieser Ausdruck bedeutet so viel wie »Söhne der Erde«, doch bezieht er sich nicht nur auf die indigenen Völker, sondern laut Regierungsbeschluss ebenso auf alle, die gemäß Verfassung als Malaien gelten. Diese betrachten sich zunehmend selber als die einzig wahren Malaysier, die deswegen auch auf eine bevorzugte Behandlung

Anrecht haben. Ein solches Apartheidsystem kommt bei den indischen und chinesischen Malaysiern nicht gut an, denn auch sie leben schon seit Jahrhunderten hier. JEDER im Land ist im Grunde Einwanderer, sieht man einmal von den Ureinwohnern ab. Dennoch sind Gewaltausbrüche zwischen den Ethnien selten, und das Leben ist unter den gegebenen Umständen im Allgemeinen ausgesprochen friedlich.

Uns gefällt diese vielschichtige Mischung, wenn wir die verschiedenen Viertel von George Town durchstreifen. Es gibt ein Little India, in dessen Straßen es nach Räucherstäbchen und Gewürzen riecht, ein Chinatown, wo einem in jedem Laden eine elektrisch betriebene Maneki-neko-Katze Glück bringend zuwinkt ... doch wo ist das europäische Viertel? Eigentlich würde man erwarten, nach fast 500 Jahren Ansässigkeit viele kaukasische Malaysier zu sehen, denn in anderen fernen Vorposten des Britischen Empire wie Belize, dem südlichen Afrika oder Indien ist das immer der Fall.

»Gleich nach der Unabhängigkeit haben die meisten Briten ihre Sachen gepackt und sind weggezogen«, sagt uns ein älterer Ladenbesitzer. Warum nicht mehr geblieben sind, kann er allerdings nicht erklären. »Es gibt in Malakka ein kleines Viertel, wo Eurasier leben, die Kristang. Sie sprechen einen kreolischen Dialekt aus Portugiesisch und Bahasa Malaysia, aber das ist schon alles.«

Von unserem langen Spaziergang in der Hitze ermüdet, ziehen wir uns ins Hotel zurück und verbringen den Nachmittag vor dem Ventilator. Unser Schlupfwinkel hat chinesisch-malaysische Besitzer und heißt »Nobel«. Ich glaube aber nicht, dass hier Adlige je wohnen möchten. Das Gebäude ähnelt einem Sanatorium; in seinen oberen Stockwerken verbringen gebrechliche Rentner aus dem Westen ihren Lebensabend, während das Erdgeschoss von Indern belegt ist, die ihre indisch-malaysische Verwandtschaft besuchen. Diesen Bereich sollte man in den frühen Morgenstunden nach Möglichkeit meiden, es sei denn, man findet besonderen Gefallen an schwitzenden Indern, die dort, nur in Unterwäsche, in den Gängen herumsitzen. Wenn wir heißes Wasser brauchen, schickt Laura mich hinunter, nachdem sie auf ihrem Weg zum Wasserkessel fast zwischen 20 runden, schweißglänzenden Bäuchen stecken geblieben wäre. Der Hotelbesitzer und seine Familie aber sind freundlich, die Zimmer sind günstig, die Motorräder sind bestens untergebracht, und zuletzt gibt es noch einen alten, buckligen Hausmeister mit drei Zähnen und einem herzlichen Lächeln, den wir besonders ins Herz geschlossen haben. Es geht uns hier gut, und wir könnten leicht noch ein paar Wochen bleiben. Doch Laura hat einen besseren Plan: Hund- und Haussitting.

Kürzlich mussten wir feststellen, dass Malaysia weitaus mehr ins Geld geht als Thailand, Kambodscha oder Laos. Laura begann deshalb, nach Alternativen zu suchen, wie wir zumindest Kosten für die Unterkunft sparen könnten. Unser erster Gedanke war, im Busch zu zelten, aber ebenso wie in Kambodscha und Thailand ist das Klima ausgesprochen tropisch, und die Bevölkerungsdichte ist sehr hoch. Auf Dauer wäre das Schlafen im Zelt alles andere als ein Vergnügen gewesen. Couchsurfing wollten wir nicht machen, da wir doch recht lange im Land bleiben wollen: einen Monat in George Town, einen weiteren in den Cameron Highlands, einen dritten in Kuala Lumpur und einen vierten in Malakka. Da stolperte Laura über die Homepage von TrustedHousesitters und sah nach, ob gerade jemand während seines Urlaubs einen Aufpasser für Haus und Hund brauchte. Vielleicht könnten wir gratis einige Wochen in einer Luxusvilla verbringen und täglich mit einem Irischen Wolfshund oder Husky Gassi gehen. Das würde uns gefallen!

Lauras Idee funktioniert fast so, wie ich mir das vorgestellt habe. Bald nachdem wir uns bei TrustedHousesitters registriert haben, erhalten wir eine E-Mail von einer in Penang lebenden Australierin, die drei Wochen Urlaub machen möchte. Schon am nächsten Tag können wir unser neues Heim beziehen: eine Luxuswohnung in einer vom Sultan von Brunei gebauten Anlage, mit Meerblick, einem Fitnessraum und sieben Swimmingpools. UND dazu bekommen wir einen Hund. Er ist allerdings kein Mastiff, nicht einmal ein Golden Retriever. Unser Hund ist ein Mops namens Doug.

Nun gut. Schon damals, als ich den Topf mit dem Alpenveilchen an Pucks Lenker befestigte, hatte ich meinen Kredit als Abenteurer weitgehend verspielt. Jetzt ist wohl auch der Rest flöten gegangen. Ich bin nicht Kevin Costner in *Der mit dem Wolf tanzt*, sondern Christopher Many in *Der mit den Möpsen tanzt*. Groß grämt mich der Verlust meines Ansehens als Hardcore-Abenteurer jedoch nicht, und so fahren wir los, um unseren neuen vierbeinigen Freund zu treffen. Wir stellen die Motorräder in der Garage ab, fahren mit dem Lift in den fünften Stock und klopfen an. Eine junge Australierin öffnet, und Doug, der in Größe, Form und Farbe einem Brotlaib ähnelt, springt an uns hoch und versucht, unsere Knie abzulecken.

»Hallo, ich muss gleich zum Flughafen. Hier sind die Schlüssel, die Hundeleine und der Fressnapf«, erklärt uns Amy. Sie führt uns kurz durch die Wohnung, eilt dann davon und überlässt uns ihr Luxusapartment … und Doug natürlich.

Laura lächelt. »Das ging glatt. Sieben Swimmingpools und Espressomaschine statt indische Bäuche und Wasserkessel – das lasse ich mir gefallen!«

Eine Inderin haben wir dennoch. Sanra, eine indisch-malaysische Frau und Amys Putzhilfe, besucht uns regelmäßig. Sie ist ein Juwel, einer dieser seltenen Menschen, die man am liebsten umarmen möchte, sobald man sie sieht. Als sie am dritten Tag unseres »Expatlebens« in die Wohnung kommt, wirft sie einen Blick ins Wohnzimmer, erklärt es für blitzblank geputzt und beginnt dann, auf dem Küchentisch eine große Tasche mit Lebensmitteln auszupacken.

»Lasst uns ein Currygericht kochen«, sagt sie voll Begeisterung und in perfektem Englisch. Ich nicke zustimmend und Laura ebenso. Wir freuen uns auf das selbst gekochte Essen. Außerdem wäre es völlig sinnlos, Sanra zu widersprechen: Wir kämen niemals zu Wort. Der Redeschwall unserer Haushälterin erreicht etwa eine Million Wörter pro Stunde. Selbst Laura, die bei ihrem italienischen Temperament ein ganzes Lexikon in knapp zehn Minuten herunterrasseln kann, ist verblüfft.

»Ich habe meine Meisterin gefunden«, flüstert sie mir ins Ohr.

Während des Essens berichtet Sanra uns von ihrer leidvollen Vergangenheit. In jungen Jahren war sie mit einem Mann zwangweise verheiratet worden, der sie 20 Jahre lang misshandelte. Als sie dann all ihren Mut zusammennahm und sich scheiden ließ, wurde sie von ihrem indisch-malaysischen Clan grausam abgestraft. Die traditionellen indischen Werte galten auch für sie als in Malaysia Geborene, und Scheidung wurde als kulturelle Schande betrachtet. Seither putzt sie in den Häusern von Ausländern und versucht, mit ihren mageren Einkünften auszukommen.

»Ich bin überhaupt nicht rassistisch«, sagt sie. »Ich arbeite für alle, nur nicht für Chinesen, Malaien oder Inder.« Wir verschlucken uns fast am Nachtischkaffee. »Ihr zwei habt es unglaublich gut ohne Kinder«, fährt sie fort. »Alle Kinder werden erwachsen und heiraten so ein gemeines, arrogantes Stück namens Anika, das nichts anderes will, als die Schwiegermutter zu ärgern.« Sanra hat zwei erwachsene Söhne, und soviel wir verstehen, ist einer davon mit jener Anika verheiratet, die Sanra nicht recht leiden kann.

So unterhaltsam Sanra auch ist, Doug stiehlt ihr locker die Schau. Ich finde es unbegreiflich, wie die Natur so viel Charakter in ein so kleines Tier packen konnte. Wir lieben alles an ihm: wie er schnarcht, wenn er auf dem Rücken schläft, wie er zu kommunizieren versucht, wenn er Aufmerksamkeit möchte, und wie er sich setzt. Anders als die meisten Hunde geht Doug dabei nicht mit dem Oberkörper nach unten, sondern lässt sein entgegengesetztes Ende nach hinten rutschen. Durch Doug lernen wir auch eine Seite Malaysias kennen, die uns sonst wohl entgangen wäre, nämlich die Expatwelten der Deutschen, Briten und Chinesen, die sich hier aus Geschäftsgründen angesiedelt haben. Sie und eine Anzahl wohlhabender Malaysier grüßen uns jeden Morgen auf der Strandpromenade, wenn wir mit Doug spazieren oder schwimmen gehen. Nicht dass unser Mops nach Hundeart schwimmen könnte. Er würde wie ein Block Beton untergehen, wenn wir ihn im Wasser losließen. Unsere zahlreichen Nachbarn begleiten uns mit ihren Pudeln, Pinschern und Französischen Bulldoggen, und so verkehren wir zwei Stunden am Tag mit Leuten, deren Leben so völlig verschieden von unserem ist. Wenn wir uns auf der Straße versehentlich angerempelt hätten, würde unsere Unterhaltung wohl kaum über ein »Hoppla, Entschuldigung« hinausreichen. Aber mit einem Hund ist alles ganz anders. Doug, der Mops, bricht das Eis. Jeder in der Luxuswohnanlage kennt ihn und möchte genau wissen, wie es dazu gekommen ist, dass wir für ihn sorgen. Im Gegenzug erfahren wir vieles, was sich in unserem Gastland »hinter den Kulissen« abspielt.

Der Abschied wird uns schwerfallen. Der riesige Kühlschrank, der Balkon mit Meerblick, die sieben Swimmingpools, wir werden das vermissen, am meisten aber Doug und Sanra. Allerdings sind wir hier nicht daheim, und Doug ist nicht unser Mops. Wollen wir selbst Haus und Hund haben, werden wir eines Tags unsere eigenen vier Wände und vier Pfoten finden müssen. Sicher aber nicht in einem tropischen Land. Als Amy aus ihrem Urlaub zurückkommt und wir wieder einmal ins Blaue hinausfahren, ist die Luftfeuchtigkeit so extrem hoch, dass uns der Schweiß bereits heruntertropft, wenn wir nur am Gasgriff drehen.

Es gibt jedoch eine Gegend auf der Malaiischen Halbinsel, wo es weniger heiß ist: die Cameron Highlands, wo die Berggipfel über 2000 Meter aufragen. In der Nacht werden wir dort sogar gemäßigte Temperaturen um 18 °C genießen können. Das ist nicht gerade so kühl, dass man einen Pullover braucht, aber wenn man die Hand der Freundin hält, fühlt sich das wenigstens nicht wie ein nasser, glitschiger Fisch an.

Die Unterkunft in Tanah Rata wird Laura mögen, schätze ich. »Rundum ist nichts als Natur«, verspreche ich ihr.

So habe ich dieses Hostel jedenfalls in Erinnerung, in dem ich früher einmal abgestiegen bin. Es existiert noch, wenngleich nicht auf einer Lichtung zwischen Kiefern und Kastanienbäumen. Stattdessen befindet sich das Twin Pines Guesthouse nun mitten in einem Betondschungel. Tanah Rata, einst ein idyllisches Dorf, eingebettet zwischen Teeplantagen und Erdbeerfeldern, ist eine einzige, hässliche Baustelle geworden. Gleich neben dem Hostel ziehen die Arbeiter ein neues Einkaufszentrum in die Höhe. Zwölf Stunden am Tag, sieben Tage die Woche knattern die Presslufthämmer. An den Straßen im Hochland gibt es noch einige wenige »Elephant Crossing«-Schilder, aber heute ist das eher ein frommer Wunsch als eine Warnung.

Nicht alles ist hier so trostlos. Die Städte im Hochland haben ihren Charme eingebüßt, nicht aber die Urwälder. Froh, der Luftverschmutzung von George Town entkommen zu sein, machen wir nachmittägliche Ausflüge durch dichtes Laubwerk. Beginnt es zu regnen, pflücken wir Blätter, die groß genug sind, um als Regenschirme zu dienen, und suchen nach der *Rafflesia arnoldii*, einer endemischen Blume, deren Blüte mit einem Meter Durchmesser die größte dieser Erde sein soll. Auf noch einen, mir höchst reizvoll erscheinenden Rekord erheben die Cameron Highlands Anspruch: die weltweit höchste Dichte an klassischen Land Rovern. Wie die Hill Stations Shimla und Dalhousie in Indien war Tanah Rata einst ein Ort, an dem die europäischen Kolonialherren der lastenden Hitze im Tiefland entgehen konnten. Ein Relikt aus diesen vergangenen britischen Tagen sind die nach der Unabhängigkeit zurückgelassenen Fahrzeuge. Schätzungsweise 7000 Series Land Rover tuckern noch heute zwischen den Plantagen und den lokalen Märkten hin und her. Ich fühle mich wie im Land-Rover-Himmel! Wohin man auch schaut, sind die ortsansässigen Bauern beim Reparieren oder auf der Suche nach Ersatzteilen. So versuchen sie, ihre mehr als 40 Jahre alten Fahrzeuge am Leben zu erhalten. Die ausländische Presse nennt diese Gegend auch den Land-Rover-Friedhof, und ein deutsches Automagazin schrieb gar: »Wenn man hier in Europa wäre, hätten diese Land Rover kaum noch Schrottwert«. Wer so etwas behauptet, hat keine Ahnung von Land Rovern. Meine treue Matilda sieht kein bisschen besser aus als die hier in Tanah Rata, doch seht nur, was sie Großes geleistet hat!

Ohne den Smog der Stadt entfaltet sich nachts der Sternenglanz in all seiner Herrlichkeit. Hier, am letzten Tag des August kurz nach Sonnenuntergang, sehe ich zum ersten Mal auf unserer Reise das Kreuz des Südens. Ich ziehe Laura zu mir her und deute in die Richtung.

»Siehst du das«, rufe ich aufgeregt. »Wir nähern uns dem Äquator. Bald sind wir auf der Südhalbkugel.«

»Und am Ende unserer Reise«, seufzt Laura. Das Kreuz des Südens hat sie sofort erkannt, schließlich prangt es auch auf der australischen Flagge.

Es findet sich ebenfalls auf den Flaggen von Brasilien, Neuseeland, Papua-Neuguinea und Samoa. Crux, wie das Sternbild richtig heißt, dient der Navigation auf der Südhalbkugel ähnlich wie Ursa Minor (der Kleine Wagen), der in Europa und Nordamerika bei der Orientierung hilft.[43]

»Da steht Saturn, und in dieser Richtung, im Sternbild Sagittarius, befindet sich der für uns unsichtbare Pluto. Die Sonde New Horizons ist vor sechs Wochen daran vorbeigeflogen und hat die ersten Großaufnahmen des Zwergplaneten zur Erde gesendet.«

Als Reisender, der einen Großteil seines Lebens unter den Sternen gezeltet oder auf dem Dach seines Land Rovers gelegen hat, kann ich den Nachthimmel wie eine Landkarte lesen. Sternbilder betrachte ich als Kontinente und die einzelnen Sterne als die Lichter von Städten. Manchmal, wenn ich in einer mondlosen Nacht aufblicke, erwacht in mir der Wunsch, mit meinem Motorrad nicht an diese eine Erde gebunden zu sein, sondern mit Puck aufzusteigen, um das weite Universum zu erforschen. Die Aussichten, dass mir dies in meinem Leben gelingen könnte, sind eher gering. Ich bin ein paar Jahrhunderte zu früh geboren. *Hinter dem Horizont – Odyssee im Kosmos* wird von einem zukünftigen Autor geschrieben werden müssen. Und selbst wenn ich bis zum Beginn menschlichen Reisens durchs tiefe All lebte, käme ich wahrscheinlich nicht weit – bei meiner Neigung zu kuriosen Fahrzeugen wäre mein verbeultes Raumschiff wohl viel zu langsam.

---

[43] Den Menschen, die südlich vom Äquator leben, fehlt dummerweise ein gut sichtbarer Stern nahe dem Südpol des Sternenhimmels. Auf der Nordhalbkugel markiert der helle Polaris in Ursa Minor ziemlich genau den Nordpol. Sein Äquivalent im Süden, Sigma Octanis, ist bei seiner geringen Helligkeit kaum mit bloßem Auge zu erkennen. Um diesen Stern zu finden, gibt es mehrere Methoden. Eine der einfachsten besteht darin, die lange Achse von Crux (zwischen den Sternen Gacrux und Acrux) viereinhalb Mal zu verlängern. Nahe dem Ende dieser gedachten Linie ist der Himmelssüdpol.

55

6

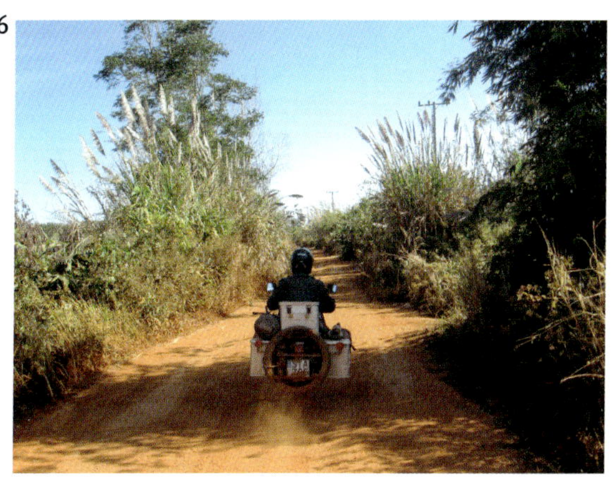

55 Laos liegt heute nicht mehr abseits der Touristenpfade. Dennoch finden sich im Dschungel immer noch friedliche Plätze.

56 Die größeren Städte in Laos sind heute (2015) durch gute Teerstraßen verbunden. Der Besuch abgelegener Dörfer kann aber einen kleinen Geländeritt erfordern.

57

57 Wer braucht Töpfe und Pfannen? Der moderne Kesselschmied auf seinem Roller verkauft Kochgeschirr.

58 Bis zum 18. Jahrhundert hieß Laos Lan Xang oder Land einer Million Elefanten. Heute leben davon nur noch 600 bis 800 in Freiheit.

58

59 Vom Bolaven-Plateau stürzen Hunderte Wasserfälle herab. Alle paar Kilometer zweigt ein unbefestigter Weg von der Hauptstraße ab und führt zu einem von ihnen, der über mehrere Stufen zum untersten, hellgrünen Wasserbecken plätschert. Wir nutzen jede Gelegenheit, darin unterzutauchen.

60 Märkte auf dem Wasser gibt es überall in Südostasien.

59

60

61

62

63

61 In Kambodscha gibt es etwa 4000 alte Tempel. Die meisten wurden während der Blütezeit des Khmerreichs auf Geheiß der Gottkönige errichtet, die dort zwischen dem 9. und 15. Jahrhundert regierten.

62 Sonnenuntergang über dem Mekongfluss.

63 Angkor Wat war das Zentrum von Angkor, der Hauptstadt des Khmerreichs.

64 Orange gekleidete Mönche strömen jeden Morgen aus den Klöstern, um mit ihren Essschalen Almosen zu sammeln. Was sie erhalten, ist ihre einzige Mahlzeit des Tags.

64

65

66

65 Pixie muss zum Arzt. Nach drei Jahren und 35 000 Kilometern zeigen unsere Motorräder Verschleißerscheinungen.

66 Kep an der kambodschanischen Küste ist ein verschlafenes Dorf mit Fischerbooten, einem Krabbenmarkt und einer Reihe Buden am Strand, wo es Fisch vom Grill, Tintenfisch am Spieß und in der Pfanne gebratene Insekten gibt.

67 In Phnom Penh am Fluss Tonle Sap herrscht Chaos. Luxushotels liegen direkt neben den Slums am Ufer, deren Bewohner eine karge Existenz vom Fischfang fristen.

68 Bangkok und sein Großer Palast.

69 Für die Verschiffung von Malaysia nach Indonesien versuchen wir, einen Land Rover und fünf Motorräder in einen Container zu quetschen.

67

68

69

70 Indonesien besteht aus mehr als 18 000 Inseln. Auf Sumatra müssen wir im Gelände ein paar Hürden überwinden. Sollten wir besser drüberspringen oder unter dem Baum hindurchkriechen?

71 Alle paar Stunden regt sich der Sinabung und schickt eine einen Kilometer lange Rauchsäule gen Himmel. Dies ist nur einer von momentan rund 150 aktiven Vulkanen in Indonesien.

72 Tarzan spielen am Tobasee. Bald werden wir nicht nur ins Wasser hüpfen, sondern den Sprung auf einen neuen Kontinent wagen. Nach vier Jahren unterwegs ist Australien nun zum Greifen nah.

70

71

72

Was sind doch Astronomie, Physik und Mathematik für ausgesprochen romantische Fächer ...

»Schau, dort neben dem Kreuz des Südens ist Alpha Centauri, ein System von drei Sternen. Wäre es nicht toll, auf einem Planeten zu leben, der jeden Tag mit drei Sonnenaufgängen aufwarten kann?«

»Beim Sterngucken fühle ich mich immer so winzig und unbedeutend ...«, antwortet Laura. Sie hat jetzt ihren Kopf an meine Schulter gelegt.

»Stimmt. Als einzelne Menschen können wir im Universum nicht viel bewegen. Aber in unserem kleinen Winkel auf der Erde ist das anders. In kosmischen Dimensionen sind wir unbedeutend, uns gegenseitig aber bedeuten wir viel – und das ist es doch, was zählt.«

In ein paar Tagen können wir das siebte Jubiläum unserer ersten Begegnung feiern. So lange reisen wir schon miteinander. Ich blicke wieder zu den Sternen auf, und Laura kuschelt sich an mich. Sie hat mir das Gefühl gegeben, relevant auf dieser Welt zu sein, ein Gefühl, das ich in den Jahren, die ich allein gereist bin, nie gehabt habe.

Noch ahne ich nicht, dass diese romantische, zum Sternegucken einladende Nacht die letzte ihrer Art für geraume Zeit gewesen sein soll. Jenseits der Straße von Malakka hat Indonesien mit der alljährlichen Brandrodung begonnen, um Land für den Anbau von Ölpalmen und anderen Nutzpflanzen zu gewinnen. Der entstehende Rauch zieht über sämtliche Nachbarstaaten von Thailand bis Singapur hinweg. Dieses Jahr ist zu erwarten, dass es wegen El Niño und der ungewöhnlichen Dürre besonders schlimm werden wird.

Das Sternegucken können wir also vergessen – als wir Kuala Lumpur erreichen, erkennen wir kaum noch die vor uns fahrenden Autos. Der Smog ist so dicht, dass viele Schulen in Malaysia vorübergehend geschlossen sind, um die Schüler vor Atemwegserkrankungen zu schützen; auch der Flughafen ist außer Betrieb, da die Sicht auf den Rollbahnen bei null liegt. Eigentlich wollten wir in der Hauptstadt auf die Petronas-Türme hinauffahren – zurzeit die höchsten Zwillingswolkenkratzer der Welt –, doch als wir mit Puck und Pixie vor den 452 Meter hohen Gebäuden ankommen, können wir gerade noch bis zum dritten Stockwerk hinaufsehen. Die Einheimischen winken ab: Vor November ist keine Besserung zu erwarten. Erst dann, wenn die Regenzeit beginnt, werden die Feuer in Indonesien ausgehen und die Staubpartikel aus der Luft ausgewaschen – bis dahin sind es noch zwei Monate.

Gleich, ob in Malakka oder in Singapur, von Sonne oder blauem Himmel ist nichts zu sehen. Der dichte, orangegelbe Smog ist überall. Die örtlichen Zeitungen berichten, dass die diesjährige indonesische Abholz- und Brandrodungsaktion die bislang intensivste der Geschichte ist: 122 568 Buschfeuer wüten auf dem Archipel, und viele davon sind nach Angaben der Global Fire Emission Database außer Kontrolle. Allein im September ist durch die Brände eine Menge von CO_2 in die Atmosphäre gelangt, die die jährliche Gesamtemission Deutschlands übersteigt! Die Rodung großer Flächen gefährdet nicht nur den Bestand vieler einheimischer Tierarten, wie zum Beispiel den des Orang-Utans, sondern auch die Gesundheit von Tausenden Menschen wird durch die Luftverschmutzung aufs Spiel gesetzt. Und das nicht nur in Indonesien, sondern auch hier bei uns in Malaysia. Wozu das Ganze? Vor allem für Palmöl, das weltweit als Biokraftstoff genutzt wird und in allen erdenklichen Produkten, von Speiseeis und Schokolade bis hin zu Pizzateig und Shampoo, Verwendung findet. Sein Anbau boomt ohne Rücksicht auf die Umwelt. Ähnlich wie Usbekistan mit seinen Baumwollplantagen, argumentiert Indonesien damit, dass die Erzeugung von Palmöl eine der wenigen Möglichkeiten ist, das Land aus der Armut zu führen, und dass keine wirtschaftlichen Alternativen existieren. Laura und mir bleibt keine Wahl: Wir kaufen uns Gesichtsmasken mit einem Smiley drauf, atmen im Freien, wenn möglich, nicht tief ein und versuchen, das Beste aus der Situation zu machen – wie alle anderen auch. Denn es wäre unsinnig, momentan nach Indonesien weiterzureisen – auf Sumatra ist die Lage noch dramatischer.

Glücklicherweise gibt es viel zu erledigen, und die Monate bis November vergehen schnell. So brauchen unsere Motorräder für Indonesien und Australien ein Carnet de Passage, das wir auf Bestellung aus Deutschland bekommen. Außerdem müssen wir für diese Länder Visa besorgen: Wir beide möchten ein sechs Monate gültiges für Indonesien, und ich – anders als Laura, die australische Staatsbürgerin ist – hätte für Down Under gern ein Touristenvisum mit mindestens 18 Monaten Laufzeit. Das wird eine harte Nuss, denn Touristen wird nur in Ausnahmefällen ein Aufenthalt von mehr als einem Jahr gestattet. Und auch um Puck und Pixie müssen wir uns kümmern. Auf der Landstraße dahinrollend, habe ich vor Kurzem ein Stück Metallschrott überfahren, das es irgendwie geschafft hat, hochzuspringen und sich zwischen Vorderritzel und Getriebe zu verklemmen. Mit blockiertem Hinterrad bin ich dahingerutscht, bis ich endlich stehen geblieben bin. Mich hat das unvorhergesehene Ereignis lediglich wachgerüttelt, der arme Puck hat aber eine klaffende Wunde im Getriebegehäuse davongetragen, aus der Öl sickert. Auch Lauras BMW ist nicht mehr ganz in Form. Ihre Ventile flattern wie verrückt, und im Luftfilter hat ein großer Gecko sein Leben ausgehaucht. Wenn ich gewusst hätte, dass sich der arme Kerl dort verkriecht, hätte ich ihn natürlich gerettet …

Am Ende klappt aber alles wunderbar. Pucks Loch kann ich mit einer großzügig bemessenen Schicht Epoxidharz schließen, die Ventilabstandsscheiben schleife ich per Hand auf die richtige Stärke zu, dem Gecko richte ich ein würdiges Begräbnis aus, und den australischen Botschafter kann ich davon überzeugen, dass ich ein Bona-fide-Tourist bin, der keinerlei Ambitionen hat, dort zu arbeiten. Er stellt mir ein Jahresvisum aus, das innerhalb Australiens um sechs Monate verlängert werden kann. Ich zahle dafür satte 170 Euro und möchte dennoch Freudensprünge machen.

Das Einzige, worum wir uns nicht selbst kümmern müssen, ist die Verschiffung der Motorräder von Port Klang in Malaysia nach Belawan auf Sumatra. Unsere guten Freunde Jonas und Ellen, denen wir schon in Laos begegnet sind, haben dasselbe Ziel und wollen für ihren Land Rover einen 40-Fuß-High-Cube-Container besorgen, den sie unter anderem mit uns teilen wollen. Zurzeit sind viele Overlander von Europa nach Australien unterwegs, und so melden sich über das Forum von HorizonsUnlimited, einer bekannten Motorrad-Website, vier weitere Reisende auf das Angebot: Peter aus Holland mit seiner Honda Transalp, Michelle und Jamie aus England mit einer BMW GS1200 und nicht zuletzt Michael, der mit uns auf seiner Honda Africa Twin durch China gefahren ist. Wenn wir fünf Motorräder und einen Land Rover in den Container quetschen und uns die Kosten teilen, ist die Summe pro Person bescheiden. Es gibt nur einen Haken bei der Sache: Jeder von uns reist in seinem eigenen Tempo, sodass der früheste Termin, an dem wir uns in Port Klang treffen können, nicht im November, sondern erst im März 2016 liegt. Lauras Reaktion überrascht und erfreut mich:

»Das ist prima! Da können wir wieder Haus- und Hundesitting machen und das Land noch besser kennenlernen. So bald kommen wir sicher nicht nach Südostasien zurück.«

Wie gesagt, so getan – und dazu machen wir noch einiges mehr. Bei einem Spaziergang entdeckt Laura neun auf einer Müllkippe lebende Hundewelpen, und wenige Tage später treffen wir auf Kinder, die mit einem Pappkarton Fußball spielen – einem Karton, der miau macht. Darinnen sind drei winzige, junge Kätzchen. Klar, wir nehmen die zwölf Tiere in unsere Obhut, bis wir ein Heim für sie gefunden haben. Wie auf Koh Lanta sind herrenlose Hunde bei den Einheimischen auch hier nicht gern gesehen. Selbst behütete Haustiere leben gefährlich, wenn sie in muslimischen Gegenden als störend empfunden werden. Mit Bello auf einer Straße Gassi zu gehen, ist keine gute Idee, wenn sich dort eine Moschee befindet, und in manchen Stadtvierteln sind Hunde generell verboten. Da ist es kein Wunder, dass es uns viel Zeit und Mühe kostet, Adoptiveltern oder wenigstens ein Tierheim zu finden, das seine Gäste nicht einschläfert, wenn sich kein Interessent für sie findet. Wir kontaktieren alle Tierschutzvereine im Land, und schließlich kommen uns Second Chance und Shikin zu Hilfe. Nachdem wir unsere Schützlinge in guten Händen wissen, sind wir zum Aufbruch bereit.

Früher war es einfacher, ein Fahrzeug nach Sumatra zu bringen – und in zehn, 20 Jahren wird es vielleicht noch viel leichter sein – nämlich dann, wenn die 48 Kilometer lange, durch China finanzierte Brücke von Telok Gong nach Dumai fertig ist. Als ich das letzte Mal hier war, gingen die meisten Overlander in die Häfen von Malakka oder Penang, um den Kapitän eines der »Zwiebelfrachter« am Kai um einen Gefallen zu bitten. Im hölzernen Rumpf dieser Schiffe wurde alles nur Erdenkliche zu einem günstigen Preis über die Meerenge transportiert, jedoch keine Passagiere.

»Ihr Motorrad nehme ich gern mit nach Indonesien, kein Problem. Sie selbst aber müssen das reguläre Passagierboot nehmen«, erklärte mir 1999 ein freundlicher Kapitän in Malakka.

»Aber warum kann ich nicht mitfahren? Es sind doch nur ein paar Stunden bis zum anderen Ufer. Man sieht Sumatra fast schon von hier aus«, bettelte ich.

»Ein paar Stunden? Mit etwas Glück, ja«, lachte er und klärte mich dann mit erstaunlicher Offenheit auf: »Sie glauben doch nicht im Ernst, dass wir nur Zwiebeln transportieren, oder? Wir sind Schmuggler. In 99 % aller Fälle geht es gut, aber hie und da erwischt uns der indonesische Zoll und beschlagnahmt unsere Schiffe. Ein Tourist an Bord wandert ins Gefängnis. Das wollen wir nicht riskieren, und Sie doch sicher auch nicht.«

Zuletzt setzte ich dann gar nicht nach Indonesien über, sondern fuhr direkt von Singapur nach Perth in Australien.

Heutzutage sind die Zwiebelfrachter selten geworden, und auch die motorisierten Reisenden bedienen sich ihrer nicht mehr oft. Der legendäre Mr. Lim von Penang, der einen ausgezeichneten Ruf genoss, was den sicheren Transport von Fahrzeugen betraf, ist immer noch im Geschäft. Ihm gehört sogar ein Schiff, das groß genug ist, Autos zu transportieren. Leider wurde es vor Kurzem in Indonesien beschlagnahmt, und es kann Monate dauern, bis er es zurückbekommt. Mittlerweile nehmen aber auch die Passagierboote Motorräder mit, sofern sie für die Gangway nicht zu breit sind. Das wäre auch unsere Wahl gewesen, wenn uns Jonas und Ellen nicht einen Platz in ihrem Container angeboten hätten. Unsere Freunde sind zu bedauern – der Aufwand, den sie haben, steht in keinem Verhältnis zur Dauer der Seereise. Sie müssen eine Transportfirma beauftragen, den Seeladeschein besorgen, die Fahrzeuge im Container unterbringen und diesen versiegeln lassen – die Bürokratie ist die gleiche wie für eine Reise von hier nach Hamburg. Jeder Schritt in diesem Prozedere braucht seine *pizan zapra*, was im lokalen Dialekt angeblich »die Zeit, die man benötigt, um eine Banane zu essen« bedeutet. Ich finde, ein solches Bananenmaß ist ein sehr dehnbarer Begriff, der stark von der Esstechnik abhängt. Wenn man die Banane an der Seite wie einen Maiskolben anknabbert, statt einfach von der Spitze her abzubeißen, kann eine pizan zapra qualvoll lange dauern ... wie in diesem Fall.

Zu guter Letzt sind Puck und Pixie aber zusammen mit allen anderen Fahrzeugen unterwegs. Ich muss zugeben, dass ich etwas nervös bin. Sänke das Frachtschiff, hätte ich nicht mehr irdischen Besitz als die Kleider am Leib und meinen großen Kaffeebecher. Jonas, Ellen, Michael, Peter, Michelle, Jamie, Laura und ich nehmen ein Taxi zum Passagierbootterminal in Port Klang, und irgendwo in der Mitte der Überfahrt gelangen wir in indonesische Hoheitsgewässer.

Fuocoso

Feurig

Indonesien, 31.8.2016

Wenn ich ein Buch lese, zögere ich oft, bevor ich die letzte Seite umblättere. Hat mir die Geschichte gefallen, so möchte ich nicht, dass sie zu Ende geht. Bei besonders guten Büchern weigere ich mich manchmal sogar, die letzte Seite überhaupt zu lesen. Ganz ähnlich geht es mir auch, wenn ein Kapitel meines Lebens sich dem Ende zuneigt. Ein Teil von mir möchte verweilen, in Erinnerungen schwelgen und dieses Kapitel weiter und weiter dehnen – denn vorbei ist vorbei.

Aber ich muss mich aufraffen. Nostalgie ist wie ein Sumpf, zähes, totes Zeug, in dem man versinkt, wenn man sich zu tief hineinwagt. Steht nicht auch schon das Ziel Australien vor unseren Augen? Nun gut, um ehrlich zu sein, da steht es schon seit 18 Monaten, seit wir Südostasien erreicht haben. In dieser ganzen Zeit haben wir weniger Kilometer zurückgelegt als in den acht Wochen unserer Chinadurchquerung! Aber jede pizan zapra hat sich gelohnt, und bei unserem entspannten Tempo haben wir von diesem Part der Welt einen beachtlichen Teil kennengelernt. Freilich konnten wir nicht »alles« sehen, weder hier noch in den anderen Ländern, durch die wir in den knapp vier Jahren seit unserem Start in Deutschland gekommen sind. Darum geht's aber auch beim Overlanding nicht, oder?

Es gibt noch ein zweites Problem, wenn ein Buch oder eine Reise zu Ende geht: Man muss sich entscheiden, was man als Nächstes lesen bzw. machen will. Hierin liegt eine Herausforderung, über die ich grinsen muss. Meine Reiseträume sind so zahlreich, dass ich nicht einmal einen Bruchteil davon verwirklichen kann. Auf den Spuren Stanleys möchte ich zu den

Quellen des Nils vordringen, danach die Sahara auf der algerischen Nationalstraße RN1 durchqueren, Tamanrasset besuchen und das Hoggar-Gebirge. Auch möchte ich unbedingt das Mittelmeer mit dem Motorrad umrunden, und es treibt mich, den höchsten Gipfel jedes europäischen Landes zu erklimmen – den Vaalserberg in Holland mit seinen 322,7 Meter Höhe sogar über die furchterregende Nordwand. Vielleicht könnte ich mit einem altersschwachen Colin-Archer-Segelboot alle Weltmeere befahren oder zusammen mit Laura ein Blockhaus in der kanadischen Wildnis bauen. Die abgelegene Insel Tristan da Cunha wäre sicher einen Besuch wert, und mit dem Motor- oder, besser, Hundeschlitten Grönland zu erkunden, würde mir ebenfalls gefallen. Jetzt aber steht erst einmal Australien an. Ich habe bereits eine Reiseroute ausgearbeitet, die wir gleich nach unserer Ankunft in Angriff nehmen wollen. Als Linie auf der Landkarte verbindet sie zunächst all die wunderbaren Orte, die wir unbedingt sehen möchten. Ganz oben auf dem Wunschzettel stehen dabei die berühmten Offroad-Strecken im Outback, von denen ich seit meinen Kindertagen träume: der Birdsville Track, der Old Telegraph Trail zum Cape York, die 1850 Kilometer lange Canning Stock Route und noch einige mehr. Laura schmunzelt, als sie sich meinen ausgeklügelten Plan ansieht:

»Wenn wir das machen, sind wir mindestens 37 000 Kilometer unterwegs, genauso viel wie von Europa nach Indonesien. Australien ist riesengroß!«

Natürlich hat sie recht. Meine Linie gleicht eher einer Hyperbel.[44]

---

[44] Eine Hyperbel ist ein Kegelschnitt, der aus zwei Ästen besteht, die aus dem Unendlichen kommen und ins Unendliche gehen. In der Rhetorik ist eine Hyperbel eine Übertreibung (vom griechischen *hyperballein*, das »über das Ziel hinausschießen« bedeutet). Ich glaube, beide Bedeutungen passen exakt zu meiner durch Australien geplanten Route.

Reisen – die unwiderstehliche Sucht, sprachlos staunend diese vielfältige, aufregende Welt zu erkunden. Paulo Coelho schrieb einst, dass der, der liebt, sich verlieren und sich wiederfinden können muss. Für mich gilt das Gleiche auf einer Fahrt um die Erde, denn was gibt es Schöneres, als in stetigen Kreisen umherzuziehen, um sich und die Welt bei jeder Begegnung mit dem Unbekannten neu zu entdecken? Irgendwann in der Zukunft könnte uns durchaus der Gedanke an ein sesshafteres Leben kommen. Dann endlich könnten wir uns ein zweites Paar Schuhe leisten, anstatt uns ständig zu fragen, wie viele Tage länger wir unterwegs sein können, wenn wir uns diese Ausgabe sparen. An welchem Platz wir unsere Hütte bauen, muss erst noch entschieden werden. Mir geht es überall auf dieser Welt gut, wo es Apfelstrudel und Brie gibt, die Lebenshaltungskosten nicht allzu hoch sind, das Gesundheitssystem halbwegs intakt ist, die Gebirgsluft frisch und die politische Lage stabil. Ein wichtiger, vielleicht DER wichtigste Gesichtspunkt ist die gesellschaftliche Akzeptanz. Es besteht hierbei ein großer Unterschied, ob man als Tourist ein Land besucht oder ständig dort lebt. Als Overlander komme ich mit Vorurteilen wegen meiner Nationalität oder meiner Hautfarbe gut zurecht, aber ich möchte nicht in einem Land leben, in dem ich täglich als Angehöriger einer Minderheit an den Rand gedrängt werde. Es macht keine Freude, ewig der Farang, Gringo, Muzungu oder Bule zu sein, wie man die Weißen in Indonesien nennt.

Vielleicht verschlägt es uns zuletzt nach Argentinien oder in die italienischen Dolomiten, wo wir als zwei erfrischend exzentrische Individuen unsere alten Tage verbringen können und unser Leben, wie ich hoffe, einem Wein gleicht, der mit den Jahren reift und an Charakter gewinnt, statt sich in sauren Essig zu verwandeln. Auf keinen Fall werden wir das Reisen ganz aufgeben, aber es kann sein, dass wir weniger strapaziösen Aktivitäten nachgehen. Wir können uns mit Bergwandern vergnügen statt mit Klettern, mit Schnorcheln statt mit Tiefseetauchen, und wir sollten eher im Schach wetteifern als im Abfahrtslauf. Und sollte es so weit kommen, dass wir es nicht mehr schaffen, mit dem Motorrad durch die Mongolei zu fahren, dann könnte man stattdessen eine kulinarische Reise durch Europa machen, die sicher ähnlich hohe Ansprüche stellen wird. Die Grenzregionen wie Russland eingeschlossen, wären 51 Länder zu besuchen. Wenn wir in jedem eine Woche verbringen, haben wir fast ein Jahr lang nichts anderes zu tun, als Spezialitäten zu verkosten. Am Ende, jeweils 30 Kilo schwerer, könnten wir uns in eine Rentnerkommune zurückziehen, um zu verdauen. Solche Gedanken schrecken uns nicht, warum auch? Unser Leben lang haben wir unsere Träume verwirklicht, den Schwierigskeitsgraden nach geordnet. Mit hartem körperlichem Einsatz haben wir begonnen, und irgendwann wird es uns genügen, Hunde spazieren zu führen, ins Theater zu gehen oder in der Hängematte zu schaukeln. Das ist in jedem Fall schlauer, als umgekehrt zu verfahren und den Amazonastrip mit 95 verwirklichen zu wollen. Es wäre doch ärgerlich, ständig festzustecken, weil sich Lianen um die Rollstuhlspeichen gewunden haben.

Mit ein bisschen Glück, und wenn uns weiterhin danach ist, können wir nach meiner Schätzung noch 30 Jahre unterwegs sein. Der älteste Bezwinger des Mount Everest war immerhin 76 Jahre alt, und auf dem Kilimandscharo stand schon ein 87-Jähriger. Aber wer sieht schon die Zukunft voraus? Ginge ich zu einem Handleser und zeigte ihm meine von Kettenschmiere und Fett schwarzen Mechanikerhände, gäbe er wohl eine Weisheit der Art »Chris, du hast Probleme mit deinem Motor« von sich. Gescheiter ist es, sich auf die Gegenwart und Indonesien zu konzentrieren. Vor uns liegt eine 6000 Kilometer lange Strecke zwischen Sumatra und Bali, von wo aus wir schließlich nach Darwin übersetzen werden.

Indonesien ist eine überwiegend muslimische Nation, die sich über rund 18 000 Inseln entlang des Äquators erstreckt. Wieder einmal ist es unmöglich, alles zu sehen, auch wenn wir sechs Monate Zeit haben. Vier Inseln, allerhöchstens fünf, mehr werden wir nicht besuchen können. Nachdem wir unsere Fahrzeuge aus den Klauen der Zollabfertigung von Belawan Port befreit haben – was dank wuchernder Bürokratie, Ineffizienz und einem Hauch Korruption fünf Tage gedauert hat –, machen wir uns alle sieben auf, um eine Region zu erkunden, die auf der Karte eigentlich mit einem abweisenden »hic sunt dracones« markiert sein sollte. Die Kartenzeichner der Antike ließen ihrer Fantasie oft freien Lauf und besiedelten unerforschte Länder auf den Karten mit malerischen Monstern. Unsere Drachen erweisen sich als die Vulkane Sinabung und Sibayak, und wirklich, sie speien Feuer. So bricht der Sinabung alle paar Stunden aus und schickt dann eine kilometerlange Rauchsäule gen Himmel. Dies sind lediglich zwei der momentan 150 aktiven Vulkane in Indonesien, und wie alle anderen verdanken sie ihre Existenz der Kollision der Pazifischen, Eurasischen und Australischen Platte vor der Küste.

Als wir in Berastagi, einem Dorf zwischen den beiden Vulkanen, ankommen, geht mir durch den Kopf, dass allen Einwohnern der Darwin Award verliehen werden sollte, die ultimative Auszeichnung für tödliche Dummheit. Das offizielle Kriterium für Anwärter auf diesen Preis ist Folgendes:

»Im Sinne Darwins und seiner Evolutionstheorie gewährt der Darwin Award denen ein ehrendes Andenken, die unseren Genpool durch das höchste Opfer, das ihres eigenen Lebens, bewahren. Die Gewinner des Darwin Award bringen sich auf herausragend idiotische Weise ums Leben und verbessern so die Chancen unserer Art, auf lange Sicht zu überleben.«

Seit 1994 wurden Leute wie James Burns ausgezeichnet, der versucht hat, seinen Lkw zu reparieren, indem er unter ihn gekrochen ist – allerdings während der Fahrt. Nicht minder fatal ausgegangen ist das Fangspiel eines Manns aus Alabama mit einer Klapperschlange als Ball sowie der Versuch eines 19-Jährigen, mit einer halbautomatischen Pistole Russisch Roulette zu spielen. Und auch Adelir Antonio de Carli wurde posthum geehrt, nachdem er einen Stuhl an 1000 heliumgefüllte Ballons befestigt hat, um sich in die Lüfte zu erheben. Seine Überreste wurden 100 Kilometer von der Küste entfernt im Meer gefunden.[45] Im Fall von Berastagi frage ich mich dann schon, ob sich nicht jeder, der sein Haus auf den Hang eines aktiven Vulkans baut, ganz bewusst zum Opfer der darwinschen Selektion macht.

Bisher haben die vielen, eher kleinen Eruptionen nur wenige Opfer gefordert, und auf der Habenseite steht die unglaublich fruchtbare Vulkanerde. Auch hat das Dorf eine geologische Messstation, deren Warnungen als zuverlässig gelten, sodass bei Gefahr rechtzeitig evakuiert werden kann. Zurzeit ist alles ruhig, und jeden Tag wandern zahlreiche Touristen zum Gipfel des weniger aktiven Sibayak hinauf. Zusammen mit Jonas und Ellen schließen wir uns ihnen an.

»Sollen wir ein paar Hotdogs für ein Barbecue im Vulkanschlund mitnehmen?«, frage ich.

Das Grillfest wäre ins Wasser gefallen. Es gibt keine Magmatümpel im Krater des Sibayak, nur einen malerischen See, in den der gewaltige Druck aus dem Erdinneren siedend heißes Wasser emporpresst. Wir hätten Hotdogs zwar kochen können, doch ziehen wir es stattdessen vor, uns selbst am Fuß des Vulkans in eine dampfende Quelle zu legen und unsere vom langen Marsch schmerzenden Glieder zu entspannen.

---

[45] Interessanterweise erhalten mehr Männer als Frauen den Darwin Award, nämlich bisher 88,7 % aller ausgezeichneten Personen.

Vulkane, Erdbeben und der verheerende Tsunami 2004, der allein in Indonesien 170 000 Menschen das Leben gekostet hat – ein seismisch ruhiges Land ist dies sicher nicht, und wenn die Naturkatastrophen ausbleiben, sorgt eben der Mensch für Unheil. Dafür ist die Produktion von Palmöl nur ein Beispiel. Die Entwaldung schreitet mit alarmierender Geschwindigkeit voran. Seit 1980 ist fast die Hälfte des Urwalds auf Sumatra zugunsten der Landwirtschaft vernichtet worden, und auch im Kleinen verhalten sich viele Einheimische verantwortungslos. So kommt Jonas enttäuscht mit seiner Angel vom Fluss zurück, als wir die Ostertage in dem Dörfchen Ketembe am Rand des Nationalparks Gunung Leuser verbringen.

»Ich geb's auf. Das Fischen macht keinen Spaß, wenn die einen mit Batterie und Kabeln den Fischen Stromschläge verpassen und die anderen als Fangmethode Rattengift ins Wasser kippen.«

Seit unserer Begegnung in Afrika haben Laura und ich am Ostersonntag immer Eier füreinander versteckt. Dieses Jahr brechen wir mit dieser Tradition und suchen stattdessen Orang-Utans. Sie gehören zu den wenigen größeren, hier heimischen Säugetieren, die wir vielleicht zu Gesicht bekommen können. Die Zahl der wild lebenden Sumatraelefanten ist auf 2500 geschrumpft, vom Sumatratiger gibt es noch 400 Exemplare, und das einheimische Nashorn steht mit 200 Tieren kurz vor dem Aussterben. Um den Orang-Utan steht es kaum besser, aber mithilfe eines erfahrenen Führers könnten wir Glück haben. Wir heuern einen Ortsansässigen an, der sich im Urwald zurechtfindet, und brechen von Ketembe aus zu einem siebenstündigen Treck auf. Primaten zeigen sich nirgends. Ja, Blutegel gibt es auf dem nassen Boden, einen davon sogar an meinem Bein. Ein Osteregel, herrlich! Ehrlich gesagt finde ich Osterhasen putziger.

Wir sind schon fast wieder zurück bei unserem Bungalow in Ketembe, ungefähr an der Stelle, an der wir zu unserer Wanderung aufgebrochen sind, als unser Führer stehen bleibt und zu einem Baum neben der Hauptstraße hinaufdeutet. 20 Meter über unseren Köpfen schaukeln da zwei Orang-Utans in den Zweigen. Ich habe den leisen Verdacht, dass unser Führer das die ganze Zeit über gewusst hat, sich aber den Lohn für eine ganztägige Tour nicht entgehen lassen wollte. Im Zweifel für den Angeklagten; er bekommt sein Geld, denn schließlich hat er geliefert, was er versprochen hat.

Am nächsten Morgen trennt sich unsere Gruppe. Peter, Michelle und Jamie haben es eilig, denn sie müssen Bali innerhalb der nächsten sechs Wochen erreichen. Jonas, Ellen und Michael möchten hingegen im Norden der Provinz Aceh tauchen gehen, und Laura und ich wollen höher hinaus. Erst werden wir eine Offroad-Runde durch das Barisiangebirge in Aceh drehen und dann den Tobasee im zentralen Hochland ansteuern. Auf unserer Karte gibt es eine dünne, gepunktete Linie, die Blangkejeren und Babahrot verbindet und die alles – vom befestigten Feldweg bis hin zum wilden Geländeritt – bedeuten kann. Die Straße beginnt zahm und führt über sanfte Hügel und durch einen Nadelwald. Manchmal treffen wir auf Affen, die die Plastikverpackungen von Süßigkeiten inspizieren, die Autofahrer aus dem Fenster geworfen haben, und wir sehen Büffel, die sich in Schlammtümpeln auf den Feldern suhlen. Bald hinter der letzten Siedlung, 50 Kilometer westlich von Blangkejeren, wird die Schotterpiste schlecht und steil. Ich fahre voran und versuche, die Ideallinie zu finden, während Laura mit Pixie in meinen Reifenspuren folgt. An einer extrem steilen Stelle unterschätze ich den Anlauf, den ich brauche, um nach oben zu kommen. Puck bleibt stehen, und die Bremsen können ihn bei dieser Steigung nicht halten. Vorsichtig lasse ich ihn rückwärts rutschen und lenke dabei so, dass ich ihn zum Berghang hin auf die Seite legen kann. Dank meiner langen Beine ist es mir dann möglich, bequem abzusteigen. Laura, die zu dicht aufgefahren ist, um an mir vorbeizukommen, bleibt auch stehen, macht dann aber das Gegenteil von mir: Sie kippt bergab und fliegt im hohen Bogen vom Motorrad. Ich höre so etwas wie einen Todesschrei:

»Verdammte Scheiße, mein Knie ist hin!«

Zum Glück hat sie nichts gebrochen, aber ihr Kreuzband könnte überdehnt oder gar gerissen sein. Nach einer halben Stunde Pause geht es Laura wieder etwas besser, aber weiterfahren kann sie nicht.

»Ein bisschen kann ich das Bein belasten und herumhumpeln, aber Fahren im Gelände geht auf keinen Fall.«

»Machen wir es wie in Georgien«, schlage ich vor. »Du fährst auf der Ebene, aber wenn wir an eine Steigung kommen, fahre ich mit Puck voraus, gehe zu Fuß zurück und hole Pixie. Du musst freilich gehen. Meinst du, das kannst du schaffen?«

Sie schafft es, langsam zwar, aber in den nächsten zwölf Stunden kommen wir doch 20 Kilometer weiter. Laura muss die Hälfte davon zu Fuß gehen, mit einem lädierten Knie, das bei jedem Schritt schmerzt.

Ein Gewitter braut sich zusammen, und wir brauchen einen sicheren Unterschlupf für die Nacht. Bei einem kleinen Wasserfall entdecken wir eine Gebetshütte, in der wir Schutz finden. In einigen Teilen von Aceh errichten die muslimischen Einheimischen solche Holzhäuschen hie und da an den Straßen. Drinnen gibt es Matten, damit Reisende dort zu den festgesetzten Zeiten beten können. Ich kenne die religiösen Sitten in Aceh nicht gut, und so habe ich Bedenken, in einem Gebäude, das einer christlichen Kapelle entspricht, ein Lager aufzuschlagen. Also bleibe ich draußen und wachsam, während sich Laura in ihrem Schlafsack ausstreckt. Die Provinz hier strebte einst wie Osttimor nach Unabhängigkeit, und nicht immer ging es dabei friedlich zu. Es gibt im Internet offizielle Reisewarnungen wie die des neuseeländischen Außenministeriums:

»Seien Sie sehr vorsichtig, wenn Sie durch Aceh reisen, insbesondere in den abgelegenen Teilen der Provinz. Die indonesische Regierung und das Free Aceh Movement haben im August 2005 einen Friedensvertrag geschlossen und offiziell die Feindseligkeiten eingestellt. Die Situation hat sich zwar stabilisiert, aber die Sicherheitslage insgesamt bleibt prekär.«

Ich nehme solche Warnungen immer »cum grano salis«. Reisende sollten sie zur Kenntnis nehmen, sich aber zugleich darüber im Klaren sein, dass sie nicht zwingend ein unvoreingenommenes Bild der Wirklichkeit abgeben. Oft stellen sie sich als übertrieben heraus. Australien und Neuseeland führen Indonesien auf der Liste gefährlicher Länder, vor allem wegen der Bombenanschläge von Bali im Jahr 2002. Bei diesem Terrorakt wurden viele aus Down Under getötet. 2015 wurden dann zwei Australier wegen Drogenschmuggels hingerichtet. Kein Wunder, dass man in Sydney nicht gut auf Indonesien zu sprechen ist. Das Auswärtige Amt der USA warnt derzeit vor Reisen in 38 Nationen, darunter Kolumbien, die Türkei, Mexiko, Honduras und die Philippinen, insgesamt ein Fünftel aller Länder dieser Welt. Manchmal denke ich, dass man überhaupt nicht reisen könnte, wenn es nach den westlichen Regierungen ginge. Auf der anderen Seite stellt sich einem bei genauerer Betrachtung der jeweiligen Warnungen jedoch auch die Frage, ob man wirklich daheimbleiben sollte, denn schließlich bomben Terroristen auch in Europa. Und gibt es nicht auch in den USA Schießereien, Kidnapping, Gewalt und Exekutionen? Interessanterweise haben es die USA versäumt, sich selbst auf ihre Liste gefährlicher Nationen zu setzen. Doch im Ernst: Wer mit Vernunft reist, wird selten in eine bedrohliche Situation geraten. Im Fall von Indonesien stimmt es zwar, dass seine Geschichte seit dem Ende der holländischen Kolonialherrschaft turbulent verlief. Auch sind politische Unruhen, ethnische Spannungen und Korruption an der Tagesordnung; Gewalt gegen Touristen ist jedoch selten.

Wie es scheint, hätte ich mir um die Sicherheit keine Sorgen machen müssen: Es stört niemanden, dass wir die Hütte besetzt haben. Vor Mitternacht stoppen dreimal Einheimische in Allradautos, als unsere Motorräder in ihrem Scheinwerferlicht auftauchen. Sie machen mit ihren Smartphones aber nur Fotos von den Maschinen und fragen mich nach Zigaretten. Ein paar andere schreien im Vorbeifahren in voller Lautstärke »Hello Mister«. Das ist der Einheitsgruß für uns Bule in den meisten Teilen Sumatras, den man bald hundertmal am Tag zu hören bekommt. Variationen lauten »Hello Mister where you from« oder sogar »Hello Mister house«. Wieso »house«? Wahrscheinlich ist es das einzige englische Wort, das ihnen auf die Schnelle einfällt.

Trotz allem halte ich auf meinem Campingstuhl weiter Wache und zähle Glühwürmchen, um nicht einzuschlafen wie Laura, die von all den Schmerztabletten, die sie geschluckt hat, benommen ist. Manchmal schlägt in der Nähe ein Blitz ein, hüllt die Hütte in gespenstisches Licht und lässt sie erzittern. Meine Nachbarn im Dschungel – zahlreiche Affenfamilien – sind ebenfalls erschüttert –, nach jedem Donnerschlag höre ich sie kreischen. Nach und nach werden sie ruhiger, und Frösche und Grillen stimmen ihr Konzert an. Es fällt mir nicht schwer, bei all dem Lärm die Augen offen zu halten, bis die am Äquator erstaunlich kurze Morgendämmerung anbricht. Vorsichtig wecke ich Laura, die sich kaum noch an diese Nacht erinnert.

»Ich weiß nur, dass ich geträumt habe, ein Tiger sei in die Hütte gesprungen und hätte dich angegriffen. Davon bin ich aufgewacht, habe die Glut deiner Zigarette gesehen und mich beruhigt. Ich dachte mir, dass du kaum eine Zigarette in der Hand hättest, wenn du gegen einen Tiger kämpfen müsstest.

Obwohl – wenn ich es genau überlege, zuzutrauen wäre es dir schon.«

Sie bandagiert sich beide Knie, und wir brechen auf – mal fahrend, mal zu Fuß. Gerade als wir uns überlegen, das Zelt für eine zweite Nacht aufzustellen, hört der Schotter auf und macht neuem Asphalt Platz. Eine Stunde später sind wir an der Küste, wo wir ein billiges Motel finden, und nach zwei weiteren langen Tagesetappen erreichen wir den Tobasee, wo Laura ihre Wunden lecken und sich erholen kann. Das einzige, wirkliche Opfer unserer Geländetour ist Veronika. Sie ist tot, in Stücke zersprungen. Veronika war unsere heiß geliebte Kaffeespenderin, ein elektrischer Wasserkocher. Bei dem Wenigen, was wir besitzen, haben wir allen Dingen Namen gegeben. Deep Thought ist mein Laptop, Wally ist Lauras Geldbeutel, Darthy mein USB-Stick und unsere zwei kleinen Handtücher heißen Erwin und Edwina. Und so weiter.

Einen besseren Platz zum Ausspannen hätten wir nicht finden können, denn die Temperaturen hier oben sind im Vergleich zum Tiefland sehr angenehm. Dort sind mir meine Schokoriegel nicht nur geschmolzen, sondern regelrecht verdampft, bevor ich sie genießen konnte, und das mag ich gar nicht. Der Tobasee ist doppelt so groß wie der Bodensee und damit das größte Binnengewässer Indonesiens. Er liegt auf 905 Meter Höhe in der Caldera eines Vulkans, der vor 70 000 Jahren seine Spitze abgesprengt hat. Hier leben die Batak – eine von Hunderten indonesischer Volksgruppen. Sie sind überwiegend Christen, hatten jedoch noch vor nicht allzu langer Zeit recht spezielle Essgewohnheiten.

»Früher waren wir Kannibalen«, erklärt uns der einäugige Joe, ein waschechter Batak, mit gewissem Stolz. Er betreibt ein kleines Restaurant am Rand von Tuk Tuk, dem Dorf, in dem wir für 14 Tage ein Zimmer gemietet haben. Wir genießen seine Gesellschaft, zumal er nicht nur sehr freundlich ist, sondern darüber hinaus auch noch alles über die Kultur vor Ort zu wissen scheint. »Die Regel war das nicht«, ergänzt er. »Wir haben nur Gefangene gegessen, die wegen bestimmter Verbrechen zum Tode verurteilt worden waren. Ihr Fleisch wurde gebraten, gesalzen, unter Reis gemischt und eventuell noch mit etwas Limonensaft verfeinert. Ich kann euch den Felsen zeigen, auf dem die Hinrichtungen stattgefunden haben, wenn ihr wollt.«

Nachdenklich betrachte ich meine halb aufgegessene, mit Fleisch und Kartoffeln gefüllte Taco, obwohl der Kannibalismus der Batak bald Geschichte war, nachdem 1890 die niederländische Kolonialregierung den Verzehr von Menschen verboten hatte. Seit mehr als hundert Jahren ist hier also kein Menschenfleisch mehr auf den Teller gekommen.

»Hund essen wir aber, das ist am Tobasee ein Festschmaus für den Sonntag oder bei besonderen Anlässen, Weihnachten zum Beispiel. Wir nennen Hundefleisch manchmal ›B1‹, während ›B2‹ Schweinefleisch bedeutet. Nur damit ihr das wisst, wenn ihr die Speisekarte lest«, warnt uns Joe. »Einmal, als ich Malaria hatte, hat mich meine Großmutter mit Katzensuppe kuriert – aber das funktioniert nur mit einer schwarzen Katze.«

Laura ist davon wenig begeistert. Als Joe gerade einen anderen Kunden bedient, flüstert sie mir zu: »Wäre es nicht besser, die würden wieder Menschen essen?« Ich nicke zustimmend. Vieles an Südostasien werde ich vermissen, wenn wir erst einmal in Darwin sind, aber Batak-Hotdogs gehören sicherlich nicht dazu.

Beim Gedanken an das bevorstehende Eintauchen in die westliche Welt beschleichen mich zwiespältige Gefühle, denn gerade Australien wird es mir nicht einfach machen. In den Medien wird dieses Land oft »der am meisten überregulierte ›Nanny-State‹ der Welt« genannt. Die gelassene Nation, die Australien in meiner Erinnerung ist, gibt es heute anscheinend nicht mehr, und das Landesmotto »No worries, mate« hat in vielen Lebensbereichen seine Gültigkeit verloren. Reisende, die wir getroffen haben, haben berichtet, dass man in Sydney nicht einmal mehr mit Freunden gemütlich im Stadtpark sitzen darf, um sich bei Zigaretten und einer Flasche Wein über Gott und die Welt zu unterhalten. In der Öffentlichkeit ist nämlich mittlerweile außerhalb von Gaststätten in den meisten Bundesstaaten Australiens der Genuss von alkoholischen Getränken untersagt. Was aber das Rauchen betrifft, so haben einige Städte ganze BEZIRKE für »rauchfrei« erklärt. Dort ist es selbst zu Hause verboten, sich eine Zigarette anzuzünden – und ein Päckchen davon kostet umgerechnet 20 Euro! Hunde dürfen nicht in Restaurants und an die meisten Strände mitgenommen werden, für Radfahrer gilt Helmpflicht, Pubs haben nicht nur Sperrstunden, sondern lassen schon viel früher keine neuen Gäste mehr rein, das Internet wird von »unangemessenen« Inhalten gereinigt, spontane Straßenpartys sind gesetzeswidrig, und wenn ich die strengen australischen Vorschriften für den Gesundheitsschutz und die Lebensmittelsicherheit lese, dann frage ich mich verwundert, wie ich bisher eigentlich so lange auf Reisen überleben konnte, obwohl ich ständig dagegen verstoße.[46] Die Kritiker der staatlichen Überfürsorge sagen, dass die gesetzlich verordneten Einschränkungen der persönlichen Freiheit in Australien jeder Vernunft widersprechen, da sie eine Generation hervorbringen werden, die so risikoscheu ist, dass sie zuletzt nicht mehr selbstständig denken und für sich sor-

[46] Es geht aber noch schlimmer: Die USA haben den Import von Kinderüberraschungseiern verboten, da ihr Inhalt für amerikanische Kinder offensichtlich eine potenzielle Erstickungsgefahr birgt. Das Einschmuggeln solch gefährlicher Ware wird mit astronomischen Geldstrafen geahndet. Ich persönlich finde es schon ein wenig merkwürdig, dass für die amerikanische Regierung Sturmgewehre in Ordnung sind, während Schokolade mit Spielzeug darin als todbringend angesehen wird. Aber wer bin ich schon, dass ich da meckern dürfte.

gen kann. Die Befürworter halten dagegen, dass genau dieser Zustand bereits eingetreten ist und dass Menschen, die keine vernünftigen Entscheidungen mehr treffen und keine Verantwortung tragen können, zum höheren Wohl der Gesellschaft von den Politikern wie kleine Kinder bevormundet werden MÜSSEN.

Wie weit ist die Welt, aus der ich jetzt komme, hiervon entfernt! Wenn ich mir in Indonesien, an einem Strand auf Bali, ein Bierchen genehmigen will – kein Problem. Wenn sich die Gäste in einem Restaurant eine Zigarette anzünden möchten (ein Päckchen kostet hier weniger als einen Euro) – auch nicht. Wenn jemand einen Schädelbruch riskiert, weil er ohne Helm Motorrad fährt, so ist das seine Sache. Niemand in der Regierung will die Indonesier vor sich selbst schützen. Natürlich kann man sich darüber streiten, welcher Ansatz der bessere ist, der von Jakarta oder der von Canberra. Der persische Theologe, Philosoph und Mystiker Al-Ghazali hat angeblich schon im 11. Jahrhundert Folgendes dazu gesagt: »Weise ist nicht, wer zwischen Gut und Böse unterscheiden kann, sondern der, der das bessere Ding von zwei guten und das schlechtere von zwei schlechten erkennt.« Ich bin mir da uneins: Gewährt ein Staat seinen Bürgern alle erdenklichen Freiheiten, werden manche Leute das sicherlich zum Schaden anderer ausnutzen. Ein Beispiel hierfür sind die Indonesier, die in der Regel einfach ein riesiges Zelt auf der wichtigsten Durchgangsstraße des Orts aufschlagen, wenn sie eine Party oder eine Hochzeit feiern wollen. Da sie dadurch eine Fahrspur blockieren, gibt es einen kilometerlangen Stau, was alle ärgert, die nicht eingeladen sind. Auch spricht meiner Meinung nach vieles für Länder, in denen nächtliche Ruhestörungen untersagt sind und es Privatpersonen verboten ist, ihre eigenen Haustiere zu schlachten, zu grillen und sich etwas dazuzuverdienen, indem man im Vorgarten Hunde-Kebab an hungrige Passanten verkauft.

Ich möchte jedenfalls mein Schicksal selbst in die Hand nehmen dürfen und habe die Erfahrung gemacht, dass der westliche Lebensstil nicht immer und überall meine Sache ist. Dennoch wird mir Australien vermutlich zusagen, denn sollte ich mich in den Städten zu eingeschränkt fühlen, verschwinde ich mit Laura einfach ins Outback. Das funktioniert allerdings nur, wenn sie bis dahin wieder im Gelände fahren kann, da ihre Knieverletzung leider nicht so zügig ausheilt, wie wir beide gehofft hatten. Momentan kann sie keine Vulkane ersteigen, sich durch den Dschungel schlagen oder mit dem Motorrad die Teerstraße verlassen. Wir sind deshalb auf der Suche nach Alternativen und nehmen uns vor, Komodowarane auf der gleichnamigen Insel zu kitzeln, bei den Gili-Inseln die Unterwasserwelt zu bestaunen und beim antiken Tempelkomplex von Borobudur Pixies Kolbenringe zu erneuern.

Bei Bonjol überqueren wir schließlich den Äquator[47], und kurz hinter Bandar Lampung endet dann der Trans-Sumatra-Highway, der kaum mehr als eine mit Schlaglöchern übersäte zweispurige Straße ist. Von hier ist es jetzt nur noch ein Katzensprung mit der Fähre nach Java, von wo aus uns eine weitere Fähre später nach Bali bringen wird.

...

»Wir sind schon fast da, mein alter Freund, nur noch ein paar Kilometer bis Denpasar.«

---

[47] Auf dem Land durchschneidet der Äquator außer Indonesien noch zehn andere Länder, nämlich Ecuador, Kolumbien, Brasilien, São Tomé und Príncipe, Gabun, die Republik Kongo, die Demokratische Republik Kongo, Uganda, Kenia und Somalia. Bei den Malediven und Kiribati geht er hingegen zwischen den Inseln hindurch.

»I go, I go; look how I go, swifter than arrow from the Tartar's bow! Gibt's in dem Kaff auch eine Tankstelle? Mich dürstet«, antwortet Puck und beschleunigt ein wenig.[48]

»Zitierst du schon wieder Shakespeare?« Ich seufze. »Und außer Trinken geht dir wohl gar nichts durch den Sinn? Du solltest dich den Anonymen Petroholikern anschließen.«

»I'll follow you; I'll lead you about a round, through bog, through bush, through brake, through brier – reicht dir das denn nicht? Kannst du immer nur auf meinen schlechten Gewohnheiten herumreiten? Wohl wahr, ich trinke. Wohl wahr, ich rauche, und manchmal tröpfelt es aus mir. Du aber, ja, du bist auch nicht perfekt. In Georgien hättest du mich fast zu Schrott gefahren!« Ich merke, wie Pucks Federung weich wird, ein sicheres Zeichen, dass er schmollt. Ich muss mich entschuldigen, bevor seine Laune in den Keller geht. Oder, schlimmer, bevor er wütend wird, überhitzt und ihm die Sicherungen durchbrennen.

»Tut mir leid, Kumpel, hast ja recht. Das hätte nicht sein sollen, dass dich der Doktor, der Mechaniker, mein ich, kurieren musste. Kannst du mir noch einmal verzeihen?« Ich tätschle Pucks Tank.

---

[48] Puck zitiert Puck aus Shakespeares *Sommernachtstraum*. Die kursiv gesetzten Stellen lauten in der Übersetzung von August Friedrich von Schlegel wie folgt: »Ich eil', ich eil', sieh, wie ich eil'; so fliegt vom Bogen des Tartaren Pfeil« (III,2,1135) – »Nun jag' ich euch und führ euch kreuz und quer, durch Dorn, durch Busch, durch Sumpf, durch Wald« (III,1,922) – »... eine Schar von lump'gen Handwerksleuten« (III,2,1036) – »Gehen die Sachen kraus und bunt, freu' ich mich von Herzensgrund« (III,2,1155) – »Ich schwärme nachts umher auf solche Taten ...« (II,1,410) – »Rund um die Erde zieh' ich einen Gürtel in viermal zehn Minuten« (II,1,547) – »Da ist sie, seht.« (II,1,626) – »Hierher komm!« (III,2,1496) – »Und wenn wir bösem Schlangenzischen unverdienterweis' entwischen, so verheißt, auf Ehre, Droll bald euch unsers Dankes Zoll, ist ein Schelm zu heißen willig, wenn dies nicht geschieht, wie billig. Nun gute Nacht; das Spiel zu enden, begrüßt uns mit gewognen Händen.« (V,1,2275 – Schlegel übersetzt hier recht frei. Anzumerken ist, dass er den Namen »Puck« durch »Droll« wiedergibt.)

»*A crew of patches, rude mechanicals.* Schon wieder gut, bleibende Schäden sind nicht entstanden. Ich verzeih dir.« Pucks Federung strafft sich wieder. »Auch ich verdiene Tadel, denn schließlich sagte ich einst ›nimm mich mit‹ – statt Matilda. Hui, schau, steht da nicht eine obersexy Ducati am Straßenrand?« Für eine Millisekunde bremst Puck ein wenig.

»He, du, sei manierlich und richte deinen Scheinwerfer wieder auf die Straße. Außerdem beobachtet dich Pixie von hinten.«

»*And those things do best please me that befall preposterously …*«, murmelt er leise und kichert mit stotterndem Motor.

»Was meinst du, sollten wir statt auszuruhn, die Reise lieber noch mal tun?«, frage ich in Shakespeare eher unwürdigen Blankversen, um seine Aufmerksamkeit wieder auf mich zu lenken.

»Wie bitte? Na klar! *I am the merry wanderer of the night. I'll put a girdle round about the earth in forty minutes!* Hm, vielleicht eher in vier Jahren«, verbessert er sich. »Ich seh das so: Ich könnte meine Tage damit verbringen, jedes Wochenende zwischen der Garage und dem Biergarten in Bayern hin- und herzupendeln, bis man mich auf dem Schrottplatz begräbt … Asche zu Asche, Eisen zu Rost. Das wäre, kein Zweifel, ein saugutes Leben. Jedoch, um an was Neuem mein Innres zu ergetzen, könnt ich den Alltagstrott und all die kleinen Freuden kühn durch ihr Gegenteil ersetzen. Manches daran wird gut sein, andres schlecht und vieles absolut überirdisch.«

»Du meinst, du möchtest Diesel statt Benzin saufen, mal was anderes, wie ich, als ich in Laos den Rat-Burger bestellt habe? Bist du gar deshalb mit mir auf dem Buckel von Europa aus ins Unbekannte aufgebrochen?«

»*Ay, there it is* – du hast's kapiert! Sogar ihr Menschen seid lernfähig.« Puck blinzelt frech mit den Blinkern. »Hab's echt schon mal probiert, den Diesel. Würg! Man musste schleunigst meinen Tank entleeren, es könnte sonst mir den Motor verheeren. Aber ausprobieren musste ich das. Es hätte ja sein können, dass es besser schmeckt als Benzin. Danach war ich um eine Erfahrung reicher.«

»Was ist mit unserem kleinen Ausflug nach Australien? Hat er dir Spaß gemacht?«

»*Come hither;* lass dir was sagen«, flüstert Puck vertraulich. Ich beuge mich im Sattel so weit wie möglich nach vorn. »Diese Erfahrung war nicht bloß überirdisch, sie war überkosmisch.«

»Ehrlich?« Ich bin entzückt und drücke seinen Lenker fest. Puck atmet tief durch seinen Luftfilter, sein Tank schwillt an, er hustet laut durch seinen Auspuff und sagt dann mit feierlicher Miene:

»*And, as I am an honest Puck, if we have unearned luck now to 'scape the serpent's tongue, we will make amends ere long; else the Puck a liar call: So good night unto you all. Give me your hands, if we be friends ...* auf geht's jetzt sogleich ins schöne Denpasar, und hinterm Horizont wird's sicher wunderbar.«

Finale

Letzter Satz eines Werks

Auf nach Australien, 1.9.2016

Seien Sie vorsichtig und überlegen Sie es sich gut, bevor Sie eine zweite Tasse in Ihrem Stammcafé bestellen. Die Folgen könnten Ihr Leben von Grund auf verändern. Sie glauben mir nicht? Dann will ich Ihnen eine Geschichte erzählen.

Unser Ausflug nach Australien nähert sich seinem Ende. Darwin liegt in greifbarer Nähe, wenige Hundert Kilometer von hier, am anderen Ufer der Timorsee. Und nun, da wir nur noch ins Flugzeug steigen müssen, um dorthin zu gelangen, blicke ich auf all das zurück, was ich seit Beginn meiner Reise erlebt habe. Dieses Erinnern wird mich einige Zeit beschäftigen, denn »Beginn« bedeutet nicht, einfach vier Jahre zurückzugehen in den September 2012, als ich mich zusammen mit Laura in den Sattel schwang. Auch das Jahr 2002, als ich meinen Land Rover Matilda in Schottland inmitten einer Schafherde zum ersten Mal erblickte, markiert nicht den Anfang der Geschichte. Genauso wenig wie 1997, das Jahr, in dem ich mich aus Deutschland abmeldete und, zum Nomadenleben entschlossen, mit Puck dem Horizont zustrebte. Das erste Glied in der langen Kette von Ursache und Wirkung, die meinen Aufenthaltsort heute bestimmt, muss sich viel früher geschlossen haben. Wann und wo? Keine Ahnung. Auch ist zu bezweifeln, dass es einen einzigen, zündenden Funken für meine Wanderlust gegeben hat. Eher entstand mein Reisebedürfnis aus vielen, voneinander unabhängigen Ereignissen in meiner Jugend. Und eines davon hat mit einer Tasse Kaffee zu tun.

Es war einmal, ich hatte gerade Abitur gemacht, dass ich meinen Urlaub auf der karibischen Insel St. Lucia verbrachte. Als mein Rückflug einige Wochen später in Frankfurt landete, fühlte ich mich verirrt und verwirrt: Vor ein paar Stunden saß ich noch allein am Strand und knackte Kokosnüsse; jetzt fand ich mich im Lärm und Trubel der deutschen Finanzmetropole wieder. Weit und breit keine Palmen und keine Möglichkeit, mich nach diesem Interkontinentalflug langsam wieder an die neue Umgebung zu gewöhnen. Ich wollte jedoch ein wenig Ruhe und Besinnung haben, bevor ich mich ins Gewühl der Stadt stürzte. Also genehmigte ich mir in der Ankunftshalle einen Espresso. Der Kaffee war gut, so gut, dass ich eine zweite Tasse bestellte, obwohl damit klar war, dass ich meinen Zug nach Hause verpassen würde. Das war nicht tragisch, denn die Züge von Frankfurt nach München verkehrten damals fast im Stundentakt. Ich konnte also leicht einen späteren nehmen. Gegen Abend bestieg ich dann den Intercity und ließ mich in einem Abteil des letzten Wagens nieder, wo außer mir nur noch ein Reisender saß. Während der Fahrt unterhielten wir uns angeregt, meist über Motorräder und Reisen, die Hobbys meines Abteilgenossen. Als sich unsere Wege trennten, tauschten wir unsere Adressen aus. So konnten wir für einige Zeit in Kontakt bleiben.

Seither sind viele Jahre vergangen. Die Telefonnummer meines Bekannten weiß ich nicht mehr, doch an unsere Diskussionen erinnere ich mich noch sehr lebhaft. Denn schon lange vor dem Abitur träumte ich von Weltreisen; der Gedanke, mit dem Motorrad als Overlander unterwegs zu sein, war aber neu. Hätte ich am Flughafen keine zweite Tasse Kaffee bestellt und den früheren Zug genommen, so wäre ich dem Motorradfan im letzten Abteil nicht begegnet, und mein Leben hätte sich vielleicht ganz anders entwickelt. Gereist wäre ich auf jeden Fall, irgendwie, vielleicht mit Rucksack, Fahrrad oder – zur bitteren Enttäuschung vieler Landy-Liebhaber – in einem Allradfahrzeug von Toyota. Das entscheidende Glied in der Kette von Ursache und Wirkung, das mich nach Schottland und zum Kauf meines Land Rovers führte, steuerte wieder eine Zufallsbekanntschaft bei: nämlich die mit Rob, einem Engländer, dem ich gegen Ende meiner ersten Motorradweltreise 2000 in Neuseeland begegnet bin und der mir die schottischen Highlands schmackhaft gemacht hat. Ohne Puck hätte es Matilda nie gegeben. Und ohne Matilda hätte ich Laura niemals getroffen.

Im Lauf meines Lebens haben noch viele andere Zufälle dazu beigetragen, dass ich zum Nomaden wurde und dass Laura und ich vor vier Jahren schließlich zu unserer Reise von Europa nach Australien aufgebrochen sind. Zwei, drei Jahre vor dem folgenreichen zweiten Kaffee – ich war gerade 18 geworden – trottete ich widerstrebend wie üblich zur Schule. Plötzlich sah ich neben einer Mülltonne ein seltsames Ding. Es war der Tag der Sperrmüllabfuhr, und alle Nachbarn hatten vor ihren Häusern Schrott, alte Möbel und zerschlissene Kleidung auf dem Bürgersteig gestapelt. Passanten mit Schatzsuchergen – und das hatte ich – konnten diese Haufen auf der Suche nach etwas Brauchbarem durchwühlen, bevor das Müllauto kam und alles zur Deponie brachte. Was ich entdeckt hatte, war ein Aerius-Faltboot von Klepper. Dies bestand aus etwa 40 Leimholzteilen, Spanten, Stäben und einem aufklappbaren Boden. Über das Gerippe aus Holz wurde zuletzt eine teilweise aufblasbare Gummihaut gezogen. Mit ein wenig Übung konnte man das Boot in 20 Minuten aufbauen. Ich suchte alle dazugehörenden Teile zusammen und vergaß darüber die Schule. Schließlich hatte ich Wichtigeres zu tun: das Paddelboot zu reparieren und zu versuchen, damit den Ärmelkanal zu überqueren. Zum Beispiel.

Am Nachmittag setzte ich das Puzzle zusammen. Erfreut stellte ich fest, dass das Holzgerippe vollständig war, wenn auch ein wenig verzogen. Es sah aus wie eine Banane, weswegen es wohl weggeworfen worden war. Eine Woche später, in den Osterferien, bepackte ich mein Fiat-Wohnmobil mit Essen für zwei Wochen, der Klepper-Banane und reiste gen Norden bis Calais. Nur 33 Kilometer Wasser liegen zwischen Calais in Frankreich und Dover in England, aber ich wusste, dass ich etwa die doppelte Strecke zurückzulegen hätte. Die Gezeiten im Kanal sind sehr stark, und ich würde sicherlich abtreiben, sodass meine Route am Ende eher einem Bogen als einer geraden Linie gliche. Außerdem war das Wasser jetzt im April eiskalt, und im ungünstigen Fall hätte ich gegen zwei Meter hohe Wellen und Sturm zu kämpfen. Nichts davon kümmerte mich groß – was mir wirklich Sorgen bereitete, war der Schiffsverkehr in den Fahrrinnen: Jeden Tag durchquerten rund 600 Tankschiffe und 200 Fähren den Kanal. In meinem winzigen Faltboot war ich für die großen Schiffe so gut wie unsichtbar, und eine Kollision schien durchaus möglich. Sollte ein 300 Meter langes Frachtschiff mit 20 Knoten plötzlich aus einer Nebelbank auftauchen, hätte ich nur sehr wenig Zeit, um auszuweichen.

Ein Problem war auch die Rechtmäßigkeit meines Unternehmens. Die gab es nämlich nicht, wenn man es genau nimmt. Am Hoverport von Calais fragte ich die Küstenwache, ob ich mein Faltboot am Sandstrand in der Nähe ins Wasser lassen dürfte. Die Antwort war ein striktes Nein. Wer den Kanal mit einem unkonventionellen Wasserfahrzeug oder schwimmend überqueren will, muss sich an die Vorschriften des Verkehrstrennungsgebiets halten und erst die Genehmigung der französischen und britischen Behörden einholen. Das aber geht nur, wenn man sich einer Organisation anschließt, die Paddler und Schwimmer mit einem Begleitboot eskortieren darf. Diese Begleiter sind normalerweise auf Monate hinaus ausgebucht, und darüber hinaus können die Kosten für Schiff und Mannschaft leicht einige Tausend Euro betragen. Mein

Plan war aber, das Boot einfach ins Wasser zu setzen und loszupaddeln. Genau so machte ich es dann am Ende auch, nur ein wenig weiter südlich der Stelle, an der gerade der Tunnel unter dem Kanal gebaut wurde. Im Schutz der Dunkelheit brach ich unbemerkt von den wachsamen Augen der Küstenwache auf, da ich doch stark daran zweifelte, ich könnte irgendjemanden davon überzeugen, dass meine krumme Banane ein konventionelles, seetüchtiges Schiff sei.

20 hoch spannende Stunden später, nach einem Kampf gegen die raue See und einigen unheimlichen Begegnungen mit Frachtschiffen, paddelte ich müde, aber wohlbehalten in den Hafen von Dover. Hinter mir lag die wohl langsamste Kanalüberquerung aller Zeiten mit einem Faltboot – aber Geschwindigkeit war nie meine Stärke, damals nicht und auch heute nicht. Dafür gab es ein paar Gründe: Zum einen hatte ich kein GPS, sondern nur einen einfachen Kompass, sodass ich wahrscheinlich ein wenig vom Kurs abgekommen bin. Zum anderen konnte ich mit meinem krummen Klepperboot nur auf der linken Seite paddeln, wenn ich denn geradeaus fahren wollte. Sicherheit war bei meinem Abenteuer kleingeschrieben, und man könnte zu Recht sagen, dass ich unverantwortlich gehandelt habe. Warum ich das gemacht habe? Aus Dummheit, wäre vielleicht die beste Antwort. Aber – und dieses »aber« ist sehr wichtig – ich habe aus dieser Erfahrung etwas sehr Wesentliches gelernt: Im Angesicht der Gefahr ändern sich Werte und Prioritäten. Wenn man als Achtzehnjähriger versucht, mit einem Kajak einem Dickschiff mit 100 000 Tonnen auszuweichen, denkt man nicht mehr an schlechte Schulnoten oder an ein Mädchen, das einem den Laufpass gegeben hat. Kleine Sorgen werden wie Wasserfarbe abgewaschen, und darunter tritt der harte Kern, der Wille zum Überleben, zutage. Ich wollte noch einmal die Sonne aufgehen sehen und danach ein langes und ereignisreiches Leben führen und nicht in einem nassen Grab enden, noch bevor ich

das Gymnasium abgeschlossen hatte. Ich habe ein für alle Mal gelernt, dass die Reue über bereits gemachte Fehler nutzlos ist – nur meine ZUKÜNFTIGEN Vorhaben und meine Lösungen für die Probleme der Gegenwart sind wichtig und wertvoll. Auf Kollisionskurs mit einem Frachtschiff zum Beispiel gibt es nur eine Lösung: wie der Teufel zu paddeln. Das zählt und sonst nichts.

Eine andere Erkenntnis, die eng mit der Kanalüberquerung zusammenhängt, dämmerte mir wenige Jahre später, mit etwas über 20, als ich meine Lehre als Bootsbauer machte. Das war die erste und einzige richtige Arbeit, die ich je hatte, wenn man meine Beschäftigung als Autor nicht mitzählt. Damals musste ich für meinen Arbeitgeber jeden Freitag einen genauen Bericht über meine Tätigkeiten schreiben. Man kann den Bau von Holzbooten so romantisch finden, wie man will – und das fertige Produkt hat sicher seine Schönheit –, aber 90 % der Arbeit entfallen auf das Schleifen der Planken mit Sandpapier – für mich das Monotonste, was es auf der Welt gibt. Die einzige Weise, wie ich mir diese Arbeit ein wenig erträglicher machen konnte, bestand darin, mich tagein, tagaus in einen tranceähnlichen Zustand zu versenken. An Details, was ich die Woche über getan hatte, konnte ich mich da beim besten Willen nicht erinnern, außer dass die Sache etwas mit Sandpapier zu tun gehabt hatte. Nachdem das so nicht in meinem Bericht stehen konnte, war ich gezwungen, etwas zu dichten. Ich fühlte mich dabei mies, fast als meldeten sich allzu früh bereits Anzeichen von Demenz. Die Bilder, die mir erschienen, wenn ich versuchte, den Film meines Tuns in der Werkstatt zurückzuspulen und abzuspielen, waren entweder verschwommen oder zeigten schlichtweg gar nichts. Ist es nicht fast so, als hätte es Lebensstunden, an die man sich nicht mehr erinnert, nie gegeben? Die Überquerung des Kanals war im Vergleich dazu ein 3-D-Erlebnis in brillanten Farben!

Als ich nach zweieinhalb Jahren Lehre zu entscheiden hatte, was ich mit meiner Zukunft anfangen wolle, fiel mir die Wahl nicht schwer. In meinem Kopf sollte ein Film wie in einem IMAX-Kino ablaufen und keine schlechte Kopie einer sowieso schon miesen Aufnahme, die jemand heimlich mit wackelnder Handkamera in einem Lichtspielhaus aufgenommen hatte. Das Leben ist zu kostbar, um es an schlechte Unterhaltung zu verschwenden. So schwor ich mir denn, dass jeder Tag ein besonderer sein soll, gerade so weit hervorstechend, dass nichts in der Videothek meines Gehirns verloren gehen kann. Die Idee, ein Leben auf Achse zu führen, ständig auf der Suche nach »exotischen« Zielen, ergriff da buchstäblich von mir Besitz. Freilich gab es daneben noch andere Möglichkeiten – nicht jede Arbeit bedeutet Monotonie und Sandpapier –, aber eine Investition ins Reisen, oder, genau gesagt, ins Overlanding, versprach höchste Rendite in puncto Abwechslung. Zwar können einige Menschen in der inneren Versenkung Erfüllung finden und, indem sie ihr Leben komplett der Kunst und der Perfektion verschreiben, wunderbare Werke erschaffen. Als unsteter Zwanziger war mir persönlich jedoch noch nicht danach, Jahre oder gar Jahrzehnte an einem großartigen Wandgemälde, einer Symphonie oder auch nur einem Bootsrumpf zu arbeiten. Die dafür notwendige Muße musste ich erst noch üben und lernen. Nebenbei bemerkt war ich für die meisten Berufe sowieso arg ungeeignet. Eheberater, Erzieher im Kindergarten, Arzt (»Wo ist mein Dreizehnerschlüssel?«), Priester, Koch, Modedesigner ... es war für mich und den Rest der Menschheit sicher besser, dass ich mich stattdessen zum Reisen entschloss.

Und das mache ich nun. Nach einer Schnupperperiode, in der ich jedes Jahr für ein paar Monate als Rucksacktourist um den Globus trampte, brach ich an einem schönen Sonnentag im Jahr 1997 endgültig auf. Es fiel mir leicht, meine flachen Wurzeln aus dem Mutterboden der konventionellen, westlichen Gesellschaft zu reißen und für unbestimmte Zeit auf Wanderschaft zu gehen. Anders als Menschen, die lange Vorbereitungen brauchen, bis sie sich von ihrem früheren Leben lösen und ihrer Sehnsucht nach Langzeitreisen folgen, konnte ich ganz spontan aufbrechen. Jung wie ich war, besaß ich fast nichts – ich hatte keinen Job zu kündigen, keine Hypothek abzubezahlen und keine Möbel zu verkaufen. Die wenigen Sachen, die nicht ins Topcase meines Motorrads passten, konnte ich Freunden schenken oder in der Garage meiner Eltern deponieren. Zugegeben, der Abschied von meiner Familie war schwer. Meine Eltern dachten zuerst, ich sei ein bisschen verrückt, und hatten ihre Vorbehalte. Sollte ich mich nicht besser mit einer guten Erziehung und einer abgeschlossenen Lehre zufriedengeben? Jedoch war ein Lebensentwurf, der Sesshaftigkeit, Hauskauf und Erwerbsarbeit bis zur Rente beinhaltete, nicht meine Sache. Ich pfiff auf Vermögen und eine planbare Zukunft. Ich wollte jeden Morgen an einem anderen Ort aufwachen, jeden Tag reisend neu erleben, als sei er der erste nach meinem Aufbruch. Wollte ich damit jemandem etwas beweisen oder mir einen Eintrag für Reiserekorde ins Guinnessbuch sichern? Nein, ich machte das alles nur für mich selbst, denn mir stand der Sinn einfach nach Freiheit.

Nachdem ich die Fesseln gesprengt und Deutschland fürs Erste den Rücken gekehrt hatte, war das schwerste Stück Weg bewältigt. Anders als die Kanalüberquerung erfordert das Reisen um die Welt keinen Wagemut. Sicher, die ersten Monate glaubte ich, etwas Einzigartiges und wahrhaft Abenteuerliches zu unternehmen. Bald aber begriff ich, dass schon Tausende Overlander zu ähnlichen Touren aufgebrochen waren. Überall auf der Welt gab es Menschen – Einheimische und Reisende –, die mit Motorrädern, Autos, Lastwagen und Fahrrädern herumfuhren. Ein Overlander ist ein ganz normaler Straßenbenutzer, einer unter etlichen Hundert Millionen. Felix Baumgartners

Fallschirmsprung aus der Stratosphäre und das Durchbrechen der Schallmauer im freien Fall, DAS ist einzigartig und abenteuerlich! Unbeschwert durch familiäre Bande und ohne Verpflichtungen gegenüber einer Arbeitsstätte oder der Gesellschaft von Europa nach Australien zu fahren, lässt sich das vergleichen? Nein. Reisen ist einfach, vorausgesetzt man mag einen minimalistischen Lebensstil.

Nach so vielen Jahren auf Achse glaube ich, nun mit Bestimmtheit sagen zu können, dass die Wahl eines Nomadenlebens für mich persönlich die beste war. Seit Beginn meiner Reisen hatte ich nie das Gefühl, dass mir die Zeit davongerannt ist oder dass ich mich nicht an vergangene Ereignisse erinnern kann. Indem ich auf Sicherheit verzichte, gewinnt mein Leben an Dynamik, und an die Stelle von Vorhersagbarkeit tritt ein Ansturm von Herausforderungen. Statt an einem Arbeitsplatz dahinzudämmern, muss mein Verstand andauernd Gymnastikübungen machen, und befreit vom Zwang, die Erwartungen anderer zu erfüllen, kann ich die eigenen verwirklichen. Ich gewinne nicht Wissen über die Welt, indem ich mich durch Bücher wühle, sondern bemühe mich, durch eigenes Experimentieren und Erfahren zu ihrem VERSTÄNDNIS zu kommen. Wie gut mir das gelingt, ist natürlich eine andere Frage ...

All dies und noch mehr stellt einen Handel dar, von dem ich glücklich profitiere. Ich bin frei, meinen Idealen, Träumen und Leidenschaften zu folgen. Ich kann meine Grenzen weiten und so zu der Person reifen, die ich werden möchte. Der letztendliche Beweis aber, dass ich für mein Leben die richtige Wahl getroffen habe, ist die Tatsache, dass ich nun, da ich mit Laura an einem Strand in Indonesien sitze und die Vergangenheit Revue passieren lasse, deutlich empfinde, dass die weitaus meisten meiner Erinnerungen glückliche sind. Ist es nicht das, wodurch sich Erfolg definiert? Wenn Sie – gleich, ob Sie ein sesshaftes Leben oder eines auf Reisen führen – am Morgen aufwachen und sich jedes Mal auf den neuen Tag freuen, dann ist das doch ein gutes Zeichen? Oder?

Und für mich begann alles mit einer Tasse Kaffee, einem Faltboot, krumm wie eine Banane, und mit einem Blatt Sandpapier.

Ist es nicht ein schöner Gedanke, dass jede unserer Handlungen, egal wie belanglos sie erscheinen, unsere Zukunft vollkommen umkrempeln könnte? Es ist NICHT einerlei, ob wir an einer Kreuzung links oder rechts abbiegen oder ob wir morgens fünf Minuten früher oder später aufstehen. Wir sind vielleicht blind für die Folgen unseres Tuns – aber dadurch verliert es nichts von seiner Bedeutung. Jedes Ereignis im Leben hat seinen Zweck, der sich aber oft erst im Rückblick enthüllt. Diese Erkenntnis verleiht, wie ich finde, auch der kleinsten Entscheidung, die wir treffen, etwas ungeheuer Anregendes.

Wie wäre es, wenn ich jetzt mein Schlusskapitel beendete, Sie das Buch zur Seite legten, wir beide uns nach reiflicher Überlegung jeder zwei anregende Tassen Kaffee bestellten und dann warteten, was passiert? Ist das eine gute Idee? Na los, es wird schon schiefgehen!

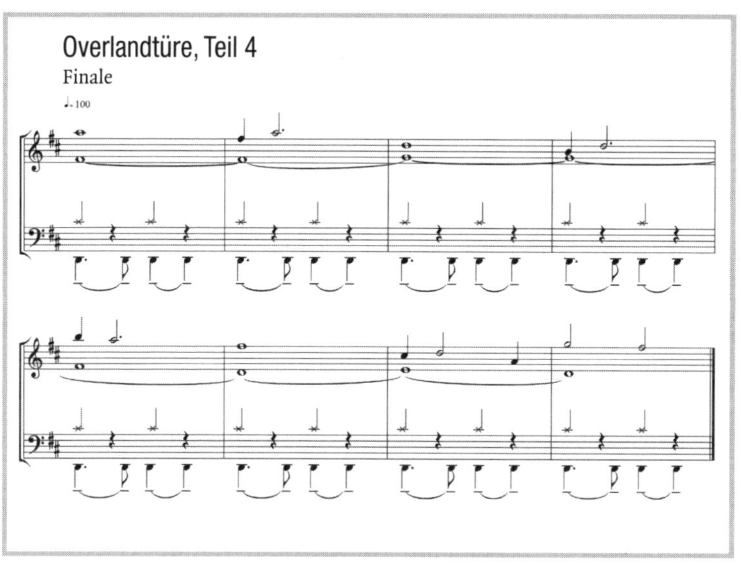
Overlandtüre, Teil 4
Finale
♩. = 100

Epiludio

Das wäre es dann ... mein Lied ist fast zu Ende. Die letzten Töne verklingen, und langsam schließt sich der Vorhang. Ich hoffe aus vollem Herzen, dass Ihnen meine kleine Reiseballade gefallen hat. Falls nicht, so gibt es in der Welt noch sieben Milliarden andere Melodien, denen Sie lauschen können. Ich bin mir sicher, dass wenigstens eine davon Ihren Ohren schmeicheln wird. Wenn aber mein Stück nach Ihrem Geschmack war, dann müssen Sie den bequemen Sessel nicht sofort verlassen. Lehnen Sie sich entspannt zurück, ohne auf die zu achten, die sich nach dem Schlussakkord in alle Himmelsrichtungen zerstreut haben. Um Ihr Ausharren zu belohnen, füge ich ein Epiludio an, was im Wortschatz der Musik als ein etymologischer Fehltritt anmuten mag, hier aber passend erscheint. Auf den folgenden Seiten werden Sie vielleicht ein, zwei nützliche Ratschläge finden, falls Sie zu denen gehören, die schon immer von einer weiten Reise geträumt haben. Bedenken Sie dabei jedoch, dass diese einem Gehirn entstammen, das jahrelang unter sengender Sonne in einem Motorradhelm eingeschlossen war. Daher mag es gut sein, dass nicht nur Puck ein paar lockere Schrauben hat, sondern mittlerweile auch ich.

Zuerst erlauben Sie mir aber eine kurze Beschreibung meiner Heimat, die vielleicht auch bald die Ihre ist. Dieses Land wird in keinem Lexikon oder Reiseführer erwähnt. Es gibt es aber dennoch und es nennt sich ...

Die freie Republik Overlandia

Wortbedeutung: Das Wort overlanding [ˈoʊ vərˌlæn dɪŋ] setzt sich zusammen aus dem altenglischen »ofer«, das »über« oder »darüber hin« bedeutet, und »lond« für »Boden«. Der gesamte Ausdruck bezieht sich damit auf die Durchquerung von Kontinenten durch den sogenannten Overlander. Der davon abgeleitete Begriff Overlandia wird gebraucht, um die bemerkenswerte Gemeinschaft und das Reich derer zu bezeichnen, die von Wanderlust befallen sind – wenigstens verstehe ich das darunter.

Definition: Mit Overlanding bezeichnet man jedes Zurücklegen einer Strecke zwischen zwei weit voneinander entfernten Punkten zu Lande, egal mit welcher Art von Fortbewegungsmittel, wobei die Reise jedoch immer sich selbst zum Ziel hat.

Frühgeschichte: Es ist schwer festzustellen, wann Kontinente – allein aus Entdeckerfreude – das erste Mal durchquert wurden. Vielleicht darf man Marco Polos Reise von Venedig an den chinesischen Kaiserhof und Ibn Battutas dreißigjährige und 117 500 Kilometer weite Fahrt durch Afrika und Asien im 13. und 14. Jahrhundert guten Gewissens als Overlanding bezeichnen. Nur wenig später, im Zeitalter der großen Entdeckungen, brachen zahlreiche Pioniere auf, um die weißen Flecken der Weltkarte zu füllen. Ihnen ging es aber auch darum, den Handel mit Ostindien zu erleichtern und die überseeische Kolonialisierung voranzutreiben. Unternehmungen, die man wirklich Overlanding nennen könnte, waren damals noch selten. Nur eine Handvoll Exzentriker wagte sich in unbekannte Gebiete, um ihrer Wanderlust zu frönen. So radelte Thomas Stevens zum Beispiel zwischen 1884 und 1886 mit einem Hochrad rund um die Welt, und Dmitri Peshkov durchritt ein paar Jahre später Russland der Länge nach – während des sibirischen Winters. Dann aber kam das Auto und revolutionierte innerhalb weniger Dekaden, nachdem es bezahlbar geworden war, das Overlanding von Grund auf: Nun waren individuelle Langstreckenreisen nicht mehr länger das Privileg weniger Verrückter und Vermögender. Zu den legendären Ersttouren gehört die Afrikareise, die Friedrich Paul Graetz zu einer Zeit unternahm, in der es dort noch kaum Straßen gab. 1907 brach er von Tansania auf und erreichte 630 Tage später das heutige Namibia. Er wurde damit zum ersten Menschen, der Afrika mit einem Fahrzeug von der Ost- zur Westküste durchquert hatte. Es dauerte noch 15 Jahre, bis sich jemand an die Süd-Nord-Durchquerung wagte. Major Chaplin Court Treatt verließ 1924 Kapstadt in einem Lastwagen mit Zweiradantrieb und kam nach heroischen 488 Tagen in Ägypten an. Heute braucht man nicht mehr zwangsläufig so lange, um Europa von Südafrika aus zu erreichen, ebenso wenig in umgekehrter Richtung. Der Rekord für die Fahrt von London nach Kapstadt liegt seit 2013 bisher ungebrochen bei zehn Tagen, drei Stunden und 16 Minuten, und das – unglaublich! – mit einem Land Rover Discovery. Das aber ist kein Overlanding mehr, sondern Rallyesport.

Das Goldene Zeitalter: Die meisten Land-Rover-Fans sind der Überzeugung, dass die Fundamente von Overlandia durch die »Oxford and Cambridge Far Eastern Expedition« genannte Unternehmung gelegt wurden, die besser unter ihrem anderen Namen »First Overland« bekannt ist. Sechs Studenten mit zwei Land Rovern Serie I reisten 1955 in sechs Monaten und sechs Tagen von London nach Singapur. Ab Ende der 1960er-Jahre bis tief in die 1970er hinein begaben sich alljährlich viele Tausend Menschen aus dem Westen auf den Hippie Trail nach Indien, oft in VW-Bussen oder einfachen Kisten ohne Allradantrieb. Ausgelöst wurde dieser Exodus zum Teil durch die zunehmende Desillusionierung im Zuge des Vietnamkriegs. Man war von den Regierenden enttäuscht und suchte Alternativen zur konservativen und konsumorientierten westlichen Welt. Als die islamische Revolution im Iran und der russische Einmarsch in Afghanistan 1979 die Route nach Indien blockierten, trat Afrika ins Rampenlicht. Zu den klassischen Reisen gehört die von Kairo nach Kapstadt, sei es über die Ost- oder über die Atlantikroute durch Westafrika. Politisch war Afrika aber leider stets instabil: Konflikte im Sudan, in Uganda und Äthiopien versperrten Mitte der 1980er-Jahre den Weg durch den Osten, und zwischen 1996 und 2003 war während des Kongokriegs ein Durchkommen im westlichen Teil des Kontinents kaum möglich. In Amerika gab es hingegen auf der klassischen Panamericana von Alaska nach Ushuaia nur selten ein Problem, und mit der Auflösung der Sowjetunion 1991 zogen andere nun mögliche Strecken die Aufmerksamkeit der Overlandergemeinde auf sich. Heute kann man, vielleicht mit einem Abstecher in die Mongolei, leicht vom Atlantik zum Pazifik fahren, oder man folgt der Seidenstraße durch all die neuen zentralasiatischen Länder.

Die Gegenwart: Der sogenannte Krieg gegen den Terror stellte einen Rückschlag für die Overlandbewegung dar. Das Eingreifen des Westens im Irak und in Afghanistan, die Bombardierungen in Pakistan und die Sanktionen gegen den Iran machten viele klassische Reiserouten entweder unpassierbar, oder sie konnten nur in Militärkonvois befahren werden. Im Arabischen Frühling war die Zahl der möglichen Routen in Nordafrika beschränkt; viele Nationen wurden zeitweise zu No-go-Areas. Syrien, das wichtige Durchgangsland für Overlander mit Ziel Ägypten, ist 2016 immer noch tabu. Es gab aber auch einen neuen Aufschwung. Während der ab 2009 herrschenden europäischen Finanzkrise lag die Wirtschaft ebenso darnieder wie das Vertrauen der Menschen in den Wohlfahrtsstaat. Nichts schien mehr sicher, Jobs, Renten, das ganze bisher Ersparte. Also nahmen zahlreiche desillusionierte Bürger ihr Geschick selbst in die Hand, anstatt sich auf den Staat als Garanten von Stabilität und Lebensglück zu verlassen. Sie kündigten ihre Arbeitsstelle, verkauften all ihr Hab und Gut, legten sich ein Allradauto, Motorrad oder Fahrrad zu, und verabschiedeten sich auf unbestimmte Zeit. In Overlandia ist das Leben weitaus preiswerter als in Europa, und manche Menschen verzichten für persönliche Freiheit gern auf flüchtigen Luxus.

Geografie: Das Gebiet Overlandias entspricht der gesamten Landfläche der Erde, etwa 148 940 000 Quadratkilometer. Das ist mehr als 417-mal die Fläche Deutschlands. In der Vertikalen dehnt sich Overlandia von etwa 430 Meter unter dem Meeresspiegel am Ufer des Toten Meers bis zu 8848 Meter am Gipfel des Mount Everest.

Klima: Wie bei allen nomadischen Völkern sind die Wanderungsmuster der Overlander saisonabhängig. Das trifft besonders auf diejenigen zu, die mit dem Motorrad unterwegs sind. Die weltweit gemittelte Temperatur in Overlandia mag bei 16 °C liegen, aber die Extremwerte reichen von 56,7 °C im Tal des Todes (USA) bis zu minus 71,2 °C in Oymyakon (Russland). Schon allein aus praktischen Gründen sind solche Temperaturen unerwünscht, denn die meisten Motoren würden im ersten Fall binnen weniger Minuten kochen und im zweiten nicht anspringen. Natürlich gibt es immer Ausnahmen: Einige hartgesottene Overlander durchqueren auch die Sahara im Sommer oder Sibirien im Winter.

Politik: Overlandia ist eine Nomadengesellschaft freiheitsliebender Menschen. Für sie bildet die Bewegungsfreiheit das Fundament ihrer ungeschriebenen Verfassung. Overlandia ist nicht hierarchisch strukturiert, und Autorität sollte nicht existieren. Leider gibt es einige unverbesserliche Overlander, die sich als allwissende Reisegötter und Lehrmeister aufspielen. Abschätzig mustern sie alle, die weniger Länder als sie besucht haben oder kürzer unterwegs waren. Diese Leute muss man aber nicht ernst nehmen.

Ein Grundzug der politischen Philosophie Overlandias ist Liberalismus. Das ist zwar keinesfalls eine für alle Overlander verbindliche Ideologie, aber fast alle glauben an sakrosankte persönliche Freiheiten. Dazu zählt das Recht, an allen beliebigen Orten wild zu zelten und ein Lagerfeuer anzuzünden, in einem Wohnmobil zu leben, ohne sich irgendwo anmelden zu müssen, ohne Schein zu angeln und ohne Gängelung durch Regierungen seine Träume zu leben. Einige predigen ein einfaches, selbstgenügsames Leben in natürlicher Umwelt. Andere reisen, um sich von westlichen Normen und gesellschaftlicher Kontrolle zu lösen. Für all diese Individuen ist die Befreiung aus einer Konsumgesellschaft und aus der täglichen Tretmühle nicht weniger wichtig als die Freiheit von Rede und Religionsausübung in einer Demokratie.

Gesetze: In Overlandia gibt es kein kodifiziertes Rechtssystem. Vielmehr gelten für alle Reisenden immer die Gesetze der jeweils durchquerten Länder. Allerdings gibt es darüber hinaus einen Verhaltenskodex, der den Erfolg der Fahrt garantieren soll und der allgemein als verbindlich angesehen wird. Er stützt sich auf die Grundprinzipien Menschenwürde und Gemeinsinn: Sei offen, tolerant, höflich und lernbereit. Im Umgang mit Einheimischen sind deren Privatsphäre und Kultur zu respektieren und mögliche Konflikte einvernehmlich und diplomatisch beizulegen.

Außenpolitik: Overlandia unterhält Beziehungen zu allen Ländern dieser Welt, denn es gibt – vielleicht mit Ausnahme von Nordkorea – keine Nation, die die Reisenden nicht mit ihren Fahrzeugen besuchen. Jede Overlandreise ist zugleich eine diplomatische Mission und jeder Overlander ein Botschafter seines Stammes – Nomaden, die den Traum eines besser geeinten Planeten mit weniger trennenden Grenzen träumen. Unterwegs werden zahlreiche neue Freundschaften geschlossen, sodass sich einige Reisende schlussendlich sogar als Weltbürger betrachten und nicht mehr mit ihrem Geburtsland, sondern mit der internationalen Gemeinschaft identifizieren. Für sie dient der Reisepass nur noch dazu, Grenzen ungehindert passieren zu können.

Wirtschaft: Das Bruttoinlandsprodukt – genau gesagt das Bruttoweltprodukt – von Overlandia ist kläglich, da die Arbeitslosigkeit unter den Overlandern extrem hoch ist. Ihre Verdienstmöglichkeiten beschränken sich im Wesentlichen auf die Produktion von Reiseliteratur, auf eine Nische, in der sie allerdings globale Marktführer sind. Ein System, in dem der Verbrauch das Einkommen bei Weitem übersteigt, kann nicht nachhaltig funktionieren. Das Staatsdefizit von Overlandia lässt daher das von Griechenland bescheiden wirken. Entsprechend sind die meisten Reisen nur von begrenzter Dauer, und auch der Lebensstandard liegt weit unter dem europäischen Durchschnitt. Von den Besitzern von Luxuscampern abgesehen, haben Overlander kein fließendes Wasser, keine Heizung und keine eigenen Toiletten. Das niedrige Bruttoweltprodukt zieht jedoch keineswegs einen niedrigen Wohlfühlfaktor nach sich.

Wissenschaft und Technik: Der Beitrag Overlandias zur Entwicklung von Outdoorausrüstung ist seit Jahrhunderten sehr bedeutend. Den frühen Pionieren, die in der Wildnis überleben mussten, verdanken wir Tausende von Erfindungen. Wer ein Zelt oder einen Schlafsack von einem Markenhersteller kauft, kann sicher sein, dass ein Overlander am Design des Produkts beteiligt war. Auch was den Fahrzeugbau betrifft, haben die Overlander bedeutenden Fortschritten den Weg geebnet, indem sie ständig nach Möglichkeiten gesucht haben, Allradautos, Wohnmobile und Motorräder zu verbessern. Viele Errungenschaften, die heute als technischer Standard gelten, gehen auf Bastler zurück, die in ihrer Garage am ultimativen Fahrzeug für Reise und Abenteuer getüftelt haben.

Demografie: Die Bevölkerung von Overlandia fluktuiert ständig – neue Reisende brechen auf, andere kehren zurück und richten sich wieder in einem »normalen Leben« häuslich ein. Verlässliche Schätzungen gehen davon aus, dass ständig etwa 12 000 Personen auf motorisierten Gefährten oder Fahrrädern um die Welt reisen. Die durchschnittliche Zugehörigkeit zu Overlandia (also die Zeit, die jemand unterwegs ist) umfasst etwa zwölf Monate. Der Grund dafür ist, dass die meisten die Gelegenheit zu einer Overlandreise ergreifen, wenn sie sich nach dem Studium ein Brückenjahr oder während des Berufslebens ein Sabbatjahr erlauben können. Viele aber reisen auch ohne zeitliche Begrenzung – oder wenigstens so lange, bis das Geld ausgeht. Es hängt von den finanziellen Mitteln, von der Gesundheit und vom Wunsch, eine Familie zu gründen, ab, ob ein Trip ein Jahr, ein Jahrzehnt oder länger dauert. Bleiben zuletzt noch die dauerhaft in Overlandia Ansässigen. Das sind diejenigen, für die das Reisen nicht ein Zwischenspiel, sondern das Leben selbst ist.

Sprache: Unterwegs ist Englisch bei Weitem die wichtigste Sprache, die von fast allen Overlandern verstanden wird. Etliche Reisende sprechen auch Overlandish und verwenden Ausdrücke, die in der Kultur Overlandias gewachsen sind. Beispiele hierfür sind »Delhi Belly« (der Durchfall in Indien, auch bekannt als »Karachi crouch«), »I.N.D.I.A.« (I will Never Do It Again), »border run« (ein kurzer Grenzübertritt, um das Visum zu erneuern), »zero day« (ein Rasttag), »tanking« (einen Wasservorrat anlegen, wenn Quellen rar sind), »British path« (die Route von England nach Australien durch Indien und Thailand), »business day« (ein Tag für kleine Besorgungen statt Besichtigungen), »to come down with Israeli-itis« (ein häufig vorkommendes Leiden unter Reisenden, wenn sie auf zu viele junge israelische Backpacker treffen, die bekanntermaßen nicht immer die besten Manieren haben), »the bible« (der *Lonely-Planet*-Reiseführer), »virgin« (Reisende, die zum ersten Mal ein Land besuchen) und »Nutella-voids« (bedrohliche Regionen, in denen man keine Nuss-Nougat-Creme bekommt).

Bildungswesen: Jede Form von Reisen vermittelt Wissen und Lebenserfahrung. Geschichte, Politik, Fremdsprachen ... Reisen ist unmittelbares Lernen in »freier Wildbahn« ohne Lehrplan und schützendes Klassenzimmer. Zugleich ist Overlanding eine fortwährende Ausbildung, in deren Verlauf der Reisende viele Fähigkeiten erwirbt. Er wird unabhängiger, anpassungsfähiger und kreativer und kann zunehmend besser Entscheidungen fällen, Probleme lösen sowie sich über kulturelle Grenzen hinweg verständigen. Nicht zuletzt aber wird der Overlander ein versierter Mechaniker, zumindest dann, wenn er mit einem Land Rover unterwegs ist.

Gesundheit: Ganz ohne ist Overlanding nicht: Von der Amöbenruhr bis zur Malaria können Krankheiten, unter denen die Einheimischen leiden, auch den Reisenden befallen. Hinzu kommt, dass Overlanding oft hochriskante Aktivitäten umfasst wie sich in Indien oder Kairo durch den Verkehr zu kämpfen. Auch sucht mancher den Adrenalinkick, zum Beispiel bei Offroadfahrten, und begegnet gelegentlich wilden Tieren. Die größte Bedrohung für die Gesundheit stellen aber immer noch die Mitmenschen dar. Über kurz oder lang wird jeder Overlander in eine potenziell gefährliche Situation geraten, sei es der Aufruhr nach einer gefälschten Wahl, eine gewalttätige Demonstration oder ein »simpler« Raubüberfall.

Küche: Overlander essen alles, was es gerade auf Märkten, in der Imbissbude am Straßenrand oder im Restaurant gibt. Die meisten sind der Überzeugung, dass das Ausgehen und Probieren regionaler Produkte unbedingt zum Abenteuer dazugehört. Dasselbe trifft aber auch für das Selbstkochen zu, sei es im Wohnmobil oder draußen auf dem Benzinkocher unter dem Sternenhimmel. Die Zutaten der Overlanderküche wechseln je nach verfügbaren Lebensmitteln, die Zubereitung aber ist unverwechselbar. So haben Overlander gezwungenermaßen die Kunst, alles auf einem einflammigen Campingkocher zuzubereiten, zur Perfektion gebracht.

Literatur: Die ersten Bücher für motorisierte Individualreisende erschienen etwa Mitte des 20. Jahrhunderts. So wurde schon 1949 ein entsprechender Führer für Afrika gedruckt (*Trans-African Highways* vom Automobilclub Südafrikas). Auf dem Gebiet der Reisebeschreibungen finden sich vor 1960 Bücher wie *First Overland* von Tim Slessor, *The Impossible Takes a Little Longer* von Eric Edis und *Cape Cold to Cape Hot* von Richard Pape. Seitdem wurden Tausende Berichte über Reisen durch Overlandia veröffentlicht, und einige Hundert kommen jedes Jahr hinzu. Sie reichen von einfachen Tagebüchern der Art »War da, hab das und das gemacht und zum Frühstück Müsli gegessen« bis zu journalistischen Reportagen über hochbrisante weltpolitische und kulturelle Themen. Einige dieser literarischen Werke haben das Overlanding weltweit populär gemacht und Menschen dazu gebracht, ihren Träumen folgend zu reisen. Andere haben die irreführenden Berichterstattungen der Massenmedien über unsere Welt durch alternative Sichtweisen derer korrigiert, die wirklich vor Ort waren. Und zwischen diesen Extremen gibt es für jeden Geschmack geeignete Reisebücher.

Kommunikation: Gemeinsame Interessen, der Wunsch nach detaillierten Informationen über Länder und Straßenzustand und das Verlangen nach Kontakt zu Gleichgesinnten haben im Internet ein riesiges soziales Netzwerk entstehen lassen. Vor Mitte der 1990er-Jahre konnte ein Overlander nur dann Angehörige seines Stamms treffen, wenn er ihnen zufällig auf der Straße begegnete oder wenn er einen der Hotspots für Overlander aufsuchte. Zu diesen gehörten der Pudding Shop in Istanbul, Sigi's in Kabul, das Amir Kabir in Teheran oder das Rio Pipo Camp in Ushuaia, an der Südspitze Amerikas, wo es jedes Jahr ein Weihnachtstreffen gibt. Einige dieser Treffpunkte existieren, neben vielen anderen, immer noch, doch tragen heute vor allem Websites, Blogs und Foren zum Informationsaustausch bei. Isolation gehört der Vergangenheit an.

Philosophie: In der Philosophie des Overlandings finden sich Elemente von Rationalität, Idealismus und Relativismus. Jede Reise durch die Welt ist zugleich eine Erforschung der eigenen Innenwelt, und tatsächlich sind viele einflussreiche Philosophen Reisende gewesen. Henry David Thoreau, der vor allem für sein Buch *Walden* bekannt ist, spricht fast jedem Overlander mit folgenden Worten aus dem Herzen: »Ich zog in den Wald, weil ich den Wunsch hatte, mit Überlegung zu leben, dem eigentlichen, wirklichen Leben näher zu treten, zu sehen, ob ich nicht lernen konnte, was es zu lehren hätte, damit ich nicht, wenn es zum Sterben ginge, einsehen müsste, dass ich nicht gelebt hatte.« Für viele ist das die Quintessenz der Overlandphilosophie.

Nun wird's ernst!

Schritt eins – Fahrzeugarten (Motorrad, Allrad oder was sonst?)

»Die Qualität einer Fernreise und das Vergnügen an ihr hängen nicht vom Fahrzeug, sondern vielmehr vom Reisenden ab.« Diese Lehre vertrete ich, doch sollte ich hier vielleicht doch eine kleine Warnung aussprechen. Es mag keine generell besseren oder schlechteren Methoden geben, um die Welt zu erkunden, aber das heißt nicht, dass Sie persönlich an allen Transportmitteln gleich viel Vergnügen haben werden. Haben Sie Rückenbeschwerden? Dann rate ich Ihnen, keinen Series Land Rover zu erwerben. Seine Federung ist, gelinde gesagt, Mist. Sind Sie der Meinung, dass der Verbrennungsmotor vor allem deshalb erfunden wurde, damit man sich nicht auf einem Fahrrad abstrampeln muss? Eine Radtour rund um die Welt kann ein Riesenspaß sein, aber jedermanns Bier ist sie sicherlich nicht.

Nur Sie selbst wissen, wie es um Ihre körperliche Leistungsfähigkeit und Reisekasse steht. Ich kann da nur einige objektive Tatsachen und subjektive Erfahrungen aufzählen, was die Unterschiede zwischen einer Fortbewegung mit öffentlichen Verkehrsmitteln, mit dem Fahrrad, dem Motorrad und dem Auto angeht. Im Lauf meines Lebens habe ich all diese Möglichkeiten – mehr oder minder ausführlich – probiert.

Mit Bussen und Bahnen Länder zu erkunden, war in meinen jungen Jahren eine sehr lohnende Erfahrung. Auf den engen Sitzen hatte ich Tuchfühlung mit vielen wunderbaren Menschen. Bis zu einem gewissen Grad ist das gut – doch muss ich einräumen, dass es zu viel werden kann. Oft ist es mir lieber, meine Gesellschaft selbst wählen zu können, statt von Körperkontakt, Gerüchen und Diskussionen bedrängt zu werden (zugegeben, manchen Mitreisenden wird es mit mir ebenso gegangen sein). Dazu kommt, dass ich ein Naturfreund bin und meine Unabhängigkeit schätze. Jedes Mal, wenn der Bus oder der Zug an einem verlockenden See oder an grünen Bergwiesen vorbeifuhr, hing ich am Fenster und wollte hinaus, um ein Zelt aufzuschlagen, Feuer zu machen und ein, zwei Fische zu fangen. Festgelegte Routen und Fahrpläne waren mir bald zuwider.

Was kann ich über das Fahrradfahren berichten? Ganze Kontinente mit dem Fahrrad zu durchqueren, ist eine prima Art, die Welt zu sehen. Man ist langsam genug, um die Bilder, die Düfte und die anderen sinnlichen Eindrücke aus der Umgebung auf sich wirken zu lassen und doch auch so schnell, dass man (in den meisten Fällen) ein Land durchreisen kann, bevor das Visum erlischt. Man erlebt intensiv, wie sich der Körper den Anstrengungen anpasst und wie man mit jedem Tag auch mental stärker wird. Oft ist sogar die Verletzlichkeit des Radfahrers ein Vorteil: Ohne den Schutz von Türen und Fenstern, hinter denen man sich vor den Einheimischen verschanzen kann, ist man empfänglicher für Zeichen der Gastfreundschaft. Im Allgemeinen kommt das Reisen mit dem Rad auch billiger als mit einem Motorfahrzeug, da man sich nicht um den Benzinpreis, Mautgebühren und Versicherungen kümmern muss. Das stimmt allerdings nur dann, wenn alle anderen Ausgaben, wie die für Essen und Unterkunft, gleich sind. In Wahrheit werden nur sehr wenige Radfahrer auf monatelanges Buschcamping eingestellt sein, und oft wird das die beschränkte Zuladung auf einem Fahrrad auch gar nicht erlauben. Auch wollen die meisten Radfahrer jeden Abend eine Waschgelegenheit haben, verständlicherweise, haben sie doch auf ihrem harten Ritt jede Menge Straßenstaub abbekommen. Was sie also auf der einen Seite für Benzin sparen, geben sie auf der anderen oft für Übernachtungen aus. Vergleicht man die jährlichen Kosten, so sieht man, dass sie für weltreisende Radfahrer und kampierende Motorradfahrer recht ähnlich sind.

Nicht zuletzt aber fühlt man sich mächtig stolz, wenn man eine lange Strecke aus eigener Kraft zurückgelegt hat – und das darf man auch sein! Doch leider ist Radsport auch mit Mühe und Monotonie verbunden. 100 000 Kilometer mit dem Rad zu fahren, bedeutet, etwa 40 Millionen Mal auf jedes Pedal zu treten. Bedaure, aber ich bevorzuge es, mit einer kleinen Drehung des Handgelenks vorwärtszukommen, um mehr Zeit mit netten Menschen an schönen Orten verbringen zu können, die ich sonst erst bei Sonnenuntergang erreicht hätte. So bin ich also zuletzt beim motorisierten Bereisen der Welt gelandet.

Was mir persönlich am ehesten liegt, muss ich selbst wissen. Was für Sie das Beste ist – danach sollten wir forschen. Ich hoffe, es macht Ihnen nichts aus, wenn ich mich auf den Vergleich zwischen einem Allradauto wie Matilda und einem Motorrad wie Puck beschränke. Geht es um Touren mit dem Rad oder zu Fuß, sollte man eher Leute fragen, die sich für Fahrräder und Rucksäcke ebenso begeistern können wie ich für Motorfahrzeuge. Dies ist mein Metier. Bislang hatte ich acht Jahre lang den Lenker einer Yamaha XTZ 660 Ténéré in den Händen, und weitere acht steckte ich den Kopf unter die Motorhaube eines Land Rover

Serie III. Ich werde das Pro und Contra dieser beiden Reisevarianten kurz auflisten.

Wetter: Auf dem Motorrad ist man den Elementen ausgesetzt. Wer an eine Winterreise durch Sibirien denkt oder an eine sommerliche Durchquerung der Sahara, der sollte sich in ein Auto setzen. Eine Weltumrundung mit dem Motorrad muss den Jahreszeiten entsprechend geplant werden, um nicht im Regen, in Kälte oder Hitze unterwegs zu sein. *Matilda gewinnt.*

Sicherheit/Diebstahl: Unfälle und kriminelle Taten gibt es überall auf der Welt. Zwar kann man auch den robustesten Allradler um einen Baum wickeln, aber die Gefahr für Leib und Leben ist kleiner, wenn man durch eine Rüstung von mehreren Tonnen Stahl geschützt ist. Was den Diebstahl angeht, so hilft es nicht, das Motorrad mit beliebig vielen Schlössern zu sichern. Wenn ein Dieb mit dem Knacken des Topcase Schwierigkeiten haben sollte, so hat er immer noch die Möglichkeit, das ganze Gefährt einfach davonzuschleppen. *Matilda gewinnt.*

Reisekosten: Für viele ist dies der Hauptgrund, sich für ein Motorrad zu entscheiden, besonders dann, wenn sie allein reisen. Zunächst ist da der Kaufpreis – nicht jeder verfügt über die finanziellen Mittel für einen Geländewagen, sei er nun neu oder gebraucht. Auf der Fahrt summieren sich dann die Ausgaben für Sprit, Verschiffung, Ersatzteile, Reifen, Versicherungen, Straßengebühren und manches andere. Muss im Fall einer Getriebepanne das Differenzial eines Unimogs nach Argentinien verschickt werden, so werden die Versandkosten allein schon mit einigen Tausend Euro zu Buche schlagen. Die meisten Ersatzteile für ein Motorrad passen dagegen in einen Schuhkarton. Auch wenn größere Reparaturen nicht anfallen sollten, muss das Fahrzeug auf einer Reise um die Welt wenigstens dreimal (viermal, wenn Sie auch Australien besuchen wollen) verschifft werden – auch hier kostet der Transport eines Motorrads nur einen Bruchteil von dem eines Autos. Nicht zu vergessen ist die Kaution für das Carnet de Passage: Ihre Höhe richtet sich nach dem Wert des Fahrzeugs. Wie man es auch dreht, die Kosteneffizienz eines Motorrads ist kaum zu schlagen. Selbst zwei Leute auf zwei Motorrädern geben pro Person im Normalfall deutlich weniger Geld aus als ein Paar im Allradauto, das sich die Kosten teilt. *Puck gewinnt.*

Geländegängigkeit: Viele Motorräder können ebenso wie Allradautos mit dem schwierigsten Gelände fertig werden, falls der Fahrer sein Handwerk beherrscht. Die Tatsache, dass Sie sich eine »Xtreme Offroad Machine« angeschafft haben, garantiert noch nicht, dass die Querung des ersten Flussbetts ein Kinderspiel sein wird. Es sind Ihre Fähigkeiten, die darüber entscheiden, was sich aus einem Fahrzeug herausholen lässt. Doch lassen wir für den Augenblick den Faktor Mensch einmal beiseite und sehen nur aufs Gerät. Wegen ihrer geringeren Größe sind Motorräder auf Saumpfaden im Gebirge, bei dichtem Pflanzenwuchs und in Schluchten dem Auto überlegen. Auf meiner ersten Fernreise hielt ein Erdrutsch auf der Karakorumstraße den gesamten Verkehr eine Woche lang auf – nicht aber mich. Mithilfe von zwei Einheimischen trug ich Motorrad und Ausrüstung um die Blockade und fuhr weiter. Zum Fahren durch Schnee, Sand und tiefes Wasser hingegen sind Allradautos besser geeignet. Zumindest solange man nicht bis zu den Achsen feststeckt. Ich erinnere mich gut, dass erst 20 Mongolen Matilda wieder aufrichten konnten, nachdem sie einmal umgekippt war. Bei Puck kann ich das ganz allein. *Unentschieden.*

Autonomie: Kennen Sie die Canning Stock Route in Australien? Das ist eine 1850 Kilometer lange Piste durchs Outback, wo man Benzin und Wasser nur bei Well 33 (Kilometer 1160) bekommt. Mit einem guten Allradfahrzeug mit großen Tanks und einem entsprechenden Proviant bereitet die Fahrt keine großen Schwierigkeiten. Auf dem Motorrad 120 Liter Sprit und Verpflegung für zwei Wochen mitzuführen, ist eine andere Sache. Sicher, es ist machbar. Ich schnallte einmal für eine Wüstendurchquerung vier 20-Liter-Kanister hinten auf Puck, aber damit war meine Ténéré am Limit. Keine Frage, mit der hohen möglichen Zuladung können sich Autofahrer weiter von der Zivilisation entfernen als jeder Biker und sie können länger in der Wildnis überleben, ohne Kühlerwasser trinken oder Reifenschläuche kauen zu müssen. *Matilda gewinnt.*

Heimatgefühl: Das Zelt eines Motorradfahrers ist stets ein Zelt und nichts anderes; ein Allradauto ist ein vollwertiges Haus auf vier Rädern. Man kann es sich so gemütlich einrichten, wie man will, mit Bildern an den Wänden, Kerzen auf dem Tisch und Vorhängen an den Fenstern. Am Anfang ihrer Karriere legen die meisten Overlander keinen großen Wert aufs leibliche Wohl, doch nach einigen Jahren auf Achse neigen sie zur Revision ihrer Meinung. In einem Allradfahrzeug mit Kühlschrank haben Sie nämlich immer *kaltes* Bier. *Matilda gewinnt.*

Stauraum: Möchten Sie mit Haustier verreisen? In einem Wohnmobil geht das. Auf dem Motorrad könnte ich vielleicht einen Chihuahua in meinen Getränkehalter quetschen, aber das wäre schon das Äußerste. Freilich kann man auch größeren Rassen ein Stück Welt zeigen, wie dies mein peruanischer Freund Marcos bei seiner Reise durch Südamerika getan hat. Dafür schraubte er einfach eine Hundehütte auf dem Gepäckträger seines Motorrads fest. Dennoch, in einem geräumigeren Gefährt ist es ungemein einfacher, mit einem vierbeinigen Freund zu verreisen. Auch wenn Sie sportbegeistert sind, bietet Ihnen das Allradauto Platz für die gesamte Ausrüstung, gleich ob Sie nun klettern, paragliden oder golfen wollen. Mein Landy trug sogar ein Kanu auf dem Dach. Im Gepäck auf dem Motorrad habe ich ein kleines Schachbrett – Platz für mehr ist da nicht. Stauraum ist unbezahlbar. *Matilda gewinnt.*

Kontakte zu Einheimischen: Viele Biker (aber auch Radfahrer und Backpacker) behaupten, den Einheimischen näher zu kommen als die Eigentümer eines Allradfahrzeugs. Es mag sein, dass Motorräder weniger »einschüchternd« wirken und der Fahrer den Ortsansässigen »ausgesetzter« ist, aber daraus zu schließen, dass dies sofort zu mehr menschlicher Nähe führt, halte ich für falsch. Nach meinen Erfahrungen spielt das Gefährt kaum eine Rolle, wenn es darum geht, Bekanntschaften zu schließen. Sie und Ihr Verhalten sind es und nichts sonst, was über die Häufigkeit und Intimität von Begegnungen entscheidet. Mit Matilda habe ich immer wieder einheimische Anhalter mitgenommen, sie zum Essen an meinen Tisch geladen und ihr Auto bis zur nächsten Werkstatt abgeschleppt, wenn Not am Mann war. Mit einem Motor- oder Fahrrad geht das nicht. *Unentschieden.*

Vielseitigkeit: Motorräder sind leicht und wendig; mit ihnen kann man sich an Verkehrsstaus vorbeischlängeln und auch in einem völlig verstopften Stadtzentrum noch einen Parkplatz finden. Wie aber steht es mit der Unterkunft? Da haben die Besitzer eines Wohnmobils in dicht besiedelten Gegenden deutliche Vorteile – sie können anhalten, die Vorhänge zuziehen, das Bett ausklappen und Stadtcamping machen. Motorradfahrer müssen dagegen Unterkünfte mit einem sicheren Parkplatz suchen, wenn es keinen Zeltplatz in der Nähe gibt. Das kann in manchen Städten ziemlich entmutigend sein. *Unentschieden.*

Reparaturen: Moderne Allradfahrzeuge und Motorräder sind unendlich viel schwieriger instand zu setzen als ältere Modelle, und im Fall einer Panne kann man sich auf viel Ärger gefasst machen. Bei einigen Fabrikaten muss man fast das Ausgleichsgetriebe ausbauen, um ein Scheinwerferbirnchen zu wechseln. Grundsätzlich ist ein Fahrzeug wenig für eine Fernreise geeignet, wenn man es nicht mithilfe von Stein, Schraubenzieher und einigem Klebeband reparieren kann. Das merkt man spätestens dann, wenn man in einem abgelegenen pakistanischen Dorf den Automechaniker fragt, ob er einen DLC hat, mit dem er die OBD-Codes des ECM auslesen kann, weil das MIL leuchtet.[49] Nun aber zurück zum eigentlichen Problem. Zwar ist es nicht möglich, vorherzusagen, ob auf einer Weltreise ein Motorrad oder ein Auto mehr Wartung braucht, aber klar ist, dass Motorräder Vorteile bieten: Man braucht keinen Flaschenzug, um Motor oder Getriebe auszubauen, kann sich Ersatzteile per Post relativ preiswert zuschicken lassen oder, wenn nichts mehr hilft, das Motorrad auf der Ladefläche eines Pick-ups festzurren und zur nächsten Stadt transportieren lassen. *Puck gewinnt.*

---

[49] DLC = Data Link Connector, OBD = OnBoard Diagnostics, ECM = Engine Control Module, MIL = Malfunction Indicator Light.

Feeling: Last but not least – der Fahrspaß. An einem warmen, sonnigen Tag geht NICHTS über ein Motorrad! Der Wind im Gesicht, die Sonne auf dem Rücken, die Vibrationen des Motors an den Beinen, das Gefühl grenzenloser Freiheit – was stört da eine gelegentliche Fliege im Auge oder eine vorbeiziehende Regenwolke. *Puck gewinnt.*

Es gäbe sicher noch einige andere zu erwägende Aspekte, am Endergebnis werden sie aber kaum noch etwas ändern. Zählt man die gesammelten Punkte zusammen, so gewinnt das Allradauto mit 6,5 zu 4,5. So einfach ist es aber nicht – jeder muss selbst entscheiden, was für ihn von Wichtigkeit ist. Stört Sie Nässe und Kälte nicht allzu sehr? Wollen Sie die Teerstraßen nie verlassen? Spielt Geld keine Rolle (Sie Glückspilz!)? Das ist eine schwierige Wahl, oder? Ich meine, das Beste wäre es, wenn Sie zwei Weltreisen unternehmen würden, die eine mit dem Motorrad, die andere mit einem Geländewagen. Was halten Sie davon?

Schritt zwei – Fahrzeugtyp (nähere Bestimmung)

Haben Sie die Art Ihres Fahrzeugs gewählt? Dann ist es an der Zeit, den richtigen Typ zu bestimmen! Allerdings möchte ich nicht riskieren, mit Schraubenschlüsseln beworfen zu werden, weil ich Land Rover und Toyota Land Cruiser gegeneinander ausspiele oder deutsche Motorräder und japanische aneinander messe. Kaufen Sie bitte irgendetwas, das Ihnen gefällt. Ich meine ehrlich IRGENDetwas. Im Fall eines Autos könnte man sich als Basis ein robustes Fahrzeug vorstellen, das vorn eine Seilwinde hat, auf dem Dach einen extra stabilen Gepäckträger und übergroße Reifen mit einer solchen Profiltiefe, dass darin ein plattgemachtes Wildschwein verschwindet. Man könnte sich aber auch mit einem ganz normalen Auto und zwei angetriebenen Rädern begnügen.

Mir sind eine Menge Leute begegnet, die mit einem Opel Corsa, einem Citroën 2CV oder einer 50-Kubikzentimeter-Vespa um die Welt fuhren und jede Menge Spaß dabei hatten. Sie MÜSSEN kein Allradfahrzeug haben, um alle Kontinente, auch Afrika, zu durchqueren. Zweifellos ist es prima, eines zu besitzen, doch schon manche Overlander mit Allradauto haben ihr Können falsch eingeschätzt, sich auf einer »unmöglichen« Bergpiste festgefahren und mussten dann von einem Einheimischen in einer Schrottkiste ohne Allradantrieb geborgen werden. Sollte Ihnen Derartiges zustoßen, regen Sie sich nicht auf und wünschen Sie Ihren Land Rover nicht nach Soli-Hell, damit er dort verrottet. Denn wie schon im vorigen Abschnitt erwähnt, sind es Ihre Fähigkeiten, die darüber entscheiden, was sich aus einem Fahrzeug herausholen lässt. Außerdem kann man auch ohne Differenzialsperre und dicke Reifen jede Menge prächtige Landschaften entdecken und viele nette Leute kennenlernen. Die Meinung, dass Menschen in isolierten, nur über holprige, unwegsame Pisten erreichbaren Dörfern interessanter wären als die, die neben einer befestigten Straße wohnen, kann ich nicht teilen.

Grundsätzlich gilt, dass es Sie niemals vom Reisen abhalten sollte, wenn Ihnen die finanziellen Mittel für ein Allradfahrzeug fehlen. Vielleicht bietet sich ja eines Tags eine Gelegenheit zum »Upgraden«, wenn das Ihr Wunsch sein sollte. Bevor Sie aber 100 000 Euro oder mehr für Ihr Traumfahrzeug ausgeben, sollten Sie Ihre Finanzen sehr kritisch prüfen. Der größte Teil Ihrer sauer verdienten

Euro sollte auf der Reise ausgegeben werden und nicht für ein Auto, das noch in der Garage steht. Ich finde es jammerschade, wenn sich Reisende mit einem tollen Unimog bitterlich darüber beklagen, dass sie ihre Fahrt abbrechen müssen, weil ihnen das Geld ausgegangen ist. Hätten sie für ein Hundertstel der Anschaffungskosten einen Gebrauchtwagen erstanden, so könnten sie ihre Fahrt noch jahrzehntelang fortsetzen. Bitte vergegenwärtigen Sie sich stets, dass ein Fahrzeug das Reisen möglich machen, nicht aber Sie daran hindern soll.

Nun denken Sie vielleicht: »Was sollen solch nutzlose Informationen? Dieser Christopher will einfach nicht sagen, was ich denn kaufen soll!« Nun, da haben Sie vollkommen recht. Ich könnte einige bei Overlandern beliebte Modelle aufzählen, zum Beispiel Honda Africa Twin, Kawasaki KLR 650, BMW GS, Yamaha XTZ, Honda XRV, Suzuki DR 650 und viele mehr, oder, bei den Allradautos, Land Rover Defender 110, Toyota Land Cruiser, Toyota Hilux, die G-Klasse von Mercedes und so weiter. Ich weigere mich aber, etwas konkret zu empfehlen oder davon abzuraten. Wenn Sie sich in ein bestimmtes Fahrzeug verlieben, wie ich damals in meinen Landy, und wenn Sie sich darin gut fühlen, dann lassen Sie sich von niemand erzählen, damit könne man nicht rund um die Welt fahren!

Manchmal reichen einige technische Modifikationen an einem marktüblichen Fahrzeug, um das Unmögliche in eine interessante Herausforderung zu verwandeln, zum Beispiel einen zusätzlichen Ölkühler zu installieren oder die Drehstabfeder so einzustellen, dass sich die Bodenfreiheit erhöht. Ich kenne nur wenige zweifelsfreie Beschränkungen, denen bestimmte Modelle unterliegen.

Niemand wird es je schaffen, einen Hummer H1 durch eine nur zwei Meter breite Schlucht zu quetschen oder einen Dieselmotor bei minus 55 °C anzuwerfen.

Mein Landy Matilda fuhr mit Benzin – und darüber war ich sehr froh, als ich im Winter durch Sibirien reiste. Denn schon bei relativ »hohen« Temperaturen von minus 20 °C beginnt das Paraffin in normalem Diesel, ein zähes Gel zu bilden, das Kraftstofffilter und Einspritzdüsen verstopft. Dieser Effekt kann durch Tanken von Winterdiesel oder durch Anti-Gel-Zusätze verzögert werden. Beides ist allerdings außerhalb des Westens oft nicht verfügbar, und bei minus 55 °C ist auch ein sogenannter arktischer Diesel eher fest als flüssig. Wenn Sie mit einem Dieselfahrzeug kalte Gebiete besuchen wollen, so können Sie elektrische Heizer für Motorblock, Tank, Kraftstofffilter und Kraftstoffleitungen einbauen – und darauf hoffen, in der russischen Taiga, Alaska oder dem Hochland von Tibet eine Steckdose zu finden, damit alle Komponenten über Nacht warm gehalten werden.

Zugunsten des Dieselmotors kann man vieles anführen. Er hat generell eine größere Lebensdauer, spart Kraftstoff, und die Technik ist so einfach, dass er meist leichter als ein Benzinmotor repariert werden kann. Die Verfügbarkeit von Dieselkraftstoff ist unterschiedlich. In kalten Ländern ist Benzin weiter verbreitet, wie leicht einzusehen ist. Aber auch in manchen an Öl reichen Ländern wie Saudi-Arabien und Libyen gibt es nicht an jeder Tankstelle Diesel. Der Sprit ist so spottbillig, dass die meisten Einheimischen allradgetriebene Benziner oder Trucks fahren. Ein Gesichtspunkt ist – last but not least – die Höhenverträglichkeit. Wie die menschliche Lunge brauchen auch

Autos Sauerstoff. Je höher Sie hinauffahren, desto weniger Moleküle davon finden sich in einem Kubikmeter Luft. Wenn Sie in Bolivien, Indien oder Tibet über einen Pass von 5000 Meter Höhe oder mehr fahren, spüren Sie, wie der Motor an Leistung verliert. Bei älteren Benzinerjahrgängen kann man die Düsen im Vergaser durch kleinere ersetzen und den Zündzeitpunkt nach vorn verschieben, um den Sauerstoffmangel etwas zu kompensieren. Bei einem Dieselfahrzeug gibt es nur wenige Möglichkeiten. Mit einem guten Turbolader haben Sie Chancen, ohne große Schwierigkeiten auf über 5000 Meter zu kommen. Nehmen Sie aber ein Seil mit, damit ein Series Land Rover mit Benzinmotor Ihren Diesel-Toyota über die Passhöhe schleppen kann. Oops – da hätte mich beinahe ein Schraubenschlüssel getroffen.

Schritt drei – sich häuslich einrichten

Steht Ihr Expeditionstrabi oder Ihre Royal Enfield Taurus 325 Diesel startbereit vor der Haustür? Wie fühlen Sie sich dabei? Viele meinen, man könne den Kauf eines Motorrads, Autos oder Trucks für eine Weltreise mit dem Kauf des ersten Hauses vergleichen – und das ist schließlich einer der erhebendsten Augenblicke im Leben. Wie das mit jeder neuen Heimstatt aber so ist, kann es sinnvoll sein, sie vor dem Einzug etwas aufzupolieren.

Sollten Sie mit einem Motorrad aufbrechen wollen, so sind die Änderungen eher bescheiden – was eben mit einem Motorrad so möglich ist. Wahrscheinlich wollen Sie hinten einen sehr stabilen Gepäckträger montieren, Sturzbügel vorn, beheizbare Lenkergriffe, wenn Sie leicht an den Händen frieren, und einen schönen, weichen Sitz, falls Ihr eigenes Hinterviertel weniger gut gepolstert ist. Für das Gepäck hat man die Wahl: Man kann weiche Packtaschen (etwa wasserdichte Ortlieb-Taschen) oder harte Koffer nehmen (aus Plastikspritzguss oder Aluminium), man kann aber auch einen alten Trekkingrucksack dranschnallen. Im Interesse der eigenen Sicherheit und guter Fahreigenschaften sollte am Gewicht gespart und darauf geachtet werden, dass das Trägersystem nicht einseitig beladen wird – schließlich wollen Sie ja nicht nur auf dem Hinterrad um die Welt fahren. Schrammt die Ölwanne über das Pflaster, dürfte es klug sein, sich hinten stärkere Stoßdämpfer zu leisten. Fühlt sich Ihr voll beladenes Motorrad bei der ersten Probefahrt ein wenig schwer und träge an, so ist das für ein Reisemotorrad ganz normal, eine Motocrossmaschine ist es ja nicht. Ganz wichtig aber ist, dass Sie sich damit sicher fühlen!

Die Welt kosten die erwähnten Modifikationen nicht. Sind Sie knapp bei Kasse, so wie ich, und können sich keinen großen Acerbis-Tank leisten, dann schnallen Sie zwei Zehn-Liter-Reservekanister an Ihr Bike. Statt beheizter Lenkergriffe können Sie zwei große Plastikflaschen seitlich aufschneiden, mit einer warmen Füllung versehen und über die Lenkerenden stecken – das wirkt Wunder. Schweißen Sie sich Ihre eigenen Gepäckträger zusammen, legen Sie ein dickes Schaffell auf den Sattel, damit Ihr Po nicht einschläft – et voilà, schon kann es losgehen.

Bei vierrädrigen Fahrzeugen kann mehr Arbeit notwendig sein, um sie für die große Reise auszurüsten. Zwar gibt es Firmen, die Wohnkabinen und Inneneinrichtung für Campingmobile nach Wunsch bauen, doch für viele Overlander gehört es einfach zum Reisen, alles selbst gebastelt zu haben. Das Ergebnis ist dann ein Unikat mit persönlicher Note, manchmal zum Missfallen der heimischen Polizei. Die Behörden werden es nie verstehen, dass ein reisetaugliches Fahrzeug nicht einfach ein Auto ist, das mit schwierigem Gelände unter widrigen Bedingungen zurechtkommt. Es ist mehr als das, mehr auch als ein fahrbares Heim, in dem man lange Zeit auf kleinstem Raum verbringen kann. Es ist sozusagen ein Ausdruck der Persönlichkeit des Overlanders, wobei der Stil von minimalistisch bis zu komplett verrückt variiert. Vom Dachgarten auf dem Wohnmobil bis zum holzbefeuerten Kanonenofen gibt es vieles, was nicht unbedingt funktional sein muss. Einiges Zubehör ist allerdings sehr sinnvoll: große Tanks für Wasser und Treibstoff etwa, Werkzeug und Bergeausrüstung sowie ein trennbares Doppelbatteriesystem mit hoher Kapazität.

Wie bei den Motorrädern sind die Kosten für diese Veränderungen am Fahrzeug nicht unbedingt hoch. Ich habe meinen Land Rover Matilda mit der Hilfe von zwei guten Freunden in ein Wohnmobil verwandelt. Zusammen erhöhten wir das Dach und statteten das Interieur mit Schränkchen, einer kleinen Kücheneinheit und einem Klappbett aus. Die ganze Konstruktion war einfach, robust und zweckmäßig; wir brauchten dazu nichts als 30 Meter Vierkantrohr, zwölf Quadratmeter verzinktes Stahlblech, 20 Quadratmeter Sperrholz, ebenso viel grauen, strapazierfähigen Teppichboden und dazu noch Trennscheiben, Schweißdraht, Nieten und Bolzen, Sikaflex, Farbe ... und Bier. Alles zusammen kostete das Material knapp über 500 Euro (das Bier inklusive), und die Arbeit war nach zwei Wochen getan. Spüle, Seitenfenster und Herd besorgte ich mir vom Sperrmüll oder auf Flohmärkten; andere Dinge wie die zusätzlichen Tanks und meine elektrische Winde kamen später während der Fahrt dazu. Hat jemand das Geld, um ein Dachzelt für 2000 Euro zu kaufen, gut. Falls nicht, kann man auf den Dachgepäckträger eine Sperrholzplatte legen und ein normales Zelt darauf stellen. Das sieht vielleicht nicht so toll aus, aber es erfüllt denselben Zweck. Und was das Beste ist, es kostet so gut wie nichts.

Viele Reiseneulinge, die ihr Fahrzeug umbauen wollen, fragen sich besorgt, was der TÜV davon halten wird, insbesondere dann, wenn sie in Deutschland wohnen. Doch die Welt da draußen ist nicht Europa – glücklicherweise. Meinen Sie etwa, die Behörden in Afrika hätten sich an den scharfen Kanten meiner Seilwinde gestört? Ich hatte im Kongo Baumstämme als Stützbalken an Matildas Seiten befestigt, als mein Fahrgestell in zwei Teile auseinandergebrochen war – niemand hat da groß geguckt. Legen Sie die typisch westliche Mentalität ab und beginnen Sie, in langen Zeiträumen zu denken, wie der Overlander, zu dem Sie gerade werden. Es geht um Ihr Auto, nicht um eines, das der Regierung gehört. Also nehmen Sie sich alle Freiheit, es nach Ihrem Gusto umzubauen: Denn sobald Sie im Ausland sind, benötigen Sie keine TÜV-Plakette Ihres Heimatlands mehr! Wenn Sie vor der Abfahrt daheim Scherereien befürchten, fahren Sie Ihr Basisfahrzeug einfach in ein Nachbarland, verwandeln es dort in ein Expeditionsgefährt und gehen gleich im Anschuss auf Weltreise.

Alle Fesseln abzuwerfen und meine Person von staatsbürgerlichen Pflichten zu befreien, war eine große Erleichterung für mich. Sobald Sie Ihre Reisedokumente vervollständigt haben und kurz vor der Abreise stehen, müssen Sie sich unter Umständen beim Einwohnermeldeamt abmelden – das ist in Deutschland sogar vorgeschrieben, wenn Sie dort Ihren Wohnsitz aufgeben. Von da an bis zum Ende der Fahrt ist Ihr Heim dort, wo Sie gerade parken. Die grüne Versicherungskarte ist außerhalb von Europa wertlos: Weitere Versicherungen, sofern sie erforderlich sind, schließen Sie an den Grenzen der Länder ab, die Sie durchfahren wollen. Um nicht weiterhin Steuern und unnütze Versicherungen für Ihr Fahrzeug zu zahlen, können Sie es nun ebenfalls abmelden. Das geht im Ausland häufig mithilfe Ihrer Botschaft.[50]

Seien Sie unbesorgt, wenn Sie nun die Reise mit einem nicht zugelassenen Fahrzeug ohne Kennzeichen fortsetzen. Sie können fahren, wohin Sie wollen, solange Sie Ihr Carnet de Passage haben (für die Länder, in denen es vorgelegt werden muss), Ihre Fahrzeugpapiere (gleich ob mit oder ohne Zulassung – auch eine Exportbescheinigung genügt), den Fahrzeugbrief und die Versicherung (wo sie vorgeschrieben ist). Sicher, Sie brauchen eine Art Kennzeichen an den Stoßstangen, aber das müssen nicht die Originale sein. Nehmen Sie Duplikate von zu Hause mit (ohne TÜV-Plakette) oder lassen Sie sich im Ausland welche aus Metall oder Kunststoff anfertigen. Die Nummer

---

[50] Deutsche Fahrzeughalter zum Beispiel müssen dafür lediglich ein formelles Amtshilfeersuchen (nach §13 FZV) von der heimatlichen Zulassungsstelle per E-Mail erbitten. Dieses reicht man zusammen mit dem Fahrzeugschein (Zulassungsbescheinigung Teil I), dem Fahrzeugbrief (Zulassungsbescheinigung Teil II) und den Kennzeichen bei der Botschaft ein, die die Abmeldung durchführen soll, und zahlt eine geringe Gebühr. Alles Übrige erledigt dann die Botschaft: Sie schickt die Kennzeichen an die Zulassungsstelle, die ihrerseits die Fahrzeugversicherung benachrichtigt. Fahrzeugschein und Fahrzeugbrief dürfen Sie behalten. Der Schein wird nur mit dem Vermerk »außer Betrieb gesetzt« versehen.

muss nur mit der in Ihren Papieren übereinstimmen, dann sind Sie legal unterwegs.

Gut ... sind wir nun bereit zur Abreise? Haben Sie die Hundehütte fest aufs Motorrad geschraubt? Haben Sie Ihr Plumpsklo direkt unter dem Fahrersitz eingebaut, damit hinten mehr Platz ist?[51] Haben Sie die vordere Stoßstange mit spaltbarem Plutonium überzogen, damit Ihr Allradler noch gefährlicher aussieht? Dann ist die Zeit gekommen, Ihr Zeugs ins neue Heim zu packen! Falls dies Ihre erste Fernreise ist, könnte das zu einer Herausforderung werden. Im Lauf ihres Lebens häufen die meisten Menschen große Mengen von Dingen an, von denen sie diverse für unverzichtbar halten, nicht nur für das persönliche Wohlbefinden, sondern fürs nackte Überleben. Der Versuch, alles in einem Auto unterzubringen, gleicht dem, einen Elefanten in einen Kühlschrank zu quetschen. Sie können schieben und drücken, so viel Sie wollen, die Tür geht nicht zu – außer der Elefant ist sehr klein oder der Kühlschrank sehr groß. Wenn Sie also verreisen wollen, definieren Sie den Begriff »wesentlich« neu, und machen Sie deutliche Abstriche an Ihrem gewohnten Lebensstil.

Ich weiß, die goldene Regel lautet, mit leichtem Gepäck zu reisen, insbesondere auf zwei Rädern. Folgen Sie den

---

[51] Ich kenne einen Overlander, der genau das mit seinem Land Rover gemacht hat. Er hat ein kreisrundes Stück Sitzpolster ausgeschnitten und darunter ein Rohr in Richtung Erdboden angebracht. Die Klorolle steckte auf dem Schaltknüppel, und in Notfällen konnte die Toilette auch während der Fahrt benutzt werden. Um das Ganze weiter zu vervollkommnen, könnte man auf der Unterseite des Sitzes noch eine Scheibenwaschanlage montieren und so die Landy-Toilette auch als Bidet benutzen. Ich will aber Ihren Ideen zu Design und Konstruktion nicht vorgreifen.

Empfehlungen der meisten Reiseführer, so müssen Sie den Griff Ihrer Zahnbürste zur Hälfte absägen (spart drei Gramm), die Etiketten aus den Kleidern heraustrennen und die Ecken Ihrer Landkarten abschneiden, um Platz und Gewicht zu sparen. Das können Sie ruhig machen, wenn es Ihnen so gefällt. Sie können aber wie Laura auch eine große elektrische Zahnbürste und einen Epilierer mitnehmen. Was fürs eigene Wohlbefinden nötig ist, kann individuell höchst unterschiedlich sein, und NUR Sie sollten diese Entscheidung treffen. Es ist ohnehin klar, dass ich nicht der allerbeste Ratgeber für Ihre persönliche Packliste sein kann. Denn wollen Sie wirklich einem Motorradfahrer Gehör schenken, der auf seinem Motorrad einen Plüschdelfin, eine Topfpflanze und einen Aschenbecher befestigt hat – und zudem, auf seiner letzten Reise jedenfalls, noch einen Reitsattel anstelle der normalen Sitzbank?

Was braucht man UNBEDINGT als Survivalausrüstung auf der Reise? Ganz einfach: Benzin im Tank, Reisedokumente, die Kleider am Leib und einen Geldbeutel in der Tasche. Sonst nichts ... außer vielleicht ein bisschen Werkzeug. Die Menschen auf dieser Welt, denen ich erlaube, Puck oder Matilda zwecks Reparatur auch nur anzufassen, kann man an den Fingern einer Hand abzählen. Aus diesem Grund und um ganz autark zu sein, ist die Sammlung von Ersatzteilen, die ich mitschleppe, geradezu riesig. 55 Liter Koffervolumen von insgesamt 120 Litern sind für Puck reserviert. Oder für nette Bikerkameraden ohne Schraubenzieher, die eine Panne haben und dringend meine Hilfe brauchen.

Haben Sie nun immer noch erhebliche Schwierigkeiten, persönliche Dinge auszusortieren, so sollten Sie Folgendes probieren: Stellen Sie sich vor, auf einer Insel in den Tropen ausgesetzt zu sein, wo es zwar Nahrung gibt, aber nichts, was Ihnen während der Jahre bis zur Rettung die Zeit vertreibt. Nehmen Sie an, Sie dürften drei »Luxusgüter« auf die Insel mitnehmen. Welche wären das?

Schritt vier – die Reisekasse

»Wie viel haben Sie auf Ihrer Weltreise ausgegeben?«, ist die häufigste Frage, die einem Overlander gestellt wird. Das ist verständlich, denn dummerweise braucht man gewisse Finanzmittel, wenn man um die Welt fährt, es sei denn, man will unterwegs arbeiten.

Wie viel Langzeitreisende ausgeben, ist ganz unterschiedlich, ich kann Ihnen aber meine Unkosten verraten. Auf meiner ersten Reise mit Puck von Europa nach Neuseeland, das war zwischen 1997 und 2000, habe ich 15 000 Euro ausgegeben, damals noch die entsprechende Summe in Deutscher Mark. Die Reise dauerte knapp vier Jahre, was durchschnittliche Ausgaben von 340 Euro pro Monat ergibt. Meine achtjährige Weltumrundung mit Matilda zwischen 2002 und 2010 kostete 50 000 Euro oder 520 Euro pro Monat. Und jetzt, auf meinem dritten Trip, habe ich 24 000 Euro oder 500 Euro pro Monat ausgegeben.

Helfen Ihnen diese Angaben, Ihre Reisekosten zu planen? Nicht wirklich. Man muss nur auf die Zahlen für meine zweite und meine dritte Reise sehen: Sie sind nahezu gleich, obwohl eine Fahrt mit dem Motorrad wesentlich günstiger ist als eine mit dem Land Rover. Woran liegt das? In erster Linie an der Inflation, die alles, vom Essen bis zu den Fahrzeugverschiffungen, verteuert. Ich schreibe dies im Jahr 2016, als man in München 1,35 Euro für einen Liter Benzin zahlen muss, aber ich weiß nicht, wann in der Zukunft Sie dies lesen werden.

Nun ist es ja so, dass die Inflation immer wieder aktualisierte Neuauflagen von Reiseführern erzwingt. Dieses Buch ist kein Führer und wird nur einmal erscheinen. Sie können aber, wenn ich im Folgenden Zahlen nenne, diese leicht für Ihr Abreisejahr umrechnen, wenn Sie von einer jährlichen globalen Inflationsrate von etwa 2,8 % ausgehen. Danach müssen Sie mit Kosten von 7912 Euro im Monat rechnen, wenn Sie im Jahr 2116 mit dem Motorrad aufbrechen und genau so reisen wie ich. Es wäre daher vielleicht klug, die Reise früher zu beginnen.

Es gibt einen weiteren Grund, weshalb meine Zahlen für Sie vielleicht nur teilweise brauchbar sind, nämlich den, dass ich Ihren Reisestil nicht kenne. Werden Sie ein Jahr lang in Nordamerika unterwegs sein oder zehn Jahre in Asien? Sind Sie ein »Kim Kardashian«-Overlander oder eher ein »Bear Grylls«-Typ? Um die Kosten für Ihre Reise abzuschätzen, müssen Sie sich die folgenden 13 Fragen stellen.

Welche Länder werden Sie besuchen? Die Ausgaben für den täglichen Bedarf wie Essen und Benzin schwanken stark von einem Land zum anderen. So kann man zum Beispiel im Jahr 2016 für einen Euro in Venezuela 50 Liter Benzin kaufen, in der Türkei bekommt man dafür aber nur einen Dreiviertelliter. Sollten Sie knapp bei Kasse sein, müssen Sie in teuren Ländern vielleicht Abstriche an Ihrer gewohnten Lebensweise machen oder dort weniger Zeit verbringen.

Wie oft müssen Sie zwischen den Kontinenten fliegen und Ihr Fahrzeug verschiffen? Jede Verschiffung des Fahrzeugs reißt ein gewaltiges Loch in den Geldbeutel. Schalten Sie am besten keinen Agenten ein, sondern versuchen Sie, immer direkt mit der Reederei oder der Fluglinie zu verhandeln.

Für welche Länder werden Sie Visa oder Visaverlängerungen brauchen? Nicht überall erhalten Sie Visa gratis an der Grenze. Westafrika ist besonders teuer, weil man auf dem Weg nach Süden rund ein Dutzend kleiner Länder durchqueren muss. Wollen Sie sparen, sollten Sie eine alternative Route wählen.

Fahren Sie allein, als Paar oder in einer Gruppe? Die größten Einsparmöglichkeiten hat, wer mit Partner(n) in einem Allradfahrzeug unterwegs ist, mit dem (denen) er sich die Kosten für Sprit, Transport, Ersatzteile, Unterkunft und Carnet de Passage teilen kann.

Wie lange werden Sie unterwegs sein? Die Ausgaben für Treibstoff, Visa, Verschiffung und Flüge machen einen Großteil der Gesamtkosten einer Weltreise aus. Dieser Anteil an der Gesamtsumme ändert sich nicht, gleich ob Sie Ihre Reise nach einem oder nach zehn Jahren beenden. Worauf Sie aber Einfluss haben, sind die Kosten pro Jahr. Angenommen, ein Overlander, der mit dem Motorrad von Europa nach Australien fährt, legt 50 000 Kilometer zurück, einige Umwege eingeschlossen. Wenn sein Bike sechs Liter auf 100 Kilometer verbraucht und der Spritpreis im Durchschnitt einen Euro pro Liter beträgt, muss er allein für Benzin 3000 Euro rechnen. Die Genehmigung für eine Fahrt durch China kann mit 2000 Euro veranschlagt werden, die Kosten für die übrigen Visa mit 700 Euro und die für die Verschiffung von Indonesien nach Darwin zusammen mit dem Flug für ihn selbst nochmals mit 1000 Euro. Insgesamt macht das 6700 Euro, was für eine einjährige Reise eine stolze Summe ist. Lässt es der Overlander aber so gemächlich angehen, dass er vier Jahre unterwegs ist, sinken die durchschnittlichen jährlichen Ausgaben auf 1675 Euro. Dazu kommen nur noch die Kosten für Verpflegung, Unterbringung und Versicherungen, die zur Reisedauer proportional sind. In der Summe ist eine vier Jahre dauernde Fahrt mit dem Motorrad also nur etwa doppelt so teuer wie eine einjährige und nicht viermal!

Wie viel Treibstoff verbraucht Ihr Fahrzeug? Matildas Verbrauch schwankte zwischen 13 und 25 Litern auf 100 Kilometer, abhängig von der Benzinqualität, der Höhe, dem Gelände und dem Verkehr. Puck braucht etwa sechs Liter, aber ein Unimog kann in schwierigem Gelände leicht 50 Liter schlucken.

Wie hoch ist Ihr persönlicher Treibstoffbedarf? Ah, wie gut tut doch ein Bier nach (oder während) einer Safarifahrt durch die Serengeti! Und wer kann schon einer 650-Milliliter-Flasche Beer Lao in Vientiane widerstehen, wenn sie nicht einmal einen Euro kostet? Nur summiert sich das, und bald wundern sich viele Overlander, warum ihr Geld nicht mehr für ein weiteres Reisejahr ausreicht.

Wie oft werden Sie wild, das heißt gratis, zelten? In Argentinien, Bolivien, der Mongolei und Namibia ... warum nicht ständig? In diesen und vielen anderen Ländern können die Ausgaben für Übernachtungen auf null gesenkt werden.

Wollen Sie jede Attraktion mitnehmen oder teure Abenteuerangebote nutzen? In Tansania auf den Kilimandscharo zu steigen, in Thailand einen PADI-Tauchkurs zu machen und 20 Bungee-Sprünge in Neuseeland zu absolvieren wird Sie Tausende kosten. Überlegen Sie daher gut, in was Sie investieren wollen.

Wollen Sie selbst kochen oder meist in Restaurants essen? Ob und wie man beim Essen Geld sparen kann, hängt vom jeweiligen Land ab. Im Allgemeinen ist es am günstigsten, selbst mit regionalen Produkten zu kochen, aber nicht immer. Was man auch macht, es ist unmöglich, für zwei Euro ein äthiopisches Essen auf dem Benzinkocher zu bereiten. In einem Injera-Restaurant in Addis Abeba wird diese Summe das Höchste sein, was auf der Rechnung steht.

Sind Sie ein guter Mechaniker? Früher oder später macht Ihr Fahrzeug schlapp (früher, wenn Sie einen Land Rover fahren, später, wenn es ein Toyota ist). Dann stellt sich die Frage, ob Sie die Reparatur selbst machen können oder ob Sie einen Mechaniker dafür bezahlen müssen.

Welche Versicherungen und Reisepapiere halten Sie für notwendig? Einige Dokumente sind auf jeder Weltreise unverzichtbar, andere nur auf bestimmten Routen, ein paar sind ratsam (aber fakultativ), alles Übrige ist Geldverschwendung. Immer braucht man für Grenzübertritte einen Reisepass und die Fahrzeugdokumente. Ebenso unabdingbar ist der Führerschein des Heimatlandes und dazu entweder ein internationaler Führerschein oder eine beglaubigte Übersetzung des Originals. Einige Länder verlangen ein Carnet de Passage, und in manchen muss man an der Grenze eine Kraftfahrzeugversicherung abschließen.

Nicht vorgeschrieben ist eine Auslandskrankenversicherung, aber meiner Meinung nach wäre es leichtfertig, ohne sie wegzufahren. Außerdem bieten viele renommierte Unternehmen Versicherungen mit einer Laufzeit bis zu fünf Jahren oft schon für weniger als einen Euro am Tag an. Wer so wie ich länger unterwegs sein möchte, kann auch einen Vertrag mit einem »Expatriate Insurer« abschließen. Einen Zweitpass zu besitzen ist vorteilhaft, und unter Umständen lohnt sich auch eine ADAC-Mitgliedskarte, und zwar nicht nur, weil man mit ihr für das Carnet de Passage einen Rabatt erhält. Der ADAC übernimmt dann auch Kosten für Rechtsstreitigkeiten, zum Beispiel wenn Ihr Fahrzeug von korrupten Zollbeamten beschlagnahmt wurde, und er leistet Beistand in vielen Situationen, vom verlorenen Reisepass bis zur Benachrichtigung von Familienangehörigen im Notfall. Alle Dokumente außer den bisher erwähnten sind wahrscheinlich ihr Geld nicht wert.

Wie oft wird man Sie ausrauben? Es ist mehr als ärgerlich, wenn einem dreimal im Monat Digitalkamera und Pass gestohlen werden. Am besten nimmt man nichts Wertvolles mit, sofern man es nicht gut verstecken kann.

...

Welche Antworten haben Sie gegeben? Ich hoffe, Sie sind eher vom Typ Bear Grylls als Kim Kardashian. Mein Stil liegt irgendwo dazwischen. Luxus kann ich mir nicht leisten, aber ich drehe auch nicht jeden Cent mehrmals um, bevor ich ihn ausgebe. Sie halten möglicherweise mein Budget von 6000 Euro im Jahr für minimalistisch? Glauben Sie mir, es gibt Reisende, die von sehr viel weniger leben.

Erinnern Sie sich an Heinz Helfgen und Nino Cirani? Sie umrundeten zwischen 1951 und 1953 die Erde mit dem Fahrrad und waren mit einem Vermögen von ganzen 3,80 Deutschen Mark (1,94 Euro) in den Taschen von zu Hause aufgebrochen. Was damals ging, geht auch heute: Nicht wenige verlassen Europa mit nur einer Handvoll Euro, aber mit einem Kopf voller Träume, und sind entschlossen, sich von Land zu Land im wahrsten Sinne des Worts voranzuarbeiten. Man trifft sie hie und da, wenn sie auf Zeltplätzen kunsthandwerkliche Artikel herstellen und verkaufen, an Schulen Englischkurse geben, bei der Obsternte helfen oder an Hotelrezeptionen arbeiten. Ihre Einkünfte sind im Allgemeinen mager, aber sie kommen damit aus, fahren per Anhalter, machen Couchsurfing, zelten oder genießen die Gastfreundschaft vor Ort und können so fast unbegrenzt überall unterwegs sein. Auch wenn Sie gar kein Geld gespart haben, soll das nicht Ihren Ehrgeiz bremsen, die Welt zu sehen.

Nützlich wäre es auf jeden Fall, wenigstens 0,97 Euro, also so viel wie Heinz Helfgen, auf dem Konto zu haben, und wenn Sie mit einem Motorfahrzeug unterwegs sind, darf es auch ein bisschen mehr sein. Mit der Anfertigung netter Lederwaren werden Sie nämlich keine großen Mengen Benzin verdienen können. Was also kann man als Overlander mit einem fahrbaren Untersatz tun, wenn das Geld gerade für einen Monat reicht, das heißt bis Griechenland, aber nicht bis in den Fernen Osten? Man hat im Grunde zwei Möglichkeiten. Die eine ist es, in Etappen um die Welt zu reisen. Viele Leute reisen so lange, bis sie fast pleite sind. Dann parken sie ihren Camper oder ihr Motorrad auf einem vertrauenswürdigen Zeltplatz oder (am besten in einem Land mit liberalen Zollbestimmungen) in einer

Garage und fliegen heim nach Europa, um Geld zu verdienen. Wenn ihr Konto dann wieder gut aussieht, kehren sie dorthin zurück, wo sie die Reise unterbrochen haben, lassen den Motor an und beginnen die nächste Etappe. Das ist auch für all die eine gute Lösung, die ihren Job behalten wollen und nur in ihren sechs Wochen Urlaub reisen. In fünf Etappen und fünf Jahren können sie leicht von Kairo nach Kapstadt oder von Alaska nach Patagonien fahren. Nicht jede Fernreise muss in einem Stück über acht Jahre gehen.

Die zweite Möglichkeit ist die, die Laura und ich auf dieser Reise gewählt haben. Pucks Jungfernfahrt und die Reise mit Matilda habe ich durch Ersparnisse aus früheren Jobs finanziert. Dieses Mal haben wir beide Europa mit den sprichwörtlichen 3,80 Deutschen Mark im Geldbeutel verlassen. Laura hat ihr Geld während der Fahrt als digitale Nomadin verdient, indem sie Artikel für Reiseseiten im Internet und für Magazine geschrieben hat. Fünf Tage im Monat haben ihr genügt, um 500 Euro einzunehmen. Einträgliche Beschäftigungen unterwegs sind heutzutage nicht aufs Obstpflücken beschränkt. Dank Internet können Reisende als Onlineübersetzer, IT-Berater oder Webdesigner nach westlichen Standards Geld verdienen – es gibt da jede Menge Dinge, die machbar sind.

Ich habe die jetzige Reise ausschließlich durch mein Buch *Hinter dem Horizont links* finanziert. Für jedes verkaufte Exemplar habe ich etwa einen Euro erhalten, mit dem ich einen Liter Benzin tanken und 17 Kilometer weit Richtung Australien vorankommen konnte.[52] Inzwischen habe ich

[52] Herzlichen Dank an alle Leser für jeden Kilometer! Ohne Sie wäre weder die Reise noch *Hinter dem Horizont rechts* Wirklichkeit geworden.

den Band, den Sie eben in den Händen halten, fertiggestellt, und vielleicht (vielleicht auch nicht) hilft mir das, die Kosten für eine zukünftige Reise aufzubringen. Man wird sehen. Gehen Sie die »Forbes List of Wealthiest People on the Planet« durch, so werden Sie mit Befremden feststellen, dass unter denen kein Reiseschriftsteller ist. Doch selbst wenn sich dieses Buch besser verkaufte als *Harry Potter*, zweifle ich stark daran, dass sich meine Art zu reisen sehr verändern würde; eine Paris Hilton wird mein Geld nicht aus mir machen.

Mein Budget von 24 000 Euro (6000 Euro pro Jahr, 500 Euro pro Monat oder 16,40 Euro am Tag), das auch Laura für sich aufbringen musste, hat sich auf unserer 48 000 Kilometer langen Fahrt zwischen Deutschland und Australien wie folgt aufgeteilt:

- Ausgaben für Verschiffungen und Flüge: 1300 Euro
- Ausgaben für Visa: 730 Euro
- Ausgaben für die Beschaffung der China-Permits: 2000 Euro
- Ausgaben für Carnets de Passage: 241 Euro
- durchschnittliche Ausgaben für Benzin pro Monat: 56 Euro
- durchschnittliche Ausgaben für Übernachtungen pro Monat: 82 Euro
- durchschnittliche Ausgaben für Essen, Trinken und kleine Einkäufe pro Monat: 200 Euro
- durchschnittliche Ausgaben für Ersatzteile, Werkzeug, Motoröl etc. pro Monat: 15 Euro
- durchschnittliche Ausgaben für Krankenversicherung pro Monat: 58 Euro

Damit sind wir bei der letzten Frage, vor der alle stehen, die einige Zeit mit einem Fahrzeug ihrer Wahl reisen wollen, ohne unterwegs arbeiten zu müssen: Woher nimmt man 50 000 Euro für eine achtjährige Reise mit dem Land Rover oder 24 000 Euro für eine Motorradfahrt nach Australien? Nicht jeder hat so viel Geld unter seinem Kopfkissen versteckt. Wenn Sie schon seit Jahrzehnten fest angestellt sind, ist Ihr Geld wahrscheinlich in verschiedenen Anlagen geparkt. Wenn Sie wirklich reisen wollen, verkaufen Sie alles, und brechen Sie auf. Ist der Betrag erheblich, kann man versuchen, das Geld angelegt zu lassen und von Zinsen, Ausschüttungen und Mieteinkünften zu leben.

Sie sind jung, haben nichts, was Sie zu Geld machen können, doch es drängt Sie das Gefühl, so früh wie möglich auf eigenen Rädern die große Freiheit der Straße genießen zu müssen? Da gibt es nur eine mögliche Lösung: Arbeiten Sie so hart wie möglich und sparen Sie jeden Cent. Mein bester Tipp für das billige Überleben in der Eurozone ist der, aus der Wohnung in ein Wohnmobil zu ziehen, ganz gleich, welchen Beruf Sie ausüben. Müssen Sie immer in Anzug und Krawatte erscheinen und täglich duschen, dann sollten Sie auf einem guten Campingplatz hausen. In Deutschland sind die meisten davon hervorragend und kosten oft weniger als 1500 Euro im Jahr, Benutzung aller Einrichtungen inklusive. Arbeiten Sie in einem Handwerk, wie das bei mir der Fall war, können Sie sich auch diese Ausgabe sparen. Zwischen meinem 18. und meinem 26. Lebensjahr lebte ich ausschließlich im Camper und im bayerischen Busch. Im Winter benutzte ich die Dusche in der Bootsbauerwerkstatt, um mich zu waschen, im Sommer hüpfte ich einfach in den Starnberger See. Versagt man sich jeden Urlaub, macht Überstunden, futtert vorwiegend Kartoffeln, tritt aus allen Vereinen sowie gegebenenfalls wegen der Kirchensteuer aus der Kirche aus und trinkt Wasser statt Bier, langen in Deutschland, ebenso wie auf der Reise, 500 Euro im Monat. Somit ist es möglich, auch wenn Sie nur den gesetzlichen Mindestlohn von 8,50 Euro brutto bekommen (bei einer 40-Stunden-Woche sind das knapp 1100 Euro netto im Monat), jährlich gut 7000 Euro in Ihre Reisekasse zu legen. Das ist hart, besonders dann, wenn einen Freunde einladen, in den Biergarten mitzukommen, und man ablehnen muss. Falls aber das Reisen Priorität hat, ist es machbar. Wo ein Wille ist, ist auch ein Weg.

Ich glaube, damit sind alle Schritte vor der Abfahrt gegangen. Sie haben Ihre Geldmittel, Ihr Fahrzeug ist gepackt und Sie sind startbereit. Der nächste Schritt, die Durchführung Ihrer Reise, ist ganz Ihre Sache – ich wünsche gute Fahrt!

Ein bisschen Spaß muss sein – Top Ten Murphys Motorradgesetze

Allgemein besagt Murphys Gesetz, dass dann, wenn etwas schiefgehen kann, dies auch passiert. Würde Murphy sich zu einer Weltreise mit dem Motorrad entschließen, würde seine Gesetzessammlung vermutlich so ausschauen:

1. Egal wie gut Sie Ihre Lederjacke geschlossen haben, ein großes Insekt wird durch alle Schichten Ihrer Kleidung dringen – und es wird sich dabei stets um eine stechwütige Wespe handeln.
2. Die Kuh, das Kamel oder das Huhn werden sich just in dem Moment, in dem Sie heranrauschen, zum Überqueren der Straße aufmachen.
3. Der Himmel wird seine Schleusen genau dann öffnen, wenn Sie es am wenigsten erwarten – und wenige Minuten, nachdem Sie sich in die Regenkombi gezwängt haben, wird der Niederschlag aufhören.
4. Ein rostiger Nagel auf 1000 Kilometer Straße genügt, um für einen Plattfuß zu sorgen.
5. Was Sie im Rückspiegel sehen, ist meist näher als geglaubt – und in der Regel handelt es sich um große Lastwagen mit Drucklufthörnern, die Sie genau dann, wenn sie sich in Ihrem toten Winkel befinden, mit 200 Dezibel begrüßen.
6. Haben Sie sich ein neues Motorrad mit schicken Koffern, einen teuren Helm oder das neueste GPS für eine Weltreise gekauft, dann ist die Wahrscheinlichkeit, dass sie innerhalb der ersten Woche auf dem Asphalt zu Bruch gehen, ihrem Wert proportional.

7. Der Sprit geht immer genau auf halbem Weg zwischen zwei Tankstellen zu Ende, und die befinden sich beide ganz oben auf einem Hügel.
8. Sie können viele Bewegungsmelder am Motorrad anbringen, aber das hält die Einheimischen nicht davon ab, in Ihrer Abwesenheit mit dem Lenker zu spielen oder sich in den Sattel zu setzen und die heulende Sirene dabei zu ignorieren. Und freilich ist die Batterie dann leer, wenn Sie zurückkommen.
9. Nur die Teile am Fahrzeug gehen kaputt, für die Sie keinen Ersatz dabei haben.
10. Auf der Suche nach dem idealen Platz zum Wildzelten war der, an dem Sie eben vorbeigefahren sind, besser als es der folgende sein wird. Vormittags bieten sich massenweise gute Plätze an, sie werden seltener, wenn der Abend naht, und wenn Sie dringend Schlaf benötigen, gibt es keinen einzigen mehr.

Danksagung

Als Reiseschriftsteller habe ich es wirklich gut. Wie viele Leute kennen Sie, die genau so leben, wie sie es sich immer erträumt hatten, und dazu mit einem Beruf Geld verdienen, dem ihre ganze Leidenschaft gehört? Es ist mir völlig klar, dass ich mein günstiges Los nicht allein meinen eigenen Bemühungen verdanke und auch nicht einer langen Reihe glücklicher Zufälle – obwohl es tatsächlich ein hartes Stück eigener Arbeit bedurfte, dieses Buch fertigzustellen: An dem Manuskript habe ich vier Jahre lang geschrieben! In der Tat wäre es vermessen zu glauben, man könne allein auf sich gestellt ÜBERHAUPT etwas Nennenswertes vollbringen – das Leben ist kein Solitärspiel. Steppenwolfähnliche Reisende und Abenteurer, die stolzerfüllt damit prahlen, sie seien solo um die Welt gefahren, sind entweder verblendet oder arrogant, vielleicht aber auch beides. Wenn sie ehrlich wären, müssten sie nämlich zugeben, dass da unzählige Menschen waren, die ihnen unterwegs geholfen haben. Ich meine damit nicht nur das Tankstellenpersonal, den Ersatzteilhändler oder die Straßenbauarbeiter, ohne die jede Weltreise schon kurz hinter der Haustür zu Ende wäre. Viel eher denke ich an all die wunderbaren Begegnungen in der Fremde, wo Menschen aus so vielen unterschiedlichen Kulturen Reisende willkommen heißen. Man trifft Leute, die Gedanken anregen und den eigenen Träumen Nahrung geben, man erhält Einladungen, die eine unvertraute Stadt zu einer Heimat auf Zeit machen, und mancher Fremde wird für immer zu einem Freund. Auch ein einfaches, dargebotenes Lächeln kann einen Tag zum Glückstag werden lassen! Ich hätte es nicht 19 Jahre auf großer Fahrt ausgehalten, und ich wäre nicht an dem Punkt, an dem ich heute tatsächlich bin, ohne all die prächtigen Menschen, die meine Reisen bereichert und zu meiner Lebensfreude beigetragen haben.

Als Autor muss ich noch vielen anderen danken ... gerade IHNEN, meine verehrten Leser. Viele Autoren denken nicht daran, was sie denen schulden, die ein Exemplar ihres Buchs gekauft haben, die es an Freunde weiterempfehlen, die Rezensionen schreiben und bei der Verbreitung helfen. Bis 2016 wurden ganze acht Auflagen meines Vorgängerbuchs *Hinter dem Horizont links* verkauft. Das ist im Sektor der Reiseliteratur eine ganze Menge, und es genügt, um damit meine Reisekosten zu decken, Benzin für mein Motorrad zu kaufen und mir den Bauch zu füllen. Gelegentlich kann ich mir sogar eine Tafel Schokolade oder ein riesiges Glas Nutella leisten. Ich werde nicht von Firmen gesponsort, und ich muss meine Reisen nicht durch Diavorträge oder Lesungen finanzieren – glücklicherweise, denn ich neige sehr zu Lampenfieber. Stattdessen kann ich mich voll auf das konzentrieren, was ich am liebsten tue: durch die Welt zu reisen und über meine Erfahrungen zu schreiben, ohne durch andere Dinge abgelenkt zu werden. Kurz, alles, was ich sagen will, ist: »Danke!« Seien Sie versichert, dass dies nicht bloß der Konvention entspricht, sondern von Herzen kommt.

Zur Verwirklichung dieses Buches wesentlich beigetragen haben meine Lektorin Dr. Sigrun Künkele (Lebe lange und in Frieden, mein Sternenflottenadmiral!), mein Lektor Simon Forty, mein Übersetzer Karl Darée, meine Overlandtüre-Komponistin Irene van Duijvenvoorde sowie meine guten Freunde und Korrekturleser Hans Hirner und Oliver Moll. Ein großer Dank gilt auch meiner Familie, all meinen Kumpels und meiner Lebensgefährtin Laura Pattara. Hans und Michael Walter haben mir dabei geholfen, eine serienmäßige Yamaha XTZ 660 Ténéré und einen 1975er Land Rover Serie III in ihren Werkstätten zu den Fahrzeugen zu veredeln, die nun als Puck und Matilda bekannt sind.

Beide Gefährte haben sich ihren eigenen Namen redlich verdient, und beiden bin ich sehr verpflichtet. Zusammengenommen mussten sie 19 Jahre, oft unter extremen Bedingungen, auf fünf Kontinenten überstehen, und jeder Kratzer, jede Schweißnaht und jede Delle können eine Geschichte erzählen. Als rechter britischer Land Rover streikte Matilda bei jeder Gelegenheit – 1667-mal in 3000 Tagen, um genau zu sein. Puck ist hingegen ein Japaner und stellte mich kaum je vor größere Probleme. Ob reparaturanfällig oder nicht, beide haben mich bisher immer sicher nach Hause gebracht, und beide – seien Sie versichert – werden niemals verkauft werden.

Wie zu erwarten, habe ich nach der Veröffentlichung von *Hinter dem Horizont links* viele Hunderte Briefe von Land-Rover-Fans erhalten. Sie alle wollten wissen, was aus Matilda geworden ist, nachdem Laura und ich zu unserer Motorradtour aufgebrochen waren. Keine Sorge, mein Landy ist gesund und munter, er genießt nur zurzeit ein wohlverdientes Päuschen in einem Automuseum namens Landypoint in Beuron-Neidingen (Süddeutschland), unter der Obhut von Urs Stiegler (Danke, Urs!). Einstweilen kann sich Matilda dort mit den anderen Oldtimern unterhalten, und wenn abends die Lichter ausgehen und die Besucher fort sind, dann erzählen sie sich Heldengeschichten aus alten Zeiten von Abenteuern im Gelände, Löwen in Afrika, Schlaglöchern in Peru und vielem mehr. Sollten Sie einmal in die Gegend kommen, statten Sie meiner Matilda einen Besuch ab und klopfen ihr in meinem Namen auf die Motorhaube. Aber bitte nicht zu stark, sonst könnte die Stoßstange abfallen.

Nun aber wieder an die Arbeit! Es gibt so unendlich viele Orte zu sehen und Geschichten zu erzählen – ich muss mir Notizen machen, bevor etwas in Vergessenheit gerät. Und sollten wir uns irgendwo hinter dem Horizont begegnen, gebe ich die erste Runde Was-auch-immer an unserem Lagerfeuer aus. Ich wünsche eine gute Lebensreise, und mögen Sie, wie es unter Overlandern heißt, stets eine Handbreit Benzin im Tank haben.

Christopher Many

Über diese Ausgabe

Christopher Manys *Horizonte*-Serie begann mit seinem Debüt *Hinter dem Horizont links – Acht Jahre mit dem Land Rover um die Welt*, das am 4. Juli 2011 im Verlag Delius Klasing erschien. Die englische Ausgabe mit dem Titel *Left Beyond the Horizon – A Land Rover Odyssee* kam am 4. Dezember 2015 auf den Markt. Sehbehinderte können über BLISTA (www.blista.de) und die Deutsche Zentralbücherei für Blinde in Leipzig ein Exemplar in Braille bestellen. Denn der Autor möchte, dass jeder die Möglichkeit hat, auf literarischem Weg die Welt zu entdecken.

Hinter dem Horizont rechts ist das zweite Buch der Serie und wurde im September 2016 erstmals veröffentlicht, gleichzeitig auf Deutsch und Englisch (englischer Titel: *Right Beyond the Horizon – A Motorcycle Odyssee*). Es ist neben der Druckversion auch als E-Book (Kindle, PDF und ePub) in deutscher und englischer Sprache erhältlich.

Um mehr Informationen über die Reisen und die künftigen Projekte von Christopher Many zu erhalten, besuchen Sie entweder die Website des Verlags (www.delius-klasing.de) oder nehmen Sie direkt mit dem Autor über die Facebook-Seite seines Buchs Kontakt auf (www.facebook.com/Hinter.dem.Horizont.links). Die Seite ist öffentlich, sodass Sie auch ohne Facebook-Account die neuesten Updates, Fotos, Reiseinformationen und noch viel mehr sehen und sogar hören können, einschließlich der Overlandtüre. Wer gern spezielle Informationen zur *Horizonte*-Serie erhalten möchte, ist auf der Buchinfo-Website www.christopher-many.com herzlich willkommen.

Hinter dem Horizont rechts
Webseite: www.christopher-many.com
Facebook-Seite: www.facebook.com/Hinter.dem.Horizont.links

Bibliografische Information der Deutschen Nationalbibliothek
Die Deutsche Nationalbibliothek verzeichnet diese Publikation in der Deutschen Nationalbibliografie; detaillierte bibliografische Daten sind im Internet über http://dnb.dnb.de abrufbar.

1. Auflage
ISBN 978-3-667-10563-9
© Delius Klasing & Co. KG, Bielefeld

Aus dem Englischen von Dr. Karl Darée
Lektorat: Birgit Radebold, Sigrun Künkele
Fotos: alle von Christopher Many und Laura Pattara, bis auf
17, 18, 44, 45, 46, 50 und 54 von Michael Stummann Nielsen
Karten und Zeichnung: inch3, Bielefeld
Noten: Irene van Duijvenvoorde
Umschlaggestaltung: Felix Kempf, www.fx68.de
Satz: Axel Gerber
Druck: GGP Media, Pößneck
Printed in Germany 2016

Alle Rechte vorbehalten! Ohne ausdrückliche Erlaubnis des Verlages darf das Werk weder komplett noch teilweise reproduziert, übertragen oder kopiert werden, wie z. B. manuell oder mithilfe elektronischer und mechanischer Systeme inklusive Fotokopieren, Bandaufzeichnung und Datenspeicherung.

Delius Klasing Verlag, Siekerwall 21, D – 33602 Bielefeld
Tel.: 0521/559-0, Fax: 0521/559-115
E-Mail: info@delius-klasing.de
www.delius-klasing.de

Wie allgemein üblich, zeichnet nicht der Verlag, sondern allein der Autor für die Inhalte dieses Buches verantwortlich.

LESEPROBE

CHRISTOPHER MANY
Hinter dem Horizont links
ACHT JAHRE MIT DEM LAND ROVER UM DIE WELT
DK
DELIUS KLASING

310 S., Format 14,5 x 21,0 cm, Klappenbroschur
Euro 18,90 (D)/19,50 (A)
ISBN 978-3-7688-3348-6
www.delius-klasing.de
E-book: 14,99 Euro

Vorbemerkung des Verfassers

Lange dachte ich daran, dieses Buch *Der Laotische Rat-Burger* zu nennen. Um das zu erklären, muss ich ein Erlebnis in Laos kurz vor der Jahrtausendwende erwähnen.

Nachdem ich wochenlang von wenig anderem als Reis gelebt hatte, kam ich an einem kleinen Restaurant vorbei, das nahe dem Dorf Vang Vien über den Mekongfluss hinwegschaut. Draußen, auf einer Tafel mit den angebotenen Speisen, entzifferte ich »Hamburger«. Beim kulinarisch hart strapazierten Reisenden, der Jahre in den hinteren Winkeln Asiens verbringt, kann die bloße Erwähnung einfacher westlicher Gerichte beispiellose Gelüste wecken – ich bestellte also. Der Burger war delikat.

Als ich das Restaurant verließ, schaute ich zufällig nach oben auf das Blechdach des Lokals. Dort lagen, sauber in Reih und Glied ausgebreitet, Dutzende von großen Rattenfellen, die in der warmen Sonne trockneten. Neugierig geworden, ging ich wieder hinein, um den Kellner zu fragen, welche Bewandtnis es mit diesem seltsamen Dachschmuck habe. Er antwortete mit einem einzigen Wort: »Hamburgers.«

In der Woche darauf besuchte ich das Restaurant täglich, um mir mein Rattenhack im Brötchen zu bestellen.

Die daraus zu ziehende Lehre ist eine bedeutsame:

Hätte ich gewusst, dass im Burger Ratte war, hätte ich ihn bestellt? Hätten Sie ihn bestellt? Höchstwahrscheinlich nicht. Wir sind alle stark durch unsere Erziehung und durch die Medien geprägt. Kolumbien ist gefährlich. Amerika ist das »Land der Freiheit«, Muslime sind Terroristen. »Hilfe für Afrika« ist gut und Rat-Burger können unmöglich schmackhaft sein. Doch wie viel davon – wenn überhaupt – ist wahr? Reisen kann wahrlich oft grundlegendste ethische Werte und Überzeugungen auf den Prüfstand stellen.

Aber es lauern noch andere Gefahren: Reisen wird nicht nur den Blick auf die Welt da draußen verändern, der Reisende wird unterwegs auch einen beträchtlichen Teil seiner Zeit darauf verwenden, das Innere der Seele zu erforschen, seiner eigenen und der seiner irdischen Mitbrüder. Gefühle werden sich verstärken und von berauschter Glückseligkeit bis zur Grenze der Selbstzerstörung schwanken. Bei der Heimkehr wird NICHTS mehr so scheinen wie vorher.

Dieses Buch ist ein Bericht über acht Jahre, die ich unterwegs in fast 100 verschiedenen Ländern verbracht habe. Meine Absicht ist es, Fragen aufzuwer-

LESEPROBE

fen, nicht Antworten zu geben. Meine Hoffnung ist, dass Sie diese Antworten selbst suchen, indem Sie die Welt bereisen. Wir wohnen auf einem wunderbaren und merkwürdigen Planeten, und die Tage der Entdeckungen liegen nicht in der Vergangenheit. *Sie haben gerade erst begonnen.*

Genießen Sie Ihren Laotischen Rat-Burger. Bon appetit!

Hinweis

Sollte der Leser politische Korrektheit der beobachteten Realität vorziehen, so wird er vielleicht einige Kapitel verstörend finden. Ich nenne die Dinge beim Namen und lasse Dummheit und Ignoranz aufscheinen, wo sie Erwähnung verdienen. So kommen einige Länder und Kulturen, die eigene eingeschlossen, im Folgenden nicht immer gut weg, natürlich ohne damit etwas über einzelne Menschen auszusagen. Es kann sein, dass Ihre Meinung eine andere ist. Die Erfahrungen aus erster Hand, auf die sie sich stützt, stehen aber gleichberechtigt neben den meinen.

Es ist nicht wichtig, wer recht hat oder unrecht, wichtig ist, dass wir unsere persönlich erfahrenen Wahrheiten aussprechen. Sich hinter politischer Korrektheit, patriotischen Dogmen, religiösen Überzeugungen und gesellschaftlichen Konventionen zu verstecken, trübt den Blick des Reisenden und führt letztlich nirgendwohin.

Apropos Rat-Burger – da sich mein deutscher Verleger nicht sonderlich für den Titel *Der laotische Rat-Burger* erwärmen konnte, heißt mein Buch nun *Hinter dem Horizont links*. Die Idee dazu entstammt der Geschichte von Peter Pan, der ähnlich ungenaue Hinweise gab, wenn er nach dem Weg nach Nimmerland gefragt wurde. Er deutete mit melancholischem Lächeln gen Himmel und antwortete: »Beim zweiten Stern rechts und dann geradeaus bis zum Morgengrauen.«

Ihr GPS wird sich schwertun, mit solchen Informationen eine Reiseroute zu planen, und genau das ist meine Absicht. Ich möchte, dass Sie sich verirren. Rechts oder links ... es spielt keine Rolle. Sie betreten Neuland, und alles, dem Sie begegnen, wird neu und faszinierend sein, gleich, welche Richtung Sie einschlagen ... Nun aber wirklich guten Appetit!

Christopher Many
Sommer 2011

Europa und Asien

Die Erforschung der nullten Dimension

Zu Beginn sah alles so lächerlich einfach aus. Nie gab es den leisesten Zweifel, wo du dich in der Ordnung der Dinge befindest. »Genau hier«, sagtest du und deutetest mit dem Finger auf einen Punkt der Weltkarte, der nördlich von Inverness in Schottland lag.

...

Der Mathematiker könnte diesen Punkt als einen Hyperwürfel der nullten Dimension im euklidischen Raum bezeichnen. Ein Punkt ist unendlich klein, hat keine Länge, Breite, Höhe, keine Kanten, Flächen, kein Volumen, keine Oberfläche und keine Raumzellen.

Punkte können durch die Gleichung

$$P = (a_1, a_2, \ldots, a_n)$$

beschrieben werden, wobei n die Dimension des Raums ist, in dem sich der Punkt befindet.

Unten ist eine Darstellung eines die nullte Dimension repräsentierenden Punktes:

Neugier (Matilda, 1.5.2002)

»Das ist's ...«, rufe ich hinter dem von Spinnweben überzogenen Lenkrad. »Ich kauf ihn.«

Mitten in den schottischen Highlands, in der Nähe des malerischen Dorfes Fort William, steht ein vernachlässigter Land Rover. Das Morgenlicht an einem der seltenen regenlosen Tage kann nicht viel zur Verbesserung seines Aussehens beitragen. Seit drei Jahrzehnten von den Elementen zerbeult, scheint dieses Wunder der englischen Ingenieurskunst nicht gerade das ideale Fahrzeug für

LESEPROBE

eine Weltumrundung zu sein. Und doch, als ich drinnen sitze und durch die staubige Windschutzscheibe starre, höre ich eine bittende Stimme: »Nimm mich mit!«

Eine nähere Prüfung macht klar, dass es sich weniger um Reparatur, sondern eher um eine Wiederauferstehung handelt. Matilda, wie ich sie nannte, nicht im Gedenken an eine frühere Freundin, sondern nach dem australischen Slangausdruck für einen Schlafsack, begann ihr Leben 1975 als Militärbenziner mit langem Radstand, Serie III, 2286 Kubikzentimeter, Vierzylinder. Als Mitglied des UK-Fallschirmregiments war sie in ihren Jugendjahren gelegentlich aus dem Flugzeug geschubst worden, obwohl es sicher eine effizientere Taktik gewesen wäre, feindliche Truppen mit fallschirmlosen Land Rovern zu bombardieren. Mitte der 1980er-Jahre als nicht mehr fit genug befunden, um die Britischen Inseln vor potenziellen Invasoren zu schützen, folgte Matildas zwangsweise Pensionierung. An einen schottischen Bauern versteigert, wurde sie zu einem kleinen Hof verfrachtet, und der Lohn für ihre Jahre von »Ruhm und Ehre« bestand nun darin, Schafe von einer Weide auf die andere zu bringen. Kein Wunder, dass ich da eine bittende Stimme vernommen hatte ... meine erste Aufgabe würde es sein, den ganzen Schafmist aus dem hinteren Teil zu beseitigen. Aber für 700 Pfund (1000 Euro), was kann man da schon erwarten?

Zwei Tage später kündigte ich meinen Job bei British Waterways. Es ist ein Märchen, dass eine Weltreise lange und sorgfältig geplant werden muss. Ich kann nicht verstehen, warum viele Reisende Jahre mit Recherchen verbringen, bis sie endlich losfahren. Wenn man einen Skiurlaub in Österreich oder ein Wochenende in Paris vorbereitet, braucht man doch nicht monatelang Informationen zu sammeln ... von Europa in die Mongolei zu fahren, ist nichts anderes. Gut, man hat ein paar Grenzen mehr zu überschreiten, aber das Prozedere ist letztlich das gleiche.

»Hab ich genug Geld? Hmm ... ja. Meine Ersparnisse sollten für ein paar Jahre reichen. Pass und Kreditkarten? Ja, gecheckt. Nun, ich glaub, das ist's dann ...« Ich stopfe meinen schon gepackten Trekkingrucksack hinten in den Landy, der, trotz meiner Reinigungsbemühungen, immer noch heftig nach Schaf stinkt, und drehe den Zündschlüssel.

Ich stehe in der Einfahrt meiner Eltern, eine Stunde südlich von München. Kaffee kocht auf meinem neu eingebauten Herd, die erste von zahllosen Tassen,

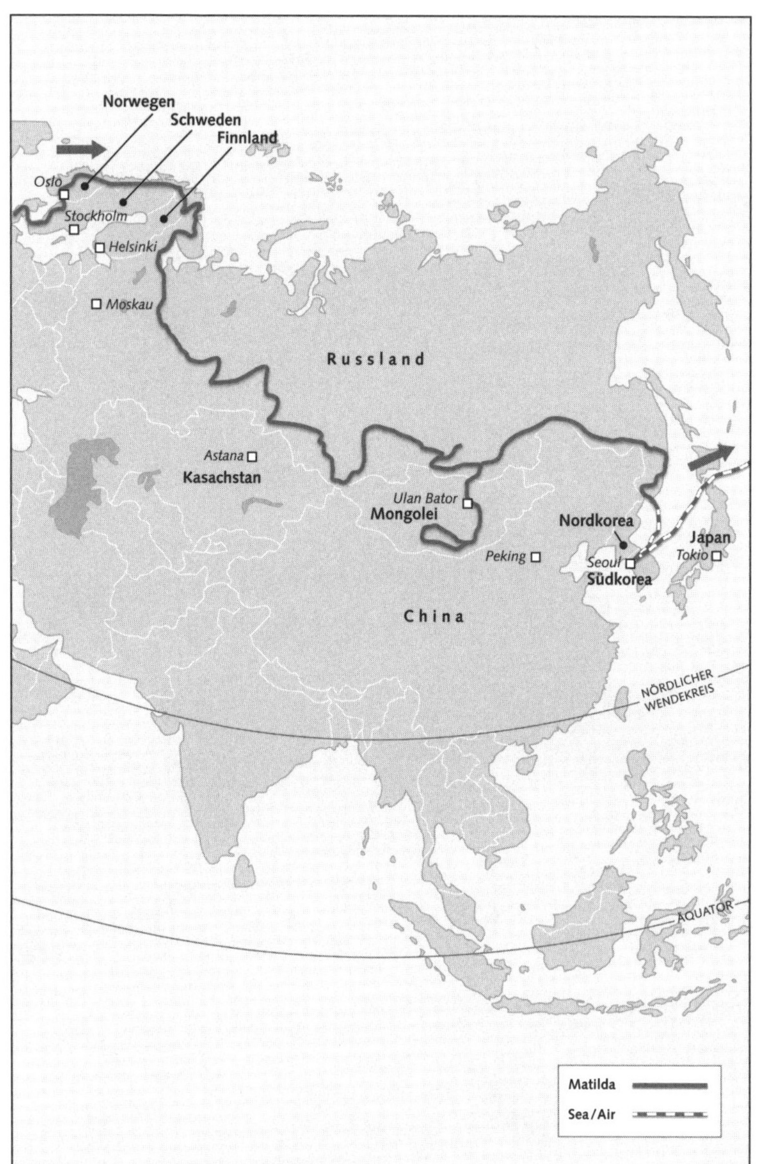
Norwegen
Schweden
Finnland
Oslo
Stockholm
Helsinki
Moskau
Russland
Astana
Kasachstan
Ulan Bator
Mongolei
Nordkorea
Japan
Peking
Seoul
Tokio
Südkorea
China
NÖRDLICHER WENDEKREIS
ÄQUATOR
Matilda
Sea/Air

LESEPROBE